KB039129

형 법 주 해

[Ⅵ]

각 칙 (3)

[제 158 조 ~ 제 206 조]

편집대표 조 균 석
편집위원 이 상 원
김 성 돈
강 수 진

박영사

머 리 말

「형법주해」는 법서 출판의 명가인 박영사의 창업 70주년을 기념하기 위하여 출간되는 형법의 코멘타르(Kommentar)로서, 1992년 출간된 「민법주해」에 이어 30년 만에 이어지는 기본법 주해 시리즈의 제2탄에 해당한다.

그런 점에서 「민법주해」의 편집대표인 곽윤직 교수께서 '머리말'에서 강조하신 아래와 같은 「민법주해」의 내용과 목적은 세월은 흘렀지만 「형법주해」에도 여전히 타당하다고 생각된다.

> "이 주해서는 각 조문마다 관련되는 중요한 판결을 인용해 가면서 확정된 판례이론을 밝혀주고, 한편으로는 이론 내지 학설을 모두 그 출전을 정확하게 표시하고, 또한 논거를 객관적으로 서술하여 민법 각 조항의 구체적인 내용을 밝히려는 것이므로, (중략) 그 목적하는 바는, 위와 같은 서술을 통해서 우리의 민법학의 현재수준을 부각시키고, 아울러 우리 민법 아래에서 생기는 법적 분쟁에 대한 올바른 해답을 찾을 수 있게 하려는 데 있다."

이처럼 법률 주해(또는 주석)의 기능은 법률을 해석·운용함에 있어 도움이 되는 정보를 제공함으로써 구체적 사건을 해결하는 실무의 법적 판단에 봉사하는 데 있다고 할 수 있다. 주해서를 통해서 제공되어야 할 정보는 1차적으로 개별 조문에 대한 문리해석이다. 이러한 문리해석에 더하여, 주해서에는 각 규정들의 체계적 연관관계나 흠결된 부분을 메우는 보충적 법이론은 물론, 법률의 연혁과 외국 입법례 및 그 해석에 대한 정보가 담겨 있어야 하고, 때로는 사회문제를 해결할 수 있는 입법론이 제시되어야 한다.

그러나 무엇보다도 실무에서 중요한 역할을 하는 것은 판례이므로, 판례의 법리를 분석하고 그 의미를 체계적으로 정리하는 일은 주해서에서 빠뜨릴 수 없는 중요한 과제이다. 다만 성문법주의 법제에서 판례는 당해 사건에서의 기속력을 넘어 공식적인 법원(法源)으로 인정되지는 않으며, 판례 자체가 변경되기도 한다. 이러한 점에서 주해서는 단순한 판례의 정리를 넘어 판례에 대한 비판을 통해 판례를 보충하고 대안을 제시함으로써 장래 법원(法院)의 판단에 동원될 수 있는 법적 지식의 저장고 역할도 하여야 한다.

그런데 형사판결도 결국 형법률에 근거하여 내려진다. 형법률에 대한 법관의 해석으로 내려진 판결 및 그 속에서 선광(選鑛)되어 나오는 판례법리는 구체적인 사안과 접촉된 법률이 만들어 낸 개별적 결과이다. 그러므로 또 다른 사안을 마주하는 법관은 개별 법리의 원천으로 돌아갈 필요가 있다. 법관이 형법률을 적용함에 있어, 개별 사안에 나타난 기존의 판결이나 판례를 넘어 그러한 판례를 만들어 내는 형법률의 체계인 형법을 발견할 때 비로소 개별 법리의 원천으로 돌아가는 광맥을 찾은 것이다. 「형법주해」는 이러한 광맥을 찾는 작업에도 도움이 되고자 하였다. 즉, 「형법주해」는 판례의 눈을 통해서 형법을 바라보는 것을 넘어 형법원리 및 형법이론의 눈을 통해서도 형법을 관찰하려고 하였다.

이러한 작업은 이론만으로 이룰 수 있는 것도 아니고, 실무만으로 이룰 수 있는 것도 아니다. 이 때문에 형사법 교수, 판사, 검사, 변호사 등 62명이 뜻을 함께하여, 오랜 기간 각자의 직역에서 형법을 연구·해석하고 또 실무에 적용해 오면서 얻은 소중한 지식과 경험, 그리고 지혜를 집약함으로써, 이론과 실무의 조화와 융합을 꾀하였다.

우리의 소망은 「형법주해」가 올바른 판결과 결정을 지향하는 실무가들에게 의미 있는 이정표가 되고, 형법의 원점을 찾아가는 형법학자들에게는 새로운 생각의 장을 떠올리게 하는 단초가 되며, 형법의 숲 앞에 막 도착한 예비법률가들에는 그 숲의 전체를 바라볼 수 있는 안목을 키울 수 있도록 도와주는 안내자가 되는 것이다.

「형법주해」가 이러한 역할을 다할 수 있도록 최선의 노력을 다하였지만 부족한 부분이나 흠도 있으리라 생각된다. 모자란 부분은 개정판을 거듭하면서 시정·보충할 예정이다. 또한, 장래에는 「형법주해」가 형법의 실무적 활용에 봉사하고 기여하는 데에서 한 걸음 더 나아가 보다 높은 학문적인 차원에서의 형법 이해, 예컨대 형법의 정당성의 문제까지도 포섭할 수 있는 방안을 모색해 나갈 것을 다짐해 본다.

「형법주해」는 많은 분들의 헌신과 지원으로 출간하게 되었다. 먼저, 충실한 옥고를 집필하고 오랜 기간 정성을 다해 다듬어 주신 집필자들에게 감사드린다. 그리고 책 전체의 통일과 완성도를 높이기 위하여 각칙의 일부 조문에 한정된 것이기는 하지만, 독일과 일본의 중요 판례를 함께 검토해 주신 김성규 한국외국어대학 교수(독일)와 안성훈 한국형사·법무정책연구원 선임연구위원(일본)에게도 고마움을 전한다. 그리고 창업 70

주년 기념으로 「형법주해」의 출간을 허락해 주신 안종만 회장님과 안상준 대표님, 오랜 기간 편집위원들과 협의하면서 시종일관 열정을 보여주신 조성호 이사님과 편집부 여러 분께도 깊은 감사의 말씀을 드린다.

2022년 12월

편집대표 **조 균 석**
위원 **이 상 원**
위원 **김 성 돈**
위원 **강 수 진**

범 례

Ⅰ. 조 문

• 본문의 조문 인용은 '제○조 제○항 제○호'로 하고, 괄호 안에 조문을 표시할 때는 아래 (예)와 같이 한다. 달리 법령의 명칭 없이 인용하는 조문은 형법의 조문이고, 부칙의 경우 조문 앞에 '부칙'을 덧붙여 인용한다.

예 § 49②(iii) ← **형법 제49조 제2항 제3호**

§ 12**의**2 ← **형법 제12조의2**

부칙 § 10 ← **형법 부칙 제10조**

Ⅱ. 일 자

• 본문의 년, 월, 일은 그대로 표시함을 원칙으로 한다. 다만, 판례의 판시내용이나 인용문을 그대로 인용할 경우 및 ( )안에 법령을 표시하는 등 필요한 경우에는 년, 월, 일을 생략한다.

예 **(본문)** **1990년 1월 1일**

1953년 9월 18일 법령 제177호

예 **(판시 또는 괄호)** **"피고인이** 1991. 1. 1. **어디에서 ... 하였다."**

기본법(1953. 9. 18. **법령 제**177**호**)

Ⅲ. 재판례

1. 우리나라

대판 2013. 6. 27, 2013도4279

← 대법원 2013년 6월 27일 선고 2013도4279 판결

대판 2013. 2. 21, 2010도10500(전)

← 대법원 2013년 2월 21일 선고 2010도10500 전원합의체판결

대결 2016. 3. 16, 2015모2898

← **대법원** 2016**년** 3**월** 16**일 자** 2015**모**2898 **결정**

대결 2015. 7. 16, 2011**모**1839(**전**)

← **대법원** 2015 7**월** 16**일 자** 2011**모**1839 **전원합의체결정**

헌재 2005. 2. 3, 2001**헌가**9

← **헌법재판소** 2005**년** 2**월** 3**일 선고** 2001**헌가**9 **결정**

서울고판 1979. 12. 19, 72**노**1208

← **서울고등법원** 1979**년** 12**월** 19**일 선고** 72**노**1208 **판결**

* 재판례의 인용은 헌재, 대판(또는 대결), 하급심 순으로 하고, 같은 심급 재판례가 여럿인 경우 연도 순으로 인용하되, 가급적 최초 판결, 주요 판결, 최종 판결 등으로 개수를 제한한다.

2. 외 국

• 외국의 재판례는 그 나라의 인용방식에 따른다. 다만, 일본 판례의 경우에는 '연호'를 서기연도로 바꾸는 등 다음과 같이 인용한다.

最判 平成 20(2008). 4. 25. **刑集** 62 · 5 · 1559

← **最判平成**20. 4. 25**刑集**62**卷**5**号**1559**頁**

- **판례집: 刑錄(대심원형사판결록), 刑集(대심원형사판례집, 최고재판소형사판례집), 裁判集(刑事)(최고재판소재판집형사), 高刑集(고등재판소형사판례집), 特報(고등재판소형사판결특보), 裁特(高等裁判所刑事裁判特報), 下刑集(하급심재판소형사재판례집), 刑月(형사재판월보), 高刑速(고등재판소형사재판속보집), 判時(判例時報), 判タ(판례타임즈), LEX/DB(TKC Law Library) 등**

Ⅳ. 문헌 약어 및 인용방식

* 같은 집필자라고 하여도 각주 번호는 조문별로 새로 붙인다.

1. 형법총칙/각칙 교과서

• 교과서 등 문헌은 가능한 한 최신의 판으로 인용한다.

• 각 조항의 주해마다 처음으로 인용하는 개소에서 판을 포함하는 서지사항을 밝히고, 그 후에 이를 다시 인용하는 경우에는 '저자, 면수'와 같은 형태로 한다.

[형법총칙]

김성돈, 형법총론(8판), 10

이재상·장영민·강동범, 형법총론(11판), § 31/2

김성돈, 10(**재인용인 경우**)

[형법각칙]

이재상·장영민·강동범, 형법각론(12판), § 31/2

이재상·장영민·강동범, § 31/12(**재인용인 경우**)

2. 교과서 외 단행본

- 교과서 외 단행본은 각 조항마다 처음 인용하는 개소에서 제목, 판, 출판사, 연도를 포함하는 서지사항을 밝히고, 그 후에 이를 다시 인용하는 경우에는 '저자, 제목, 면수'와 같은 형태로 한다.

김성돈, 기업 처벌과 미래의 형법, 성균관대학교 출판부(2018), 259

양형위원회, 2022 **양형기준**(2022), 100

김성돈, 기업 처벌과 미래의 형법, 300(**재인용인 경우**)

3. 논 문

- 각 조항의 주해마다 처음으로 인용하는 개소에서 정기간행물 등의 권·호수 및 간행연도를 포함하는 서지사항을 밝히고, 그 후에 이를 다시 인용하는 경우에는 "필자(주 ○), 인용면수"와 같은 형태로 한다.

신양균, "과실범에 있어서 의무위반과 결과의 관련", 형사판례연구 〔1〕, **한국형사판례연구회, 박영사**(1993), 62

천진호, "금지착오사례의 논증과 정당한 이유의 구체적 판단", 비교형사법연구 2-2, **한국비교형사법학회**(2000), 305

- 각 대학의 법학연구소 등에서 발간하는 정기간행물은 학교명의 약칭과 함께 인용하지만, 이미 학교명 내지 이에 준하는 표기를 포함하고 있는 경우에는 간행물 이름만으로 인용한다.

4. 정기간행물 약어

사논	**사법논집**
사연	**사법연구자료**

자료 **재판자료**
해설 **대법원판례해설**

5. 주석서

예 **주석형법 〔각칙(1)〕(5판), 104(민철기)**

6. 외국문헌

- 외국 문헌 등은 각국에서 통용되는 방식으로 인용하는 것을 원칙으로 한다.
- 외국 문헌의 경우 최초로 인용할 때에 간행연도 및 판수〔논문의 경우는, 정기간행물 및 그 권호수 등〕를 표시하고, 이후 같은 조항에서 인용할 때는 "저자〔또는 필자〕, 인용면수"의 방법으로 인용하되〔같은 필자의 문헌을 여럿 인용하는 경우에는 '(주 ○)'를 필자 이름 아래 붙인다〕, 저자의 경우는 성만 표기하는 것을 원칙으로 한다.
- 자주 인용되는 문헌은 별도로 다음과 같이 인용한다.
  大塚 外, 大コン(3版)(9), 113(河村 博) ← 大塚 外, 大コンメンタール 第3版 第9卷, 인용면수(집필자)

7. 학위논문 인용방식

예 **이은모, "약물범죄에 관한 연구", 연세대학교 박사학위논문(1991), 2**
이은모, "약물범죄에 관한 연구", 10(재인용인 경우)

8. 다수 문헌의 기재 순서

- 교과서 등 같은 종류인 경우 '가, 나, 다' 순으로, 다른 종류인 경우 '교과서, 주석서, 교과서 외 단행본, 논문' 순으로 각 기재한다.

V. 법령 약어 및 인용방법

1. 법 률

(1) 본문

- 조항별로 처음 인용 시에는 법령의 제목 전체를 기재한다. 재차 인용 시에는 법제처 법령에 약칭이 있는 경우는 그 약칭을 인용하되, 처음 인용 법령을 아

래와 같이 한다.

* 현재 효력을 가지는 법률을 기준으로 작성하고, 폐지된 법률의 경우 법률명 다음에 '(폐지)'를, 조문만 변경된 경우에는 법률명 앞에 '구'를 붙인다.

예 **교통사고 처리특례법(이하, 교통사고처리법이라 한다.)**

(2) 괄호

- **일반법령(예: 의료법)을 쓰되, 약어(예시)의 경우 약어만을 인용한다.**

약어(예시)

가폭	가정폭력범죄의 처벌 등에 관한 법률
경범	경범죄 처벌법
경직	경찰관 직무집행법
공선	공직선거법
교특	교통사고처리 특례법
군형	군형법
국보	국가보안법
도교	도로교통법
독점	독점규제 및 공정거래에 관한 법률
마약관리	마약류 관리에 관한 법률
마약거래방지	마약류 불법거래 방지에 관한 특례법
민	민법
민소	민사소송법
민집	민사집행법
범죄수익	범죄수익은닉의 규제 및 처벌에 관한 법률
법조	법원조직법
변	변호사법
보호소년	보호소년 등의 처우에 관한 법률
부경	부정경쟁방지 및 영업비밀보호에 관한 법률
부등	부동산등기법
부수	부정수표 단속법
부실명	부동산 실권리자명의 등기에 관한 법률
부재특조	부재선고 등에 관한 특별조치법
사면	사면법

사법경찰직무	사법경찰관리의 직무를 수행할 자와 그 직무범위에 관한 법률
상	상법
성폭방지	성폭력방지 및 피해자보호 등에 관한 법률
성폭처벌	성폭력범죄의 처벌 등에 관한 법률
소년	소년법
아청	아동·청소년의 성보호에 관한 법률
아학	아동학대범죄의 처벌 등에 관한 특례법
여전	여신전문금융업법
정통망	정보통신망 이용촉진 및 정보보호 등에 관한 법률
집시	집회 및 시회에 관한 법률
출관	출입국관리법
통비	통신비밀보호법
특가	특정범죄 가중처벌 등에 관한 법률
특경	특정경제범죄 가중처벌 등에 관한 법률
폭처	폭력행위 등 처벌에 관한 법률
헌	헌법
헌재	헌법재판소법
형소	형사소송법
형집	형의 집행 및 수용자의 처우 등에 관한 법률

2. 시행령 및 시행규칙은 법률의 예를 따르고, 괄호의 경우 일반법령(예: 의료법 시행령)을 쓰되, 법률약어의 경우 '령' 또는 '규'를 붙인다.

3. 부칙 및 별표는 법률명 뒤에 약칭 없이 '부칙', '별표'로 인용한다.

4. 외국법령의 조항 인용도 우리 법령의 인용과 같은 방식으로 한다.
   예 **(괄호) 독형** § 312-b①(iii) ← **독일형법 제312조의b 제1항 제3호**

참고문헌

1 형법총론(총론 · 각론 통합 포함) 교과서

저자	서명	출판사	출판연도
강동욱	강의 형법총론	박영사	2020
	강의 형법총론(제2판)	박영사	2021
김성돈	형법총론(제5판)	성균관대학교 출판부	2017
	형법총론(제6판)	성균관대학교 출판부	2020
	형법총론(제7판)	성균관대학교 출판부	2021
	형법총론(제8판)	성균관대학교 출판부	2022
김성천	형법총론(제9판)	소진	2020
김성천 · 김형준	형법총론(제6판)	소진	2014
김신규	형법총론 강의	박영사	2018
김일수 · 서보학	새로쓴 형법총론(제11판)	박영사	2008
	새로쓴 형법총론(제12판)	박영사	2014
	새로쓴 형법총론(제13판)	박영사	2018
김태명	판례형법총론(제2판)	피앤씨미디어	2016
김형만	형법총론	박영사	2015
김혜정 · 박미숙 · 안경옥 · 원혜욱 · 이인영	형법총론(제2판)	정독	2019
	형법총론(제3판)	정독	2020
류전철	형법입문 총론편(제3판)	준커뮤니케이션즈	2020
박상기	형법강의	법문사	2010
	형법총론(제9판)	박영사	2012
	형법학(총론 · 각론 강의)(제3판)	집현재	2018
박상기 · 전지연	형법학(총론 · 각론 강의)(제4판)	집현재	2018
	형법학(총론 · 각론)(제5판)	집현재	2021
배종대	형법총론(제12판)	홍문사	2016
	형법총론(제13판)	홍문사	2017
	형법총론(제14판)	홍문사	2020
	형법총론(제15판)	홍문사	2021
성낙현	형법총론(제3판)	박영사	2020
손동권 · 김재윤	형법총론	율곡출판사	2011

저자	서명	출판사	출판연도
손해목	형법총론	법문사	1996
신동운	형법총론(제10판)	법문사	2017
	형법총론(제12판)	법문사	2020
	형법총론(제13판)	법문사	2021
안동준	형법총론	학현사	1998
오영근	형법총론(제4판)	박영사	2018
	형법총론(제5판)	박영사	2019
	형법총론(제6판)	박성사	2021
원형식	판례중심 형법총론	진원사	2014
유기천	형법학 총론강의(개정판)	일조각	1980
이상돈	형법강의	법문사	2010
	형법강론(제2판)	박영사	2017
	형법강론(제3판)	박영사	2020
이영란	형법학 총론강의	형설출판사	2008
이용식	형법총론	박영사	2018
이재상 · 장영민 · 강동범	형법총론(제10판)	박영사	2019
	형법총론(제11판)	박영사	2022
이정원	형법총론	신론사	2012
이주원	형법총론	박영사	2022
이형국	형법총론	법문사	2007
이형국 · 김혜경	형법총론(제6판)	법문사	2021
임웅	형법총론(제10정판)	법문사	2018
	형법총론(제12정판)	법문사	2021
	형법총론(제13정판)	법문사	2022
정성근 · 박광민	형법총론(전정판)	성균관대학교 출판부	2012
	형법총론(전정2판)	성균관대학교 출판부	2015
	형법총론(전정3판)	성균관대학교 출판부	2020
정성근 · 정준섭	형법강의 총론(제2판)	박영사	2019
정영석	형법총론(제5전정판)	법문사	1987
정영일	형법총론(제3판)	박영사	2010
	형법강의 총론(제3판)	학림	2017
	신형법총론	학림	2018
	형법총론(제2판)	학림	2020
	형법총론 강의(제3판)	학림	2020
	형법총론(신3판)	학림	2022
정웅석 · 최창호	형법총론	대명출판사	2019
조준현	형법총론(제4정판)	법문사	2012

저자	서명	출판사	출판연도
주호노	형법총론	법문사	2019
진계호	형법총론(제7판)	대왕사	2003
진계호·이존걸	형법총론(제8판)	대왕사	2007
천진호	형법총론	준커뮤니케이션즈	2016
최병천	판례중심 형법총론	피앤씨미디어	2017
최호진	형법총론	박영사	2022
하태훈	판례중심 형법총·각론	법문사	2006
	사례판례중심 형법강의	법원사	2021
한상훈·안성조	형법입문	피앤씨미디어	2018
	형법개론(제3판)	정독	2022
한정환	형법총론(제1권)	한국학술정보	2010
홍영기	형법(총론과 각론)	박영사	2022
황산덕	형법총론(제7정판)	방문사	1982

2 형법각론 교과서

저자	서명	출판사	출판연도
강구진	형법강의 각론 I	박영사	1983
	형법강의 각론 I (중판)	박영사	1984
권오걸	형법각론	형설출판사	2009
	스마트 형법각론	형설출판사	2011
김선복	신형법각론	세종출판사	2016
김성돈	형법각론(제5판)	성균관대학교 출판부	2018
	형법각론(제6판)	성균관대학교 출판부	2020
	형법각론(제7판)	성균관대학교 출판부	2021
	형법각론(제8판)	성균관대학교 출판부	2022
김성천·김형준	형법각론(제4판)	소진	2014
	형법각론(제6판)	소진	2017
김신규	형법각론	청목출판사	2015
	형법각론 강의	박영사	2020
김일수	새로쓴 형법각론	박영사	1999
김일수·서보학	새로쓴 형법각론(제8판 증보판)	박영사	2016
	새로쓴 형법각론(제9판)	박영사	2018
김종원	형법각론 상	법문사	1973
	형법각론 상(제3정판)	법문사	1978

저자	서명	출판사	출판연도
김태명	판례형법각론(제2판)	피앤씨미디어	2016
김혜정 · 박미숙 · 안경옥 · 원혜욱 · 이인영	형법각론(제2판)	정독	2021
남흥우	형법강의(각론)	고려대학교 출판부	1965
도중진 · 박광섭 · 정대관	형법각론	충남대학교 출판문화원	2014
류전철	형법각론(각론편)	준커뮤니케이션즈	2012
빅강우	로스쿨 형법각론(제2판)	진원사	2014
박동률 · 임상규	판례중심 형법각론	경북대학교출판부	2015
박상기	형법각론(전정판)	박영사	1999
	형법각론(제8판)	박영사	2011
박찬걸	형법각론	박영사	2018
	형법각론(제2판)	박영사	2022
배종대	형법각론(제10전정판)	홍문사	2018
	형법각론(제11전정판)	홍문사	2020
	형법각론(제12판)	홍문사	2021
	형법각론(제13판)	홍문사	2022
백형구	형법각론	청림출판	1999
	형법각론(개정판)	청림출판	2002
서일교	형법각론	박영사	1982
손동권	형법각론(제3개정판)	율곡출판사	2010
손동권 · 김재윤	새로운 형법각론	율곡출판사	2013
	새로운 형법각론(제2판)	율록출판사	2022
신동운	형법각론(제2판)	법문사	2018
	판례백선 형법각론 1	경세원	1999
	판례분석 형법각론(증보판)	법문사	2014
심재무	형법각론강의 I	신지서원	2009
오영근	형법각론(제3판)	박영사	2014
	형법각론(제4판)	박영사	2017
	형법각론(제5판)	박영사	2019
	형법각론(제6판)	박영사	2021
	형법각론(제7판)	박영사	2022
원형식	형법각론(상)	청목출판사	2011
	판례중심 형법각론	동방문화사	2016
원혜욱	형법각론	피데스	2017
유기천	형법학(각론강의 상 · 하)(전정신판)	일조각	1982

저자	서명	출판사	출판연도
이건호	형법학개론	고려대학교 출판부	1977
	신고형법각론	일신사	1976
	형법각론	일신사	1980
이영란	형법학 각론강의	형설출판사	2008
	형법학 각론강의(제3판)	형설출판사	2013
이용식	형법각론	박영사	2019
이재상·장영민·강동범	형법각론(제11판)	박영사	2019
	형법각론(제12판)	박영사	2021
이정원	형법각론(보정판)	법지사	1999
	형법각론	법지사	2003
	형법각론	신론사	2012
이정원·류석준	형법각론	법영사	2019
이형국	형법각론	법문사	2007
이형국·김혜경	형법각론(제2판)	법문사	2019
임웅	형법각론(제9정판)	법문사	2018
	형법각론(제10정판)	법문사	2019
	형법각론(제11정판)	법문사	2020
	형법각론(제12정판)	법문사	2021
정성근·박광민	형법각론(제4판)	삼영사	2011
	형법각론(전정2판)	성균관대학교 출판부	2015
	형법각론(전정3판)	성균관대학교 출판부	2019
정성근·정준섭	형법강의 각론	박영사	2017
	형법강의 각론(제2판)	박영사	2022
정영석	형법각론(제4전정판)	법문사	1980
	형법각론(제5전정판)	법문사	1992
정영일	형법각론(제3판)	박영사	2011
	형법강의 각론(제3판)	학림	2017
	형법각론	학림	2019
정웅석·최창호	형법각론	대명출판사	2018
정창운	형법학각론	정연사	1960
조준현	형법각론	법원사	2002
	형법각론(개정판)	법원사	2005
	형법각론(3판)	법원사	2012
조현욱	형법각론강의 (I)	진원사	2008
진계호	신고 형법각론	대왕사	1985
	형법각론(제5판)	대왕사	2003

저자	서명	출판사	출판연도
진계호 · 이존걸	형법각론(제6판)	대왕사	2008
최관식	형법각론(개정판)	삼우사	2017
최호진	형법각론	준커뮤니케이션즈	2014
	형법각론 강의	준커뮤니케이션즈	2015
	형법각론	박영사	2022
한남현	형법각론	율곡출판사	2014
한정환	형법각론	법영사	2018
황산덕	형법각론(제6정판)	방문사	1986

3 특별형법

저자(편자)	서명	출판사	출판연도
김정환 · 김슬기	형사특별법	박영사	2021
	형사특별법(제2판)	박영사	2022
박상기 · 신동운 · 손동권 · 신양균 · 오영근 · 전지연	형사특별법론(개정판)	한국형사정책연구원	2012
박상기 · 전지연 · 한상훈	형사특별법(제2판)	집현재	2016
	형사특별법(제3판)	집현재	2020
이동희 · 류부곤	특별형법(제5판)	박영사	2021
이주원	특별형법(제5판)	홍문사	2018
	특별형법(제6판)	홍문사	2020
	특별형법(제7판)	홍문사	2021
	특별형법(제8판)	홍문사	2022

4 주석서 · 실무서 등

저자(편자)	서명	출판사	출판연도
김종원	주석형법 총칙(상 · 하)	한국사법행정학회	1988, 1990
박재윤	주석형법 총칙(제2판)	한국사법행정학회	2011
김대휘 · 박상옥	주석형법 총칙(제3판)	한국사법행정학회	2019
김윤행	주석형법 각칙(상 · 하)	한국사법행정학회	1982
박재윤	주석형법 각칙(제4판)	한국사법행정학회	2006
김신 · 김대휘	주석형법 각칙(제5판)	한국사법행정학회	2017
한국형사판례연구회	형사판례연구 (1) - (29)	박영사	1993 - 2021
법원행정처	법원실무제요 형사 〔Ⅰ〕·〔Ⅱ〕		2014

5 외국 문헌

저자(편자)	서명	출판사	출판연도
大塚 仁 外	大コンメンタール刑法 (第2版) (1) - (13)	青林書院	1999 - 2006
	大コンメンタール刑法 (第3版) (1) - (13)	青林書院	2013 - 2021
西田典之 外	注釈刑法 (1), (2), (4)	有斐閣	2010 - 2021

목 차

제12장 신앙에 관한 죄

제13장 방화와 실화의 죄

제14장 일수와 수리의 죄

제15장 교통방해에 관한 죄

제16장 먹는 물에 관한 죄

제17장 아편에 관한 죄

제12장 신앙에 관한 죄

〔총 설〕

Ⅰ. 규 정

본장은 신앙에 관한 죄에 대하여 규정하고 있는데, 구체적으로는 장례식 등 1
의 방해(§ 158), 시체 등 오욕(§ 159), 분묘의 발굴(§ 160), 시체 등의 유기 등(§ 161 ①, ②), 분묘의 발굴, 시체 등의 유기 등의 미수(§ 162), 변사체검시방해(§ 163)가 규정되어 있다. 본장의 조문 구성은 아래 [표 1]과 같다.

신앙은 사전적 의미로는 어떤 대상을 '믿고 받드는 일'을 말한다.[1] 이에 대 2
하여 종교는 '신이나 초자연적인 존재의 능력을 믿고 숭배하여 삶의 평안을 추구하는 정신문화의 한 갈래'를 의미한다.[2] 이런 점에서 신앙에는 종교적 신앙이 중심이 되겠지만, 그 밖의 신앙도 존재한다. 우리 헌법은 "모든 국민은 종교의 자유를 가진다."(§ 20①)고 규정하여 종교의 자유를 선언하고 있다. 종교의 자유는 신앙의 자유, 종교적 행위의 자유(협의) 및 종교적 집회·결사의 자유의 3요소를 주된 내용으로 한다는 것이 일반적인 견해로서[3] 헌법재판소도 이를 수용하

1 한글학회, 우리말사전, 어문각(2008), 1443.
2 한글학회, 우리말사전, 2054.
3 김철수, 헌법학신론(제20전정판), 박영사(2010), 752.

고 있는데,[4] 종교적 행위의 자유(광의)는 위 종교적 집회·결사의 자유를 포함하여 신앙고백의 자유, 종교적 의식의 자유, 종교전파·교육의 자유 등이 포함된다.[5] 그리고 우리 헌법이 종교의 자유를 보장함으로써 보호하고자 하는 것은 종교 자체나 종교가 신봉하는 신앙의 대상이 아니라, 종교를 신봉하는 국민, 즉 신앙인이다.[6] 한편 이러한 종교의 자유는 인간의 내적 자유인 신앙의 자유를 의미하는 한도 내에서는 밖으로 표현되지 아니한 양심의 자유에 있어서와 같이 제한할 수 없는 것이지만, 그것이 종교적 행위로 표출되는 경우에는 대외적 행위의 자유이기 때문에 질서유지를 위하여 당연히 제한을 받아야 하며, 공공복리를 위하여서는 법률로써 이를 제한할 수 있다.[7]

3 본장의 죄는 그 성질에 비추어 크게 ① 제163조 이외의 죄와 ② 제163조의 죄로 나누어 볼 수 있다. 제163조 이외의 죄는 신앙에 관한 죄에 해당하지만, 제163조는 범죄수사 목적을 위한 행정적 형벌법규로서 신앙과는 관계가 없고 공무방해의 죄로 볼 수 있다.[8] 이런 점에서 입법론으로는 형법에서 삭제하거나 공무방해에 관한 죄의 장에서 규정하는 것이 타당하다는 견해[9]도 있다. 제163조 이외의 죄의 구성요건도 세부적으로 살펴보면 서로 다른 차원의 구성요건들이 규정되어 있다. 즉, 순수한 종교적 의미를 가지는 '예배·설교'(§ 158)와 죽은 사람에 대한 평온과 추도의 의미를 가지는 '장례식·제사·시체·분묘'(§ 158 내지 § 161)라는 서로 다른 구성요건(객체)이 혼재되어 있다. 이런 점에서 본장의 명칭(章名)을 '신앙과 사체에 관한 죄'로 개정하는 것이 타당하다는 견해[10]도 있고, '장례식·제사·시체·분묘'도 그 정도의 차이는 있으나 전통적으로 유교와 밀접한 관계가 있는데, 유교 또한 종교의 하나로 파악한다면 전체적으로 신앙에 관한 죄를 규정한 것으로 볼 수 있다는 견해[11]도 있다. 본장의 명칭에 대해서는

4 헌재 2001. 9. 27, 2000헌마159.
5 헌재 2008. 6. 26, 2007헌마1366.
6 대판 2014. 9. 4, 2912도13718.
7 대판 1997. 6. 27, 97도508.
8 이영란, 형법학 각론강의, 703; 이재상·장영민·강동범, 형법각론(12판), § 38/4; 정성근·박광민, 형법각론(전정3판), 699; 정영일, 형법각론(3판), 694.
9 김성돈, 형법각론(8판), 737; 이재상·장영민·강동범, § 38/4.
10 이정원·류석준, 형법각론, 670; 정영일, 694.
11 이재상·장영민·강동범, § 38/3(주 7).

형법 제정 과정에서 '신앙과 분묘에 관한 죄'로 수정하자는 안이 제출되었으나, 조상을 숭배하는 것이나 분묘를 깨끗이 갖는다는 것도 신앙의 일종이라는 의견에 따라 수정안이 철회되었다.[12] 생각건대, 신앙은 종교적 신앙을 포함하는 넓은 개념인 점에 비추어 본다면 본장의 표제는 적절하다고 생각된다.

이러한 죄의 성질의 차이는 그 보호법익이 무엇인지와 직결된다. 4

[표 1] 제12장 조문 구성

조 문	제 목	구성요건	죄 명[13]	공소시효
§ 158	장례식 등의 방해	ⓐ 장례식, 제사, 예배, 설교를 ⓑ 방해	(장례식, 제사, 예배, 설교) 방해	5년
§ 159	시체 등의 오욕	ⓐ 시체, 유골, 유발을 ⓑ 오욕	(사체, 유골, 유발)오욕	5년
§ 160	분묘의 발굴	ⓐ 분묘를 ⓑ 발굴	분묘발굴	7년
§ 161 ①	시체 등의 유기 등	ⓐ 시체, 유골, 유발, 관 속에 넣어 둔 물건을 ⓑ 손괴, 유기, 은닉, 영득	(사체, 유골, 유발, 관내장치물)(손괴, 유기, 은닉, 영득)	7년
②		분묘를 발굴하여 ①의 행위	분묘발굴(제1항 각 죄명)	10년
§ 162	미수범	§ 160, § 161의 미수	(§ 160, § 161 각 죄명) 미수	
§ 163	변사체검시방해	ⓐ 변사자의 시체, 변사의 의심 있는 시체를 ⓑ 은닉, 변경, 그 밖의 방법으로 ⓒ 검시를 방해	변사체검시방해	5년

Ⅱ. 연 혁

조선형사령에 의하여 의용된 일본형법은 각칙 제24장에서 '예배소 및 분묘 5
에 관한 죄'에 대하여 규정하고 있었다. 해방 후 조선법제편찬위원회의 형법 기

12 한국형사정책연구원, 형법제정자료집(1990), 383-384.

13 2020년 12월 8일 형법개정으로 본장의 '사체'가 '시체'로 바뀌었으나, 대검찰청의 현행 「공소장 및 불기소장에 기재할 죄명에 관한 예규」(개정 대검예규 제1264호, 2022. 1. 27.)는 이전의 죄명(예컨대, 사체유기죄) 그대로이다.

초요강[14]에는 각칙 제10장에 '예배 등에 관한 죄'가 규정되어 있었는데, 형법정부초안에서는 일본형법의 예배소불경, 변사자밀장을 삭제하는 대신에 사체 등 오욕죄(§ 159) 및 분묘의 발굴·사체 등의 영득의 미수죄(§ 162)를 새로 규정하고, 본장의 제목도 '신앙에 관한 죄'로 바꾸었다. 이후 국회 심의 과정에서 변사자의 검시방해죄(§ 163)가 추가로 신설되어 1953년 9월 18일 형법이 제정되었다.

6 일본형법의 '예배소 및 분묘에 관한 죄'는 사회적 법익에 관한 죄 마지막 부분에 규정되어 있는데 비하여, 우리 형법의 '신앙에 관한 죄'는 사회적 법익에 관한 죄 첫 부분에 규정되어 있다. 1940년에 발표된 일본 개정형법가안이 당시의 신사(神社) 편중의 사상을 반영하여 '신사에 관한 죄'(제11장)와 '예배소에 관한 죄'(제12장)를 국가적 법익에 관한 죄의 하나로서 사회적 법익에 관한 죄보다 앞부분에 규정하고 있었는데, 일본에서도 이를 본받아서는 아니 된다고 하고 있음에도[15] 불구하고 우리 형법은 여기에 영향을 받은 것이다.[16]

7 형법 제정 후 1995년 12월 29일 형법을 개정하면서, 제158조의 표제를 '장식 등의 방해'에서 '장례식 등의 방해'로 고치면서 조문의 '장식(葬式), 제전(祭典)'을 '장례식, 제사'로 고치고, 제163조의 표제를 '변사자의 검시방해'에서 '변사체 검시방해'로 고치면서 조문의 '검시를 받지 아니한 변사자의 사체에 변경을 가한 자'를 '변사자의 사체 또는 변사의 의심 있는 사체를 은닉 또는 변경하거나 기타 방법으로 검시를 방해한 자'로 고쳤다. 그리고 제158조, 제159조 및 제163조의 벌금의 단위를 '환'에서 '원'으로 고치고 그 액수를 상향 조정하였다.

8 그리고 2020년 12월 8일 알기 쉬운 법령 문장으로 개정하면서(2021. 12. 9. 시행), 형법 전체적으로 변경한 용어(전항, 범한, 기타 등) 외에, 첫째, 제159조, 제161조, 제163조의 '사체'를 '시체'로 고치면서 제159조의 표제를 '시체 등의 오욕'으로 고치고, 둘째, 제161조의 표제를 '사체 등의 영득'에서 '시체 등의 유기 등'으로 고치고, 셋째, 제161조 제1항의 '관내에 장치한 물건'을 '관 속에 넣어 둔 물건'으로 고쳤다.

9 본장의 죄와 관련하여 종래 개정사항으로 거론되는 것은 다음과 같다.

---

14 법정 제3권 7호(1948. 7) 참조.

15 刑法改正準備会, 改正刑法準備草案(附 同理由書)(1961. 12). 261.

16 신동운, 형법각론(2판), 276.

① 본장의 명칭을 '신앙과 사체에 관한 죄'[17]나 '종교의식 및 사체에 관한 죄'[18]로 수정하고, 사회적 법익에 관한 죄의 대표적인 범죄가 '방화와 실화의 죄'인 점에 비추어 그 위치를 사회적 법익에 관한 죄의 마지막 부분으로 옮겨야 한다.[19]

② 제163조의 변사체검시방해죄는 공무방해에 관한 죄의 장으로 옮겨야 한다.[20]

③ 제158조의 장례식 등의 방해죄에서 구성요건의 '예배'를 불교의 예불 등을 포괄할 수 있도록 '종교의식'으로 변경하는 것이 바람직하다.[21]

④ 제158조의 장례식 등의 방해죄는 추상적 위험범이라는 것이 다수설이므로(후술 참조) 방해할 수 있는 행위가 있으면 기수가 성립하고 현실적으로 방해의 결과가 발생될 것을 요구하지 않은 점에 비추어 구성요건의 '방해한 자'를 '방해하고자 한 자'로 수정할 필요가 있다.[22]

⑤ 제161조 제1항의 사체 등의 영득죄에서 '관내에 장치한 물건'은 '관내에 넣어 둔 물건'으로 용어를 수정하는 것이 바람직하다.[23]

⑥ 이에 더하여, 본장의 죄 중 시체와 분묘와 관련된 범죄에 관한 규정은 매장을 주로 하던 시대에 만들어진 규정들로서, 최근에 화장률이 80%를 훌쩍 넘는 현실을 반영하여 현실에 맞게 수정될 필요가 있다고 하겠다.

---

17 법무부, 형법개정법률안 제안이유서(1992. 10), 239; 원혜욱·류전철·이경재·이승호, "「사회적 법익에 관한 죄」 분야 개정방안", 형법개정의 쟁점과 검토(한국형사정책학회 등 2009년 공동학술회의 자료집)(2009. 9), 217(한국형사정책학회 형법개정연구회 개정시안); 한국형사정책연구원, 형법개정연구(Ⅳ): 형법각칙 개정안(2009), 454(이승호).

18 이영란, "형법개정의 주요 쟁점 - 국가적·사회적 법익에 관한 범죄 -", 형법 개정의 주요 쟁점(제10회 월송기념 학술심포지엄 자료집)(2014. 9), 141.

19 신동운, 276; 법무부, 형법개정법률안 제안이유서(1992. 10), 239; 원혜욱·류전철·이경재·이승호(주 17), 217.

20 법무부, 형법개정법률안 제안이유서(1992. 10), 239; 원혜욱·류전철·이경재·이승호(주 17), 196; 이영란(주 18), 142; 한국형사정책연구원, 형법개정연구(Ⅳ): 형법각칙 개정안(2009), 454(이승호).

21 이영란(주 18), 142.

22 한국형사정책연구원, 형법개정연구(Ⅳ): 형법각칙 개정안(2009), 455(이승호).

23 법무부, 형법개정법률안 제안이유서(1992. 10), 240; 원혜욱·류전철·이경재·이승호(주 17), 217; 한국형사정책연구원, 형법개정연구(Ⅳ): 형법각칙 개정안(2009), 455(이승호).

Ⅲ. 입법례

10 종교생활의 평온과 종교감정이나 사자에 대한 추모감정을 존중하고 보호하는 것은 동서의 고금을 막론하고 마찬가지이다. 이런 점에서 대부분의 나라는 우리나라의 신앙의 죄와 유사한 규정을 형법에 두고 있다. 일본, 독일, 오스트리아, 스위스는 우리나라와 마찬가지로 종교의 자유의 침해에 관한 죄와 사체손괴 등 사자의 안식과 평화에 관한 죄를 두고 있는 반면에, 프랑스나 종교적 자유가 제한되었던 사회주의 국가인 북한이나 중국, 러시아에서는 사체나 묘지와 관련된 범죄만이 규정되어 있다.

1. 일 본

11 일본은 형법 각칙 제24장에서 예배소 및 분묘에 관한 죄에 대하여 규정하고 있다.[24] 우리 형법규정은 일본형법을 모델로 한 것이므로 두 나라의 규정을 비교해 보면 다음 [표 2]와 같다.

[표 2] 우리나라와 일본의 형법규정 비교

우리나라		일본	
각칙 제12장 신앙에 관한 죄		각칙 제24장 예배소 및 분묘에 관한 죄	
§158	(장례식 등의 방해) 장례식, 제사, 예배 또는 설교를 방해한 자는 3년 이하의 징역 또는 500만 원 이하의 벌금에 처한다.	§188	(예배소불경 및 설교등방해) ① 신사, 불당, 묘소 그 밖의 예배소에 대하여 공연히 불경한 행위를 한 자는 6월 이하의 징역이나 금고 또는 10만 엔 이하의 벌금에 처한다. ② 설교, 예배 또는 장식을 방해한 자는 1년 이하의 징역이나 금고 또는 10만 엔 이하의 벌금에 처한다.
§159	(시체 등의 오욕) 시체, 유골 또는 유발을 오욕한 자는 2년 이하의 징역 또는 500만 원 이하의 벌금에 처한다.		

24 참고로 2022년 6월 17일 일본형법 개정(법률 제67호)으로 징역형과 금고형이 '구금형'으로 단일화되어 형법전의 '징역', '구금', '징역 또는 구금'은 모두 '구금형'으로 개정되었고, 부칙에 의하여 공포일로부터 3년 이내에 정령으로 정하는 날에 시행 예정이다. 그러나 현재 정령이 제정되지 않아 시행일은 미정이므로, 본장에서 일본형법 조문을 인용할 때는 현행 조문의 '징역' 등의 용어를 그대로 사용한다.

우리나라		일본	
각칙 제12장 신앙에 관한 죄		각칙 제24장 예배소 및 분묘에 관한 죄	
§160	(분묘의 발굴) 분묘를 발굴한 자는 5년 이하의 징역에 처한다.	§189	(분묘발굴) 분묘를 발굴한 자는 2년 이하의 징역에 처한다.
§161	(시체 등의 유기 등) ① 시체, 유골, 유발 또는 관 속에 넣어 둔 물건을 손괴, 유기, 은닉 또는 영득한 자는 7년 이하의 징역에 처한다.	§190	(사체손괴등) 사체, 유골, 유발 또는 관에 들어 있는 물건을 손괴, 유기 또는 영득한 자는 3년 이하의 징역에 처한다.
	② 분묘를 발굴하여 제1항의 죄를 범한 자는 10년 이하의 징역에 처한다.	§191	(분묘발굴사체손괴) 제189조의 죄를 범하여 사체, 유골, 유발 또는 관에 들어 있는 물건을 손괴, 유기 또는 영득한 자는 3월 이상 5년 이하의 징역에 처한다.
§162	(미수범) 전2조의 미수범은 처벌한다.		
§163	(변사체검시방해) 변사자의 시체 또는 변사의 의심있는 시체를 은닉하거나 변경하거나 그 밖의 방법으로 검시를 방해한 자는 700만 원 이하의 벌금에 처한다.	§192	(변사자밀장) 검시를 거치지 않고 변사자의 장례를 치른 자는 10만 엔 이하의 벌금 또는 과료에 처한다.

2. 독 일

독일은 형법(2008. 5. 현재)[25] 각칙 제11장 종교 및 세계관에 대한 죄에서 규 12
정하고 있다.

제166조(신앙, 종교단체, 세계관단체 등 모욕) ① 공연히 또는 문서(제11조 제3항)의 반포를 통하여 타인의 종교적 신조 또는 세계관의 내용을 공공의 평온을 교란하기에 적합한 방법으로 모욕한 자는 3년 이하의 자유형 또는 벌금형에 처한다.
② 공연히 또는 문서(제11조 제3항)의 반포를 통하여 국내의 교회 또는 기타 종교단체, 세계관단체, 그 제도나 관례를 공공의 평온을 교란하기에 적합한 방법으로 모욕한 자도 전항과 동일하게 처벌한다.
제167조(종교행사방해) ① 다음 각 호의 1에 해당하는 자는 3년 이하의 자유형 또는 벌금형에 처한다.
1. 국내의 교회나 기타 종교단체의 예배 또는 종료행위를 공연히 그리고 현저한 방법으로 방해한 자
2. 제1호에 의한 종교단체의 예배를 봉하는 장소에서 오욕행위를 한 자

② 예배에 상응하는 국내 세계관단체의 의식은 예배에 해당한다.

25 법무부, 독일형법(2008. 5).

第167條a(장례예식방해) 고의로 또는 그 정을 알면서 장례예식을 방해한 자는 3년 이하의 자유형 또는 벌금형에 처한다.

第168條(사자안식의 방해) ① 사체, 사체의 일부, 사망한 태아, 사망한 태아의 일부, 유골을 권한 없이 권리자의 보관으로부터 탈취하거나 그것에 대하여 오욕행위를 한 자는 3년 이하의 자유형 또는 벌금형에 처한다.

② 장례장소, 묘지, 공공의 사자 추모장소를 파괴하거나, 손상하거나, 그곳에 대하여 오욕행위를 한 자도 동일하게 처벌된다.

③ 미수범은 처벌한다.

3. 오스트리아

13 오스트리아는 형법(2009. 12.)[26] 각칙 제8장 종교적 평화 및 사자의 평화에 관한 죄에서 규정하고 있다.

第188條(종교적 교리의 비방) 국내에 소재하는 교회 또는 종교단체의 경배의 대상이 되는 사람이 물건, 그러한 교회나 종교단체의 교리나 법률로 허용되는 의식 또는 시설을, 그 행동이 정당한 분노를 일으키기에 적합한 상황에서 공연히 비방하거나 조롱한 자는 6월 이하의 자유형 또는 360일수 이하의 벌금형에 처한다.

第189條(종교행사방해) ① 국내에 소재하는 교회 또는 종교단체의 법률로 허용되는 예배 또는 개별적 예배행위를 폭력 또는 폭력을 고지한 협박에 의해 방해하거나 교란한 자는 2년 이하의 자유형에 처한다.

②

1. 국내에 소재하는 교회 또는 종교단체의 법률로 허용되는 종교행사에 공하는 장소에서,
2. 국내에 소재하는 교회 또는 종교단체의 법률로 허용되는 공개된 예배 또는 법률로 허용된 공개된 예배행위에서 또는
3. 국내에 소재하는 교회 또는 종교단체의 법적으로 허용된 예배에 직접 사용하는 물건에 대하여 정당한 분노를 일으키기에 적합한 방법으로 행패를 부린 자는 6월 이하의 자유형 또는 360일수 이하의 벌금형에 처한다.

第190條(사자의 평온에 대한 침해) ① 사체나 사체의 일부 또는 사자의 유골을 처분권자로부터 절취하거나 매장시설 또는 입관시설로부터 제거하는 자, 그리고 사체를 학대하거나 사체 또는 사자의 유골 또는 매장시설, 입관시설 또는 사자기념물을 모독한 자는 6월 이하의 자유형 또는 360일수 이하의 벌금형에 처한다.

② 매장시설, 입관시설 또는 사자기념물에서 장식물을 떼어낸 자는 3월 이하의 자유형 또는

---

26 법무부, 오스트리아 형법(2009. 12).

180일수 이하의 벌금형에 처한다.

제191조(장례식방해) 정을 알면서 정당한 분노를 일으키기에 적합한 소음 또는 그러한 다른 방법으로 장례식을 방해한 자는 3월 이하의 자유형 또는 180일수 이하의 벌금형에 처한다.

4. 스위스

스위스는 형법(2008. 6. 1.)[27] 각칙 제12장 공안을 해하는 중죄와 경죄에서 규정하고 있다. 14

제261조(종교와 숭배의 자유의 침해) 공연히 그리고 비열한 방식으로 종료와 관련된 사안에서 타인의 신념, 특히 신에 대한 숭배를 모욕하거나 또는 조롱하거나 또는 종교적 숭배와 관련된 물건에 대하여 그 신성을 모독한 자,

헌법상 보장된 숭배행위를 악의적으로 저지하거나 방해하거나 공연히 조롱한 자,

헌법상 보장된 숭배나 그러한 숭배행위를 위한 장소 또는 물건에 대하여 악으로적으로 그 신성을 모독한 자는, 180일수 이하의 벌금에 처한다.

제262조(사자의 평화의 침해) ① 사자의 묘지를 야만적으로 오욕한 자, 장례행열 또는 장례식을 악의적으로 방해하거나 또는 오욕한 자, 사체를 오욕하거나 또는 공연히 모욕한 자는, 3년 이하의 자유형 또는 벌금에 처한다.

② 사체 또는 사체의 일부분 또는 사자의 재를 권한 있는 자의 의사에 반하여 탈취한 자는 3년 이하의 자유형 또는 벌금에 처한다.

5. 프랑스

프랑스는 형법(1994. 3. 1. 시행)[28] 제1편 제5장(사람의 존엄성에 대한 침해) 제4절 사자에 대한 존경의 침해에서 규정하고 있다. 15

제225-17조(사체의 완전성 침해) ① 방법 여하를 불문하고 사체의 완전성에 대한 모든 침해는 1년의 구금형 및 150,000유로의 벌금에 처한다.

② 방법 여하를 불문하고 묘비, 묘소 또는 사자를 기념하기 위하여 건립된 기념물을 해하거나 모독한 자는 1년의 구금형 및 15.000유로의 벌금에 처한다.

③ 전항의 죄를 범하여 사체의 완전성을 해한 때에는 2년의 구금형 및 30,000유로의 벌금에 처한다.

---

27 한국형사정책연구원, 스위스 형법전(2009).

28 법무부, 프랑스 형법(2008. 11).

6. 조선민주주의인민공화국

16 북한은 형법 제4장 사회주의공동생활질서를 침해한 범죄의 하나로 묘파손죄를 규정하고 있다.

제276조(묘파손죄) ① 묘를 고의적으로 파손시킨 자는 2년 이하의 로동단련형에 처한다.
② 많은 묘를 파손시킨 경우에는 2년 이하의 로동교화형에 처한다. 정상이 무거운 경우에는 2년 이상 4년 이하의 로동교화형에 처한다.

7. 중 국

17 중국은 형법(1997. 10. 1. 시행)[29] 제2편 분칙 제6장(사회관리질서방해죄) 제1절 공종질서교란죄의 하나로 규정하고 있다.

제302조 사체를 절취, 모욕한 경우 3년 이하의 유기징역, 구역(拘役) 또는 관제(管制)에 처한다.

8. 러시아

18 러시아는 연방형법(2010)[30] 제9부(사회안전 및 사회질서에 대한 죄) 제25장 사람의 건강과 공공도덕에 대한 죄의 하나로 사체 및 묘소에 대한 모독죄를 규정하고 있다.

제244조(사체 및 묘소에 대한 모독) ① 사체를 모독하거나, 묘소 또는 묘소시설 또는 사장의 매장 또는 추도와 관련된 의식을 위한 묘소의 건축물을 파괴, 손괴 또는 모독한 자는 40,000루블 이하 또는 3월 이하의 임금 또는 기타 수입에 해당하는 벌금, 또는 120시간 이상 180시간 이하의 의무노동, 또는 1년 이하의 교화노동, 또는 3월 이하의 구류에 처한다.
② 다음과 같은 경우에는 3년 이하의 자유제한, 또는 3월 이상 6월 이하의 구류, 또는 5년 이하의 자유박탈에 처한다.
a) 사전공모에 따라 집단적으로 범하거나 조직집단에 의하여 범한 경우;
b) 정치적·사상적·인종적·민족적·종교적인 증오 및 적대감 또는 특정 사회집단에 대한 증오 및 적대감의 동기로 인하여 범하거나, 파시즘과의 전화와 관련된 조각, 건축물, 시설 또는 파시즘의 희생물, 파시즘 전투의 희생자 안장지에 대하여 범한 경우;
c) 폭행 또는 그 폭행의 협박에 의한 범한 경우

29 법무부, 중국형사법(2008. 3).
30 한국형사정책연구원, 러시아연방형법(2010).

Ⅳ. 보호법익

본장은 전체적으로는 사회질서의 일부로서 신앙의 자유를 보호하기 위한 범 19
죄이다. 그러나 앞서 살펴보았듯이 순수한 종교생활의 보호와 관련된 조항, 사자
에 대한 존경 및 추념과 관련된 조항, 국가의 형사사법작용인 검시와 관련된 조
항 등 개별적으로는 서로 성질이 다른 범죄들이 섞여 있다. 따라서 보호법익과
그 보호의 정도는 개별·구체적으로 파악하여야 할 것이다(각 범죄별로 후술).

〔조 규 석〕

第158條(장례식등의 방해)

장례식, 제사, 예배 또는 설교를 방해한 자는 3년 이하의 징역 또는 500만원 이하의 벌금에 처한다. 〈개정 1995. 12. 29.〉

Ⅰ. 취 지

1 본죄[(장례식·제사·예배·설교)방해죄]는 장례식·제사라는 죽은 사람을 추모하는 행사와 예배·설교라는 종교적 행사를 방해하는 행위를 처벌함으로써, 공중의 추모행사의 평온과 추모감정,[1] 종교생활의 평온과 종교감정[2]을 보호하기 위한 범죄이다. 이와 동시에 추모나 종교행사에 참여한 사람의 평온과 감정도 보호하는 범죄이다.[3]

2 이때 보호법익이 어느 정도 침해되어야 본죄가 성립하는지와 관련하여, ① 추상적 위험범이라는 견해(다수설)[4]와 ② 구체적 위험범이라는 견해[5]의 대립이 있

1 대판 2013. 2. 14, 2010도13450(장례식방해).

2 대판 2008. 2. 28, 2006도4773(예배방해).

3 대판 2004. 5. 14, 2003도5798.

4 권오걸, 스마트 형법각론, 952; 김성돈, 형법각론(8판), 738; 김신규, 형법각론 강의, 774-775; 김일수·서보학, 새로쓴 형법각론(9판), 523; 박찬걸, 형법각론(2판), 820; 손동권·김재윤, 새로운 형법각론, § 41/5; 신동운, 형법각론(2판), 277; 오영근, 형법각론(7판), 644; 유기천, 형법학(각론강의 하)(전정신판), 7; 이영란, 형법학 각론강의, 696; 이재상·장영민·강동범, 형법각론(12판), § 38/9; 이형국·김혜경, 형법각론(2판), 739; 임웅, 형법각론(11정판), 852; 정성근·박광민, 형법각론(전정3판), 699; 정성근·정준섭, 형법강의 각론(2판), 520; 정영일, 형법각론(3판), 696; 정웅석·최창호, 형법각론, 282; 진계호·이존걸, 형법각론(6판), 605; 최호진, 형법각론, 854; 한상훈·안성조, 형법개론(3판), 685; 홍영기, 형법(총론과 각론), § 109/1; 주석형법 [각칙(2)](5판), 148(김도형).

5 이상돈, 형법강론(3판), 879.

다. 일반교통방해죄(§ 185)[6]나 업무방해죄(§ 314)[7]와 같은 다른 방해죄와 마찬가지로 본죄도 추상적 위험범이라고 할 것이다.[8]

Ⅱ. 객 체

본죄의 객체는 모든 추모행사나 종교적 행사가 아니라 본조에서 열거하는 장례식, 제사, 예배 또는 설교(이하, '장례식 등'이라 한다.)에 한정된다. 따라서 약혼이나 결혼식, 돌잔치, 환갑 등 살아있는 사람에 대한 축하행사는 여기에 해당하지 않는다. 이러한 행사가 종교지도자에 의하여 주재되는 경우도 있는데, 그렇다고 하여 장례식 등에 해당된다고 할 수 없다.[9] 그리고 종교시설에서의 모임이라고 할지라도 정치적·학술적 강연을 위한 모임은 객체가 되지 않는다.[10] 3

1. 장례식

장례식은 죽은 사람을 장사지내는 의식을 말한다. 반드시 종교적인 의식일 것을 요하지 않고, 비종교적 장례식도 포함한다. 장사의 방법에 관한 일반법으로 장사 등에 관한 법률(이하, 장사법이라 한다.)이 있다. 장사법에는 매장(§ 2(i)), 화장(§ 2(ii)), 자연장(§ 2(iii))에 대하여 규정하고 있지만, 장사의 방법에는 제한이 없다. 그리고 장사의식은 통상 묘지·화장시설·봉안시설·자연장지 및 장례식장, 즉 장사시설(장사법 § 2(xv))에서 하지만, 그 장소는 문제되지 않는다. 의식도 분향장소에서의 의식만을 의미하지 않고 관련된 행사 모두를 포함한다.[11] 장례식에 시체(사체)가 현실적으로 존재할 필요는 없다.[12] 사태(死胎)에 대한 장례식에 대해서는 본장의 다른 범죄(§ 159 등)에서의 논의와 마찬가지로 일정한 요건을 충족하는 사태의 경우 포함된다고 볼 여지가 없는 것은 아니지만, 현실적으로 사태에 대한 장례는 찾아보기 어려운데다 사회통념상 이를 장례식이라고는 생각하지 않는 점에 비 4

6 대판 2018. 5. 11, 2017도9146.
7 대판 1992. 6. 9, 91도2221.
8 대판 2013. 2. 14, 2010도13450.
9 주석형법 〔각칙(2)〕(5판), 140(김도형).
10 유기천, 7; 정성근·박광민, 699.
11 박찬걸, 820; 오영근, 644; 주석형법 〔각칙(2)〕(5판), 141(김도형).
12 오영근, 644.

추어, 사태에 대한 장례식은 포함되지 않는다고 보아야 할 것이다.[13]

2. 제 사

5 제사란 조상 또는 숭배대상이 되는 존재에 대한 추모와 존경의 표하는 의식을 말한다. 기일(忌日)이나 명절의 제사는 물론 삼우제(三虞祭), 사십구제와 같은 의식도 제사에 속한다. 친족·가정의 사적인 범위에 한정되지 않고, 종묘대제·문중제사는 물론 천도제·위령제와 같이 사회적인 것도 포함된다.[14] 문화행사의 일환으로 치러지는 단오제·춘향제 등도 사회질서나 윤리감정에 반하지 않는 한 제사에 포함된다는 견해[15]도 있으나, 이는 추모와 존경을 표하기보다는 문화행사로서의 성격이 더 크기 때문에 본조의 제사에는 포함되지 않는다고 할 것이다.[16]

3. 예 배

6 예배는 종교단체의 규칙과 관례와 형식에 따라 신에게 기도하고 숭배하는 종교적 의식을 말한다. 예배(광의)에는 기독교의 예배(협의), 불교의 법회, 천주교의 미사가 대표적이지만, 그 밖의 종교단체에서 하는 의식도 여기에 해당한다. 정통종교이든 이단이든 불문한다.[17] 다만 사회질서에 반하고 윤리적으로 도저히 용인될 수 없는 교리를 가진 집단인 때에는, 비록 종교적인 단체를 표방하더라도 그 단체에서 행하는 의식은 예배라고 할 수 없다.[18]

7 예배의 장소는 문제되지 않는다. 따라서 교회나 법당에서의 예배뿐 아니라 그 밖의 장소에서의 예배도 포함된다. 예배라고 하기 위해서는 다수인이 참여할 것을 요하고, 혼자서 행하는 예배는 여기에 포함되지 않는다.[19] 혼인예식이 혼인예배라는 이름으로 종교시설이나 일반 예식장에서 치루어지는 경우에도 배

---

13 사태에 대한 장례식은 포함되지 않는다는 견해로는 김성돈, 738; 김일수·서보학, 523; 정성근·박광민, 700; 진계호·이존걸, 606; 주석형법 〔각칙(2)〕(4판), 148(김용호).

14 주석형법 〔각칙(2)〕(5판), 140(김도형).

15 김일수·서보학, 523; 주석형법 〔각칙(2)〕(4판), 149(김용호).

16 김성돈, 738; 박찬걸, 820.

17 김성돈, 738; 오영근, 644.

18 주석형법 〔각칙(2)〕(5판), 143(김도형).

19 손동권·김재윤, § 41/4; 오영근, 644; 주석형법 〔각칙(2)〕(5판), 143(김도형).

경, 장소, 예식의 내용, 하객들의 구성 여하에 따라서는 본조의 예배 또는 설교에 해당하고 이를 방해하는 때에는 본죄에 해당하는 경우가 있을 수 있다거나,[20] 종교단체의 규칙과 관례에 따라 진행되는 결혼식은 예배에 속한다는 견해도 있으나,[21] 그것은 어디까지나 혼인의식이지 예배라고 볼 수는 없다.

예배는 형법상 보호할 가치가 있어야 한다. 정식절차를 밟지 아니한 위임목사가 당회의 결의에 반하여 행하는 예배[22]나 정직된 목사가 진행하는 예배도 일정한 신도 앞에서 하는 때에는 특별한 사정이 없는 한 본죄가 보호하는 예배[23]에 해당한다. 그러나 목사면직의 판결을 받아 교회를 떠난 목사가 아무런 통고나 예고 없이 따르는 신도들과 함께 다시 교회 예배당에 들어와 진행한 예배는 본죄가 보호하는 예배[24]에 해당하지 않는다. 8

4. 설 교

설교는 종교상의 교리를 해설하는 것을 말한다. 설교는 일정한 의식에 준하는 형태를 갖춘 경우에만 본죄의 객체가 되고, 길거리 등에서 공중을 대상으로 행하는 전도행위는 여기에 포함되지 않는다.[25] 예배시간 중의 설교는 예배에 포함되어, 이를 방해하면 예배방해죄만이 성립한다. 9

Ⅲ. 행 위

행위는 장례식 등을 '방해'하는 것이다. 10

방해란 장례식 등의 평온한 진행에 지장을 주어 정상적인 진행이 불가능하게 하거나 곤란하게 하는 일체의 행위를 말한다.[26] 본죄는 추상적 위험범이므로 적어도 객관적으로 보아 장례식 등의 평온한 진행에 지장을 줄 만한 행위를 하면 충분하고, 이로 인하여 장례식 등이 현실적으로 저지 내지 방해되는 결과가 11

20 주석형법 〔각칙(2)〕(5판), 140(김도형).
21 김성돈, 738; 김일수·서보학, 524; 박찬걸, 820; 정성근·박광민, 700; 정영일, 695.
22 대판 1971. 9. 28, 71도1465.
23 대판 2019. 4. 25, 2019도720.
24 대판 2008. 2. 28, 2006도4773.
25 김일수·서보학, 524; 박찬걸, 821; 정성근·박광민, 700, 정영일, 389.
26 김일수·서보학, 524; 오영근, 645.

발생할 필요는 없다. 따라서 방해행위로 인하여 장례식 등의 평온한 진행을 저해할 위험이 초래되면 기수가 된다.[27]

12 판례 중에는 전직 대통령의 영결식장에서 현직 대통령 부부가 헌화를 하기 위하여 헌화대로 나오려는 순간 약 20미터 떨어진 자리에서 갑자기 일어나 헌화대 쪽을 향하여 몇 발짝 걸어가면서 "사죄하라. 어디서 분향을 해."라고 크게 소리를 질렀으나 경호원들에 의하여 바로 제압된 사안에서, "비록 피고인이 헌화를 방해하려는 의도를 가지고 한 행동이라고 하더라도, 그 행위의 내용, 경호원들의 제압에 대한 피고인의 반응, 소란이 있었던 시간 등 여러 객관적 사정으로 보아 피고인의 위와 같은 행위가 위 영결식의 평온한 수행에 지장을 줄 만한 행위로서 이로 말미암아 위 영결식의 절차와 평온을 저해할 위험이 초래될 정도라고 단정하기는 어렵다."고 판시하였다.[28] 위 판례는 피고인의 행위가 위 영결식의 평온한 수행에 지장을 줄 만한 행위에도 해당하지 않는다고 보았다. 그러나 그 정도면 충분히 위 영결식의 평온한 수행에 지장을 줄 만한 행위로 볼 여지도 있다. 이런 점에서 위 판례는 침해범의 입장이라는 견해도 있다.[29]

13 방해행위의 수단과 방법에는 아무런 제한이 없고, 일시적인 행위더라도 무방하다.[30] 따라서 폭행·협박에 의하는 경우뿐 아니라 소음을 내어 혼란에 빠뜨리거나[31] 허위의 예배장소를 알려주는 행위[32]는 물론, 묘혈(墓穴)을 파고 있는 것을 방해하여 장례식의 시간을 지연시키거나[33] 목사나 승려를 감금하여 의식을 진행하지 못하게 하는 행위[34]도 방해에 해당한다. 그리고 방송설교의 경우에 방해전파를 보내서 설교들 들을 수 없도록 하거나, 대형교회에서의 모니터를 이용한 설교의 경우에 미디어 조작을 통하여 영상 시청을 못하도록 하는 행위[35]도 방해에 해당한다.

---

27 대판 2013. 2. 14, 2010도13450.
28 대판 2013. 2. 14, 2010도13450.
29 이상돈, 879.
30 대판 2013. 2. 14, 2010도13450.
31 오영근, 645; 이재상·장영민·강동범, § 38/9.
32 오영근, 645.
33 東京高判 昭和 29(1954). 1. 18. 高等裁判所刑事判決特報 40·2.
34 김일수·서보학, 523; 배종대, 형법각론(13판), § 131/2; 오영근, 645; 유기천, 7; 정성근·박광민, 700.
35 주석형법 〔각칙(2)〕(5판), 148(김도형).

판례는 설교와 예배 인도 중의 폭행, 폭언, 소란 등의 행위,[36] 예배를 진행하려고 하자 설교대에 이불을 덮고 누워 있는 행위,[37] 예배당의 열쇠를 교체함과 동시에 의자를 한쪽으로 밀어놓고 그 자리에 장롱을 들여놓은 행위[38]는 방해에 해당한다고 판시하고 있다. 14

방해는 장례식 등의 행사진행 중이거나 이와 시간적으로 밀접불가분의 관계에 있는 준비단계에서 하여야 한다.[39] 따라서 제사상에 사용할 음식을 마련하여 임시로 작은 상 위에 올려놓은 것을 발로 찬 경우,[40] 교회의 교인이었던 사람이 교인들의 총유인 교회 현판, 나무십자가 등을 떼어 내고 예배당 건물에 들어가 출입문 자물쇠를 교체하여 7개월 동안 교인들의 출입을 막은 경우[41]에는 본죄가 성립하지 않는다. 예배와 관계없이 출판물·유인물을 배포하여 특정 종교를 비방하는 것은 당연히 방해에 해당하지 않는다[42]고 할 것이나, 구체적인 특정 설교가 행해지는 가운데 이를 비난·비판하는 문서를 돌리는 등으로 신도들로 하여금 설교에 집중할 수 없도록 하는 행위는 방해에 해당될 수 있다. 15

한편, 장례식 등의 방해행위는 계속범의 성질을 가지므로 방해 상태가 계속되는 한 위법상태는 계속 존재한다. 16

Ⅳ. 고 의

본죄가 성립하기 위하여는 미필적이나마 고의가 필요하다. 따라서 미필적이나마 객관적 구성요건에 대한 인식과 의사가 있어야 한다. 본죄는 추상적 위험범이므로 장례식 등의 평온한 진행을 저해할 위험의 발생까지 인식할 필요는 없다. 17

본죄는 목적범은 아니므로 고의 이외에 방해의 목적이 있어야 하는 것은 아니며, 그 동기도 문제되지 않는다. 18

36 대판 1971. 9. 28, 71도1465.
37 대판 2019. 4. 25, 2019도720.
38 대구지판 2007. 6. 15, 2007노985.
39 대판 1982. 2. 23, 81도2691; 대판 2004. 5. 14, 2003도5798; 대판 2008. 2. 1, 2007도5296.
40 대판 1982. 2. 23, 81도2691.
41 대판 2008. 2. 1, 2007도5296.
42 박찬걸, 821; 주석형법 〔각칙(2)〕(5판), 147(김도형).

Ⅴ. 다른 죄와의 관계

1. 감금죄와의 관계

19 목사나 승려를 감금하여 장례식 등을 진행하지 못하게 하는 경우에는 본죄 외에 감금죄(§ 276①)가 성립하고, 두 죄는 상상적 경합이 된다.[43]

2. 업무방해죄와의 관계

20 본죄가 성립함과 동시에 장의업자 등의 장례식 등 진행업무를 방해하는 때에는 별도로 업무방해죄(§ 314①)가 성립하고, 두 죄는 상상적 경합이 된다.[44] 이러한 업무방해죄의 요건에 이르지 못하는 방해행위는 경우에 따라 경범죄 처벌법 제3조 제1항 제13호(의식방해), 제20호(음주소란 등), 제21호(인근소란 등), 제3조 제2항 제3호(업무방해)에 해당될 수도 있다.[45]

3. 명예훼손죄와의 관계

21 장례식에서 허위사실을 유포하여 사자의 명예를 훼손하면서 장례식의 진행을 방해한 경우에는, 본죄와 사자명예훼손죄(§ 308)가, 설교자에 대한 비방이 실린 출판물을 배포하면서 예배나 설교를 방해한 경우에는 본죄와 출판물에의한 명예훼손죄(§ 309)가 각 성립하고, 두 죄는 상상적 경합이 된다.[46]

Ⅵ. 처 벌

22 3년 이하의 징역[47] 또는 500만 원 이하의 벌금에 처한다.

〔조 규 석〕

---

43 김성돈, 739; 배종대, § 131/2; 유기천, 7; 이재상·장영민·강동범, § 38/8; 정성근·박광민, 700.

44 大塚 外, 大コン(3版)(9), 234(岩村修二). 허위사실을 유포, 위계 또는 위력으로 본죄를 범한 경우는 본죄와 업무방해죄의 상상적 경합에 해당한다는 견해도 있다(이형국·김혜경, 739).

45 주석형법 [각칙(2)](5판), 140(김도형).

46 권오걸, 952-953.

47 형법 제정 시 국회 논의 과정에서 촌락에서 풍수설에 따라 남의 촌락의 주룡(主龍. 주산의 줄기)을 넘어서는 안 된다는 이유로 장례행렬을 방해하는 일이 종종 있는데 중형으로 할 필요가 없으니 '1년 이하'로 하자는 의견도 있었으나, 어떤 때는 부락의 여러 사람이 몰려가서 방해하는 수도 있으므로 그대로 두고 사안에 따라 처벌하면 된다는 입법취지에 따라 정부안대로 '3년 이하'로 통과되었다[한국형사정책연구원, 형법제정자료집(1990), 383-384].

제159조(시체 등의 오욕)
시체, 유골 또는 유발(遺髮)을 오욕한 자는 2년 이하의 징역 또는 500만원 이하의 벌금에 처한다.
〔전문개정 2020. 12. 8.〕

구 조문
제159조(사체등의 오욕) 사체, 유골 또는 유발을 오욕한 자는 2년 이하의 징역 또는 500만원 이하의 벌금에 처한다.

Ⅰ. 취 지

본조[(사체·유골·유발)오욕죄]는 시체·유골 또는 유발을 오욕하는 행위를 처벌함으로써, 사자에 대한 사회의 경외와 존경의 감정을 보호하기 위한 범죄이다. 유족의 추모감정을 보호하는 범죄는 아니므로 실제로 유족이 어떤 감정을 가지고 있는지는 정상에 고려될 뿐이다.[1] 1

보호의 정도는 침해범,[2] 구체적 위험범[3]이라는 견해도 있으나, 추상적 위험범이다.[4] 2

1 주석형법 〔각칙(2)〕(5판), 150(김도형).
2 임웅, 형법각론(11정판), 854.
3 이상돈, 형법강론(3판), 879.
4 김성돈, 형법각론(8판), 737; 김일수·서보학, 새로쓴 형법각론(9판), 525; 박찬걸, 형법각론(2판), 822; 오영근, 형법각론(7판), 645; 정성근·박광민, 형법각론(전정3판), 701; 홍영기, 형법(총론과 각론), § 109/2; 주석형법 〔각칙(2)〕(5판), 151(김도형).

II. 객 체

3 본죄의 객체는 시체, 유골 또는 유발(遺髮)이다.

1. 시 체

4 시체는 사람의 죽은 몸을 말한다. 언제 사람이 죽었다고 할 수 있는지, 즉 사람의 종기(終期)에 대해서는 논란이 있다.[5] 이에 대해서는 ① 호흡이 영구적으로 그쳤을 때라는 호흡종지설, ② 심장의 고동이 영구적으로 정지한 때라는 맥박종지설, ③ 뇌기능이 종국적으로 정지된 때라는 뇌사설(통설)[6]이 있다. 1992년 장기등 이식에 관한 법률이 제정되어 뇌사자의 장기적출을 인정하고 있지만, 동법이 살아 있는 사람, 뇌사자, 사망한 사람을 구별하고 있는 점(§4(vi))에 비추어 뇌사설을 인정한 것이라고 볼 수는 없다. 대법원은 의학적으로 환자가 의식의 회복가능성이 없고, 생명과 관련된 중요한 생체기능의 상실을 회복할 수 없으며, 환자의 신체상태에 비추어 짧은 시간 내에 사망에 이를 수 있음이 명백한 이른바 '회복불가능한 사망의 단계'에서 연명치료를 하는 것은, 죽음의 과정이 시작되는 것을 막는 것이 아니라 자연적으로는 이미 시작된 죽음의 과정에서의 종기를 인위적으로 연장시키는 것으로 볼 수 있다고 판시하여,[7] '생명과 관련된 중요한 생체기능이 상실된 때'를 사람의 종기로 보고 있다.

5 시체는 완전한 형태가 아니라 시체의 일부더라도 무방하다.[8] 따라서 머리나 팔, 다리, 장기는 물론, 시체와 일체가 되어 있는 금니나 금속 뼈와 같은 가공물도 시체에 포함된다.[9] 그러나 시체에서 뽑아낸 혈액은 시체라고 할 수 없다.[10] 따라서 인체유래물, 즉 '인체로부터 수집하거나 채취한 조직·세포·혈액·체액 등 인체 구성물 또는 이들로부터 분리된 혈청, 혈장, 염색체, DNA, RNA, 단백질 등'(생명윤리 및 안전에 관한 법률 §2(xi))도 본죄의 객체인 시체에는 해당되지 않

---

5 이에 대한 상세는 **각칙 제5권 제250조 살인죄** 부분 참조.
6 이재상·장영민·강동범, 형법각론(12판), §2/14.
7 대판 2009. 5. 21, 2009다17417(전).
8 조고판 1911. 8. 7. 총람 19·345; 大判 大正 14(1925) 10. 16. 刑集 4·613.
9 손동권·김재윤, 새로운 형법각론, §41/8; 오영근, 646; 이재상·장영민·강동범, §38/12.
10 손동권·김재윤, §41/8; 오영근, 646; 이재상·장영민·강동범, §38/12; 정성근·박광민, 701; 정영일, 697; 주석형법 〔각칙(2)〕(5판), 161(김도형).

는다. 해부용이나 연구용으로 병원 등에 팔거나 기증한 시체나 외과수술을 통하여 잘라낸 팔, 다리나 장기 등과 같이 살아 있는 사람으로부터 분리된 것은 시체에 포함되지 않는다.[11]

6 사태(死胎)도 시체에 포함되는지에 대해서는 ① 포함되지 않는다는 견해[12]와 ② 인체의 형태를 갖춘 사태는 포함된다는 견해(통설)[13]가 대립된다. 사태에 대해서도 시체와 같이 사회의 경외와 존경의 감정에서 이를 보호할 필요가 있다는 점에서 원칙적으로 사태도 포함된다고 보아야 할 것이다. 다만 장사법에서 임신 4개월 이상의 사태도 시신에 포함된다고 규정하고(§ 2(i)), 시체 해부 및 보존에 관한 법률에서 임신 4개월 이후에 죽은 태아를 시체에 포함한다고 규정하고(§ 1) 있는 점에 비추어, '인체의 형태를 갖추었는지 여부'를 기준으로 할 것인지 '임신 4개월 이상인지 여부'를 기준으로 할 것인지가 문제될 수 있다. 본죄의 보호대상과 행정적 단속의 대상과는 사회적 풍속으로서의 종교적 감정이 다르기 때문에 전자에 의하여야 한다는 것이 일반적인 견해이다.[14] 즉 임신 4개월 이상의 사태더라도 사람의 형태를 갖추지 못하면 종교적 기념·숭경의 대상이 되지 않으므로 포함되지 않지만, 4개월 미만이더라도 사람의 형태를 갖추었으면 포함된다고 한다.[15] 그러나 어느 정도의 형태를 갖추어야 인체의 형태를 갖추었다고 할 것인지가 명확하지 않고, 일반인의 입장에서 그것을 판별하는 것은 매우 어려우며, 임신 4개월이 지나면 통상 인체의 형태를 갖추는데다, 헌법재판소에서 2019년 4월 11일 자기낙태에 대하여 합법불합치결정[16]이 선고됨에 따라 앞으로 일정한 경우에 자기낙태가 허용되는 점 등을 고려하면, 보다 명확한 기준에 따라 임신 4개월 이후의 사태만이 포함된다고 해석해야 할 것이다.

7 시체는 반드시 사자를 제사·기념하기 위하여 보존하고 있는 것에 한정된다

11 정영일, 형법각론(3판), 697; 주석형법 〔각칙(2)〕(5판), 161(김도형).

12 유기천, 형법학(각론강의 하)(전정신판), 9.

13 김성돈, 739; 김일수·서보학, 525; 박찬걸, 822; 배종대, 형법각론(13판), § 132/2; 손동권·김재윤, § 41/8; 신동운, 형법각론(2판), 279; 이영란, 형법학 각론강의, 698; 이형국·김혜경, 형법각론(2판), 740; 임웅, 847; 정성근·정준섭, 형법강의 각론(2판), 522; 진계호·이존걸. 형법각론(6판), 609; 정영일, 697; 한상훈·안성조, 형법개론(3판), 686; 황산덕, 형법각론(6정판), 102.

14 주석형법 〔각칙(2)〕(5판), 160(김도형).

15 주석형법 〔각칙(2)〕(5판), 160(김도형); 大塚 外, 大コン(3版)(9), 242(岩村修二).

16 헌재 2019. 4. 11, 2017헌바127.

는 견해도 있다.[17] 이러한 견해에 의하면 살해 후 방치된 시체는 본조의 시체에는 해당하지 않을 것이다. 그러나 이러한 시체도 최종적으로는 장사의 대상이 되므로 사회의 경외와 존경의 감정을 불러일으키는 한, 본조의 시체에 해당한다고 할 것이다.[18]

2. 유골 및 유발

8 유골이란 화장이나 그 밖의 방법에 의하여 백골이 된 시체의 일부분을 말한다.[19] 장사법에서는 '유골'과 이를 분말로 처리한 '골분'(骨粉)을 구분하고 있으나(§ 2(iii)), 국립묘지의 설치 및 운영에 관한 법률에서는 '유골이란 시신을 화장하여 분말로 처리한 형태'라고 규정하고(§ 2(i))[20] 있는 점에 비추어, 본죄의 유골에는 골분도 포함된다고 할 것이다.[21]

9 유발은 사자의 모발이다.

10 유골과 유발은 사자를 제사·기념하기 위하여 보존하고 있는 것,[22] 즉 제사·기념의 대상이 되는 것임을 요한다.[23] 따라서 시체를 화장하고 화장장에 남아 있거나 화장 후 뿌린 뼈[24]나 재[25] 등 어떤 이유에서든지 버려지거나 방치된 것은 물론, 학술상 표본이 된 것[26]은 여기에 해당하지 않는다.

---

17 伊東研祐, 現代社会と刑法各論(2版), 成文堂(2003), 421.

18 辰井聡子, "死体由来試料の研究利用 - 死体損壊罪, 死体解剖保存法, 死体の所有 -", 明治学院大学 法学研究 91(2011. 8), 60.

19 오영근, 646; 이재상·장영민·강동범, § 38/13.

20 국립묘지의 설치 및 운영에 관한 법률 제2조(정의) 이 법에서 사용하는 용어의 뜻은 다음과 같다.
   1. "유골(遺骨)"이란 시신[수장(水葬)된 사람과 그 밖에 시신(屍身)을 찾을 수 없는 사람의 신체 일부분을 포함한다. 이하 같다]을 화장하여 분말(사리를 포함한다)로 처리한 형태를 말한다.

21 西田 外, 注釈刑法(2), 677(嶋矢貴之).

22 이재상·장영민·강동범, § 38/13; 주석형법 [각칙(2)](5판), 162(김도형).

23 대판 1967. 12. 19, 67도1343(유골유기).

24 오영근, 646; 이영란, 698.

25 김성돈, 730; 김일수·서보학, 525, 손동권·김재윤, 696; 정웅석·최창호, 형법각론, 282.

26 배종대, § 132/2; 손동권·김재윤, § 41/8; 신동운, 279; 임웅, 854; 주석형법 [각칙(2)](5판), 162(김도형). 이에 대하여 학술상 표본이 된 것이라도 학술 목적 이외에 오욕하는 경우에는 본죄가 성립한다는 견해도 있다(오영근, 646).

Ⅲ. 행 위

본죄의 행위는 시체, 유골 또는 유발을 '오욕'하는 행위이다. 11

국기·국장모독죄(§ 105), 외국국기·국장모독죄(§ 109)에도 국기·국장의 '오욕'이 행위태양으로 규정되어 있는데, 거기서 '오욕'은 국기·국장을 불결하게 하는 일체의 행위를 의미한다.[27] 그러나 본죄에서의 '오욕'이란 이와는 달리 폭행이나 그 밖의 유형력의 행사에 의하여 모욕적인 의사를 표현하는 것을 말한다.[28] 시체에 침을 뱉거나 방뇨하는 행위, 시체를 간음하는 행위 등이 여기에 해당한다.[29] 단지 언어로 모욕적인 의사를 표현하는 행위는 오욕이라고 할 수 없다. 그리고 제161조에서 시체·유골·유발의 손괴·유기·은닉·영득행위를 처벌하면서 본죄보다 법정형이 높은 점에 비추어, 본죄의 오욕행위는 당연히 손괴 등에는 이르지 않는 정도의 유형력에 국한된다고 할 것이다.[30] 12

Ⅳ. 고 의

본죄가 성립하기 위해서는 고의가 필요하다. 따라서 시체라는 사실은 물론 오욕행위를 한다는 데 대한 인식이 있어야 한다. 피해자가 이미 사망한 상태에 있었다는 사실을 알지 못하고 시체에 대하여 강제추행을 한 경우, 시체오욕의 고의가 인정되지 않으므로 사체오욕죄는 성립하지 않고 준강제추행(§ 299)의 불능미수죄(§ 27)만 성립한다.[31] 13

---

27 이재상·장영민·강동범, § 41/6.

28 김신규, 형법각론 강의, 777; 김일수·서보학, 525; 박상기·전지연, 형법학(총론·각론)(5판), 821; 배종대, § 132/3; 신동운, 279; 오영근, 646; 원혜욱, 형법각론, 457; 유기천, 8; 이상돈, 880; 이재상·장영민·강동범, § 38/12; 임웅, 854; 정성근·박광민, 702; 정영일, 697; 정웅석·최창호, 282.

29 오영근, 646; 이재상·장영민·강동범, § 38/14.

30 김성돈, 740; 김일수·서보학, 525; 주석형법 [각칙(2)](5판), 151(김도형).

31 대판 2013. 7. 11, 2013도5355. 「1. 원심은, (중략) 사체오욕의 점에 관해서도, 피고인이 이 사건 추행행위 당시 피해자가 이미 사망한 상태에 있었다는 사실을 알지 못하였으므로 사체에 대하여 모욕적인 행위를 한다는 인식이 없었으니 사체오욕의 고의가 있었다고 보기 어렵다고 하여 무죄라 할 것이나, 이와 상상적 경합관계에 있는 주거침입 후 준강제추행의 불능미수죄를 유죄로 인정하는 이상 판결 주문에서 따로 무죄를 선고하지 아니한다고 판시하였다. (중략)
3. 사체오욕의 점에 관한 (검사의) 상고이유의 주장은 피고인이 피해자가 사망하였다는 점을 몰

V. 처 벌

14 2년 이하의 징역 또는 500만 원 이하의 벌금에 처한다.

〔조 규 석〕

랐더라도 준강제추행의 고의에는 사체오욕의 고의도 포함되어 있으므로 주거침입 후 준강제추행의 불능미수죄와 사체오욕죄가 모두 성립한다는 취지이다. 그러나 피해자의 사망 사실을 인식하지 못한 피고인이 사체오욕의 고의를 가질 수 없음은 명백하므로, 원심이 같은 이유에서 사체오욕죄는 성립할 수 없다고 하여 무죄라고 판단한 것도 정당하다.」

한편 판례는 피고인이 피해자가 심신상실 또는 항거불능의 상태에 있다고 인식하고 그러한 상태를 이용하여 간음할 의사로 피해자를 간음하였으나 피해자가 실제로는 심신상실 또는 항거불능의 상태에 있지 않은 경우, 준강간죄의 불능미수가 성립한다고 한다[대판 2019. 3. 28, 2018도16002(전)].

제160조(분묘의 발굴)

분묘를 발굴한 자는 5년 이하의 징역에 처한다.

Ⅰ. 취 지

본죄(분묘발굴죄)는 분묘를 발굴하는 행위를 처벌함으로써 '사자에 대한 추도 및 존경의 감정'과 함께 '분묘의 평온의 유지'를 보호하기 위한 범죄이다.[1] 판례는 보호법익의 한 단면인 종교적인 측면을 강조하여 '분묘에 대한 사람의 종교적 감정',[2] '종교감정의 공서양속'[3]을 보호하기 위한 범죄라고 판시하고 있다. 보호의 정도에 대하여 추상적 위험범이나[4] 구체적 위험범이라는[5] 견해도 있으나, 침해범이라고 할 것이다.[6] 1

본죄는 시체 등의 오욕죄(§ 159)보다 보호법익의 침해 정도가 크고 피해의 정도 또한 중하며, 일반적으로 행위자의 책임에 대한 비난가능성도 크다고 할 수 있다. 따라서 법정형도 더 무겁게 규정하고 있다. 2

1 헌재 2019. 2. 28, 2017헌가33.
2 대판 1962. 3. 29, 4294형상539.
3 대판 1971. 10. 25, 71도1727.
4 김성돈, 형법각론(8판), 740; 김신규, 형법각론 강의, 777; 오영근, 형법각론(7판), 647; 이영란, 형법학 각론강의, 699; 정성근·박광민, 형법각론(전정3판), 702; 진계호·이존걸, 형법각론(6판), 605; 한상훈·안성조, 형법개론(3판), 687.
5 이상돈, 형법각론(3판), 880.
6 김일수·서보학, 새로쓴 형법각론(9판), 526; 박상기, 형법각론(8판), 595; 박찬걸, 형법각론(2판), 823; 임웅, 형법각론(11정판), 855; 정성근·정준섭, 형법강의 각론(2판), 523; 정영일, 형법각론(3판), 698.

Ⅱ. 주 체

3 본죄의 주체에는 아무 제한이 없다. 따라서 비록 친자식이라고 하더라도 생모의 분묘를 관리하는 이부동복(異父同腹) 형제의 의사에 반하여 임의로 분묘를 발굴한 때에는 본죄의 주체가 된다.[7]

Ⅲ. 객 체

4 본죄의 객체는 분묘이다.

5 원래 분(墳)은 흙을 봉곳하게 높이 쌓은 무덤을, 묘(墓)는 평평한 무덤을 말하는데,[8] 통상 이를 구분함이 없이 분묘란 객관적으로는 시신이나 유골을 매장하는 시설(장사법 § 2(vi)), 즉 그 내부에 사람의 유골, 유해, 유발 등 시신을 매장하여 사자를 안장한 장소를 말한다.[9] 따라서 외형상 분묘의 형태만 갖추었을 뿐 그 내부에 시신이나 유골이 안장되어 있지 않은 경우에는 분묘라고 할 수 없다.[10] 여기서 매장이란 시신(임신 4개월 이후에 죽은 태아를 포함한다.)이나 유골을 땅에 묻어 장사(葬事)하는 것을 말한다(장사법 § 2(i)). 이처럼 장사법이나 판례는 '분묘'를 시신이나 유골을 '매장'하는 시설에 한정하고 있다. 그런데 장사법에는 화장한 유골의 골분을 수목·화초·잔디 등의 밑이나 주변에 묻어 장사하는 '자연장'에 대하여 규정하고 있는데(장사법 § 2(iii). 2007. 5. 25. 신설), 자연장의 경우도 그 실질은 매장과 다를 바 없으므로 자연장하는 시설도 본조의 분묘에 포함된다고 해석해야 할 것이다. 본죄의 분묘는 이러한 객관적인 측면에 더하여 사자를 매장하여 제사나 예배 또는 기념의 대상으로 삼기 위하여 만든 시설을 말한다.[11] 따라서 시신이나 유골을 매장만 하였을 뿐, 제사 등의 대상으로 삼기 위한 의사 없이 만든 시설이라면 여기에 해당하지 않는다.

6 죽은 태아, 즉 사태(死胎)를 매장한 장소도 분묘에 포함되는지에 대하여

---

7 대판 1971. 10. 25, 71도1727.
8 세종대왕기념사업회, 한국고전용어사전(2001) 참조.
9 대판 2017. 1. 19, 2013다17292(전).
10 대판 2008. 11. 20, 2007다27670(전).
11 대판 2012. 10. 25, 2010도5112.

① 포함되지 않는다는 견해,[12] ② 태아가 인체의 형태를 갖춘 때에는 포함된다는 견해[13]가 있다. 사태도 일단 매장하여 제사 등을 위하여 시설을 만들었다면 분묘에 해당한다고 할 것이다. 다만, '태아가 인체의 형태를 갖추었는지 여부'는 매우 불명확하므로 보다 명확하게 ③ 장사법과 마찬가지로 임신 4개월 이후의 사태를 매장한 장소는 포함된다고 해석해야 할 것이다.

본죄는 분묘에 대한 소유권을 보호하는 범죄는 아니므로 분묘에 대한 소유권자나 관리자가 현존하거나 묘표가 있을 것을 요하지 않는다.[14] 그리고 적법하게 매장된 분묘일 것도 요하지 않고, 암장된 분묘도 본죄의 객체에 해당한다.[15] 단지 행정절차에 위반하여 매장된 경우뿐 아니라, 예컨대 타인의 토지에 임의로 매장된 경우라도 법적 절차를 거치지 않고 임의로 발굴하면 본죄를 구성한다. 매장된 사자가 누구인지 모르거나,[16] 시체나 유골이 나중에 토괴화(土塊化)되었더라도 여전히 분묘에 해당한다.[17] 토괴화된 분묘를 개장하여 유골을 화장한 다음 다시 묻는 경우에도 그 시설이 자연장(장사법 § 2(iii))의 요건을 갖추었다는 등의 사정이 없는 한 제사나 예배 또는 기념의 대상으로 삼기 위하여 만든 분묘로 보아야 한다.[18] 제사 등의 대상이 아닌 고분일지라도 사자가 매장되어 있는 경우에는 분묘라는 견해도 있으나,[19] 제사 등의 대상이 아닌 고분은 사자의 매장 여부와 관계없이 본죄의 분묘라고는 할 수 없다.[20] 다만, 문화재보호법상의 문화재인 고분(옛무덤)을 손상하거나 형상을 변경하는 등의 행위를 한 경우에는 문 7

12 유기천, 형법학(각론강의 하)(전정신판), 8.
13 김성돈, 740; 김일수·서보학, 526; 박찬걸, 822; 오영근, 647; 이재상·장영민·강동범, 형법각론(12판), § 38/16; 임웅, 855; 정영일, 698; 진계호·이존걸, 610; 주석형법 〔각칙(2)〕(5판), 152(김도형).
14 손동권·김재윤, 새로운 형법각론, § 41/9; 신동운, 형법각론(2판), 280; 오영근, 647; 이재상·장영민·강동범, § 38/16; 정성근·박광민, 702; 정웅석·최창호, 형법각론, 283; 주석형법 〔각칙(2)〕(5판), 153(김도형).
15 대판 1976. 10. 29, 76도2828.
16 대판 1990. 2. 13, 89도2061.
17 대판 1990. 2. 13, 89도2061; 대판 2012. 10. 25, 2010도5112.
18 대판 2012. 10. 25, 2010도5112.
19 권오걸, 스마트 형법각론, 955.
20 김성돈, 740; 김일수·서보학, 526; 이재상·장영민·강동범, § 38/16; 이정원·류석준, 672; 진계호·이존걸. 610. 조고판 1923. 8. 27. 총람 19·343; 大判 昭和 9(1934). 6. 13. 刑集 13·747도 같은 취지이다.

화재의 손상 또는 은닉의 죄(§ 92), 가중죄(§ 93), 미수범 등(§ 97), 무허가 행위 등의 죄(§ 99) 등으로 처벌된다.

8 한편, 장사법은 분묘 외에 유골을 안치하는 봉안시설로 ① 분묘의 형태로 된 봉안묘, ② 봉안당(건축법 § ①(ii)), ③ 탑의 형태로 된 봉안탑, ④ 벽과 담의 형태로 된 봉안담(§ 2(ix))을 규정하고 있다. 이러한 시설도 '사자에 대한 추도 및 존경의 감정'의 보호라는 측면에서는 분묘와 마찬가지로 보호할 필요가 있다. 이런 점에서 위 시설도 분묘라는 견해가 있으나,[21] 본조의 해석상 분묘로 볼 수는 없다. 이런 점에서 매장묘와 봉안당의 절충형으로 성토(盛土)되어 있는 봉분 형태를 갖추면서 내부에 관 대신 봉안실을 둔 경우는 분묘로 볼 수 있고, 나아가 성토는 되어 있지 않지만 묘석들로 견고한 구조물을 갖추어 지하 또는 반지하 등의 묘석 내에 유골을 안치하는 봉안실을 둔 경우에는 이를 파괴·해체하는 행위도 발굴에 해당한다고 적극적으로 해석할 수 있다는 견해도 있으나,[22] 화장에 따른 새로운 장사 현실을 반영하는 입법론으로서는 모를까 매장을 전제로 한 현행법의 해석론으로는 무리라고 하겠다. 위와 같은 행위는 경우에 따라 재물손괴죄(§ 366)로 처벌할 수 있을 것이다.

Ⅳ. 행 위

9 행위는 '발굴'하는 것이다.

10 발굴이란 분묘를 파헤쳐 손괴하는 것을 말한다. 비석이나 비목을 파괴하거나 손괴하는 것만으로는 발굴이라고 할 수 없다. 어느 정도 분묘를 파헤쳐야 발굴이 완성되는지, 즉 본죄의 기수시기에 대해서는 견해의 대립이 있다. 즉, ① 본죄는 미수범을 처벌하는 규정(§ 162)을 두고 있음을 근거로 분묘 안의 관이나 사체·유골 등이 외부에 인식할 수 있는 상태가 되어야 발굴한 것이라는 외부인지설(외부표출설)(통설)[23]과 ② 본조가 사람의 종교적 감정을 보호하기 위한 것이

21 권오걸, 955.

22 주석형법 〔각칙(2)〕(5판), 154(김도형).

23 김성돈, 741; 김일수·서보학, 526; 권오걸, 956; 박상기, 596; 박찬걸, 824; 배종대, 형법각론(13판), § 132/5; 손동권·김재윤, § 41/11; 유기천, 10; 임웅, 856; 이형국·김혜경, 형법각론(2판), 741; 정성근·박광민, 703; 정영일, 699; 정웅석·최창호, 283; 진계호·이존걸, 611; 황산덕, 형법

므로 분묘를 덮은 복토(覆土)를 제거하면 발굴이라는 복토제거설[24]이 대립한다. 그리고 예컨대 분묘를 발굴할 의도로 묘곽 일부를 해체하거나 봉분에 삽을 꽂은 이상 실행에 착수한 것이고, 아직 복토를 일부라도 파내지 못한 상태에서 미수에 그치는 것을 예상할 수 있으므로 미수범 처벌규정을 근거로 위 ②의 복토제거설이 부당하다고 볼 수 있는지는 의문이라는 견해도 있다.[25] 판례는 본죄는 분묘에 대한 사람의 종교적 감정을 보호하기 위한 범죄이므로 "발굴행위는 유골·시체가 외부로부터 인식할 수 있는 상태까지 현출함을 요하지 아니한다."고 판시하여,[26] 위 ②의 복토제거설의 입장이다. 우리와 달리 본죄에 대하여 미수범 처벌규정이 없는 일본에서도[27] 최고재판소 판례는 위 ②의 복토제거설의 입장이다.[28]

11 생각건대 이러한 대립은 본죄를 위험범으로 볼 것인지 침해범으로 볼 것인지와도 관련되는데, 본죄의 미수범 처벌규정이 있다는 점만으로 바로 위 ①의 외부인지설이 타당하다고 보기는 어렵지만, 복토의 일부만을 제거하거나 복토를 제거했는데도 아직 관이나 유골 등이 보이지 않는데도 분묘를 발굴했다고 하는 것은 사회 일반의 인식과는 거리가 있는 점 등을 종합하면 위 ①의 외부인지설이 타당하다.

V. 위법성

12 분묘의 발굴도 일정한 경우에는 위법성이 조각된다. 검증(형소 § 140,[29] § 219) 또는 감정(형소 § 173①,[30] § 221의4①)을 위한 발굴과 같이 법에 근거가 있는 경우

각론(6정판), 103.

24 신동운, 280; 이상돈, 881; 이영란, 700; 이정원·류석준, 672, 홍영기, 형법(총론과 각론), § 109/3.

25 주석형법 〔각칙(2)〕(5판), 156(김도형).

26 대판 1962. 3. 29, 4294형상539.

27 일본도 구 형법은 분묘를 발굴하여 관(棺槨) 또는 사체가 보이도록 한 경우에 본죄가 성립하고(§ 265①), 그 미수범도 처벌하는 규정(§ 266)을 두고 있었는데, 발굴에 착수한 이상 기수로 그 처벌을 강화하기 위하여 이를 삭제한 것이라고 한다〔石丸俊彦, "刑法第一八九条の「発掘」の意義", 最高裁判所判例解説 刑事篇(昭和39年度), 39〕.

28 最決 昭和 39(1964). 3. 11. 刑集 18·3·99.

29 검증을 함에는 신체의 검사, 사체의 해부, 분묘의 발굴, 물건의 파괴 기타 필요한 처분을 할 수 있다.

30 감정인은 감정에 필요한 때에는 법원의 허가를 얻어 타인의 주거, 간수자 있는 가옥, 건조물, 항공기, 선차 내에 들어갈 수 있고, 신체의 검사, 사체의 해부, 분묘의 발굴, 물건의 파괴를 할 수

에는 본죄를 구성하지 않는다. 법률상 그 분묘를 수호·봉사하며 관리하고 처분할 권한이 있는 사람 또는 그로부터 정당하게 승낙을 얻은 사람이 시체에 대한 종교적·관습적 양속에 따른 존숭의 예를 갖추어 이를 발굴하는 경우에도 위법성이 조각된다.[31] 예컨대, 개장(改葬)이나 면례(緬禮. 이장 후 장사)를 위하여 발굴하는 경우가 여기에 해당한다.

13 그리고 분묘에 대한 봉사·수호 및 관리·처분권이 누구에게 있는지가 문제된다. 이에 관한 민법의 규정을 살펴보면, 원래 1958년 2월 22일 법률 제471호로 제정된 구 민법은 제사상속에 관한 일반 규정을 두지 않음으로써 제사상속을 도덕과 관습의 범주에 맡기면서도, 제996조에서 분묘에 속한 1정보 이내의 금양임야(禁養林野. 묘토 또는 종산)와 600평 이내의 묘토인 농지, 족보와 제구(이하, '제사용 재산'이라 한다.)의 소유권은 호주상속인이 이를 승계하도록 규정하고 있었다. 그 후 1990년 1월 13일 법률 제4199호로 개정된 구 민법에서는 호주상속제도를 폐지하고 호주승계제도를 채택하면서 위와 같이 제사용 재산의 승계를 호주승계의 효력이 아닌 재산상속의 효력 중의 하나로 제1008조의3[32]에 규정하고 그 승계권자를 '호주상속인'에서 '제사를 주재하는 자'로 변경하였으며, 2005년 3월 31일 법률 제7427호로 개정된 현행 민법에서는 호주승계제도조차 폐지하고 제1008조의3은 그대로 유지하고 있다. 호주제가 있던 때에는 종중이나 그 후손들 모두에게 속하여 있는 것이 아니라 오로지 그 분묘에 관한 호주상속(승계)인에게 있었다.[33] 그러나 호주제가 폐지된 이후에는 망인의 유체·유골은 제사주재자에게 승계되어 그에 관한 관리 및 처분은 종국적으로는 제사를 주재하는 사람, 즉 제사주재자의 의사에 따라 이루어져야 한다고 봄이 상당하므로,[34] 분묘에 대한 수호·관리권은 '특별한 사정이 없는 한' 누가 그 분묘를 설치했는지에 관계없이 제사주재자에게 속한다고 해석된다.[35] 여기서 제사주재자는 우선적으로 망인의 공동상속인들 사이의 협의에 의해 정하되, 협의가 이루어지지 않

있다.

31 대판 2007. 12. 13, 2007도8131,

32 "분묘에 속한 1정보 이내의 금양임야와 600평 이내의 묘토인 농지, 족보와 제구의 소유권은 제사를 주재하는 자가 이를 승계한다."

33 대판 1995. 2. 10, 94도1190.

34 대판 2008. 11. 20, 2007다27670(전).

35 대판 1997. 9. 5, 95다51182; 대판 2008. 11. 20, 2007다27670(전).

는 경우에는 제사주재자의 지위를 유지할 수 없는 특별한 사정이 있지 않은 한 망인의 장남(장남이 이미 사망한 경우에는 장남의 아들, 즉 장손자)이 제사주재자가 되고, 공동상속인들 중 아들이 없는 경우에는 망인의 장녀가 제사주재자가 된다고 할 것이다.[36]

토지구획사업자로부터 분묘의 개장명령을 받았다고 하더라도 분묘주의 허락 없이 발굴할 때에는 위법성이 조각되지 않으므로 본죄로 처벌된다.[37] 14

Ⅵ. 다른 죄와의 관계

시장 등의 허가를 받지 않고 분묘에 매장된 시신 또는 유골을 개장한 행위를 처벌하는 장사법 제40조 제8호 위반죄와 본죄는 보호법익과 죄질을 전혀 달리하므로, 두 죄가 성립하는 경우에는 실체적 경합이 된다. 다만, 두 죄는 공소사실의 동일성이 인정되므로 본죄로 기소된 공소사실에 예비적으로 위 장사법 위반죄의 공소사실을 추가하여 공소장변경할 수 있다.[38] 15

Ⅶ. 처 벌

5년 이하의 징역에 처한다. 미수범은 처벌한다(§ 162). 16

이처럼 본죄의 법정형이 ① 징역형으로만 규정되어 있고 그 하한이 없으며, ② 행위태양이 유사한 시체 등의 오욕죄(§ 159)(2년 이하의 징역 또는 500만 원 이하의 벌금)나 장사법 제40조 제8호 위반죄(1년 이하의 징역 또는 일천만 원 이하의 벌금)의 법정형에 비하여 과중하여 헌법에 위반되는지가 문제되었는데, 헌법재판소는 합헌이라고 결정하였다.[39] 즉 헌법재판소는 위 ①에 대하여, 입법자가 조상을 숭배하고 조상의 분묘를 설치하여 경건하고 존엄한 장소로 존중하며 함부로 훼손하여서는 아니 된다는 우리의 전통문화와 사상, 분묘에 대하여 가지는 17

36 대판 2008. 11. 20, 2007다27670(전).
37 대판 1978. 5. 9, 77도3588.
38 대판 1992. 4. 24, 91도3150.
39 헌재 2019. 2. 28, 2017헌가33.

국민 일반의 가치관 내지 법감정, 범죄예방을 위한 형사정책적 측면 등 여러 가지 요소를 고려하여 심판대상조항에서 법정형으로 징역형만을 규정한 것에는 수긍할 만한 합리적 이유가 있고, 법원이 구체적 사안에서 분묘의 상태, 행위의 동기 및 태양, 보호법익의 침해 정도 등을 고려하여 징역형의 기간을 달리하거나 결격사유가 없는 한 집행유예나 선고유예 등 죄질과 행위자의 책임에 따른 형벌을 과하는 것이 가능한 점에 비추어 입법재량의 범위를 벗어났다거나 법정형이 지나치게 과중하다고 보기 어렵고, 나아가 위 ②에 대하여, 본죄는 시체 등의 오욕죄(§ 159)보다 보호법익의 침해 정도가 크고 피해의 정도 또한 중하며 일반적으로 행위자의 책임에 대한 비난가능성도 크다고 할 수 있고, 장사법 제40조 제8호 위반죄는 그 보호법익과 죄질을 전혀 달리하므로, 이러한 보호법익 및 죄질의 차이를 고려하여 법정형에 차이를 둔 것에는 합리적인 이유가 있다는 이유로 합헌이라고 판시하였다.

〔조 균 석〕

제161조(시체 등의 유기 등)

① 시체, 유골, 유발 또는 관 속에 넣어 둔 물건을 손괴(損壞), 유기, 은닉 또는 영득(領得)한 자는 7년 이하의 징역에 처한다.

② 분묘를 발굴하여 제1항의 죄를 지은 자는 10년 이하의 징역에 처한다.

〔전문개정 2020. 12. 8.〕

구 조문

제161조(사체등의 영득) ① 사체, 유골, 유발 또는 관내에 장치한 물건을 손괴, 유기, 은닉 또는 영득한 자는 7년 이하의 징역에 처한다.

② 분묘를 발굴하여 전항의 죄를 범한 자는 10년 이하의 징역에 처한다.

Ⅰ. 취 지

본죄는 시체·유골·유발 또는 관 속에 넣어 둔 물건을 손괴·유기·은닉 또 1
는 영득하는 행위(제1항)[(사체·유골·유발·관내장치물)(손괴·유괴·은닉·영득)죄]를 처벌함으로써, 사자에 대한 공중의 추모감정이나 종교감정을 보호하기 위한 범죄이다. 판례는 사회적 풍속으로서의 사자에 대한 종교적 감정[1] 또는 매장에 관한 공서양속[2]을 침해한 범죄라고 한다. 보호의 정도에 대하여 추상적 위험범,[3] 구체적 위험범[4]이라는 견해도 있으나 침해범이다.[5]

1 대판 1998. 3. 10, 98도51.

2 대판 1948. 6. 8, 4281형상48.

3 김신규, 형법각론 강의, 779; 진계호·이존걸, 형법각론(6판), 605; 한상훈·안성조, 형법개론(3판), 688.

4 이상돈, 형법각론(3판), 883.

5 김일수·서보학, 새로쓴 형법각론(9판), 527; 박상기, 형법각론(8판), 596; 박찬걸, 형법각론(2판),

2 시체 등의 유기 등 행위(제1항)를 분묘를 발굴하여 한 때(제2항)[분묘발굴(사체·유골·유발·관내장치물)(손괴·유기·은닉·영득)죄]에는 가중하여 처벌한다.

Ⅱ. 시체 등의 유기 등(제1항)

1. 주 체

3 본죄의 주체에는 제한이 없다. 시체 등에 대하여 처분권을 가지고 있더라도 본죄의 주체에 해당한다.[6]

2. 객 체

4 본죄의 객체는 시체·유골·유발 또는 관 속에 넣어 둔 물건이다.

(1) 시체·유골·유발

5 시체·유골·유발의 개념은 시체 등 오욕죄(§ 160)에서의 그것과 같다.

(2) 관 속에 넣어 둔 물건

6 관 속에 넣어 둔 물건이란 장사나 기념을 위하여 시체와 함께 관 속에 넣어 둔 일체의 물건, 즉 부장물을 말한다. 시체의 착의 등이 여기에 포함된다. 관 자체는 포함되지 않고,[7] 관을 사용하지 않고 시체만 매장한 경우에 시체와 함께 묻어 둔 부장물도 여기에 포함되지 않는다.[8] 관 자체도 경우에 따라서는 발굴의 가치가 인정되어 영득의 대상이 될 수 있다는 점에서, 입법론으로는 '분묘 속에 넣어둔 물건'이라고 해야 한다는 견해가 있다.[9]

3. 행 위

7 손괴(損壞)·유기·은닉 또는 영득(領得)이다.

825; 임웅, 형법각론(11정판), 856; 정성근·박광민, 형법각론(전정3판), 698.

6 김성돈, 형법각론(8판), 742; 김일수·서보학, 527; 이재상·장영민·강동범, 형법각론(12판), § 38/20; 정성근·박광민, 704; 정영일, 형법각론(3판), 700; 정웅석·최창호, 형법각론, 284.

7 박찬걸, 825; 손동권·김재윤, 새로운 형법각론, § 41/15; 이재상·장영민·강동범, § 38/21; 정웅석·최창호, 284; 주석형법 〔각칙(2)〕(5판), 163(김도형).

8 박찬걸, 756; 주석형법 〔각칙(2)〕(5판), 163(김도형).

9 오영근, 형법각론(7판), 649; 정영일, 700.

(1) 손괴

손괴란 종교적 감정을 해할 정도의 물리적인 훼손 또는 파괴를 말한다.[10] 8
따라서 '물건의 전부 또는 일부에 대하여 유형력을 행사함으로써 그 원래의 용도에 따른 효용을 멸실시키거나 감손시키는 것'을 의미하는[11] 손괴죄(§ 366)에서의 손괴와는 그 의미가 다르다.[12] 손괴하는 수단이나 방법에는 제한이 없다. 예컨대 시신을 과도와 식칼 등으로 조각내는 행위,[13] 시체에서 장기를 적출하는 행위,[14] 시체에 뿌려져 있던 석유에 불을 붙이는 행위,[15] 시체냉동실의 전원을 차단하여 시체의 부패 정도를 심하게 한 경우,[16] 만병통치약으로 팔기 위하여 분묘에서 발굴한 영아의 시체를 태워 분말로 만든 경우[17] 등이 여기에 해당한다. 이장을 하면서 유골의 자연적 상태를 그대로 하지 않고 전체 유골에서 두골 중 일부만 분리하고 나머지 유골은 발굴장소에 그대로 둔 행위도 손괴에 해당한다.[18]

(2) 유기

유기란 사회적 풍습으로 인정되는 방법에 의하여 장사를 지내지 않고 시체 9
를 방기하는 것을 말한다. 유기는 시체에 대한 장소적 이전을 요건을 하지 않으며, 작위뿐 아니라 부작위에 의해서도 할 수 있다.

작위에 의한 유기로는 바다에 투기하는 행위,[19] 마루 안쪽에 밀어놓고 덮개 10
를 덮은 행위,[20] 현장에서 100미터 떨어진 곳에 있는 퇴비더미 속에 묻은 행위,[21] 근처 톱밥더미 속에 묻은 행위[22] 등을 들 수 있다. 작위의 유기와 관련하

---

10 대판 1957. 7. 5, 4290형상148.
11 대판 1989. 1. 31, 88도1592.
12 김성돈, 742; 김일수·서보학, 527; 손동권·김재윤, § 41/16; 오영근, 649; 정성근·박광민, 704.
13 대판 2008. 3. 27, 2008도507.
14 대판 2018. 9. 13, 2018도7658 등[원심판결 서울고판 2018. 4. 30, 2017노2950, 2017노2951(병합) 등].
15 대판 1989. 10. 24, 89도1600.
16 김일수·서보학, 528.
17 秋田地大館支判 昭和 31(1956). 12. 26. 判時 104·27.
18 대판 1957. 7. 5, 4290형상148.
19 대판 1997. 7. 25, 97도1142.
20 대판 1984. 11. 27, 84도2263.
21 대판 1986. 11. 11, 86도1989.
22 대판 1980. 8. 12, 80도1289; 대판 1981. 4. 14, 81도343.

여 새로운 장례방식인 '산골'(散骨)이 유기에 해당하는지 문제된다. 유족의 뜻에 따라 장사의 의식에 따라 행해지거나 법령에 따라[23] 산골시설 등에서 이루어진 경우에는 '사회적 풍습으로 인정되는 방법'에 해당하므로 본죄의 유기에는 해당하지 않는다고 할 것이다.

11 부작위에 의한 유기의 경우에는 작위의무, 즉 시체를 장제 또는 감호할 의무가 존재할 것을 전제로 한다. 작위의무는 법률이나 계약에 의해서는 물론, 조리에 의해서도 생긴다.[24] 따라서 작의의무가 없는 사람이 살해 후 시체를 현장에 방치하는 것만으로는 유기에 해당하지 않지만,[25] 모가 영아를 질식사하게 한 후에 시체를 그대로 방치한 때는[26] 유기에 해당한다. 자신이 관리하는 과수원에서 일하던 직원이 사망한 경우에 당국에 신고하거나 유족에게 통보하지 않고 매장한 경우[27]는 물론, 자택에서 사망한 가족을 그대로 둔 채 생활을 계속하거나 부활할 것이라며 기도를 계속하면서 방치하여 부패되도록 한 경우도 유기에 해당한다.

12 부작위에 의한 유기의 경우 작위의무가 존재하는 한 범죄가 계속되는지에 대해서는 ① 긍정설[28]과 ② 부정설[29]의 대립이 있다. 어느 견해에 의하느냐에 따라 공소시효 및 공범의 성립 여부가 달라진다. 유기가 작위냐 부작위냐에 따라 공소시효가 달라진다는 것은 적절하지 않으므로 처음 시체의 장제·감호의무를 위반하면 범죄가 종료한다고 할 것이다. 물론 그 이후에도 시체에 대한 장사가 치러지지 않고 있다는 위법상태는 계속되지만, 이것이 공소시효의 진행을 방해하지는 않는다고 할 것이다.

---

23 국립묘지의 설치 및 운영에 관한 법률 시행령 제18조(유골의 임시 안치 등) ④ 국립묘지관리소장은 유족 또는 관계기관의 장이 제3항에 따른 기간이 지난 후에도 유골을 국립묘지 외의 장소로 옮기지 아니하면 그 유족 또는 관계기관의 장(유족이 없는 경우에 한정한다)과 협의하여 국립묘지 내에 별도의 장소를 마련하여 산골 등의 방법으로 처리할 수 있다.

24 대판 1961. 1. 18, 4293형상859.

25 대판 1948. 6. 8, 4281형상48; 대판 1986. 6. 24, 86도891.

26 서일교, 형법각론, 221; 이재상·장영민·강동범, § 38/23; 정웅석·최창호, 285.

27 대판 1961. 1. 18, 4293형상859.

28 橋爪 隆, "不作為の死体遺棄罪をめぐる問題", 新時代の刑事法学(下)(椎橋隆幸先生古希記念), 信山社(2016), 270.

29 松尾誠紀, "不作為による死体遺棄の継続を認めて公訴時効の完成を否定した事例", 新·判例解説 Watch vol. 24(2019. 4), 176.

한편, 사체유기죄의 종료시기와 관련하여 작위의무 있는 사람이 작위로 시체를 유기(은닉)한 후에 그대로 시체를 방치하는 것이 부작위에 의한 사체유기죄를 구성하는지가 문제된다. 이에 대하여 일본에서는 ① 작위의 시체유기에 의하여 불법 내용은 평가되었기 때문에 그 시점에서 범죄는 종료하고 새로운 시체유기가 없는 한 그 후의 시체의 방치는 부작위에 의한 사체유기죄를 구성하지 않는다는 견해,[30] ② 작위 후의 부작위가 사체유기죄에 해당하는 것은 부정할 수 없으므로 시체를 방치하는 한 범죄는 계속되지만 공벌적 사후행위로서 포괄일죄가 된다는 견해,[31] ③ 작위에 의한 유기장소가 자신이 관리·지배하는 장소라면 유기행위가 계속된다고 할 것이지만, 유기장소가 이를 벗어난 곳이라면 처음의 유기행위 시점에 범죄가 종료한다는 견해[32] 등이 있다. 처음부터 부작위에 의하여 시체유기한 경우와의 형평을 고려할 때 위 ①의 견해가 타당하다. 13

(3) 은닉[33]

은닉이란 시체의 발견을 불가능하게 하거나 매우 곤란하게 하는 것을 말한다.[34] 피해자의 시체를 피해자의 것이 아닌 자신의 인적사항으로 속여서 화장하는 행위,[35] 집 옥상 물탱크 옆에 숨기는 행위[36] 등이 여기에 해당한다. 판례는 14

30 松尾誠紀(주 29), 176.

31 橋爪 隆(주 28), 262.

32 大阪地判 平成 30(2018). 7. 2. LEX/DB 25449610. 자신이 출산한 영아의 사망 후에 시체를 쓰레기통에 넣고 콘크리트를 부어 자신의 집에 방치하다가 이사를 가면서 다시 가지고 가 방치한 사안에서, 그 이후의 방치행위도 부작위에 의한 시체의 유기(은닉)에 해당하여 공소시효가 완성되지 않았다고 판시하였다.

33 일본형법 제190조의 사체손괴등죄의 행위는 '손괴, 유기 또는 영득'으로서 우리와는 달리 '은닉'이 별도의 행위로 규정되어 있지 않다. 따라서 일본형법 제190조의 '유기'는 '은닉'을 포함하는 개념이다. 은닉이 인정된 재판례로는 ① 살해한 시체를 가옥 내 마루 밑으로 옮겨서 숨긴 경우〔最判 昭和 24(1949). 11. 26. 刑集 3·11·1850〕, ② 범행 흔적을 은폐하기 위하여 시체를 살해현장인 가옥의 벽장 내에 집어넣고 매트리스를 덮어 밖에서는 쉽게 발견할 수 없도록 한 경우〔東京高判 昭和 56(1981). 3. 2. 高等裁判所刑事裁判速報集(昭和56年) 108〕 등이 있다. 그러나 ③ A가 차량 뒷좌석에서 그대로 사망하자 피고인 등 탑승자들이 경찰에 어떻게 설명할지 등에 관하여 말을 맞추는 등 시간을 벌기 위하여 약 1시간 정도 A를 실은 채 위 차량을 운전한 사안에서는, 이는 시체를 은닉하는 행위라고도 할 수 없고, 종교풍속상 도의상 수긍할 수 없는 방법으로 시체를 처리한 행위라고도 할 수 없다고 판시하였다〔福岡地判 令和 3(2021). 1. 21. 裁判所 Web{法学教室 No. 489(2021. 6)}〕.

34 대판 1986. 6. 24, 86도891.

35 부산고판 2012. 2. 8, 2011노335.

몰래 매장하는 행위에 대하여 유기에 해당한다고도 하고[37] 은닉에 해당한다고도[38] 한다. 검사의 기소 죄명(사체유기죄 또는 사체은닉죄)에 따른 판단으로 보이지만, 정확하게는 은닉에 해당한다고 해야 할 것이다.[39]

15 한편 살해의 목적을 실행함에 있어 사후 시체의 발견이 불가능하거나 매우 곤란하게 하려는 의사로 인적이 드문 장소로 피해자를 유인하거나 실신한 피해자를 끌고 가서 그곳에서 살해하고 시체를 그대로 둔 채 도주한 경우에는, 비록 결과적으로 시체의 발견이 현저하게 곤란하게 되는 사정이 있다 하더라도 은닉에 해당하지 않는다.[40]

(4) 영득

16 영득은 시체 등의 점유를 불법하게 취득하는 것을 말한다.[41] 여기서의 점유는 재산죄에서의 점유, 즉 재물에 대한 지배를 의미하는 것이 아니라 감시와 보관관계라는 의미에서의 보호를 말한다.[42] 따라서 재산죄에서의 영득의 의사는 물론, 시체 등을 처분할 의사나 경제적 이익을 얻을 의사는 필요하지 않다. 취득의 방법에는 제한이 없다. 직접·간접, 유상·무상을 묻지 않는다. 시체 등을 영득한 사람으로부터 재차 영득한 때에는 본죄가 성립한다고[43] 할 것이다.[44]

4. 위법성

17 사체 해부[형소 § 140, § 219(검증), § 173①, § 213의4①(감정), 사체 해부 및 보존에 관

---

36 대판 1995. 12. 8, 95도2043.
37 대판 1986. 7. 8, 86도765; 대판 1986. 8. 19, 86도1073.
38 대판 1993. 6. 8, 93도1021; 대판 1996. 6. 11, 96도857; 대판 2009. 2. 26, 2008도9867.
39 이재상·장영민·강동범, § 38/23(주 3).
40 대판 1986. 6. 24, 86도891.
41 배종대, 형법각론(13판), § 132/7; 손동권·김재윤, § 41/16; 이상돈, 884; 유기천, 형법학(각론강의 하)(전정신판), 13; 정웅석·최창호, 285.
42 오영근, 650; 이영란, 형법학 각론강의, 702; 이재상·장영민·강동범, § 38/25; 이정원·류석준, 673; 진계호·이존걸, 613.
43 김성돈, 743; 김일수·서보학, 528; 서일교, 222; 임웅, 843; 정성근·박광민, 705; 황산덕, 형법각론(6정판), 104; 주석형법 [각칙(2)](5판), 167(김도형).
44 조고판 1911. 8. 7. 총람 19·345는 성립하지 않는다고 판시하였으나, 大判 大正 4(1915). 6. 24. 刑錄 21·885(A가 타인의 분묘를 발굴하여 시체를 영득하고, 그 내장 일부를 꺼내어 B에게 판 사안에서 B의 형사책임이 문제되었는데, 원심은 장물취득죄의 성립을 인정하였으나 대심원은 이를 부정하고 사체영득죄의 성립을 인정)는 성립한다는 입장이다.

한 법률 § 2, 검역법 15①(v) 등)나 장기 적출(장기등 이식에 관한 법률 § 22)은 법령에 의하여 정당화되는 경우가 있다.

5. 죄수 및 다른 죄와의 관계

(1) 죄수

살해 후 시체를 은닉할 목적으로 시체를 손괴하여 일부는 유기하고 일부는 은닉한 경우에는 포괄하여 하나의 본죄(사체은닉죄)만 성립한다.[45] 그러나 살해 후 시체를 손괴하고 이어서 유기할 목적으로 이를 유기하였다면, 사체손괴죄와 사체유기죄가 모두 성립하고 두 죄는 실체적 경합관계라고 할 것이다.[46] 18

(2) 다른 범죄와의 관계

(가) 살인죄와의 관계

사람을 살해한 사람이 그 시체를 다른 장소로 옮겨 유기(은닉)하였을 때에는 시체유기(은닉)는 불가벌적 수반행위라는 견해도 있으나,[47] 불가벌적 수반행위나 사후행위라고 볼 수 없고 별도로 사체유기죄가 성립한다.[48] 이때 두 죄는 실체적 경합관계이다.[49] 19

그런데 사람이 죽었는지 살았는지를 판단하는 것이 매우 곤란하거나 불가능한 경우도 있기 때문에 '사망시기에 대한 착오'가 특히 살인죄와의 관계에서 문제된다. 그러한 사례로는 ① 사람을 살해할 의도로 살해하기 위한 행위를 한 뒤 피해자가 죽은 것으로 알고 유기하여 결국 사망하였는데 사실은 그 당시 피해자가 살아 있었던 경우, ② 아직 살아 있는 것으로 알고 살해하기 위하여 신체 손상행위를 하였는데 그 당시 피해자가 이미 죽어 있었던 경우, ③ 위 ①과 같이 사람을 살해할 의도로 살해하기 위한 행위를 한 뒤 피해자가 죽은 것으로 알고 유기하여 결국 사망하였으나 유기 당시 피해자가 살아 있었는지 죽었는지 입증이 안 되는 경우 등이 있을 수 있다. 20

---

45 대판 2000. 7. 28, 2000도1568(은닉); 대판 2008. 3. 27, 2008도507(은닉); 대판 2009. 2. 26, 2008도9867(은닉).

46 서울고판 2018. 4. 30, 2017노2950 등(상고심 판결 대판 2018. 9. 13, 2018도7658 등).

47 오영근, 651.

48 대판 1997. 7. 25, 97도1142.

49 대판 1984. 11. 27, 84도2263.

21 위 ①은 일종의 '개괄적 고의'와 유사한 사안으로 다양한 견해가 있을 수 있으나, 일련의 행위에 의한 살인죄만 성립하고 특별한 사정이 없는 한 별도로 사체유기죄는 성립하지 않는다고 할 것이다. 판례 중에는 피해자가 살해의 의도로 행한 구타행위에 의하여 직접 사망한 것이 아니라 죄적을 인멸할 목적으로 행한 매장행위에 의하여 사망하게 되었다 하더라도 전 과정을 개괄적으로 보면 피해자의 살해라는 처음에 예견된 사실이 결국은 실현된 것으로서 살인죄가 성립한다고 판시한 것이 있다.[50] 한편, 일본 판례 중에는 시체손괴의 경우에 살인죄와는 별도로 사체손괴죄를 인정한 판례가 있다. 즉 살인행위 후에 이미 피해자가 사망하였다고 생각하고 신원 판명을 곤란하게 하여 죄적을 은폐할 목적으로 피의자의 얼굴 위에 종이박스 등을 쌓아 불을 붙여 얼굴을 훼손한 사안에서, "매우 심한 두개골 내손상이어서 단시간 내에 사망할 것이 확실시되고 또한 실제로 사망하였고, 게다가 그 사망이 본건 손괴행위에 의한 연소 중에 초래된 것도 쉽게 추인되며, 피고인의 본건 손괴행위가 피해자의 사망에 어떠한 원인을 제공한 것은 아니라는 것은 명백하다. 이와 같은 상황 아래에서 피고인은 본건 손괴행위를 하였고, 또한 적어도 그에 따른 연소 중에 이와는 별도로 위 손상에 의하여 사망한 피해자에 대하여 그 사망의 전후에 걸친 연소에 의하여 결국 의도한 대로 사체손괴의 결과를 생기도록 한 것이므로, 이러한 경우에는 우연히 사후의 해부결과에 의하여 그 행위 시에 피해자의 생존의 가능성을 완전하게는 부정할 수 없는 소견이 있다고 하더라도 사체손괴의 책임을 져야 한다고 해석하는 것이 상당하다."고 판시하였다.[51] 그리고 사체유기죄만 문제된 사안, 즉 의식불명 상태에 빠진(그 원인은 불명) 피해자가 사망한 것으로 오신하고 큰 봉지에 넣고 콘크리트 조각을 달아 바다에 밀어 넣어 바로 익사토록 하여 시체를 유기한 사안에서, "본건 행위는 피해자의 신체를 바다에 밀어 넣은 시점에서 종료한 것으로 볼 것은 아니고, 그 신체가 바다 속 깊이 가라앉아 외부에서 쉽게 발견되지 않는 상태에 이르기까지 상당한 시간이 계속되는 것으로 보아야 하고, 또한 피해자는 유기행위가 완료되기까지 사이에 사망한 것으로 인정되기 때문에, 유기행위의 최종단계에서는 의도한 대로

50 대판 1988. 6. 28, 88도650. 살인죄와 별도로 사체유기죄도 기소되었는데, 위 판결문상으로는 어떻게 처리되었는지 확인할 수 없다.

51 東京高判 昭和 62(1987), 7. 30. 判時 1246·143.

사체유기의 결과가 생긴 것이며, 피해자의 사망시기에 관한 착오는 인과의 경과에 관한 착오에 지나지 않으므로 사체유기죄가 성립한다."고 판시하였다.[52]

위 ②의 경우에는 살인죄의 불능미수의 법리에 따라 해결하면 될 것이다.[53] 22
불능미수의 판단기준으로서의 위험성의 판단은 피고인이 행위 당시에 인식한 사정을 놓고 이것이 객관적으로 일반인의 판단으로 보아 결과발생의 가능성이 있느냐를 따져야 하므로,[54] 위 사례에서는 위험성이 인정되어 살인미수죄가 성립하고, 시체손괴의 고의가 인정되지 않으므로 별도로 사체손괴죄는 성립하지 않는다.[55] 위 ③의 경우에는 '의심스러운 때는 피고인의 이익으로'라는 원칙에 따라 해결하여야 할 것이다. 유기 당시 피해자가 이미 죽었다고 사실인정할 경우, 살인죄와 사체유기죄의 실체적 경합이 될 것이다. 이와는 달리 유기 당시 피해자가 아직 살아 있었다고 사실인정할 경우, 위 ①의 경우와 마찬가지로 살인죄만 성립할 것이다. 따라서 택일적 사실인정의 방법으로 피고인에게 보다 유리하게 유기 당시 피해자가 아직 살아 있었던 경우로 인정하여 살인죄만 성립한다고 할 것이다.

(나) 방화죄와의 관계

시체 등은 장례와 제사의 대상이 되는 한 물건으로 취급할 수 없으므로 시체 23
에 불을 놓아 소훼함으로써 시체를 손괴한 때에는 방화죄(§ 167)는 성립하지 않고 사체손괴죄만 성립한다.[56] 그러나 방화행위에 의하여 시체를 손괴하였을 때에는 방화죄(§§ 164-166)와 사체손괴죄가 성립하고, 두 죄는 상상적 경합관계이다.[57]

(다) 재산죄와의 관계

시체 등을 불법하게 취득한 경우에 사체 등 영득죄 외에 재산죄가 성립하 24
는지 문제된다. 해부용으로 병원에 팔거나 기증한 것은 이미 본죄의 객체가 아니므로 재산죄의 객체가 된다.[58] 그 외의 시체 등에 대해서는 ① 시체 등은 소

52 横浜地判 平成 28(2016). 5. 25. LEX/DB 25543379. 본 판결과 같은 '유기' 개념에 대하여 일본에서는 찬성하는 견해와 반대하는 견해의 대립이 있다.
53 주석형법 [각칙(2)](5판), 169(김도형).
54 대판 2019. 3. 28, 2018도16002(전)(준강간의 불능미수).
55 広島高判 昭和 36(1961). 7. 10. 判時 169·17).
56 임웅, 858; 진계호·이존걸, 613.
57 大判 大正 12(1923). 8. 21. 刑集 21·2·681.
58 이상돈, 884; 이재상·장영민·강동범, § 38/19.

유의 대상이 아니어서 재물이 될 수 없으므로 재산범죄는 별도로 성립하지 아니한다는 견해,[59] ② 사실상 거래의 대상이 되는 경우에는 재산범죄가 성립한다는 견해,[60] ③ 관 속에 넣어 둔 물건은 재물성을 가진다고 할 수 있으므로 별도로 재산죄가 성립한다고 하는 견해[61]가 대립한다. 위 ③의 견해가 타당하고, 그 경우 본죄와 재산죄는 상상적 경합관계이다.[62]

(라) 장사법위반죄와의 관계

25 매장에 의한 사체유기죄와 허가 없이 매장한 행위에 대한 장사법위반죄와는 실체적 경합범관계에 있다.[63]

6. 처 벌

26 7년 이하의 징역에 처한다. 미수범은 처벌한다(§ 162).

Ⅲ. 분묘발굴 시체 등의 유기 등(제2항)

27 분묘를 발굴하여 시체·유골·유발 또는 관 속에 넣어 둔 물건을 손괴·유기·은닉 또는 영득함으로써 성립하는 범죄이다. 즉 본죄는 분묘발굴죄(§ 160)와 시체 등 유기죄(§ 161①)의 결합범이다.[64] 본죄가 성립하기 위해서는 분묘를 발굴하는 기회에 손괴 등의 행위를 할 필요가 있다. 동시일 필요는 없으며, 분묘발굴에 따른 상태나 결과를 이용하여 행할 필요가 있다.[65]

28 분묘를 발굴하여 시체를 영득한 사람으로부터 시체를 매수하거나 타인이 발굴한 분묘에서 손괴 등을 하는 경우에는 본죄를 구성하지 않고, 본조 제1항의

---

59 박상기, 596; 신동운 282.

60 박찬걸, 826.

61 김성돈, 743; 김일수·서보학, 527; 배종대, § 132/7; 손동권·김재윤, § 41/19; 오영근, 649; 유기천, 15; 이상돈, 884; 이영란, 702; 이재상·장영민·강동범, § 38/19; 이정원·류석준, 674; 임웅, 850; 정성근·박광민, 706; 정영일, 706; 진계호·이존걸. 612.

62 김성돈, 743; 김일수·서보학, 527; 손동권·김재윤, § 41/19; 오영근, 649; 이상돈, 884; 이영란, 702; 이재상·장영민·강동범, § 38/19; 이정원·류석준, 674; 정영일, 706; 진계호·이존걸, 612.

63 대판 1982. 9. 28, 82도1713.

64 배종대, § 132/7; 손동권·김재윤, § 41/18; 신동운, 282; 오영근, 650; 유기천, 13; 이재상·장영민·강동범, § 38/26; 정웅석·최창호, 283; 주석형법 [각칙(2)](5판), 169(김도형).

65 西田 外, 注釈刑法(2), 682(嶋矢貫之).

죄를 구성한다.[66] 적법하게 분묘를 발굴하거나 적법한 목적으로 묘지를 파다가 관을 파괴한 경우에, 발견한 시체 등을 불법하게 손괴·유기·은닉·영득한 때에도 제1항의 죄를 구성한다.[67]

본죄는 제1항의 죄보다 가중하여 10년 이하의 징역에 처한다. 미수범은 처 29
벌한다(§ 162). 예컨대 시체 등을 손괴·유기·은닉·영득하기 위하여 분묘를 발굴
하였으나 그 뜻을 이루지 못한 경우에는, 분묘발굴죄의 기수가 아니라 본죄의
미수가 된다.[68]

〔조 규 석〕

66 주석형법 〔각칙(2)〕(5판), 169(김도형).
67 주석형법 〔각칙(2)〕(5판), 170(김도형).
68 오영근, 650.

제162조(미수범)
전2조의 미수범은 처벌한다.

1 본조는 분묘발굴죄(§ 160), 시체 등 손괴·유기·은닉·영득죄(§ 161①) 및 분묘발굴 시체 등 손괴·유기·은닉·영득죄(§ 161②)의 미수범 처벌규정이다.

2 일본형법에는 미수범 처벌규정이 없는데, 우리 형법은 형법을 제정하면서 미수범 처벌규정을 두었다.

〔조 균 석〕

제163조(변사체 검시 방해)
변사자의 시체 또는 변사(變死)의 의심이 있는 시체를 은닉하거나 변경하거나 그 밖의 방법으로 검시(檢視)를 방해한 자는 700만원 이하의 벌금에 처한다.
〔전문개정 2020. 12. 8.〕

구 조문
제163조(변사체검시방해) 변사자의 사체 또는 변사의 의심이 있는 사체를 은닉 또는 변경하거나 기타 방법으로 검시를 방해한 자는 700만원 이하의 벌금에 처한다.

Ⅰ. 취 지

본죄(변사체검시방해죄)는 변사자의 시체 또는 변사의 의심 있는 시체를 은닉하거나 변경하거나 그 밖의 방법으로 검시를 방해함으로써 성립하는 범죄로써, 검시라는 국가의 형사사법작용을 보호하기 위한 죄이다. 즉 본죄는 신앙과는 관계가 없고 공무방해의 죄로서의 성질을 가진 범죄이지만, 그 대상이 시체여서 본장에 함께 규정된 것이다.[1] 1

보호의 정도는 공무집행방해죄(§ 136)와 마찬가지로[2] 추상적 위험범이다.[3] 2

1 한국형사정책연구원, 형법제정자료집, 390.
2 대판 2018. 3. 29, 2017도21537.
3 김성돈, 형법각론(8판), 743; 김일수·서보학, 새로쓴 형법각론(9판), 529; 박찬걸, 형법각론(2판), 826; 오영근, 형법각론(7판), 651; 이영란, 형법학 각론강의, 703; 이형국·김혜경, 형법각론(2판), 744; 임웅, 형법각론(11정판), 858; 정성근·박광민, 형법각론(전정3판), 706.

Ⅱ. 객 체

3 변사자의 시체 또는 변사(變死)의 의심이 있는 시체이다.

1. 변사자의 시체

4 변사자의 시체란 자연사 또는 통상의 병사가 아닌 시체로서 범죄로 인한 사망이라는 의심이 있는 시체를 말한다. 사인이 불분명한 시체가 여기에 포함됨은 물론이다. 문제는 범죄로 인한 시체가 명백한 경우도 포함되는지 여부이다. 이에 대해서는 ① 포함설[4]과 ② 불포함설(통설)[5]이 대립된다. 판례는 "변사자라 함은 부자연한 사망으로서 그 사인이 분명하지 않은 자를 의미하고 그 사인이 명백한 경우는 변사자라 할 수 없으므로,[6] 범죄로 인하여 사망한 것이 명백한 사람의 사체는 같은 법조 소정의 변사체검시방해죄의 객체가 될 수 없다."고 판시하여[7] 위 ②의 불포함설의 입장이다.

2. 변사의 의심이 있는 시체

5 변사자인지가 의심이 되는 시체를 말한다. 이를 행위의 객체에 포함시킨 것은 형사소송법 제222조가 이를 검시의 대상으로 규정하고 있기 때문이다.[8] 한편 의료법 제24조는 "의사·치과의사·한의사 및 조산사는 사체를 검안하여 변사한 것으로 의심되는 때에는 사체의 소재지를 관할하는 경찰서장에게 신고하여야 한다."고 규정하고 있는데, 판례는 여기서 '변사의 의심'이란 "사인에 관한 병리학적 관점에서 그러한 의심이 있는 것을 의미하는 것이 아니라 법의학적인 관점에서 의심이 있는 경우를 가리킨다고 해석되고, 따라서 이를 판단함에 있어서는 사체 자체로부터 인식할 수 있는 이상뿐만 아니라 사체가 발견된 경

---

4 박상기, 형법각론(8판), 597.

5 김성돈, 744; 김신규, 형법각론 강의, 782; 박찬걸, 826; 오영근, 652; 원혜욱, 형법각론, 459; 이영란, 704; 이재상·장영민·강동범, 형법각론(12판), §38/28; 정영일, 형법각론(3판), 702; 정웅석·최창호, 형법각론, 285; 최호진, 형법각론, 858; 한상훈·안성조, 형법개론(3판), 691; 홍영기, 형법(총론과 각론), §109/6.

6 대판 1970. 2. 24, 69도2272; 대판 2003. 6. 27, 2003도1331.

7 대판 2003. 6. 27, 2003도1331.

8 이재상·장영민·강동범, §38/28.

위, 장소, 상황, 성별 등 제반 사정까지 고려하여야 할 것"이라고 한다.[9] 본죄에서의 '변사의 의심'도 마찬가지로 해석하면 될 것이다.

6 변사태나 변사의 의심이 있는 사태의 경우, 인체의 형태를 구비하고 있는 경우에는 변사자나 변사의 의심이 있는 시체에 해당한다는 것이 다수설이다.[10] 이에 대하여 본조의 보호법익에 비추어 범죄나 질병 또는 모자보건법에 따른 인공임신중절수술(§ 14) 등 태아가 죽은 이유가 명백한 경우가 아니라면 반드시 사람의 형태를 갖춘 경우의 사태로 한정하여 제한적으로 해석할 필요가 없다는 견해도 있다.[11] 낙태죄에 대한 헌법재판소의 헌법불합치 결정[12] 후 아직 낙태죄에 대한 입법이 이루어지지 않은 상태이지만, 결국 특정 범위의 태아에 대해서는 낙태죄로 처벌할 것으로 예상되므로, 그 경우 검시를 통하여 낙태죄의 객체인 태아에 해당하는지를 확인할 필요가 있는 점에 비추어, 낙태죄의 객체에 해당하는 정도의 형태를 구비하고 있는 사태는 본조의 객체에 해당한다고 할 것이다.

Ⅲ. 행 위

7 본죄의 행위는 사체를 은닉하거나 변경하거나 그 밖의 방법으로 검시(檢視)를 방해하는 것이다.

1. 검시의 방해

8 검시를 불가능하게 하거나 현저히 곤란하게 하는 것을 말한다.[13] 검시는 사망의 원인이 범죄로 인한 것인지를 판단하기 위하여 수사기관이 변사자의 상황을 조사하는 것을 말한다(형소 § 222). 수사의 단서에 지나지 않는다는 점에서 범죄혐의가 인정되는 경우에 하는 검증(형소 § 215, § 139)과는 구별된다. 이러한 사법검시 외에 전염병사의 의심이 있는 때에 행하는 행정검시도 본죄의 검시에

9 대판 2001. 3. 23, 2000도4464.
10 김일수·서보학, 530.
11 주석형법 [각칙(2)](5판), 174(김도형).
12 헌재 2019. 4. 11, 2017헌바127.
13 손동권·김재윤, 새로운 형법각론, § 41/21; 오영근, 652; 이재상·장영민·강동범, § 38/30; 임웅, 859.

해당한다는 견해[14]도 있으나, 사법검시가 아닌 검시(가족관계의 등록 등에 관한 법률 § 90①,[15] 형의 집행 및 수용자의 처우에 관한 법률 시행령 § 147[16])나 해부(검역법 § ① (v)[17])는 본죄의 검시에는 해당하지 않는다.[18]

2. 은 닉

9 변사체의 소재를 불분명하게 하여 그 발견을 곤란하게 하는 일체의 행위를 말한다.[19]

3. 변 경

10 시체의 현상을 바꾸는 행위를 말한다.[20] 사체 내부의 변경이든 외부의 변경이든 불문한다.[21] 시체 자체에 대한 변경이 아니라 정당한 이유 없이 변사체가 있는 현장을 바꾸어 놓은 때에는 경범죄 처벌법의 적용대상이 되어(§ 3①(v)[22]) 경범죄로 처벌된다.

4. 그 밖의 방법

11 '그 밖의 방법'은 검시를 방해할 의사로 시체 자체에 대하여 어떠한 유형력

---

14 김성돈, 744; 박찬걸, 827; 신동운, 형법각론(2판), 284; 정성근·박광민, 707.

15 가족관계의 등록 등에 관한 법률 제90조(등록불명자 등의 사망) ① 사망자에 대하여 등록이 되어 있는지 여부가 분명하지 아니하거나 사망자를 인식할 수 없는 때에는 국가경찰공무원은 검시조서를 작성·첨부하여 지체 없이 사망지의 시·읍·면의 장에게 사망의 통보를 하여야 한다.

16 형의 집행 및 수용자의 처우에 관한 법률 시행령 제147조(검시) 소장은 수용자가 사망한 경우에는 그 시신을 검사하여야 한다.

17 검역법 제15조(검역조치) ① 검역소장은 검역감염병에 감염되었거나 감염된 것으로 의심되는 사람, 검역감염병 병원체에 오염되었거나 오염된 것으로 의심되거나 감염병 매개체가 서식하는 것으로 의심되는 운송수단이나 화물에 대하여 다음 각 호의 전부 또는 일부의 조치를 할 수 있다.
 5. 검역감염병에 감염되었거나 감염된 것으로 의심되는 시체(죽은 태아를 포함한다. 이하 같다)를 검사하기 위하여 해부하는 것

18 주석형법 〔각칙(2)〕(5판), 176(김도형).

19 이재상·장영민·강동범, § 38/30; 임웅, 859; 주석형법 〔각칙(2)〕(5판), 175(김도형).

20 박찬걸, 827; 이재상·장영민·강동범, § 38/30; 임웅, 859.

21 주석형법 〔각칙(2)〕(5판), 175(김도형).

22 경범죄 처벌법 제3조(경범죄의 종류) ① 다음 각 호의 어느 하나에 해당하는 사람은 10만원 이하의 벌금, 구류 또는 과료(科料)의 형으로 처벌한다.
 5. (시체 현장변경 등) 사산아(死産兒)를 감추거나 정당한 이유 없이 변사체 또는 사산아가 있는 현장을 바꾸어 놓은 사람

등을 행사하는 것을 말한다. 예컨대 시체를 화장하거나[23] 손괴하는 경우는 물론, 검시현장에 접근하지 못하도록 하거나 검시작업을 하지 못하도록 검시관을 위협하는 행위나 변사체가 있은 방의 문을 걸어 잠그고 열어주지 않는 행위[24]는 물론, 시체를 그 실력적 지배 아래 두고 검시에 응하지 않는 행위[25]도 여기에 해당한다.[26]

Ⅳ. 고 의

본죄는 고의범이므로 변사체 또는 변사의 의심이 있는 시체라는 사실과 이에 대한 검시를 방해한다는 점에 관한 인식과 의사가 필요하고, 미필적 인식도 포함된다. 그런데 검시 시행 훨씬 전에 변사체를 은닉·변경하여 검시가 곤란 또는 불가능해진 경우에 행위자에게 자신이 은닉·변경하는 변사체가 '검시를 필요로 하는 변사체'라는 점까지 인식하여야 하는지가 문제된다. 12

이에 대해서는 ① 변사체를 은닉·변경한 이상 당연히 검시가 방해되는 것이고 변사체에 대하여 검시대상이라거나 검시를 받아야 한다는 인식은 고의의 대상이 아니라는 견해[27]와 ② 본죄의 성격상 변사체의 은닉·변경은 검시방해의 한 예시적 방법에 불과하고 오히려 검시방해가 구성요건적 기본사항이므로 방해대상이 검시를 필요로 하는 변사체라는 점에 대한 인식이 필요하다는 견해[28]가 대립한다. 위 ②의 견해가 타당하다. 13

23 김일수·서보학, 530; 손동권·김재윤, § 41/21.
24 김일수·서보학, 530; 주석형법 [각칙(2)](5판), 176(김도형).
25 대판 1998. 7. 28, 98도1395.
26 대판 1998. 7. 28, 98도1395.
27 김일수·서보학, 530; 배종대, 형법각론(13판), § 133/2, 서일교, 형법각론, 224; 정성근·박광민, 774; 진계호·이존걸, 형법각론(6판), 616.
28 주석형법 [각칙(2)](5판), 177(김도형).

V. 다른 죄와의 관계

1. 공무집행방해죄와의 관계

14 변사체를 검시하는 공무원인 검시관을 폭행 또는 협박하여 검시를 방해하거나 위계로 검시를 방해한 경우에 ① 본죄와 공무집행방해죄(§ 136①) 또는 위계공무집행방해죄(§ 137)가 성립하고 두 죄는 상상적 경합이라는 견해[29]도 있으나, ② 공무집행방해죄가 성립할 때에는 본죄는 별도로 성립하지 않고 그 형이 무거운 공무집행방해죄만 성립한다(통설)[30]고 할 것이다.

2. 사체은닉·손괴죄와의 관계

15 검시방해행위가 시체의 은닉·손괴행위에 해당하는 경우에 검시방해의 의사까지 있었을 때에는 본죄와 사체은닉·손괴죄가 모두 성립하고, 두 죄는 상상적 경합관계이다.[31]

VI. 처 벌

16 700만 원 이하의 벌금에 처한다.

〔조 균 석〕

29 권오걸, 스마트 형법각론, 960; 김일수·서보학, 531; 박상기, 598.
30 김성돈, 744; 오영근, 652; 이영란, 704; 이재상·장영민·강동범, § 38/30; 이정원·류석준, 형법각론, 674; 이형국·김혜경, 744; 임웅, 859; 정영일, 703; 정웅석·최창호, 286.
31 김일수·서보학, 531; 주석형법 〔각칙(2)〕(5판), 178(김도형).

第13장 방화와 실화의 죄

[총 설]

Ⅰ. 규 정

본장은 방화와 실화에 관한 죄를 규정하고 있는데, 그 객체의 유형에 따라 ① 건조물, 기차, 전차, 자동차, 선박, 항공기 또는 지하채굴시설이나 그 밖의 물건 등을 불태우거나 과실로 불태운 행위와 관련된 범죄(①유형), ② 보일러, 고압가스 기타 폭발성 있는 물건인 폭발성물건을 파열시키거나 과실로 파열케 한 행위와 관련된 범죄(②유형), ③ 가스, 전기, 증기 또는 방사선이나 방사성 물질을 방류하거나 가스, 전기 또는 증기의 공급을 방해하거나 과실로 방류·방해케 한 행위와 관련된 범죄(③유형)로 나눌 수 있다. 구체적으로는 현주건조물 등에의 방화(§ 164), 공용건조물 등에의 방화(§ 165), 일반건조물 등에의 방화(§ 166), 일반물건에의 방화(§ 167), 연소(§ 168), 진화방해(§ 169), 실화(§ 170), 업무상실화·중실화(§ 171), 폭발성물건파열(§ 172), 가스·전기 등 방류(§ 172의2), 가스·전기 등 공급방해(§ 173), 과실폭발성물건파열 등(§ 173의2)이 규정되어 있다. 1

본장의 조문 구성은 아래 [표 1]과 같다. 2

[표 1] 제13장 조문 구성

조문		제목	구성요건	죄명[1]	공소시효
§ 164	①	현주건조물 등에의 방화	ⓐ 불을 놓아 ⓑ 사람이 주거로 사용하거나 사람이 현존하는 건조물, 기차, 전차, 자동차, 선박, 항공기, 지하채굴시설을 ⓒ 불태움	(현주, 현존)(건조물, 기차, 전차, 자동차, 선박, 항공기, 광갱)방화	15년
	②		ⓐ ①의 죄를 지어 ⓑ 사람을 상해 또는 사망에 이르게 함	(제1항 각 죄명)(치상, 치사)	15년(치상) 25년(치사)
§ 165		공용건조물 등에의 방화	ⓐ 불을 놓아 ⓑ 공용으로 사용하거나 공익을 위해 사용하는 건조물, 기차, 전차, 자동차, 선박, 항공기, 지하채굴시설을 ⓒ 불태움	(공용, 공익)(건조물, 기차, 전차, 자동차, 선박, 항공기, 광갱)방화	15년
§ 166	①	일반건조물 등에의 방화	ⓐ 불을 놓아 ⓑ § 164와 § 165에 기재한 외의 건조물, 기차, 전차, 자동차, 선박, 항공기, 지하채굴시설을 ⓒ 불태움	일반(건조물, 기차, 전차, 자동차, 선박, 항공기, 광갱)방화	10년
	②		ⓐ 자기 소유에 속하는 ①의 물건을 ⓑ 불태워 ⓒ 공공의 위험을 발생	자기소유(건조물, 기차, 전차, 자동차, 선박, 항공기, 광갱)방화	7년
§ 167	①	일반물건에의 방화	ⓐ 불을 놓아 ⓑ § 164부터 § 166까지에 기재한 외의 물건을 ⓒ 불태워 ⓓ 공공의 위험을 발생	일반물건방화	10년
	②		ⓐ ①의 물건이 자기 소유	자기소유일반물건방화	5년
§ 168	①	연소	ⓐ § 166②, § 167②의 죄를 범하여 ⓑ § 164, § 165, § 166① 기재 물건에 ⓒ 연소	방화연소	10년
	②		ⓐ § 167②의 죄를 범하여 ⓑ § 167① 기재 물건에 ⓒ 연소		7년
§ 169		진화방해	ⓐ 화재에 있어서 ⓑ 진화용의 시설 또는 물건을 ⓒ 은닉, 손괴, 기타 방법으로 ⓓ 진화를 방해	진화방해	10년

1 2020년 12월 8일 형법개정으로 제164조 제1항의 '광갱'이 '지하채굴시설' 등으로 바뀌었으나, 대

조문		제목	구성요건	죄명	공소시효
§ 170	①	실화	ⓐ 과실로 ⓑ § 164, § 165 기재 물건, 타인 소유 § 166 기재 물건을 ⓒ 불태움	실화	5년
	②		ⓐ 과실로 ⓑ 자기 소유의 § 166, § 167 기재 물건을 ⓒ 불태워 ⓓ 공공의 위험을 발생		
§ 171		업무상 실화, 중실화	ⓐ 업무상과실 또는 중과실로 인하여 ⓑ § 170의 죄를 범함	(업무상, 중)실화	5년
§ 172	①	폭발성물건 파열	ⓐ 보일러, 고압가스 기타 폭발성 있는 물건을 ⓑ 파열시켜 ⓒ 사람의 생명·신체 또는 재산에 ⓓ 위험을 발생	폭발성물건파열	10년
	②		ⓐ ①의 죄를 범하여 ⓑ 사람을 상해 또는 사망에 이르게 함	폭발성물건파열 (치상, 치사)	15년
§ 172의2	①	가스·전기 등 방류	ⓐ 가스, 전기, 증기, 방사선, 방사성 물질을 ⓑ 방출, 유출, 살포시켜 ⓒ 사람의 생명·신체 또는 재산에 ⓓ 위험을 발생	(가스, 전기, 증기, 방사선, 방사성물질) (방출, 유출, 살포)	10년
	②		ⓐ ①의 죄를 범하여 ⓑ 사람을 상해 또는 사망에 이르게 함	(제1항 각 죄명) (치상, 치사)	15년
§ 173	①	가스·전기 등 공급방해	ⓐ 가스, 전기, 증기의 공작물을 ⓑ 손괴, 제거, 기타 방법으로 ⓒ 가스, 전기, 증기의 공급이나 사용을 방해하여 ⓓ 공공의 위험을 발생	(가스, 전기, 증기) (공급, 사용)방해	10년
	②		ⓐ 공공용의 가스, 전기, 증기의 공작물을 ⓑ 손괴, 제거, 기타 방법으로 ⓒ 가스, 전기, 증기의 공급이나 사용을 방해	공공용 (제1항 각 죄명)	10년
	③		ⓐ ①, ②의 죄를 범하여 ⓑ 사람을 상해 또는 사망에 이르게 함	(제1항, 제2항, 각 죄명)(치상, 치사)	10년(치상) 15년(치사)
§ 173의2	①	과실폭발성 물건파열 등	ⓐ 과실로 ⓑ § 172①, § 172의2①, § 173①, ②의 죄를 범함	과실(§ 172①, § 172의2①, § 173①, ② 각 죄명)	7년
	②		ⓐ 업무상과실, 중과실로 ⓑ ①의 죄를 범함	(업무상, 중)과실 (제1항 각 죄명)	

검찰청의 현행 「공소장 및 불기소장에 기재할 죄명에 관한 예규」(개정 대검예규 제1264호, 2022. 1. 27.)는 이전의 죄명(예컨대, 현주광갱방화 등) 그대로이다.

조문	제목	구성요건	죄명	공소시효
§ 174	미수범	§ 164①, § 165, § 166①, § 172①, § 172의2①, § 173①, ②의 미수	(§ 164①, § 165, § 166①, § 172①, § 172의2①, § 173①, ② 각 죄명)미수	
§ 175	예비, 음모	ⓐ § 165, § 166①, § 172①, § 172의2①, § 173①, ②를 범할 목적으로 ⓑ 예비, 음모	(§ 164①, § 165, § 166①, § 172①, § 172의2①, § 173①, ② 각 죄명)(예비, 음모)	7년
§ 176	타인의 권리대상이 된 자기의 물건	ⓐ 자기 소유에 속하는 물건이라도 ⓑ 압류 기타 강제처분을 받거나 타인의 권리 또는 보험의 목적물인 때에는 ⓒ 본장에 있어 타인의 물건으로 간주		

3 방화죄[2]에 있어 주거 등 물건 이외에 사람의 생명·신체를 보호함에 있어서는 ① 방화의 대상인 물건에 사람이 현존하거나 현존할 가능성 있는 상황을 규정하여 처벌하는 방식, ② 방화에 의하여 사망 또는 상해의 위험성이 발생할 때를 규정하여 처벌하는 방식, ③ 방화에 의하여 실제로 사망 또는 상해의 결과가 발생할 때 처벌하는 방식의 입법이 있다. 형법은 위 방식을 모두 포함한 광범위한 것이라 할 수 있다. 가령 제164조 제1항은 위 ① 방식, 제165조는 위 ② 방식, 제164조 제2항은 위 ③ 방식에 해당한다. 보호법익을 확장하고 처벌 대상을 확대하게 되면 처벌범위가 넓어져 헌법이 보장하는 기본권이 과잉 제한되는 문제가 발생함을 유의하여야 한다.

II. 연 혁

4 1995년 12월 29일 형법을 개정하면서 제172조의2(전기·가스 등 방류)와 제173조의2(과실폭발성물건파열 등)를 신설하였다. 제164조, 제166조, 제167조의 항을 분류하고, 제172조, 제173조 등에 있어서 상해와 사망을 구분하지 않고 동일

2 [총설]에서는 위 ① 내지 ③유형의 죄를 모두 합하여 본장의 표제에 따라 크게 방화와 실화로 구분하여 '방화의 죄', '실화의 죄'라고 하고, 위 ①유형의 죄의 경우 개별 구성요건적 행위에 따라 '방화죄', '실화죄' 등으로 용어를 구분하여 사용한다.

하였던 법정형을 그 결과에 따라 구분하여 정하였다. 그리고 벌금의 단위를 '환'에서 '원'으로 고치고 액수를 상향 조정하였다.

5 그리고 2020년 12월 8일 알기 쉬운 법령 문장으로 개정하면서(2021. 12. 9. 시행), 형법 전체적으로 변경한 용어(전항, 범한, 기타 등) 외에 첫째 제164조, 제165조, 제166조, 제170조의 '소훼'를 '불태운'으로, 둘째 제165조의 '공용 또는 공익에 공하는'을 '공용(公用)으로 사용하거나 공익을 위해 사용하는'으로, 셋째 제164조, 제165조, 제116조의 '광갱'을 '지하채굴시설'로 고쳤다. 그리고 제164조, 제165조, 제166조, 제167조의 표제 중 '… 등에의 방화'를 각각 '등 방화'로 고쳤다.

6 개정 이유는 "1953년 제정되어 시행된 현행 형법은 제정 이후 60년 이상 경과하였음에도 제정 당시의 어려운 한자어, 일본식 표현, 어법에 맞지 않는 문장 등이 그대로 사용되고 있고, 일상적인 언어 사용 규범에도 맞지 않아 일반 국민들이 그 내용을 쉽게 이해하기 어렵다는 지적이 있어 왔다. 형법은 형사실체법의 근간이 되는 법으로서 많은 형사 관련 특별법의 기초가 될 뿐만 아니라, 국민들의 일상생활에 직접 적용되는 기본법이라는 점에서 형법에 사용되는 용어나 문장은 형사 관련 특별법 등 다른 법령 문장의 모범이 되어야 하고, 국민들의 올바른 언어생활을 도모할 수 있어야 한다. 따라서 형법에 사용된 일본식 표현이나 어려운 한자어 등 개정이 시급한 대표적인 법률용어들을 국민의 눈높이에 맞추어 알기 쉬운 우리말로 변경하고, 법률문장의 내용을 정확히 전달할 수 있도록 어순구조를 재배열하는 등 알기 쉬운 법률 문장으로 개정함으로써 형법에 대한 국민의 접근성 및 신뢰성을 높이려는 것"이다.

7 그러나 이와 같이 한자를 우리말로 바꾼다고 하여 국민이 알기 쉽게 되지는 않는다. 그 이유는 ① 일상 언어와 규범 언어의 차이, ② 규범적 문구의 경합성, ③ 비결정으로 인한 불명확성 때문이다.[3]

8 가령 '선의'는 일상 언어로는 착한 마음으로 해석하지만, 규범 언어로서는 어떤 사실을 모름을 말한다. 이처럼 같은 단어라고 하더라도 일상 언어와 규범 언어는 다르다. 따라서 '선의'를 '착한 마음'으로 바꾼다고 하여 알기 쉽게 되지 않는다. '소훼'를 '불태움'이라고 바꾼다고 해도 마찬가지다.

---

3 이에 대한 상세는 안성수, 형벌조항의 해석방법, 박영사(2022), 8(일상 언어와 규범 언어), 16(경합적 언어), 142(비결정성 부분) 각 참조.

9 예를 들어, '아동학대'의 의미 해석에 있어서는 '학대'라는 개념 자체에 불명확성이 있다. 이에 더하여 훈육에 있어서는 부모 등의 판단을 존중해야 하므로 개념상 학대에 해당하더라도 처벌해야 할 학대의 범위에 대해 철학적 차이로 인한 의견 대립이 가능하다. 이를 경합성(contestability)이라 하고 이러한 같은 단어를 경합적 단어(contestable term)라 한다.[4] 경부 및 전흉부 피하출혈, 통증으로 약 7일 간의 가료를 요하는 상처,[5] 전경부흡입상[6]은 강간치상죄의 상해가 아니라는 판례는 강간치상죄의 무거운 형을 고려하여 상해를 상해가 아니라고 평가한 것이라고 본다. 이처럼 경합성이 있을 때에는 단어에 철학적 의미를 부여하여 그 의미를 축소하거나 확대하기 때문에 국민이 알기 쉽게 되지 않는다. 방화죄의 '공용' 또는 '공익'의 의미도 마찬가지다.

10 입법부가 부담을 피하기 위해 의도적으로 불명확한 문구를 사용한 때에는 금지 대상인 행위를 명확하게 알기 어렵다. 가령 가중처벌받는 '업무상 실화'의 업무의 한계를 예견하기 어렵다.[7]

11 국가형벌권과 개인의 자유의 접촉선을 규정하는 형벌조항은 매우 중요하고 위험한 것이다.[8] 따라서 형벌조항은 명확하고, 해석이 용이해야 한다. 형벌조항 자체로 합리적인 국민이라면 적용 범위를 예견할 수 있도록 그 실현을 위하여 면밀한 분석과 비평적 숙고가 필요하다.

Ⅲ. 보호법익

12 자기 소유물을 불태워도 공공의 위험을 발생한 때에는 처벌하는 점(§ 166②), 일반물건을 불태운 경우 공공의 위험이 발생하지 않는 때에는 처벌하지 않는다는 점(§ 167①)에서는, 공공의 생명·신체·재산에 대한 위험을 막기 위한 것으로서 공공의 안전이 보호법익이다.

---

4 YoungJae Lee, "Reasonable Doubt And Moral Elements", 105 J. Crim. L. & Criminology 1 (2015), 18.

5 대판 1994. 11. 4, 94도1311.

6 대판 1991. 11. 8, 91도2188.

7 이에 대한 상세는 **제171조 업무상실화죄에서의 '업무'** 부분 참조.

8 Stephen J. Schulhofer, "Toward a Just and Rational Body of Substantive Criminal law", 5 Ohio St. J. Crim. L. 367(2008), 367.

한편 자기 소유 일반건조물 등에 대해서는 공공의 위험이 발생한 때에만 처벌하고, 타인 소유 일반건조물 등에 대해서는 공공의 위험이 발생하지 않아도 처벌하며(§ 166①·②), 자기 소유 물건을 불태운 때에는 타인 소유 물건을 불태운 때보다 가볍게 처벌하고(§ 167①·②), 자기 소유 물건이라도 압류 기타 강제처분을 받거나 타인의 권리 또는 보험의 목적물인 때에는 타인의 물건으로 간주하여(§ 176) 타인의 재산권을 보호하고 있으므로 타인의 재산권도 보호법익으로 볼 수 있다. 13

또한, 방화로 인하여 개인의 생명·신체를 침해하는 것을 처벌하는 점(§ 164②)에서는 개인의 생명·신체도 보호법익이다. 14

그러므로 각 죄의 구체적 보호법익은 개별적인 구성요건에 따라 파악하여야 한다. 가령 제164조 제1항의 현주건조물등방화죄는 공공의 안전과 재산권을 침해한 것을 처벌하고, 제164조 제2항의 현주건조물등방화치사·상죄는 개인의 생명과 신체를 침해한 것을 처벌하므로, 제164조의 죄는 공공의 안전과 재산권 및 생명·신체를 보호법익으로 한다. 15

사람이 주거로 사용하거나, 실제 사람이 사상하지 않았더라도 사람이 존재하는 건조물에 대하여 그렇지 않은 건조물에 비해 가중처벌하고, 일반물건보다 일반건조물 방화를 더 무겁게 처벌하는 이유는 방화를 사람의 생명·신체와 더불어 주거권(right of habitation)을 침해하는 범죄로 보기 때문이다. 사람이 현존하는 건물과 주거용으로 사용하지만 방화 시점에 사람이 현존하지 않는 건물은 구체적 위험에 있어서는 차이가 있다. 전자는 사람의 생명·신체에 대한 위험이 실질적이지만, 후자는 사람이 없으므로 생명·신체에 대한 실질적 위험은 없고 다만 주거가 불타 없어지는 주거권이 침해될 실질적 위험만이 있다. 형법은 주거를 불태운 주거권의 침해와 방화로 인한 실질적 생명·신체에 대한 위험 발생에 대하여 법정형을 같게 하였으나, 생명·신체의 위험이 더 중하다 할 수 있으므로 구체적 양형에 있어서는 이를 구별할 필요가 있다. 16

따라서 본장의 죄의 보호법익을 구체적으로 본다면 개별조항에 따라 판단해야 하고, 전체적으로 본다면 공공의 안전, 개인의 생명·신체, 개인의 재산권, 주거권이라고 할 수 있다. 17

판례는 제164조 전단의 현주건조물에의 방화죄는 공중의 생명·신체·재산 18

등에 대한 위험을 예방하기 위하여 공공의 안전을 그 제1차적인 보호법익으로 하고, 제2차적으로는 개인의 재산권을 보호하는 것이라고 한다.[9]

19 학설로는, ① 이중성격설, 즉 방화죄의 주된 보호법익은 공공의 평온·안전이지만, 재산도 부차적 보호법이라고 보는 견해(통설),[10] ② 공공위험죄설, 즉 방화죄는 순수한 공공위험죄이며, 소유권에 따라 처벌을 달리하는 것은 불법의 차이를 고려한 것에 지나지 않는다는 견해[11]가 대립한다.[12]

Ⅳ. 공공위험범

1. 총 설

20 방화는 타인이 거주하는 집을 불태워 공포와 혼란을 야기하고 주거권을 상실하게 하며, 다른 사람의 재산을 원상회복이 불가능하게 손상하고, 불이 번지게 되는 때에는 다수인을 사상에 이르게 하는 행위이어서 역사적으로 매우 죄질이 무거운 죄로 여겨져 왔다.[13]

21 방·실화죄는 불로 인해 건조물이나 물건을 불태우는 범죄인데, 이는 직접 방화의 목적이 된 특정 물건을 훼손할 뿐만 아니라 그에 인접한 다수의 주민의 생명·신체·재산에 중대한 위협을 주기 때문에 공공의 안전을 보호법익으로 한다. 따라서 방화와 실화죄를 공공위험범이라고 한다.

9 대판 1983. 1. 18, 82도2341; 대판 2009. 10. 15, 2009도7421.

10 김성돈, 형법각론(8판), 576; 김신규, 형법각론 강의, 583; 김일수·서보학, 새로 쓴 형법각론(9판), 458; 박찬걸, 형법각론(2판), 651; 배종대, 형법각론(13판), § 97/8: 손동권·김재윤, 새로운 형법각론, § 32/3; 오영근, 형법각론(7판), 479; 이정원·류석준, 형법각론, 516; 이형국·김혜경, 형법각론(2판), 574; 임웅, 형법각론(11정판), 645; 정성근·박광민, 형법각론(전정3판), 516; 정성근·정준섭, 형법각론(2판), 389; 정영일, 형법각론(3판), 508; 정웅석·최창호, 형법각론, 144; 최호진, 형법각론, 683.

11 이재상·장영민·강동범, 형법각론(12판), § 27/8.

12 독일에서는 방화죄는 공공위험죄이지만 타인 소유의 건조물 또는 물건에 대한 방화죄는 손괴죄의 가중적 구성요건이라는 이원설이 통설이고(이재상·장영민·강동범, § 27/6), 일본의 통설〔大塚 外, 大 コン(3版)(7), 4(村瀨 均)〕과 판례〔大判 明治 44(1911). 4. 24. 刑錄 17·655)〕는 위 ①의 이중성격설의 입장이다.

13 John W. Poulos, "The Metamorphosis of the Law of Arson", 51 Mo. L. Rev. 295(1986), 300.

2. 추상적 공공위험범과 구체적 공공위험범

위험범은 구체적 위험범과 추상적 위험범으로 구분된다. 양자의 구별기준은 법익침해의 구체적 위험 발생이 구성요건인가, 아니면 단순한 추상적 위험 발생으로 충분한가에 있는데, 결국 조문의 구성요건에 '공공의 위험을 발생하게 한'이라고 규정되어 있는 죄가 구체적 위험범이라고 할 수 있다. 즉, 제166조 제2항, 제167조, 제170조 제2항, 제173조 제1항의 죄가 구체적 위험범에 해당한다. 22

3. 추상적 위험범

제164조, 제165조의 죄 등의 추상적 위험범은 형벌조항의 입법 취지가 공공의 위험을 보호하는 데 있을 뿐, 추상적 위험의 발생이 구성요건이 아니다. 따라서 추상적 공공의 위험은 구체적 사안에서는 범죄성립에 영향을 주지 못하는 이론적인 것에 불과하다. 제164조, 제165조의 죄는 공공의 위험 발생이 구성요건이 아니고 불태워야 성립하므로, 불태움이라는 실해(harm)가 있어야 하는 범죄이다. 23

이와 관련하여 가족이 주거로 사용하는 외딴집이 모래섬 한가운데 있어 다른 집에 연소할 위험성이 전혀 없는 경우에도 추상적 공공의 위험이 있어야 처벌할 수 있다고 보아, 이때에도 추상적 공공의 위험을 인정할 것인가가 문제된다. 이에 대해서는 ① 공공의 위험 발생이 필요적 구성요건이므로 행위자가 추상적 위험성을 인식을 하여야 한다는 견해, ② 피고인이 위험이 전혀 없는 것이 명백하다는 입증을 하면 구성요건이 조각된다는 견해, ③ 이와 같은 경우에도 작은 정도의 위험성은 존재한다는 견해, ④ 공공의 위험이 발생하지 않으면 개인 재산범죄로서 처벌근거를 찾을 수 있다는 견해 등을 생각할 수 있으나, 추상적 공공의 위험은 법문상 구성요건이 아님에도 이를 구성요건으로 보고 다시 이것이 존재한다고 부자연스럽게 해석할 이유가 없다. 추상적 공공의 위험 발생 여부를 따질 필요 없이 범인 이외의 가족이 주거로 사용하고 있으므로 현주건조물방화죄로 처벌 가능하다.[14] 형벌조항의 해석은 법조항에 있는 문구나 문구 24

14 일본의 통설은 초원의 외딴집에 사람이 없는 것을 확인하고 불을 붙인 경우에는, 현주건조물방화죄는 성립하지 않고, 건조물손괴죄(일형 § 260)만 성립한다고 한다[西田 外, 注釈刑法(2), 175(高山佳奈子)].

가 포섭하는 내용이 무엇인지를 확인하는 것이다. 따라서 법조항에 없는 문구를 삽입하거나, 혹은 존재하는 문구를 제거하여 형벌조항의 범위를 확장할 수는 없다. 이는 해석이 아닌 입법이기 때문이다.[15]

4. 공공의 위험

25 공공의 위험이 조문에 명시되어 있는 제166조 제2항, 제167조, 제170조 제2항, 제173조 제1항의 죄에서는, 공공의 위험이 발생하여야 범죄가 성립한다. 따라서 이때에는 불태운다는 실해(harm)와 공공의 위험(public danger)의 발생(endangering)이라는 구성요건이 모두 인정되어야 한다.

26 공공의 위험은 추상적 개념이다.

27 연혁상으로는 1583년 엘리자베스 1세 재위 시 영국에서 공공의 위험에 있을 때 고문 수사가 합법으로 가능하다는 공식 문건이 발견된 바 있다.[16] 공공의 위험은 공공의 안전(public safety)에 대비되는 것으로 공공의 안전에 위협을 줄 상황(a situation in which the public safety has been threatened)으로 정의되기도 하였다.[17] 예를 들면, 전염병, 전쟁, 죄수의 교도소 탈옥, 자연재해, 재정적 위기 등이 이에 해당한다.

28 공공의 위험은 임박한 위험(imminent danger)은 아니어도 된다. 마찬가지로 임박한 위험이라고 하여 반드시 공공의 위험은 아니다. 한 사람이나 한 가족에 대한 한정적 위험은 공공의 위험이라고 할 수 없다. 공공의 위험은 공공의 긴급한 필요(pressing public necessity)와 구별된다.

29 공공의 위험은 사회가 잠시 두려움을 느끼는 상황보다는 무겁지만 전쟁 같은 상황보다는 가벼운 것을 의미하는 개념이다. 이는 국가나 사회 구성원의 생명·신체·재산에 해로움이나 손실이 심각하게 발생할 우려를 말한다. 극히 경미한 재산에 대한 연소 위험이 발생한 정도에 불과한 때에는 공공의 위험 발생이 인정되지 않는다.

---

15 이에 대한 상세는 안성수, 형벌조항의 해석방법, 235(문자의 분명한 의미 부분) 참조.

16 James Dawson, "Public Danger", 36 Cardozo L. Rev. 2183(2015), 2187.

17 Emmerich De Vattel, "The Law of Nations", 1797; James Dawson, "Public Danger", 36 Cardozo L. Rev. 2183(2015), 2191.

30 공공의 위험은 적극적 구성요건이므로 그 발생 유무에 대한 판단기준이 문제된다. 판례는 공공의 위험을 법관이 가치판단에 의하여 정할 수 있는 규범적 개념으로 보고 있다. 즉 "「악취」「소음」 등의 개념은 「공공의 위험」「음란」「공연성」 등과는 달리 법관이 일정한 가치판단에 의하여 내릴 수 있는 규범적 개념이 아닌 것이므로 오물청소법시행규칙 제24조 제1항 제8호, 제2항 등에서 정한 「악취」인가 여부를 판단함에 있어서는 당해 법규가 정하는 기준치의 측정방법에 의하지 아니하고서 막연하게 함부로 판정할 수 없다."라고 판결하였다.[18]

31 자연과학적으로는 실해의 발생 가능성이 인정되지 않아서 물리적·객관적 위험성이 존재하지 않는 때에 구체적 공공의 위험이 인정될 것인지에 대하여는, 일반인의 개연성을 판단기준으로 하여 범행 당시의 구체적 상황으로 볼 때 물리적으로 위험이 없는 경우에도 일반인이 위험을 느낄 것 같은 상황이라면 공공의 위험이 있다는 것이 일반적인 견해[19]이다.[20]

32 그러나 이와 같이 추상적이고 막연한 심리적 요소를 부가하게 되면, 공공의 위험이 규범화되어 구체적 구성요건으로서의 의미가 형해화되고, 결국 추상적 위험범화될 우려가 있다.

33 공공의 위험을 해석함에 있어도 엄격해석의 원칙과 유추확장해석 금지의 원칙이 적용된다.[21] 언어의 추상성으로 인하여 공공의 위험, 음란물, 공연성 등을 더 이상 구체적이고 명확하게 규정할 수 없을 경우에는 일반인이 합리적으로 예견할 수 있는 수준으로 해석해야 한다. 결국 공공의 위험이 무엇인지를 해석하는 것은 실제 사건에서 그 당시의 일반인이 합리적으로 생각하는 수준에 따라 결정할 수밖에 없다. 그러나 이는 일반인의 예견가능성을 저해한다.

34 방화로 인한 일반 시민에 대한 위험으로부터의 공익보호를 저해하지 않으면서도 일반인이 일반적 상식으로 충분히 의미를 이해할 수 있도록 조문을 구체화하는 방안으로는, 금지되는 다양한 행위유형과 객체인 목적물, 처벌 대상인

---

18 대판 1989. 1. 31, 88도1650.
19 오영근, 486.
20 대판 2019. 3. 28, 2018도16002(전). 「(제27조의) 불능미수의 성립요건인 '위험성'은 피고인이 행위 당시에 인식한 사정을 놓고 일반인이 객관적으로 판단하여 결과 발생의 가능성이 있는지 여부를 따져야 한다.」
21 이에 대한 상세는 안성수, 형벌조항의 해석방법, 77(형벌조항의 해석 원칙) 참조.

피해액 등을 보다 세부적으로 규정하는 방식을 고려할 수 있다.

35 구체적 공공의 위험은 불특정 또는 다수의 생명·신체·재산에 대한 위험이 발생하는 것을 의미한다는 견해가 있으나(비한정설)(통설[22]),[23] 앞서 본 것과 같이 공공의 위험에 경미한 것을 포함시킬 경우 개인의 인권과 자유가 불공정하게 제한될 수 있고 예견 불가능한 사유로 처벌받을 수 있으므로 이는 제외되어야 하고, 또한 위험은 국어 사전상 '해로움이나 손실이 생길 우려가 있음'을 뜻하므로 '공공의 위험'은 '국가나 사회 구성원의 생명·신체·재산에 해로움이나 손실이 심각하게 발생할 우려'를 의미한다고 본다. 이러한 위험이 발생하였는지는 결국 사실인정의 문제가 될 것인데, 당시의 제반 상황을 모두 고려하여 전문적 지식 등을 바탕으로 합리적이며 객관적으로 판단하여야 한다. '우려'는 객관적으로 볼 때 합리적 수준에서 인정되는 것이어야 하고, 주관적 기준으로 판단해서는 안 된다.[24] 따라서 이러한 개념은 피고인의 입장에서도 자신의 행위가 이에 해당할 수 있다는 것을 예견할 수 있는 범위 내에서 적용해야 할 것이다.

5. 공공의 위험의 인식

36 방화죄의 고의는 대상물인 객체를 불태운다는 것을 인식하고 이를 실현하려는 의사이다. 여기서 고의의 요건에 공공의 위험 발생을 인식할 것을 요하는지가 문제된다.

(1) 추상적 위험범

37 추상적 위험범에 있어 공공의 위험은 구성요건요소가 아니기 때문에 공공의 위험 발생의 인식은 요하지 않는다. 현실적인 공공의 위험의 인식은 필요하

22 김성돈, 587; 오영근, 488; 이재상·장영민·강동범, § 27/11; 주석형법 〔각칙(2)〕(5판), 182(박찬).

23 일본 판례는 종래 제110조(건조물등이외방화)에서의 공공의 위험의 의미에 대하여, "일반불특정의 다수인으로 하여금 제108조(현주건조물등방화)와 제109조(비현주건조물등방화)의 객체에 연소하는 결과를 발생할 우려가 있다고 생각되는 상당한 상태"라고 하였으나〔大判 明治 44(1911). 4. 24. 刑錄 17·655〕(한정설), 이후 견해를 바꾸어 연소의 위험만에 한정되는 것을 의미하는 것이 아니라 "불특정 또는 다수인 사람의 생명, 신체 또는 (제108조·제109조 제1항에 규정한 건조물등 이외의) 재산에 대한 위험도 포함한다."고 판시하였다〔最決 平成 15(2003). 4. 14. 刑集 57·4·445〕(비한정설).

24 이에 대한 상세는 안성수, 형벌조항의 해석방법, 181(식품위생법의 우려 부분) 참조.

지 않지만 추상적 위험성의 인식이 필요하다는 견해가 있을 수 있으나, 추상적 위험이 구성요건이 아니기 때문에 명문 규정에 반하여 이를 요한다고 해석할 수 없다고 본다.

(2) **구체적 위험범**

38 제166조 제2항, 제167조, 제170조 제2항, 제173조 제1항의 죄와 같이 구체적 위험범에서는 공공의 위험 발생의 인식을 요하지 않는다는 견해(인식불요설)도 있으나,[25] 공공의 위험 발생이 구성요건이기 때문에 인식이 필요하다고 할 것이다(인식필요설).[26] 자기 소유의 물건을 불태운 때에는 처벌받지 않고, 오직 공공의 위험이 발생한 때에만 범죄가 되기 때문에 이를 고의의 내용이라고 보지 않을 수 없다.

39 이를 결과적 가중범으로 보면 공공의 위험에 대한 예견가능성이 있으면 충분하다. 그러나 공공의 위험 발생이 구성요건임에도 명백한 규정 없이 피고인에게 불리한 결과적 가중범으로 해석하는 것은 죄형법정주의 원리에 반한다. 법조문상 결과적 가중범을 의미하는 '이르게 한 때'와 방화죄에서의 '발생하게 한'은 명백하게 구별되므로 구체적 위험범을 결과적 가중범으로 해석할 수는 없다. 피고인을 결과적 가중범으로 처벌하기 위해서는 조문상으로 이를 명확하게 하여야 한다. 예를 들면, '불태우고 그로 인하여'라고 표현하여 고의범과 구별되는 결과적 가중범으로 명시함이 상당할 것이다.

40 제170조 제2항의 자기 소유의 일반건조물 등과 일반물건의 실화죄는 고의범이 아니고 과실범이기 때문에 과실행위 시에 공공의 위험 발생을 인식하는 것이 불가능하므로 예견가능성이 있으면 처벌할 수 있다고 해석할 수 있다. 이와 같은 해석은 과실범의 일반해석에 부합하는 것으로 일반인도 객관적·합리적으로 알 수 있다고 볼 수 있다. 그러나 죄형법정주의 원칙상 피고인에게 불이익한 확장해석은 금지되므로[27] 제170조 제2항의 '불태워 공공의 위험을 발생하게 한'을 '불타

25 最判 昭和 60(1985). 3. 27. 刑集 39·2·75. 「(공공의 위험 발생을 구성요건으로 하고 있는) 형법 제110조(건조물 등 이외 방화) 제1항의 방화죄가 성립하기 위하여는 불을 놓아 동조 소정의 물(物)을 소훼하는 인식이 있을 필요가 있으나 소훼의 결과 공공의 위험을 발생시킨다는 것까지를 인식할 필요는 없는 것으로 해석하여야 한다.」

26 김성돈, 587; 이재상·장영민·강동범, § 27/36; 임웅, 659; 정영일, 516; 주석형법 [각칙(2)](5판), 182(박찬).

27 이에 대한 상세는 안성수, 형벌조항의 해석방법, 172(엄격 해석, 확장 해석 금지 부분) 참조.

게 하고 그로 인하여 공공의 위험이 발생한 때'라고 개정함이 상당하다.

41 구체적 위험범에 있어 공공의 위험의 인식은 제168조의 연소죄의 연소 가능성의 인식과 구별되어야 한다. 즉, 공공의 위험은 국가나 사회 구성원의 생명·신체·재산에 해로움이나 손실이 심각하게 발생할 우려를 의미하므로 피고인은 이러한 것을 인식하고 있어야 한다. 구체적 위험범에서의 공공의 위험의 인식은 고의의 내용이며, 연소 가능성이 있다는 인식만으로 공공의 위험에 고의가 있다고 볼 수는 없다. 방화죄의 고의를 연소 가능성의 예견으로 보는 것은 고의와 과실의 경계를 불분명케 하여 실화죄를 방화죄로 처벌하는, 즉 과실범의 고의범화를 초래할 수 있게 되는데, 이는 피고인에게 불리한 해석으로 죄형법정주의에 반한다고 볼 수 있다.[28]

42 실무상 공공의 위험은 불타는 데 수반한 위험을 주된 내용으로 한다. 예를 들면 약간의 연기만 발생하여 불탄 경우, 타인의 생명·신체·재산에 해로움이나 손실이 심각하게 생길 우려가 없는 때에는 공공의 위험에 대한 고의가 있다고 인정되지 않을 것이다.

V. 방화죄의 개념

1. 불을 놓아

(1) 의의

43 방화죄의 실행행위는 불을 놓는 것이다. 불을 놓는다는 것은 목적물의 연소를 야기하는 행위 또는 불태우는 원인력을 제공하는 행위를 하는 것이다. 직접적으로 목적물 또는 매개체에 점화하는 경우는 물론, 잔불에 기름을 붓는 것과 같이 이미 존재하는 불을 확대하는 경우도 포함한다.

44 화재가 발생하면 발화지점을 포함한 주변부 전체가 불타는 경우가 일반적

28 자기가 결정하지 않은 것이나 결정할 수 없는 것에 대하여는 책임을 지지 않는다는 자기책임 원리는 법치주의에 당연히 내재하는 원리다(헌재 2011. 4. 28, 2009헌바90). 따라서 형벌은 고의 책임주의가 원칙이며, 과실범을 처벌하려면 형벌조항에 이를 명확히 해야 한다. 아울러 과실범은 고의범에 비해 가벼운 처벌로 고의 책임주의의 예외를 인정하는 문제점을 보완해야 한다. 과실범의 법정형이 징역형이 아닌 금고형 또는 벌금형인 이유도 이 때문이다[이에 대한 상세는 안성수, 형벌조항의 해석방법, 62(이행 가능성 부분) 참조].

이어서 주변 정황증거가 충분히 확보되지 않은 이상, 그 자체로는 발화원인 등을 입증하기 어려운 때가 많다.

(2) 부작위에 의한 방화

(가) 부진정부작위범의 의의와 성립범위

형법상 퇴거불응죄(§ 319②), 병역법상 소집불응죄(§ 88①)와 같이 부작위가 구성요건으로 되어 있을 때 의무에 위반하여 작위를 하지 않은 것을 '진정부작위범'이라 하고, 이와 같이 부작위가 구성요건으로 되어 있지 않고 작위범으로 규정되어 있는 것을 부작위에 의하여 실현하는 경우를 '부진정부작위범'이라고 한다. 45

부진정부작위범에 대해서는 예를 들어 절도를 막을 기회가 있는 사람이 이를 막지 않았다면 부작위에 의한 절도죄의 공범이 되는가, 절도를 막을 기회가 있는 사람이 이를 막지 않았는데 범인이 절도를 하지 않았다면 미수의 공범이 되는가 등 성립 범위에 대한 문제가 있다. 즉, 사람을 굶겨 살해한 경우와 같이 부작위를 명백하게 작위와 같게 볼 수 있는 때가 아닌 제3의 영역에 있어 어느 정도까지 부진정부작위범을 인정할 것인가가 문제된다. 46

제18조는 "위험의 발생을 방지할 의무가 있거나 자기의 행위로 인하여 위험발생의 원인을 야기한 자가 그 위험발생을 방지하지 아니한 때에는 그 발생된 결과에 의하여 처벌한다."라고 규정한다. 이에 의하면 소화 담당자가 점검을 게을리하였는데 제3자가 전기를 사용하던 중 전선의 합선으로 불이 난 때 방화죄로 처벌하거나 교통사고 피해자를 구호하지 않아 사망한 경우에 살인죄로 처벌하는 것이 가능한 것처럼 보인다. 47

그러나 먼저 부작위범이 성립하기 위해서는 인도적 정의감이나 적정성 또는 도덕에 따른 의무가 아닌 법률상 의무를 이행하지 않아야 한다.[29] 죄형법정주의 원칙상 도덕적 의무위반의 책임은 도덕적 비난이 될 뿐 형사처벌이 될 수 없다. 따라서 단지 위와 같은 범죄를 방지할 기회가 있었다는 이유로 절도의 공범으로 처벌할 수 없다. 48

법률의 작위의무의 유무는 처벌받는 부작위범과 처벌받지 않는 부작위의 구별기준이다. 그러나 이러한 법률상 작위의무의 존재는 부작위를 마치 작위에 49

29 People v. Beardsley, 150 Mich. 206(1907), 211.

의하여 범행을 저지른 것과 같이 간주하여 과잉처벌을 초래할 수 있게 한다. 따라서 법률에 특정한 의무가 있을 때의 부작위를 바로 부작위에 의한 작위와 동일시하는 것은 문제를 지나치게 단순화하는 것이다.

50 순수한 부작위는 형벌조항에서 정한 작위의무를 위반한 때에만 처벌 대상인 범죄행위가 되는데, 문제는 작위의무가 부여되는 상황은 인간이 지배할 수 없는 시간과 장소에서 예기치 않게 도래될 수 있다는 데 있다. 예를 들어, 지나가던 행인이 우연히 교통사고 피해자를 보고서도 도와주지 않은 것은 순수한 부작위라고 할 수 있다. 자신이 교통사고를 내고 피해자가 다친 것을 알면서도 그대로 도주한 사고 운전자의 부작위와 지나가던 행인의 부작위는 다르다. 이 경우 교통사고 피해자를 발견하면 도와주어야 한다는 법률이 제정되었다고 하더라도 행인이 도와주지 않았다는 사정만으로는 처벌할 수는 없다. 순수한 부작위의 경우 법률상 또는 계약상 의무가 있다는 것만으로 바로 형사처벌하면 책임주의와 법치주의에서 요구하는 명확성 원칙에 반할 수 있기 때문이다. 가령 이러한 사람 중에는 그 요부조 의무의 원인 발생을 알 수 없거나 혹은 부조에 대하여 통제하거나 관리할 능력이 없는 사람이 있는데, 법률상 부조의무만을 근거로 처벌할 때에는 정당화될 수 없는 형사책임의 확대를 초래할 수 있다.[30]

51 대부분의 사안에 있어 일반인은 법률상 의무규정의 존재나 제18조의 부작위범 규정에 의하여 자신의 부작위가 작위행위와 같이 처벌받는다는 것을 예상하기 어렵다. 따라서 교통사고 운전자가 피해자를 구호하지 않아 그가 사망한 경우에도 부작위에 의한 살인죄로 처벌하지 않고 특정범죄 가중처벌 등에 관한 법률상의 도주차량죄라는 특별법위반으로만 처벌한다. 또한, 오토바이 운전 클럽에 가입한 회원이 다른 회원을 도와주어야 한다는 계약서에 서명했다는 이유로 그가 사고가 난 다른 회원을 도와주지 않아 사망하였다고 하여 부작위에 의한 살인으로 처벌할 수는 없다. 이는 단순한 계약상 의무만으로 부작위를 실질적으로 작위와 같은 것으로 취급할 수 없기 때문이다.

52 그러므로 단순한 법률상 의무의 존재만으로는 처벌 가능한 부작위를 구별할 수는 없다. 이러한 단순한 법률상 의무의 존재는 부작위를 처벌할 것인지에

30 이에 대한 상세는 안성수, 형벌조항의 해석방법, 131(막연하므로 무효 부분) 참조.

대한 해석의 출발점에 불과하다. 부작위가 작위와 동등한 형법적 가치가 있는지는 신중한 판단이 필요하다.

민사법 등에 법률상 의무가 있다는 것을 근거로 형사처벌을 하면 민사법 등 53
과 형사법은 추구하는 목적이나 목적을 실현하는 방법이 다름에도 입법자의 의도와 달리 민사법 등의 의무규정을 형사법에 도입하여 처벌하는 문제를 야기한다.

특정한 부작위를 처벌할지 여부는 기본적으로 정책적 문제로서 입법자가 54
결정할 입법의 영역에 속하는 것이다. 이 과정을 법원의 형사판결에 의하여 대체하면, 도덕적 감정이 유·무죄 인정에 반영될 수 있고, 죄형법정주의에도 반할 수 있다.[31] 제3의 영역에서의 부진정부작위를 넓게 인정하여 작위범과 같이 처벌하는 것은 과잉처벌을 초래할 수 있다. 결국 부작위를 처벌하려면 이를 특정하여 형벌조항을 입법하는 것이 필요하고,[32] 바람직하다고 본다.

부진정부작위범은 작위범보다 가볍게 처벌하여야 한다. 예를 들면, 화재가 55
발생하는 것을 방지하지 못한 것이 가사 방화로 인정되는 경우라도 이는 직접 고의로 화재가 나도록 불을 지른 행위보다는 가벌성이 가볍다고 할 수 있기 때문이다.

부진정부작위범은 부작위와 결과 사이에 즉시적이며 직접적인 인과관계 56
(immediate and direct cause)가 인정되어야 한다.[33] 또한, 작위행위를 하여 결과발생을 방지하는 것이 용이해야 한다. 불가능한 것을 형사처벌하는 것은 책임주의에 반한다.

판례는 "살인죄와 같이 일반적으로 작위를 내용으로 하는 범죄를 부작위에 57
의하여 범하는 이른바 부진정부작위범의 경우에는 보호법익의 주체가 법익에 대한 침해위협에 대처할 보호능력이 없고, 부작위행위자에게 침해위협으로부터 법익을 보호해 주어야 할 법적 작위의무가 있을 뿐 아니라, 부작위행위자가 그러한 보호적 지위에서 법익침해를 일으키는 사태를 지배하고 있어 작위의무의 이행으로 결과발생을 쉽게 방지할 수 있어야 부작위로 인한 법익침해가 작위에

31 George P. Fletcher, "On the Moral Irrelevance of Bodily Movements", 142 U. Pa. L. Rev. 1443(1994), 1449.
32 Jacobo Dopico Gomez-Aller, "Criminal Omissions: A European Perspective", 11 New Crim. L. Rev. 419(2008), 429.
33 Jones v. United States, 308 F.2d 307(1962), 310.

의한 법익침해와 동등한 형법적 가치가 있는 것으로서 범죄의 실행행위로 평가될 수 있다. 다만 여기서의 작위의무는 법령, 법률행위, 선행행위로 인한 경우는 물론, 신의성실의 원칙이나 사회상규 혹은 조리상 작위의무가 기대되는 경우에도 인정된다. 또한 부진정부작위범의 고의는 반드시 구성요건적 결과발생에 대한 목적이나 계획적인 범행 의도가 있어야 하는 것은 아니고 법익침해의 결과발생을 방지할 법적 작위의무를 가지고 있는 사람이 의무를 이행함으로써 결과 발생을 쉽게 방지할 수 있었음을 예견하고도 결과발생을 용인하고 이를 방관한 채 의무를 이행하지 아니한다는 인식을 하면 족하며, 이러한 작위의무자의 예견 또는 인식 등은 확정적인 경우는 물론 불확정적인 경우이더라도 미필적 고의로 인정될 수 있다."고 한다.[34]

58 또한 대법원은, "형법상 부작위범이 인정되기 위해서는 형법이 금지하고 있는 법익침해의 결과 발생을 방지할 법적인 작위의무를 지고 있는 자가 그 의무를 이행함으로써 결과 발생을 쉽게 방지할 수 있었음에도 불구하고 그 결과의 발생을 용인하고 이를 방관한 채 그 의무를 이행하지 아니한 경우에, 그 부작위가 작위에 의한 법익침해와 동등한 형법적 가치가 있는 것이어서 그 범죄의 실행행위로 평가될 만한 것이라면, 작위에 의한 실행행위와 동일하게 부작위범으로 처벌할 수 있고, 여기서 작위의무는 법적인 의무이어야 하므로 단순한 도덕상 또는 종교상의 의무는 포함되지 않으나 작위의무가 법적인 의무인 한 성문법이건 불문법이건 상관이 없고 또 공법이건 사법이건 불문하므로, 법령, 법률행위, 선행행위로 인한 경우는 물론이고 기타 신의성실의 원칙이나 사회상규 혹은 조리상 작위의무가 기대되는 경우에도 법적인 작위의무는 있다."라고 판결하였다.[35]

59 판례가 법적인 의무에 법률행위, 신의성실, 사회상규, 조리상 의무 등까지 포함한 것은 민사법의 이론을 적용한 것으로 보인다. 민사법 등과 형사법은 추구하는 목적이나 목적을 실현하는 방법이 다름에도 이러한 이론을 도입한 것은 타당하지 않다고 생각한다. 여기서의 법적인 의무는 부작위가 작위와의 동등한 형법적 가치를 가지고 있는지를 판단하기 위한 것, 즉 결과를 부작위의 방법으로 실현할 때 그것이 작위로 실현하는 것과 다르지 않은지를 판단하는 하나의

34 대판 2015. 11. 12, 2015도6809(전).
35 대판 1996. 9. 6, 95도2551.

자료일 뿐이므로 결과적으로는 문제가 없다고 볼 수도 있으나, 이러한 해석은 죄형법정주의 명확성 원칙에 반할 수 있다고 본다.

60 또한 부진정부작위범의 고의에 있어 결과 발생의 예견이 불확정적인 경우에 미필적 고의가 있다고 쉽게 인정한다면, 실질적으로는 과실범이나 결과적 가중범임에도 고의범으로 처벌할 가능성이 있으므로 주의할 필요가 있다고 본다.

(나) 부작위에 의한 방화죄의 인정 범위

61 방화죄의 '불을 놓아'는 작위 개념으로 해석되므로 '불을 놓아'를 '불을 끌 의무에 위반하여 불을 방치함으로써'와 같은 문장으로 해석할 수는 없다. 여기서 부작위, 즉 '불을 방치함으로써' 또는 '주의의무를 게을리하여' '불을 놓는' 작위범의 구성요건을 실현할 수 있는지가 문제된다.

62 일본 판례 중에는 화재보험에 가입된 집의 소유자인 피고인이 불단(神棚)에 불을 붙여 예식을 할 때 촛대의 받침대가 불완전하여 불이 붙은 초가 종이쪽으로 기울어져 있는 것을 확인하고도 화재가 나면 보험금을 탈 수 있다고 생각하고 외출하였고, 그 촛불이 종이에 옮겨 붙어 집이 연소된 사안에서, 부작위에 의한 방화죄의 성립을 인정한 것이 있다.[36] 이 판결에서는 구체적인 사안에서 공공질서, 선량한 풍속에 비추어 사회통념상 당연히 조치를 취할 의무가 인정되면 그로써 작위의무를 도출할 수 있다고 하였다. 한편 사무실에서 잔업 중인 회사원이 숯불이 다량 들어있는 화로를 나무 책상 밑에 두고 별실로 가서 잠을 자다가 돌아와 보니 화로에서 나무 책상에 불이 옮겨 붙는 것을 보고, 숙직원들을 불러 협력을 구하면 쉽게 불을 끌 수 있었음에도 자신의 잘못이 발각될까 두려워 어떠한 조치도 하지 않고 도주하여 수채의 가옥이 소훼된 사안에서, 이미 발생된 불에 의해 다른 건물이 소훼될 수 있다는 것을 용인하는 의사로 불이 옮겨 붙지 않도록 소화할 의무가 있고 용이하게 소화에 필요한 조치를 취할 수 있음에도 이를 하지 않았다는 이유로 부작위에 의한 방화죄를 인정한 것이 있다.[37]

63 부작위에 의한 방화죄에서 소화의무의 근거로는 작위의무와 같이 법령, 계약, 사무관리, 조리, 관습을 들 수 있다. 예를 들면, ① 방화 또는 실화의 선행행위가 있는 때, ② 건조물의 소유자, 점유자, 관리자와 같은 사회적 지위에 기

36 大判 昭和 13(1938). 3. 11. 刑集 17·237.
37 最判 昭和 33(1958). 9. 9. 刑集 12·13·2882.

초하여 건조물에 대한 배타적 지배관계가 인정되고, 이로부터 그 건조물의 연소의 결과를 방지할 의무가 있는 경우이다.

64 이러한 소화의무는 법적으로 부작위를 작위와 같이 평가할 수 있는 수준의 의무이어야만 하므로 단순한 도덕적 의무로는 인정될 수 없다고 본다. 그리고 경범죄 처벌법 제3조 제1항 제29호[38]의 협력의무나 소방기본법 제54조 제2호[39]의 화재현장 근처에 있는 자의 소방활동의무만으로는 일반적으로 부작위에 의한 방화죄에 해당하지 않고,[40] 부작위가 작위에 의하여 불을 놓은 것과 같이 평가될 수 있는 고도의 의무가 있어야 부작위에 의한 방화죄가 성립할 수 있다고 할 것이다.

65 방화죄의 부진정부작위범의 성립요건으로는 ① 소화의무의 존재, 즉 화재를 방지할 의무가 있어야 하고, ② 소화 가능성 및 용이성, 즉 불을 끄는 것이 가능하고 쉬워야 하며, ③ 고의, 즉 이미 발생한 불을 이용할 의사가 있어야 한다고 한다.[41] 예를 들면, 아버지를 살해하려는 아들이 아버지와 격투 중 아버지가 던진 불이 집안에 흩어져 연소되고 있는 것을 알고 이를 쉽게 소화할 수 있었음에도 증거를 인멸할 의사로 그대로 두어 그 불이 이웃집의 물건을 소훼한 때에 부작위에 의한 방화죄의 성립을 인정할 수 있다고 한다.[42] 부작위에 의한 방화에 있어서의 고의는 이미 발화된 불에 의해 건조물이 불탄다는 것을 인용하

38 경범죄 처벌법 제3조(경범죄의 종류) ① 다음 각 호의 어느 하나에 해당하는 사람은 10만원 이하의 벌금, 구류 또는 과료(科料)의 형으로 처벌한다.
  29. (공무원 원조불응) 눈·비·바람·해일·지진 등으로 인한 재해, 화재·교통사고·범죄, 그 밖의 급작스러운 사고가 발생하였을 때에 현장에 있으면서도 정당한 이유 없이 관계 공무원 또는 이를 돕는 사람의 현장출입에 관한 지시에 따르지 아니하거나 공무원이 도움을 요청하여도 도움을 주지 아니한 사람

39 소방기본법 제54조(벌칙) 다음 각 호의 어느 하나에 해당하는 자는 100만원 이하의 벌금에 처한다.
  2. 제20조를 위반하여 정당한 사유 없이 소방대가 현장에 도착할 때까지 사람을 구출하는 조치 또는 불을 끄거나 불이 번지지 아니하도록 하는 조치를 하지 아니한 사람
제20조(관계인의 소방활동) 관계인은 소방대상물에 화재, 재난·재해, 그 밖의 위급한 상황이 발생한 경우에는 소방대가 현장에 도착할 때까지 경보를 울리거나 대피를 유도하는 등의 방법으로 사람을 구출하는 조치 또는 불을 끄거나 불이 번지지 아니하도록 필요한 조치를 하여야 한다.
제2조(정의) 이 법에서 사용하는 용어의 뜻은 다음과 같다.
  3. "관계인"이란 소방대상물의 소유자·관리자 또는 점유자를 말한다.

40 김성돈, 580; 주석형법 [각칙(2)](5판), 192(박찬).

41 이재상·장영민·강동범, § 27/30.

42 大判 大正 7(1918). 12. 18. 刑錄 24·1558.

는 의사[43]라고 한다. 이는 예를 들면 자신의 선행행위로 불이 붙고, 그 불이 곧 건물에 번질 것을 알고, 그것을 이용하거나 받아들이는 의사를 말한다고 한다.

방화죄는 불에 타거나 공공의 위험 발생이 필요하고 특정한 작위를 구성요 66
건으로 하지 않으므로 부작위에 의한 방화는 부작위가 작위와 구별 가치가 없을 때, 즉 동등하다고 평가될 때에만 인정된다.

선행행위로 인한 부작위에 의한 방화죄는 실화죄와 구별된다. 책임주의원 67
칙에 따르면 범죄의도와 범죄행위는 동시(concurrence)에 존재해야 한다. 실화죄에 해당함에도 부작위에 의한 방화죄로 처벌해서는 안 된다. 따라서 자신의 선행행위로 이미 발화된 불을 이용하여 대상물을 불태울 의사가 없으면, 실화죄나 업무상실화, 중실화죄의 성립만 문제된다. 또한, 불태울 의사가 있을 시점에 다른 사람이 소화하지 못하도록 하는 등 법적으로 작위와 동등한 가치로 평가될 부작위가 있어야 한다.

예를 들어 위험물안전관리법 제15조에 의한 위험물안전관리자와 같이 법률 68
에 의하여 위험물의 취급에 관한 안전관리와 감독을 하여야 하는 의무가 있는 자가 화재가 발생한 것을 알면서 용이하게 소화할 수 있었음에도 다른 사람이 소화하지 못하도록 하면서 불태울 의도로 이를 방치한 때나, 자신이 담배를 태우기 위해 불을 붙이는 도중 그 불이 위험물에 번져 건조물이 불에 탈 것을 알면서 용이하게 소화할 수 있었음에도 다른 사람이 소화하지 못하도록 하고 불태울 의사로 도망한 경우와 같이, 부작위가 작위와 같은 가치를 가질 때에는 부작위에 의한 방화죄를 인정할 수도 있다.

그러나 주거의 소유주라는 이유만으로 소화의무를 인정하고, 그 집에서 일 69
어난 불을 끄기 위하여 자신의 생명의 위험을 감수하면서 소화의무를 다하지 못하였다고 하여 발생한 결과에 대하여 방화죄로 형사처벌할 수는 없다.

모텔 방에 투숙하여 담배를 피운 후 재떨이에 담배를 끄게 되었으나 담뱃 70
불이 완전히 꺼졌는지 여부를 확인하지 않은 채 불이 붙기 쉬운 휴지를 재떨이에 버리고 잠을 잔 과실로 담뱃불이 휴지와 침대시트에 옮겨 붙게 함으로써 화

43 이용하려는 의사와 인용하려는 의사를 구별하여 인용하려는 의사면 충분하다는 견해로는 김일수·서보학, 461. 그러나 인간의 심리는 복잡 다양하여 이와 같은 구별은 상상에서나 가능하고, 현실에는 불가능하다고 본다.

재가 발생한 사안에서, 위 화재가 중대한 과실 있는 선행행위로 발생한 이상 화재를 소화할 법률상 의무는 있다 할 것이나, 화재 발생 사실을 안 상태에서 모텔을 빠져나오면서도 모텔 주인이나 다른 투숙객들에게 이를 알리지 아니하였다는 사정만으로는 화재를 용이하게 소화할 수 있었다고 보기 어렵다는 이유로, 부작위에 의한 현주건조물방화치사·상죄의 공소사실에 대해 무죄를 선고한 원심의 판단을 수긍한 판례가 있다.[44]

2. '불태운'의 의미

(1) 의의

71 '불태운'은 방화·실화죄의 구성요건적 결과로서 기수의 요건이다. 추상적 위험범은 물론 공공의 위험 발생을 요건으로 하는 구체적 위험에서도 구성요건임에 변함이 없다. 불을 놓는 것만으로는 방화죄가 기수에 이르지 않고 불태워야 한다. 형벌조항이 '불을 놓거나 불태운' 이 아닌 '불을 놓아 … 불태운'으로 되어 있고, 이는 문법상 선택이 아닌 병존을 의미함이 분명하므로 그대로 해석해야 한다(plain meaning rule).

72 개정 전의 '소훼'는 불에 타서(燒) 훼손이 발생(燬)한다는 의미로서 훼손의 개념이 단어의 의미에 분명히 포함되었다. 그러나 '불태운다'에는 훼손이 명백히 포함되어 있지 않아, 오히려 훼손이 필요한지 여부가 애매하게 되었다.

73 '소훼(燒燬)'를 '불태운'으로 변경한다고 하여 알기 쉽게 되지는 않는다. 여기서의 '불태운'은 일상 언어가 아닌 규범 언어이고, 경합성을 가진 단어이며, 또 비결정성이 있기 때문이다. 따라서 '불태운'에 훼손(damage)이 필요한지, 경미한 훼손은 배제할 것인지 등에 대해 결정이 필요하다. 이는 입법부가 성문 법률로 정함이 권력분립, 죄형법정주의에 부합한다.[45]

74 '불태운'도 구성요건이므로 형벌조항 해석의 기본원칙을 따라야 한다. 이를 벗어나 피고인에게 불이익하게 유추·확장하여 해석할 수 없다.

75 일반적으로 단어의 의미가 법률에 정의되어 있지 않고, 또 그 단어의 의미가 분명하거나 일상적이지 않을 때에는 해석이 필요하다. '불태운'의 의미는 형

44 대판 2010. 1. 14, 2009도12109.
45 이에 대한 상세는 안성수, 형벌조항의 해석방법, 189(사법부의 형벌조항 창설과 폐지 부분) 참조.

법에 정의되어 있지 않다. 일상적 의미 즉 국어사전상으로는 '불을 붙여 타게 하다'이다.[46] 규범 언어로서의 '불에 탄'의 의미의 해석이 필요하다.

76 '소훼'를 '불태운'으로 바꾼 입법 의도가 '훼손'을 배제하여 방화죄의 성립범위를 확장하려 한 것인지는 명시되어 있지 않다. 명시되지 않은 입법 의도는 법해석의 자료가 될 수 없다.[47] 명시된 문언이 없이 입법 의도를 단순하게 추정할 수는 없기 때문이다. 오히려 한자어를 우리말로 바꾼다는 개정취지에 의하면 방화죄의 성립범위를 확장한다는 의도가 없다고 해석할 수 있다. 이러한 해석은 자유민주주의, 법치주의의 실현을 추구하는 입법부의 역할에도 부합한다.

77 법조항은 모든 문장, 단어에 의미를 부여하며 해석해야 한다.[48] 법조항의 모든 단어는 의미를 가지며, 과잉 언어가 아니라고 해석한다. 형벌조항에서는 구성요건을 이루는 단어 하나하나를 신중하게 보아야 하며, 단어의 과잉으로 불필요하다는 해석은 최대한 자제해야 한다.[49] 오직 다른 가능성이 없을 때에만 불필요한 단어로 해석한다.[50] 그런데 '불을 놓아'와 별도의 단어인 '불태우는'이 독립한 의미를 가지려면 목적물에 훼손이 있어야 한다. 아무런 훼손이 필요 없다고 해석한다면 불을 놓기만 하면 되고 '불태운'은 과잉 언어가 되기 때문이다.

78 형벌조항에서 반복해서 나오는 단어는 일관되게 해석한다.[51] 같은 단어를 사실 관계가 다르다고 해서 다른 의미로 해석할 수 없다.[52] 형벌조항의 의미는 적용할 때마다 달라질 수 없다. 이렇게 다르게 해석하면 형벌조항은 그때그때 달라지기 때문이다.[53] 제167조의 일반물건방화죄는 제1항 자기 소유가 아닌 물건과 제2항 자기 소유 물건을 불태운 것을 나누어 규정하는데, 이때 '불태운'의

---

46 네이버 국어사전 참조.

47 이에 대한 상세는 안성수, 형벌조항의 해석방법, 313(입법 의도 부분) 참조.

48 Amanda K. Branch, "Hyde in Plain Sight -- Back to Basics with the Hyde Amendment", 33 Rev. Litig. 371(2014), 388; TRW Inc v. Andrews, 534 U.S. 19(2001), 31; United States v. Menasche, 348 U.S. 528(1955), 538-39.

49 Pennsylvania Dept. of Public Welfare v. Davenport, 495 U.S. 522(1990), 562; Potter v. United States, 155 U.S. 438(1894), 446.

50 이에 대한 상세는 안성수, 형벌조항의 해석방법, 308(전체 단어 유의미 해석 부분) 참조.

51 Michael L. Travers, "Mistake of Law in Mala Prohibita Crimes", 62 U. Chi. L. Rev. 1301 (1995), 1308.

52 United States v. Santos, 553 U.S. 507(2008), 521.

53 이에 대한 상세는 안성수, 형벌조항의 해석방법, 273(맥락 부분) 참조.

의미에 훼손이 필요없다면 이와 같이 소유권에 따라 나눌 필요가 없다. 타인 소유 물건에 훼손이 없다면 자기 소유 물건을 훼손한 것과 다르지 않기 때문이다. 따라서 일관성을 위해서도 훼손을 요한다고 해석해야 한다.

79 법조항의 의미는 맥락에 의존한다. 따라서 법조항은 전체로서 해석해야 한다. 법조항의 단어를 고립적으로 분석해서는 안 된다. 법률의 전체적인 구성과 맥락을 고려하여 특정 조항과 절을 살핌으로써 법률의 다른 여러 부분과 조화를 이루도록 해석해야 한다.[54] 제176조는 타인의 권리대상이 된 자기의 물건을 타인의 물건으로 간주하는데, 불태운다는 의미에 훼손을 포함하지 않는다면 본 조항과의 맥락에도 부합하지 않는다. 타인의 권리대상이 된 자기 물건에 훼손이 없다면 타인의 입장에서는 피해가 없기 때문에 타인의 물건으로 간주할 필요가 없기 때문이다.

80 따라서 '불태운'은 불에 태워 훼손한다는 의미로 해석함이 상당하다. 그러나 이러한 해석보다는 '불태우다'는 의미에 대한 정의조항을 두거나 '불에 태워 훼손'으로 개정함이 필요하다. 나아가 경미한 훼손을 무기 또는 3년 이상의 징역에 처하는 것은 바람직하지 않으므로 가령 50만 원 이상의 피해와 같이 객관적 액수를 정할 필요가 있다. 형벌의 범위를 정하는 정책적 판단은 입법부가 결정해야 한다.

81 불태우기 위해서는 점화(발화), 연소, 훼손이 필요하다. 연소(燃燒, combustion)는 물질이 빛이나 열 또는 불꽃을 내면서 빠르게 산소와 결합하는 반응을 말한다. 즉, 연소는 물질이 공기 중 산소를 매개로 많은 열과 빛을 동반하면서 타는 현상으로서 일반적으로는 불꽃을 내면서 타는 현상을 말한다. 연소는 반드시 불꽃이 수반해야만 하는 것은 아니고, 숯이 타는 것과 같이 불꽃이 오르지 않고 타는 경우도 있다. 따라서 불로 인한 열기에 의하여 콘크리트 벽면을 기둥에서 분리하여 떨어지게 한 경우, 화학적으로 처리된 벽면을 용해시킨 경우에도 불태운 것에 해당한다고 본다. 또한, 연소 과정에서의 연기가 벽지를 그슬린 경우에도 불태운 것이라고 본다.

82 불을 놓으면 실행의 착수가 있고,[55] 불에 접촉했지만 훼손이 없으면 아직 불태운 것에 해당하지 않고, 불이 붙어 조금이라도 훼손의 결과가 발생하면 불

---

54 People v. Acostga, 29 Cal. 4th 105(2002), 112.
55 이재상·장영민·강동범, § 27/31; 주석형법 〔각칙(2)〕(5판), 194(박찬).

태운 것이므로 추상적 공공위험범은 기수가 된다.

훼손된 부분과 훼손에 이르지 않은 부분이 일체가 되어 있는 때에는 훼손 83
에 해당한다. 불을 붙이는 과정에서 그을리는 단계에 그쳐 타서 훼손된 상태에 이른 것으로 볼 수 없다면 불태운 것이라 할 수 없다. 건조물의 벽돌로 된 벽 근처의 마당에 가솔린을 붓고 불을 붙였는데 그 불이 건조물의 벽까지 가지는 않고 근처까지만 갔으며, 그 결과 벽에 약간의 그슬림만이 있고 훼손이라고 볼 경제적 손해가 없다면 불태운 것이라고 할 수 없을 것이다. 불에 접촉했지만 대상물의 가치 저하나 효용 장애가 없다면, 훼손이 없으므로 불태운 것이 아니라고 본다. 또한, 자동소화기나 소화 과정에서 소방관의 소방수 살포로 인한 훼손은 불이 아닌 물에 의한 것으로 그 자체로는 불태웠다고 할 수 없다. 실제 화재에서 물에 의한 훼손 부분과 불에 의한 훼손 부분을 구별하는 것은 쉽지 않다.

(2) 기수시기

현주건조물등방화죄 등의 추상적 위험범은 불타면 기수에 이른다.[56] 공공 84
의 위험을 구성요건으로 하는 구체적 위험범에서는 불태움과 공공의 위험 발생이 있어야 기수에 이른다.

이때 어떤 시점에 이르러야 불태운 것인지에 대해서는 종전에 소훼에 이른 85
시기를 두고 다양한 견해가 있었다. '불태운'의 의미를 불에 타 훼손된다는 의미로 해석하면 이전의 소훼와 같으므로[57] 종전의 견해를 살펴본다.

① 독립연소설은 불이 방화의 매개물을 떠나 목적물에 옮겨져 독립하여 연 86
소작용을 계속하는 상태에 이르렀을 때를 소훼로 보며, 목적물의 효용이 침해되

---

56 이재상·장영민·강동범, § 27/31; 주석형법 [각칙(2)](5판), 196(박찬).

57 이와 관련하여, ① '불태운'과 '소훼'는 입법 취지에 비추어 같은 의미라는 견해가 있다. 예컨대, 김성돈, 581은 "입법자의 의도는 소훼 개념을 그대로 살리는 한도 내에서 언어만 순화하였지만, 그로 인해 당해 구성요건의 해석론에 미칠 영향을 현재로선 가늠하기 어렵다. '불태움'은 일상적 언어관용상 - 독립연소설이 새기듯이 - 매개물을 떠나 목적물에 붙어 옮겨붙은 정도는 넘어서지만, - 효용상실설이 요구하듯이 - 목적물이 완전히 불타 없어짐(전소)의 정도까지에 이르지 않는다고 볼 수 있다."고 하고(기수시기에 관하여 여전히 일부손괴설)도 있고, 오영근, 483은 "양자가 같은 의미인지 의문이 있지만, '불태운'이라는 용어로의 개정이 쉬운 용어로 표현하기 위한 개정이라는 점을 감안한다면 같은 의미라고 보아야 할 것이다."라고 한다(기수시기에 관하여 여전히 일부손괴설). 반면에, ② 박찬걸, 654는 '불태운'에는 훼손시킨다는 의미가 제외된다고 한다(기수시기에 대하여 일부손괴설에서 독립연소설로 변경).

는 것을 필요로 하지 않는다는 것이다.[58] 방화죄가 기본적으로 공공의 위험범임을 전제로 하여, 목적물이 독립하여 연소를 개시한 이상 일반적으로 공공의 위험이 발생한다는 것을 근거로 한다.

87 이에 대해서는 ⓐ 방화죄의 재산침해 측면을 간과하고 있고,[59] ⓑ 조문상 소훼와 공공의 위험이 연결되어 있음에도 독립연소 시 공공의 위험이 발생하고 그때 필연적으로 소훼가 있다는 것은 조문과 배치되는 것이며, ⓒ 내화성건조물이 증가하여 독립연소를 인정하기 어려울 수 있고, ⓓ 목조건물이 대부분인 나라(일본 등)에서 방화죄의 기수시기를 앞당길 필요가 있지만 그렇지 않는 다른 나라에서는 그럴 필요가 없으며, ⓔ 위와 같이 방화 기수시기가 앞당겨지기 때문에 방화기수가 쉽게 인정되고, 방화미수의 인정을 어렵게 하며, 실해의 정도에 비해 양형이 지나칠 수 있다는 비판이 있다.[60]

88 독립연소설에 의할 경우 벽지에서 불꽃이 발생한 경우에는 기수, 아직 불꽃이 발생하지 않고 그을리기만 한 경우에는 미수가 되는데, 이 정도의 차이만으로 기수와 미수를 구별하게 되는 것은 피고인의 행위나 객관적 위험성을 떠난 우연한 사정에 의하여 처벌을 달리하게 되는 결과가 되는 문제가 발생하게 된다.

89 이에 대하여는 ⓐ 소훼는 실화죄의 요건이기도 한데 실화죄에는 미수범 처벌규정이 없어 효용상실설에 의할 때에는 실화죄의 성립범위가 축소될 가능성이 있고, ⓑ 내화성 신소재를 쓴 건축물 등에 있어서도 유독가스에 의한 생명·신체의 위해가 가능하므로 독립연소설을 유지할 충분한 이유가 있으며, ⓒ 독립연소설에 의하더라도 실제 기수와 미수는 대상물의 탄화 진행 정도에 의하여 물리적으로 판정하기 때문에 효용의 상실을 감안할 수 있고, ⓓ 집행유예가 가능하므로 사안에 따라 구체적인 형을 부과할 수 있다는 반론이 있다.

90 ② 효용상실설은 불에 의하여 목적물의 주요부분이 소실되어 그 본래의 효용을 잃어버리는 정도의 훼손이 된 상태를 소훼라고 보는 것이다. 방화·실화죄도 침해범의 성격을 가지고 있다는 것, 또는 공공의 위험이 있다고 하기 위해서는 객체의 주요부분의 효용을 상실해야 한다는 것을 근거로 한다.

---

58 이재상·장영민·강동범, § 27/23; 이정원·류석준, 524; 주석형법 〔각칙(2)〕(5판), 198(박찬).
59 정성근·박광민, 522.
60 大塚 外, 大 コン(3版)(7), 23-24(村瀨 均).

이에 대해서는 ⓐ 방화죄의 재산범적 성격을 중요시한 나머지 공공의 위험범으로서의 성격을 경시하고,[61] ⓑ 새로운 내화성 건자재를 사용하는 건축물에 대해 건조물의 주요부분의 소훼에 이르러야 기수가 된다고 하면 기수의 성립범위를 축소시켜 중대한 공공의 위험이 발생하더라도 기수범으로 처벌할 수 없게 된다는[62] 비판이 있다. 91

③ 중요부분연소개시설은 물건의 중요부분이 연소를 시작하는 것, 즉 불타오르는 것을 소훼라고 한다.[63] 이것은 독립연소로는 부족하고 쉽게 끄는 것이 불가능하게 될 정도로 불타오를 때 기수가 된다는 것으로서, 독립연소설보다 기수시기를 늦추는 것이다. 건조물의 중요부분에 전체적으로 옮겨 붙을 위험이 있을 정도로 불이 오른 시점, 또는 객체의 중요부분이 고온으로 산화되어 유독가스가 발생되어 공공의 위험이 생기거나, 해당 부분에 가연물이 접촉되어 연소의 위험이 발생한 정도로 산화 및 고온화된 시점 또는 화재의 발원지가 확장되어 초기의 진화가 어렵게 되고 불꽃이나 연기를 대량으로 발생하게 되는 상태를 소훼라고 하기도 한다. 92

이에 대해서는 ⓐ 어떤 부분이 중요부분인지 또 불타오른다는 시점이 구체적으로 무엇을 말하는지 판단하기 어렵고, ⓑ 객체의 소재에 따라서는 화염이 오르지 않고 소실될 수 있는데 이때 기수를 인정하기 어렵다는 비판이 있다.[64] 93

④ 일부손괴설은 불에 의하여 목적물이 손괴죄의 손상의 정도에 이르는 때에 소훼가 있다고 한다.[65] 일부 손괴의 정도로도 충분하다고 한다. 방화죄는 손괴죄의 성격을 가지고 있지만 불에 의하여 손괴하는 것은 성질상 공공의 위험이 있기 때문에 손괴죄로부터 분리하여 공공의 위험범으로 규정하고 있으므로, 소훼의 개념은 일부 손괴의 정도로 충분하다고 하거나, 이 설에 의해서만 방화죄의 이중적 성격, 즉 재산범죄와 공공의 위험범을 양립되게 설명할 수 있다는 것을 근거로 한다. 94

---

61 이재상·장영민·강동범, § 27/23.
62 정성근·박광민, 523; 주석형법 〔각칙(2)〕(5판), 197(박찬).
63 김신규, 589; 이형국·김혜경, 580; 정영일, 512.
64 주석형법 〔각칙(2)〕(5판), 197(박찬).
65 김성돈, 582; 오영근, 483; 원혜욱, 형법각론, 371; 임웅, 650; 정성근·박광민, 523; 정성근·정준섭, 393.

95 이에 대해서는 ⓐ 무엇을 기준으로 일부 손괴를 판단할지가 어렵고, ⓑ 방화죄의 공공의 위험범의 성격을 고려하면 손괴의 정도에 따라 소훼를 결정하는 것은 타당하지 않다는[66] 비판이 있다.[67]

96 ⑤ 이분설은 현주건조물등방화죄와 같이 추상적 위험범의 경우에는 독립연소설을, 자기 소유의 일반건조물방화죄와 같이 구체적 위험범에서는 중요부분연소개시설을 따른다.[68] 이 설에 대해서는 위 해당 학설의 비판이 그대로 적용된다고 볼 수 있다.

97 한편 일본에서는 불이 붙기 어려운 난연성(難燃性) 건조물에 대한 소훼와 관련하여 다양한 견해가 전개되고 있다.[69] 즉, (i) 독립연소설은 목조건물의 경우에는 합리성이 있고, 난연성 건물에 있어서는 불에 의해 콘크리트 건물 벽이 붕괴되는 때와 같이 건조물의 일부가 손괴되는 때에는 소훼가 있고, 반대로 콘크리트 벽에 매립된 기둥 등이 불이 붙어 독립연소 상태에 이르렀다고 하더라도 건물의 효용을 해하지 않고 자연적으로 진화가 되는 것이 명백할 때에는 기수에 이르지 않았다고 하는 견해가 있다. (ii) 고도의 내화성이 있는 건조물에 대해서는 독립연소에 이르지 않아도 중요부분의 효용을 상실할 정도로 손상을 주고, 고열의 발생에 의해 다른 건물에의 연소의 위험성과 유독가스의 발생 및 확산의 위험성이 발생한 경우에 방화죄의 기수를 인정할 수 있으므로 독립연소설과 효용상실설을 병용해야 한다는 견해도 있다. 그 밖에도 (iii) 난연성 건조물에는 불이 매개물로부터 목적물로 옮겨져 유독가스가 발생한 때에 소훼라고 보는 견해, (iv) 건조물의 일부를 구성하는 건자재가 연소하여 유독가스가 발생한 때에는 그대로 두면 자연적으로 진화가 될 경우에도 소훼라고 하는 견해, (v) 화력을 이용하여 건조물의 일부를 손괴하더라도 공공의 위험이 전혀 없는 경우에는 건조물손괴죄는 되어도 방화죄는 되지 않는다는 견해 등이 있다.[70]

---

66 이재상·장영민·강동범, § 27/31

67 주석형법 [각칙(2)](5판), 198(박찬).

68 김일수·서보학, 463; 배종대, § 99/15; 정웅석·최창호, 148; 홍영기, 형법(총론과 각론), § 96/8.

69 이에 대한 상세는 大塚 外, 大コン(2版)(7), 24-25(村瀨 均). 우리나라에서도 건조물의 자재가 연소성인 경우와 불연성인 경우의 발화 상태가 다르므로 구체적인 착수시점과 기수시점은 개별적으로 판단하여야 한다는 견해도 있다[박상기·전지연, 형법학(총론·각론)(5판), 744].

70 일본 판례는 소훼의 시점에 대하여 독립연소설의 입장인데[最判 昭和 23(1948). 11. 2. 刑集 2·12·1443], 난연성 건조물에 대해서도 마찬가지로 독립연소설을 유지하고 있다. 즉 最決 平成

이와 같은 논란이 있는 소훼의 시점에 대하여, 판례는 "형법 제164조 전단의 현주건조물에의 방화죄는 공중의 생명·신체·재산 등에 대한 위험을 예방하기 위하여 공공의 안전을 그 제1차적인 보호법익으로 하고 제2차적으로는 개인의 재산권을 보호하는 것이라고 할 것이나, 여기서 공공에 대한 위험은 구체적으로 그 결과가 발생됨을 요하지 아니하는 것이고 이미 현주건조물에의 점화가 독립연소의 정도에 이르면 동죄는 기수에 이르러 완료되는 것"이라고 하여, 독립연소를 기준으로 현주건조물등방화죄(§ 164)의 기수를 판단하고 있다(독립연소설의 입장).[71] 98

판례상 독립연소가 인정된 사례로는, ① 헛간지붕 60평방 센티미터 가량, 몸채지붕 1평방 미터 가량, 사랑채지붕 1평방 미터 가량을 태운 경우,[72] ② 피해자의 사체 위에 옷가지 등을 올려놓고 불을 붙인 천 조각을 던져서 그 불길이 방안을 태우면서 천정에까지 옮겨 붙은 경우[73]가 있다. 99

부정된 사례로는, ① 폐가의 내부와 외부에 쓰레기를 모아놓고 태워 그 불길이 폐가 주변 수목 4-5그루를 태우고 폐가의 벽을 일부 그을리게 한 경우,[74] ② 성냥으로 이불에 불을 놓아 침대 매트리스와 이불을 소훼하였으나 건물 자체에 불이 붙지 않는 경우,[75] ③ 지하 주점 칸막이로 만든 방 입구에 천으로 설치된 커튼 2장을 태운 경우,[76] ④ 가옥 창문에 석유를 뿌리고 불을 붙였으나 피해자가 즉시 불을 끄는 바람에 창문에 부착된 나일론 모기장 1장을 태운 경우[77] 등이 있다. 100

생각건대, 독립연소설에 의하더라도 훼손이 없으면 불태운 것이 아니다. 훼 101

1(1989). 7. 7. 判時 1326·157은 12층 맨션 내부에 설치된 엘리베이터 내부에서 신문지 등에 휘발유를 뿌려 방화한 사안에서 "건조물인 본건 맨션의 구성부분인 본건 엘리베이터의 내부 남측 벽의 일부(즉, 건조물의 일부)가 매개물인 휘발유로부터 독립하여 연소하였다고 인정하기에 충분하다"고 판시하며 현주건조물등방화죄를 인정한 원심의 판단이 정당하다고 판단하였다.

71 대판 1983. 1. 18, 82도2341. 일본 판례도 독립연소설의 입장이다[最判 昭和 25(1950). 5. 25. 刑集 4·5·854].

72 대판 1970. 3. 24, 70도330.

73 대판 2007. 3. 16, 2006도9164.

74 대판 2013. 12. 12, 2013도3950(폐가에 해당하지 않아 일반물건방화미수에 해당하므로 불처벌).

75 서울고판 1998. 1. 20, 97노2544.

76 대구고판 1988. 7. 27, 88노232.

77 대전지판 1991. 6. 13, 88고합274.

손은 효용을 상실할 정도일 필요도 없고, 중요부분일 필요도 없으며, 반드시 재물손괴의 손상 정도에 이름을 요하지 않는다고 본다. 다만, 객관성을 위해서는 일정한 액수의 피해액을 정하는 것이 바람직할 것이다. 독립연소설에 의하여 방화죄의 기수를 인정하더라도 건물 등이 전소한 경우와 독립연소 시점에 진화된 때에는 피해에 있어 차이가 있으므로 이러한 차이점은 양형에 반영되어야 한다.

〔안 성 수〕

제164조(현주건조물 등 방화)

① 불을 놓아 사람이 주거로 사용하거나 사람이 현존하는 건조물, 기차, 전차, 자동차, 선박, 항공기 또는 지하채굴시설을 불태운 자는 무기 또는 3년 이상의 징역에 처한다.

② 제1항의 죄를 지어 사람을 상해에 이르게 한 경우에는 무기 또는 5년 이상의 징역에 처한다. 사망에 이르게 한 경우에는 사형, 무기 또는 7년 이상의 징역에 처한다.

[전문개정 2020. 12. 8.]

구 조문

제164조(현주건조물 등에의 방화) ① 불을 놓아 사람이 주거로 사용하거나 사람이 현존하는 건조물, 기차, 전차, 자동차, 선박, 항공기 또는 광갱을 소훼한 자는 무기 또는 3년 이상의 징역에 처한다.

② 제1항의 죄를 범하여 사람을 상해에 이르게 한 때에는 무기 또는 5년 이상의 징역에 처한다. 사망에 이르게 한 때에는 사형, 무기 또는 7년 이상의 징역에 처한다.

Ⅰ. 취 지

본조는 제1항에서 불을 놓아 주거용 또는 사람이 현존하는 건조물, 기차, 전차, 자동차, 선박, 항공기 또는 지하채굴시설(이하, '건조물 등'이라 한다.)을 불태운 사람을 처벌하도록 규정하고 있는데, 이는 공공의 안전과 개인의 재산권, 주거권을 보호하기 위한 것이다. 제2항에서는 제1항의 죄를 지어 상해와 치상의 결과 1

에 이르게 한 경우에 가중처벌함으로써 개인의 생명·신체를 보호하고 있다.

2 연혁상 로마법 이후 영미국가에서는 ① 사람이 현존하는 주거에서, ② 사람이 주거로 사용하는 주거, ③ 사람이 현존하는 주거 이외의 자동차 등 물건, ④ 사람이 현존하지 않는 일정 액수 이상의 재물 순으로 처벌 대상을 확대하여 왔다.

3 현주건조물 등은 사람이 실제로 현존하지 않더라도 사람이 현존하고 있을 수 있어 사람의 생명·신체에 대한 위험성이 있고 주거권을 침해하기 때문에 일반건조물 등에 비하여 법정형을 무겁게 규정한 것이다. 본조는 건조물 안에 실제 사람이 있어 생명·신체에 대한 위험이 발생한 것과 주거용 건물을 같이 처벌함으로써, 건조물의 용도 등 방화의 대상인 객체의 성격에 따라 처벌 대상을 분류하는 조문 체계를 취하고 있다고도 할 수 있다.

Ⅱ. 현주건조물등방화죄(제1항)

1. 구성요건

(1) 객체

4 본죄[(현주·현존)(건조물·기차·전차·자동차·선박·항공기·광갱)방화죄]의 객체는 사람이 주거로 사용하거나 사람이 현존하는 건조물, 기차, 전차, 자동차, 선박, 항공기 또는 지하채굴시설이다.

(가) 사람이 주거로 사용

5 이는 사람의 생명·신체에 위험이 있을 가능성이 있는 대상물(person endangering target property)에 관한 것으로 사람의 생명·신체에 위험이 있는 상황(person endangering circumstance)에 관한 '사람이 현존하는'에 대비되는 것이다.

6 사람이 주거로 사용하는 것은 사람이 주거로 사용할 의사로 주거로 이용하는 행위를 함을 말한다. 따라서 주거로 사용할 의사가 없거나 주거로 사용하고 있지 않다면 이에 해당하지 않는다.

7 사람이란 범인 이외의 모든 자연인을 말한다. 따라서 범인이 혼자 주거하고 있다면 본죄가 아닌 일반건조물방화죄(§ 166)에 해당한다. 그러나 자기의 가

족이라고 하더라도 함께 거주하고 있다면 본죄에 해당한다. 주거로 사용하고 있는 것이 요건인 한, 소유권이 범인에게 있는지 또는 범인 이외의 사람에게 있는지는 문제되지 않는다. 따라서 범인이 타인에게 임대한 건물에 방화를 한 경우에도 현주건조물방화에 해당한다.

범인에는 공범이 포함된다.[1] 따라서 공범자가 각자 자신이 살고 있는 건조 8
물에 방화한 때, 공범자들이 함께 살고 있는 건조물에 방화한 때에는 일반건조물방화죄에 해당할 것이다. 그러나 공동정범 중 실행행위자가 자신이 살고 있지 않는 공모자의 집에 방화하는 때에는 자신이 아닌 공모자의 집에 방화한 것이므로 본조에 해당한다. 공모자라고 하더라도 타인이므로 그 사람의 생명을 침해할 수 없고, 공공의 위험의 성격을 감안하면 사회적 법익에 관한 죄로서 피해자의 승낙이 허용될 수 없다고 봄이 상당하기 때문이다. 판례도 "형법 제24조의 규정에 의하여 위법성이 조각되는 소위 피해자의 승낙은 해석상 개인적 법익을 훼손하는 경우에 법률상 이를 처분할 수 있는 사람의 승낙을 말할 뿐만 아니라 그 승낙이 윤리적, 도덕적으로 사회상규에 반하는 것이 아니어야 한다고 풀이하여야 할 것이다. 이 사건에 있어서와 같이 폭행에 의하여 사람을 사망에 이르게 하는 따위의 일에 있어서 피해자의 승낙은 범죄성립에 아무런 장애가 될 수 없는 윤리적, 도덕적으로 허용될 수 없는 즉 사회상규에 반하는 것이라고 할 것이므로 피고인등의 행위가 피해자의 승낙에 의하여 위법성이 조각된다는 상고논지는 받아들일 수가 없다."라고 한다.[2] 따라서 거주자나 현존자가 방화를 승낙한 경우에도 본죄가 성립된다. 거주자나 현존자의 승낙이 있으면 재산죄의 성격으로 인하여 일반건조물등방화죄로 의율하여야 한다는 견해[3]가 있으나, 주거로 사용하는 건조물은 현존 여부를 불문하고 공공의 위험범으로 처벌하는 것이므로 주거자의 승낙으로 이를 변경할 수 없다.[4] 위 견해와 같은 해석은 새로운 입법에 해당한다고 본다. 문자의 분명한 의미를 넘는 해석은 형벌조항을 명확하게 규정한 의미를 형해화한다.

---

1 김성돈, 형법각론(8판), 578; 배종대, 형법각론(13판), § 98/2; 정성근·박광민, 형법각론(전정3판), 518; 주석형법 〔각칙(2)〕(5판), 209(박찬).

2 대판 1985. 12. 10, 85도1892.

3 김성돈, 583; 주석형법 〔각칙(2)〕(5판), 189(박찬).

4 이형국·김혜경, 형법각론, 582.

9 '주거로 사용하는'은 사람이 잠을 자고 식사를 하는, 즉 기와침식(起臥寢食) 등 생활의 장소로 일상적로 사용하는 것을 말한다.[5] 주거를 반드시 침식에 일상적으로 사용하는 장소로 한정하는 것은 아니라고 보는 것은[6] 법조문을 피고인에게 불리하게 확장 해석하는 것으로서 인정하기 어렵다. 주야로 사람이 현재하고 있어야 하는 것은 아니다. 사람이 주거로 사용하는 이상 범행 당시 사람이 현재하고 있어야 하는 것은 아니다.[7] 사람이 주거로 사용하는 이상 그 사용이 연속될 것을 요하는 것은 아니고, 가끔씩 주기적으로 사용되는 경우도 포함한다. 따라서 예를 들면, 연간 수개월 이상 사용되고 그곳에 침구류와 취사설비와 도구가 있는 가옥이라면 현주건조물에 해당한다. 수개월 간 여행으로 비우거나 재해로 일시 피난한 경우에도 그것만으로 주거성이 없어지지 않는다. 일정 계절에만 사용되는 별장은 사용되지 않는 계절이라고 하더라도 주거성이 없다고 할 수는 없다. 본래의 용도가 주거로 사용하는 것이 주목적이 아닌 경우에도, 예를 들면 학교의 숙직실과 같이 사람이 잠을 자며 생활의 장소로 사용되는 한 이에 해당한다. 주거에 사용되는 부분이 건조물과 일체를 이루는 한 그 건조물 전체가 1개의 건조물로 본죄의 객체가 된다.[8] 오직 업무나 직무에 사용되는 건조물은 그 일부에 주거로 사용하는 부분이 없다면 주거로 사용하는 것이라고 할 수 없다.

10 거주자가 해당 건조물을 주거로 사용할 의사를 포기하고 방치한 경우에는 현주건조물이라고 할 수 없다. 단지 일시적으로 해당 건조물을 떠난 것만으로는 주거의사를 포기했다거나 방치했다고 할 수는 없을 것이다. 또한 주거의사의 포기 및 방치는 각각의 주거자의 의사와 행위를 기준으로 판단해야 하며, 1명이라도 포기 및 방치를 하지 않은 경우에는 현주건조물에 해당한다.

---

5 손동권·김재윤, 새로운 형법각론, § 32/8; 오영근, 형법각론(5판), 470.

6 김성돈, 579; 김신규, 형법각론 강의, 586; 이재상·장영민·강동범, 형법각론(12판), § 27/27; 정성근·박광민, 518; 정웅석·최창호, 형법각론, 146; 최호진, 형법각론, 685; 주석형법 [각칙(2)](5판), 189(박찬).

7 最決 平成 9(1997). 10. 21. 刑集 51·9·755(직원이 여행을 가서 일시 부재중인 사택).

8 最決 平成 1(1989). 7. 14. 刑集 43·7·641[동서 각 내·외회랑 등으로 이어진 신사(神社) 건물의 일부에 불을 놓은 사안]. 「위 건물은 그 일부에 방화가 이루어지면 전체에 위험이 미친다고 생각되는 일체의 구조이고, 또한 전체가 일체로서 숙직원의 기거에 이용되는 것으로 인정된다. 그렇다면 위 건물은 물리적으로 보아도, 기능적으로 보아도, 그 전체가 1개의 현주건조물이라고 인정하는 것이 상당하므로 그와 같은 견해에 따라 현주건조물방화죄의 성립을 인정한 원판결의 판단은 정당하다.」

거주자 전원을 죽인 다음에 그 건조물에 방화한 경우에는, ① 현주건조물 방화죄가 성립하지 않고 일반건조물방화죄(§ 166)가 성립한다는 견해,[9] ② 거주자를 모두 살해한 후 방화할 계획이었을 경우에는 현주건조물방화죄가 성립하지만 살해 후 비로소 방화의 고의가 생긴 경우에는 일반건조물방화죄가 성립한다는 견해,[10] 위 ③ 현주건조물방화죄가 성립한다는 견해[11] 등이 있다. 판례는[12] 위 ③의 입장이다. 생각건대, 시간적 밀접성을 고려할 때 주거성이 인정되는 한 현주건조물방화죄가 성립한다고 할 것이다. 11

(나) 사람이 현존하는

여기서 사람은 범인 이외의 자를 의미한다. 따라서 '사람이 현존하는'은 방화 당시 범인 이외의 사람이 건조물 내부에 존재하는 것을 의미한다. 사실상 존재하면 충분하고, 존재하는 정당한 이유 등은 필요하지 않다. 건조물의 일부에 현존하면 그 건조물과 일체를 이루는 건조물 전체에 존재하는 것이 된다. 12

(다) 건조물의 일체성

일체가 되는 건조물의 일부분을 주거로 사용하거나 그 부분에 사람이 현존한다고 하더라도 이는 1개의 건물에 해당하므로 현주건조물 또는 현존건조물이 된다. 그러므로 1층을 숙직실, 2층을 교실로 사용하는 건조물의 2층에 방화한 경우, 일부가 주거로 사용되고 있는 연립주택의 빈집에 방화한 경우, 공장과 주택이 한 건물인 경우에 공장에 방화한 경우 등에는 본죄에 해당한다. 13

외관상 복수의 건조물로 보이지만 근접하여 있거나 복도 등이 붙어있는 경우, 이를 일체의 건조물로 볼 것인가가 문제된다. 이때에는 물리적·기능적으로 1개의 건물로 인정되는 경우에 한하여 단일 건조물로 인정할 수 있을 것이다. 물리적으로 별도의 건물임에도 기능적으로 볼 때 1개의 건조물로 볼 수 있을지에 대해서는, 기능적이라는 개념이 추상적이므로 물리적인 관점에도 불구하고 피고인에게 불리하게 적용할 수는 없을 것이다.[13] 두 건물이 복도로 연결되어 14

9 이재상·장영민·강동범, § 27/27.

10 김성돈, 579; 김신규, 587; 박찬걸, 형법각론(2판), 652; 오영근, 470.

11 배종대, § 98/4; 정성근·박광민, 519; 정웅석·최창호, 146.

12 대판 1947. 2. 18, 4297형상120.

13 일본 판례는 신사(平安神宮)에서 피고인이 제구(祭具) 보관창고에 방화한 사안에서, 신사는 그 일부에 방화하면 그로 인하여 전체에 위험이 미치는 일체의 구조이고, 또한 전체가 일체로서 주야로 사람의 기거에 이용되므로, 물리적으로 보더라도 기능적으로 보더라도 그 전체가 1개의 현

있는 경우에는, 물리적으로 건물의 일체성이 인정된다고 볼 수 있다.[14]

15 불연구조로 인하여 비거주 부분에 방화를 하여도 거주 부분에 화재의 위험이 전혀 없는 경우에는, 물리적으로는 1개의 건물이라고 할 수 있다 하더라도 사람이 그 부분을 주거로 사용하는 것이 아니기 때문에 현주건조물의 일부에 대한 방화로 보아 본죄로 의율할 수는 없을 것이다. 이렇게 해석하는 것은 연소까지도 불가능할 정도로 분리되어 있는 공간이므로 별개의 건물로 볼 수 있다는 것을 근거로 하며, 피고인에게 유리한 관용 해석[15]이다. 따라서 예를 들어 10층 건물의 1층에 있는 사무실에 방화를 하였다고 하더라도 그 사무실이 완벽한 방화구조를 갖추어 다른 구획으로의 연소가 불가능하다면, 그 사무실이 현주건조물이 아닌 이상 일반건조물방화죄로 의율해야 할 것이다.[16] 그러나 내화구조라고 하더라도 다른 구획으로 연소가 가능하다면 하나의 건물이라고 볼 수 있다.[17] 이때에는 원래 물리적으로 1개의 건물이므로 피고인에게 불리한 해석에 해당하지 않는다. 아파트 건물의 엘리베이터에 방화를 한 때에는, 그 엘리베이터는 아파트 내부의 주거공간과 일체를 이루는 부분으로서 이를 건물과 따로 분리하는 것도 쉽지 않으므로 본죄에 해당할 것이다.[18]

주건조물이라고 판시하여, 위 창고와 사람이 있는 사무소, 경비원대기실 등을 일체의 건물로 인정하여 현주성(現住性)을 긍정하였다〔最決 平成 1(1989). 7. 14. 刑集 43·7·641〕.

14 札幌地判 平成 30(2018). 11. 16〔刑事法ジャーナル No. 61(2019), 刑事裁判例批評(385)〕. A 빌딩(일반)(방화함)과 B 빌딩(현주)이 파이프 샤프트(철근 콘크리트 구조의 상하로 통하는 관로)로 접속되어 있고, 사람이 왕래할 수 있는 연결통로가 있는 점 등에 비추어 물리적 일체성을 인정하였다.

15 관용해석에 대한 상세는 안성수, 형벌조항의 해석방법, 박영사(2022), 198(관용의 원칙과 공정한 의미 해석 부분) 참조.

16 仙台地判 昭和 58(1983). 6. 20. 判タ 500·232(1층 의원에 방화하였는데, 방화설비가 잘 되어 있어 2층 이상의 주거 부분과의 일체성 부정).

17 東京高判 昭和 58(1983). 6. 20. 判時 1105153(3층 맨션이 내화구조로 되어 있어 각 방 사이에 연소가 쉽지는 않지만, 상황에 따라서는 불길이 다른 방으로 연소될 우려가 절대로 없다고는 할 수 없는 구조라는 이유로 전체를 하나의 건조물로 파악하여 현주성을 인정).

18 주거침입죄와 관련하여, 판례는 "다가구용 단독주택이나 다세대주택·연립주택·아파트 등 공동주택의 내부에 있는 엘리베이터, 공용 계단과 복도는 "특별한 사정이 없는 한 주거침입죄의 객체인 '사람의 주거'에 해당하고, 위 장소에 거주자의 명시적, 묵시적 의사에 반하여 침입하는 행위는 주거침입죄를 구성한다."라고 판시한 바 있다(대판 2009. 9. 10, 2009도4335). 일본 판례는 12층 맨션 내부에 설치된 엘리베이터 내부에 방화하여 그 측면 벽으로 사용되고 있는 화장강판(化粧鋼板)의 표면 약 0.3평방미터를 소훼한 사안에서, 본죄의 성립을 인정하였다〔最決 平成 1(1989). 7. 7. 判時 1326·157〕.

(라) 건조물, 기차, 전차, 자동차, 선박, 또는 지하채굴시설

(a) 건조물

본조의 건조물은 사람이 주거로 사용하거나 사람이 현존하는 것이므로, 토지에 정착하여 사람이 출입하고 생활하기에 적합한 구조를 가진 물체로서 지붕이 있고 벽 또는 기둥에 의해 지지되는 가옥 및 이와 유사한 공작물을 말한다. 16

판례는 형법상 방화죄의 객체인 건조물은 토지에 정착되고 벽 또는 기둥과 지붕 또는 천장으로 구성되어 사람이 내부에 기거하거나 출입할 수 있는 공작물을 말하고, 반드시 사람의 주거용이어야 하는 것은 아니라도 사람이 사실상 기거·취침에 사용할 수 있는 정도는 되어야 한다고 한다.[19] 그러나 본조의 구성요건이 '사람이 주거로 사용하거나 사람이 현존하는' 것을 요하게 되어 있으므로 이와 달리 피고인에게 불이익한 확장해석을 할 수는 없다고 본다. 17

이와 같은 요건을 갖춘 이상, 관청의 허가 여부나 크기, 재료 등은 문제되지 않는다. 일정한 기초 위에 건설될 필요는 없으므로 땅을 얕게 파고 그 위에 세운 집도 건조물에 해당한다. 현존건조물은 일상생활을 할 것이 본래적 용도일 필요는 없으므로 사람이 현존하는 이상 사람이 안으로 들어가서 물건을 관리하는 구조물도 이에 해당한다. 지붕이 없는 물건을 보관하는 장소, 개집, 퇴비를 쌓아두는 창고는 사람이 현존하지 않는 이상 출입이 가능하다고 하더라도 주거로 사용한다고는 할 수 없으므로 본조의 현주·현존건조물에는 해당하지 않는다고 봄이 상당하다.[20] 텐트, 비닐하우스 등은 일반적으로 본조의 건조물이라고 할 수 없지만,[21] 트레일러하우스, 캠핑카, 고급 텐트하우스는 토지에 정착하여 두고 사람이 주거용으로 사용하는 경우 본조의 현주자동차·건조물에 해당한다. 18

건조물의 부속물은 그것을 훼손하지 않고는 분리할 수 없을 때에는 건조물에 해당한다. 따라서 책상, 장롱 등은 건조물이 아니지만, 집안의 마루판은 건조물에 속한다. 책상, 장롱에 불을 붙여 집안의 마루판에 옮겨 붙은 때에는 고의에 따라 방화죄 또는 연소죄 등이 될 수 있다. 19

19 대판 2013. 12. 12, 2013도3950(사실상 기거·취침에 사용할 수 없는 상태인 폐가).

20 사람이 출입할 수 있는 규모의 동물사육용 우리, 쓰레기를 모아두는 헛간은 일반건조물(§ 166①)에 해당한다는 견해가 있다[김일수·서보학, 새로쓴 형법각론(9판), 460].

21 홍영기, 형법(총론과 각론), § 96/3. 레저용 텐트는 일반물건(§ 167)에 해당한다는 견해로는 주석형법 [각칙(2)](5판), 187(박찬).

(b) 기차, 전차

20 기차는 증기기관을 동력으로 하여 일정한 궤도를 운행하는 교통기관을, 전차는 전기를 동력으로 하여 일정한 궤도를 운행하는 교통기관을 말한다.

21 가솔린, 디젤을 동력으로 하여 일정한 궤도 위에서 견인되는 차량도 이에 해당하는지가 문제되는데, 엄격해석의 원칙상 해당되지 않는다고 볼 수 있다.[22] 사전에는 기차의 의미를 디젤기관차, 전기기관차를 포함한다고 되어 있지만,[23] 이러한 해석은 본 조항의 기차라는 단어가 바로 뒤의 전차라는 단어를 흡수하여 전차라는 단어가 과잉언어가 되도록 한다.[24] 형벌조항의 단어는 모든 단어가 의미 있도록 해석해야 하므로 전차와 구별되는 의미로서의 기차는 증기기관차를 의미한다. 따라서 이를 포함시키기 위해서는 증기기관차, 디젤기관차, 전기기관차를 포함하여 여객차나 화차를 끌고 다니는 차량이라는 의미의 '기관차'로 수정하는 입법을 하여야 한다고 본다. 죄형법정주의는 형벌조항 문구의 분명한 의미를 확정하는 해석을 허용하지 않는다.

22 무궤도 차량은 엄격해석의 원칙상 이에 포함되지 않는다고 본다. 궤도운송법 제2조 제1호에 의하면 궤도란 "사람이나 화물을 운송하는 데에 필요한 궤도시설과 궤도차량 및 이와 관련된 운영·지원 체계가 유기적으로 구성된 운송 체계를 말하며, 삭도(索道)를 포함한다."라고 규정되어 있다.[25]

(c) 자동차

23 자동차는 원동기를 장치하여 그 동력으로 바퀴를 굴려 궤도가 아닌 땅 위를 움직이도록 한 교통기관을 말한다.

24 법령에서 쓰인 용어에 관해 정의규정이 없는 경우에는 해석이 필요하다. 이때 같은 주제를 다루는 법률에서의 단어는 반드시 종합적으로 해석해야 한

---

22 이에 해당된다는 견해로는 주석형법 [각칙(2)](5판), 187-188(박찬). 일본 판례도 동력원이 다른 가솔린 차량도 본죄의 객체에 포함된다고 한다[大判 昭和 15(1940). 8. 22. 刑集 19·540]. 위 견해는 철도의 동력현대화의 현실에 비추어 이와 같이 해석해야 한다는 것이나, 이와 같은 해석은 유추확장해석이라고 할 것이다. 현실적으로 필요하다는 이유로 확장해석하는 것을 금하는 것이 유추확장해석 금지의 본질이다.

23 네이버 국어사전 참조

24 이에 대한 상세는 안성수, 형벌조항의 해석방법, 308(전체 단어 유의미 해석 부분) 참조.

25 그러나 이와 같은 문장은 궤도란 궤도시설과 궤도차량을 말한다는 것으로 동어반복식 순환논리의 표현을 사용하고 있어 적확한 개념규정이라고 하기 어렵다.

다.[26] 따라서 다른 법률에서 정의된 단어를 참조하여 일관되게 해석할 필요가 있다.[27]

자동차관리법 제2조 제1호에 의하면 자동차란 원동기에 의하여 육상에서 25
이동할 목적으로 제작한 용구 또는 이에 견인되어 육상을 이동할 목적으로 제작한 용구를 말한다. 다만, 대통령령으로 정하는 건설기계관리법에 따른 건설기계, 농업기계화 촉진법에 따른 농업기계, 군수품관리법에 따른 차량, 궤도 또는 공중선에 의하여 운행되는 차량, 의료기기법에 따른 의료기기는 자동차관리법의 적용대상에서는 제외된다.

(d) 선박

선박은 사람이나 짐 등을 싣고 물 위로 떠다니도록 만든 나무나 쇠 등으로 26
만든 물건으로서 배를 말한다. 크기나 재료 등은 묻지 않는다. 노를 저어 운행하는 것도 선박에 해당한다.

선박안전법 제2조 제1호에 의하면 '선박'이라 함은 수상 또는 수중에서 항 27
해용으로 사용하거나 사용될 수 있는 것(선외기를 장착한 것을 포함한다.)과 이동식 시추선·수상호텔 등 해양수산부령이 정하는 부유식 해상구조물을 말한다.

선박법 제1조의2 제1항에 의하면 선박은 수상 또는 수중에서 항행용으로 28
사용하거나 사용할 수 있는 배 종류를 말한다. 기선은 기관을 사용하여 추진하는 선박(선체 밖에 기관을 붙인 선박으로서 그 기관을 선체로부터 분리할 수 있는 선박 및 기관과 돛을 모두 사용하는 경우로서 주로 기관을 사용하는 선박을 포함한다.)과 수면비행선박(표면효과 작용을 이용하여 수면에 근접하여 비행하는 선박을 말한다.)이고, 범선은 돛을 사용하여 추진하는 선박(기관과 돛을 모두 사용하는 경우로서 주로 돛을 사용하는 것을 포함한다.)이며, 부선은 자력항행능력이 없어 다른 선박에 의하여 끌리거나 밀려서 항행되는 선박이다.

(e) 항공기

항공기는 사람이나 물건을 싣고 공중을 비행할 수 있는 탈 것을 모두 의미 29
한다. 미사일, 우주 로켓은 여기에 해당하지 않는다.

항공안전법 제2조 제1호에 의하면 항공기란 공기의 반작용(지표면 또는 수면 30

26 Wayne R. LaFave, 『Criminal Law』(4th edition), Thomson West(2003), 96.
27 이에 대한 상세는 안성수, 형벌조항의 해석방법, 273(맥락 부분) 참조.

에 대한 공기의 반작용은 제외한다.)으로 뜰 수 있는 기기로서 최대이륙중량, 좌석수 등 국토교통부령으로 정하는 기준에 해당하는 비행기, 헬리콥터, 비행선, 활공기와 그 밖에 대통령령으로 정하는 기기를 말한다.

31 물론 본조의 선박, 항공기는 주거로 사용하거나 사람이 현존하는 때에 한하여 본죄의 객체가 된다.

32 항공기와 관련하여, 항공안전법은 항행 중 항공기 위험 발생의 죄(§ 138. 제1항의 죄는 미수범 처벌), 항행 중 항공기 위험 발생으로 인한 치사상의 죄(§ 140), 항공상 위험 발생등의 죄(§ 140. 미수범 처벌) 및 과실에 따른 항공상 위험 발생 등의 죄(§ 149)를 규정하고 있고,[28] 항공보안법 제39조[29]는 항공기파손죄를 규정하고 있다.

33 이처럼 각 특별법마다 처벌조항을 둘 경우에는 중복, 누락, 모순될 수 있다. 또한, 죄형법정주의 등 형벌의 제 원칙에 부합하지 않는 형벌조항이 제정될 수 있다. 따라서 형벌조항을 일원화하여 국민의 이해도와 접근성을 높이고, 완결성·정밀성을 향상시킬 필요가 있다. 이러한 통일 형법전은 입법 추진 시점부터 그 형벌조항이 죄형법정주의, 법치주의에 부합하는지 등을 검토하도록 하는 기능을 할 것이다.

---

28 항공안전법 제138조(항행 중 항공기 위험 발생의 죄) ① 사람이 현존하는 항공기, 경량항공기 또는 초경량비행장치를 항행 중에 추락 또는 전복시키거나 파괴한 사람은 사형, 무기징역 또는 5년 이상의 징역에 처한다.
② 제140조의 죄를 지어 사람이 현존하는 항공기, 경량항공기 또는 초경량비행장치를 항행 중에 추락 또는 전복시키거나 파괴한 사람은 사형, 무기징역 또는 5년 이상의 징역에 처한다.
제139조(항행 중 항공기 위험 발생으로 인한 치사·치상의 죄) 제138조의 죄를 지어 사람을 사상에 이르게 한 사람은 사형, 무기징역 또는 7년 이상의 징역에 처한다.
제140조(항공상 위험 발생 등의 죄) 비행장, 이착륙장, 공항시설 또는 항행안전시설을 파손하거나 그 밖의 방법으로 항공상의 위험을 발생시킨 사람은 10년 이하의 징역에 처한다.
제141조(미수범) 제138조제1항 및 제140조의 미수범은 처벌한다.
제149조(과실에 따른 항공상 위험 발생 등의 죄) ① 과실로 항공기·경량항공기·초경량비행장치·비행장·이착륙장·공항시설 또는 항행안전시설을 파손하거나, 그 밖의 방법으로 항공상의 위험을 발생시키거나 항행 중인 항공기를 추락 또는 전복시키거나 파괴한 사람은 1년 이하의 징역 또는 1천만원 이하의 벌금에 처한다.
② 업무상과실 또는 중대한 과실로 제1항의 죄를 지은 경우에는 3년 이하의 징역 또는 5천만원 이하의 벌금에 처한다.

29 항공보안법 제39조(항공기 파손죄) ① 운항중인 항공기의 안전을 해칠 정도로 항공기를 파손한 사람(「항공안전법」 제138조제1항에 해당하는 사람은 제외한다)은 사형, 무기징역 또는 5년 이상의 징역에 처한다.
② 계류 중인 항공기의 안전을 해칠 정도로 항공기를 파손한 사람은 7년 이하의 징역에 처한다.

(f) 지하채굴시설

지하채굴시설은 땅을 파서 땅속에 묻혀 있는 광물을 채취하기 위하여 설치된 지하설비를 말한다. 광물은 천연으로 나며 질이 고르고 화학적 조성이 일정한 물질로서 무기질, 유기질, 고체, 액체, 기체의 다양한 성질의 것이 있다. 대표적으로는 금, 은, 동, 석탄, 석유, 천연가스 등이 있다. 시설은 도구, 기계, 장치 등의 설비를 말하므로, 땅속을 파 들어간 굴 또는 갱 안에 뚫어 놓은 길, 사금광에서 퍼낸 물을 빼기 위하여 만든 도랑도 포함한다. 지하시설이 아닌 것은 이에 해당하지 않고 건조물 또는 일반물건에 해당할 수는 있다.[30] 지하설비의 범위, 광물의 종류 등 지하채굴시설을 정의하는 조항이 형벌조항의 명확성을 위해 필요하다. 한편, 해저광물자원 개발법은 해저광물을 대한민국의 대륙붕에 부존하는 천연자원 중 석유 및 천연가스 등을 말한다고 정의하고 있다(§ 2). 34

(2) 행위

(가) 실행행위

불을 놓는 것이다. 이에 대해서는 **[총설] V. 방화죄의 개념** 부분에서 살펴본 바와 같다. 35

(나) 실행의 착수

방화죄의 실행의 착수시기는 불을 놓는 행위, 즉 목적물을 불태우는 원인을 제공하는 행위를 시작할 때이다. 즉, 목적물 또는 매개물에 발화 또는 점화를 할 때이다(통설).[31] 불 근처 가까운 곳에 가솔린을 뿌리거나 시한 발화장치를 두는 경우에도, 본조의 구성요건은 불을 놓는 것이므로 적어도 불이 붙거나 자동시한 발화장치에서 불꽃이 시작되어야 실행의 착수를 인정할 수 있을 것이다. 그 전까지는 예비 또는 음모에 해당한다. 목적물이 불타면 기수에 해당하고, 불타기 전에 자동적으로 꺼진 경우에는 미수에 그친다. 36

실행의 착수시기에 대해서는 ① 개개의 범죄구성요건에 기술되어 있는 실행행위로 나아간 때에 실행의 착수가 인정된다는 객관설, ② 행위자의 주관적 의사가 행위에 의하여 확정적으로 나타난 때, 또는 범의의 비약적 표동이 있을 37

30 주석형법 [각칙(2)](5판), 188(박찬). 노천굴 설비는 광갱에 포함되지 않는다고 한다.

31 김성돈, 580; 배종대, § 98/8; 임웅, 648. 이에 대하여 실행의 착수에 관하여 개별적 객관설을 일괄할 때는 반드시 발화 또는 점화를 요하는 것은 아니라는 견해(이재상·장영민·강동범, § 27/31)도 있다.

경우에 실행의 착수가 인정된다는 주관설, ③ 객관적 요소와 주관적 요소를 결합하여 실행의 착수를 결정해야 한다는 주관적 객관설(개별적 객관설, 절충설)이 대립되는데, 판례는 개별 범죄에 따라 다른 입장을 취하고 있다. 형벌은 피고인의 위법한 행위를 처벌하는 것이므로 형벌조항을 적용함에 있어 피고인의 주관적 의사 및 행동을 모두 고려해 판단함은 당연한 것이라 할 수 있다.

38 즉 방화죄에 관하여 판례는, "매개물을 통한 점화에 의하여 건조물을 소훼함을 내용으로 하는 형태의 방화죄의 경우에, 범인이 그 매개물에 불을 켜서 붙였거나 또는 범인의 행위로 인하여 매개물에 불이 붙게 됨으로써 연소작용이 계속될 수 있는 상태에 이르렀다면, 그것이 곧바로 진화되는 등의 사정으로 인하여 목적물인 건조물 자체에는 불이 옮겨 붙지 못하였다고 하더라도, 방화죄의 실행의 착수가 있었다고 보아야 할 것이고, 구체적인 사건에 있어서 이러한 실행의 착수가 있었는지 여부는 범행 당시 피고인의 의사 내지 인식, 범행의 방법과 태양, 범행 현장 및 주변의 상황, 매개물의 종류와 성질 등의 제반 사정을 종합적으로 고려하여 판단하여야 한다. 따라서 피고인이 방화의 의사로 뿌린 휘발유가 인화성이 강한 상태로 주택주변과 피해자의 몸에 적지 않게 살포되어 있는 사정을 알면서도 라이터를 켜 불꽃을 일으킴으로써 피해자의 몸에 불이 붙은 경우, 비록 외부적 사정에 의하여 불이 방화 목적물인 주택 자체에 옮겨 붙지는 아니하였다 하더라도 현존건조물방화죄의 실행의 착수가 있었다."라고 판시하고 있다.[32] 또한 판례는, "살해 현장을 소훼하여 범행을 은폐하기 위해 2층 방에서 살해된 자를 그곳에 있던 이불 등으로 덮은 다음 준비하여 간 신나를 이불 위에 붓고, 피우던 담배를 이불 위로 집어던져 현재 주거로 사용하고 있는 건물을 소훼하려 하였으나 담뱃불이 꺼진 범죄사실"에 대하여, 현주건조물방화미수로 인정한 바 있다.[33]

39 목적물에 라이터를 근접하여 불꽃을 일으켰지만 아직 점화되지 않은 때에는 실행의 착수가 있지만, 성냥을 가지고 목적물에 불을 붙이려는 자세만을 취했을 때 또는 방화의 목적으로 주거에 침입하였을 뿐인 때에는 실행의 착수가

32 대판 2002. 3. 26, 2001도6641. 본 판결 평석은 변종필, "결과적 가중범에서 기본범죄가 미수인 경우의 법해석", 형사판례연구 〔13〕, 한국형사판례연구회, 박영사(2005), 76-94.

33 대판 2003. 11. 13, 2003도4770.

없다고 할 것이다. 주택에 방화할 목적으로 주택에 연결된 도화선에 불을 붙인 경우에는 실행의 착수가 있다. 집 앞 현관에 석유를 뿌리고 라이터를 켜서 종이에 불을 붙인 경우, 그 불이 붙은 종이를 현관에 던지지 못했다고 하더라도 실행의 착수는 있다고 할 것이다.

가솔린이나 가연성 가스를 뿌리거나 배출하였는데 피고인이 불을 놓기 전 40
에 다른 알 수 없는 원인으로 인화가 되어 목적물이 불탔다고 하더라도 피고인이 불을 놓기 전이라면 실행의 착수를 인정할 수는 없다. 그러나 근처에 난로 등 불이 있는 것을 알면서 가솔린을 뿌려 불이 붙었다면 불을 놓은 것이므로 실행의 착수를 인정할 수 있다. 또한 옆방에 석유스토브를 사용하고 있는 것을 알면서도 바로 옆방에 다량의 프로판 가스를 방출시키고, 가솔린을 뿌려 옆방의 석유스토브의 불이 옮겨 붙게 한 때에도 불을 놓은 것에 해당할 것이다. 자기가 거주하는 집의 내부에 다량의 가솔린을 뿌리고 불을 붙이기 직전에 마지막으로 담배를 피우기 위해 라이터 불을 켜는 순간, 그 불이 가솔린의 증발된 가스에 붙어 가옥이 불탄 경우에도, 불을 켜면 가솔린 가스에 불이 붙을 수 있다는 것은 일반인으로서도 알 수 있는 것으로서 피고인도 이를 미필적으로 인식하였다고 볼 수 있고, 따라서 실행의 착수를 인정할 수 있을 것이다. 그러나 라이터를 손에 가지고만 있었다면 실행의 착수를 인정하기 어렵다.

현주건조물을 불태울 고의로 그에 인접한 일반건조물에 방화한 때에는, 현 41
주건조물에 연소의 가능성이 있으면 본죄의 실행의 착수가 있다. 따라서 이때 현주건조물이 불타지 않으면 현주건조물방화미수죄가 성립하고,[34] 일반건조물방화죄의 기수와는 상상적 경합에 해당하여 무거운 현주건조물방화미수죄에 정한 형으로 처벌된다.[35]

(3) 결과

본죄의 구성요건적 결과는 불태우는 것이다([**총설**] **V. 방화죄의 개념** 부분 참조). 42
불을 놓는 행위와 불태운 결과는 인과관계가 있어야 한다. 행위와 결과 사이에

34 대판 2002. 3. 26, 2001도6641. 본 사안에서는 미수에 그치고, 이로 인하여 피고인을 만류하던 앞집 거주 피해자로 하여금 약 4주간의 치료를 요하는 화상을 입게 하였기 때문에, 현주건조물방화치상죄가 성립한다고 판시하였다.

35 이에 대하여 현주건조물방화미수죄만 성립한다는 견해도 있다(김성돈, 580; 배종대, § 98/8; 임웅, 648).

제3자의 행위가 개입된 경우가 주로 문제되는데, 인과관계의 일반론에 따라 해결해야 할 것이다.

43 예를 들어, 주택에 인접한 가솔린 탱크에 불을 붙여 주택을 태우려고 하였는데 가솔린 탱크에 불이 붙은 것을 신고받고 출동한 소방관이 진화작업 중 실수로 가솔린 탱크를 넘어뜨려 불이 주택으로 옮겨 붙은 때에는, 독립한 행위가 개입된 것이므로 기수는 인정되지 않을 것이다. 이때 피고인은 소방관의 출동, 소방활동 그리고 소방관의 실수의 가능성을 일반적으로 예견할 수 있으므로 방화행위와 불태운 것 사이의 인과관계를 인정할 수 있다는 견해도 있을 수 있으나,[36] 소방관의 실수가 없었더라도 불이 주택으로 옮겨 붙었을 것이라는 점을 합리적 의심이 없을 정도로 입증하지 못하는 한, 쉽게 인과관계를 인정하여 피고인을 형사처벌하는 것은 죄형법정주의 기본 정신에 반한다고 본다. 인과관계는 단순한 가설적인 인과 관계가 아닌 현실에서의 실질적인 인과적 충분성을 가진 것을 의미한다. 이는 충분하게 직접적이고 확실한 연관성, 명백한 인과적 관련이라고 할 수 있다.[37]

44 인과관계와 관련하여 일본 판례 중에는 행위자가 최종적으로 방화할 생각

---

36 일본 하급심판례는 불을 끄려던 소방관이 파출소 출입구 부근에 방치된 플라스틱 탱크를 잘못해서 발로 찬 직후에 불길이 더 세게 타올라 파출소가 소훼된 사안에서, "소방관의 위 행위는 소화활동의 과정에서 일어난 것으로 처음부터 화재를 확대시키려는 의도가 있었던 것은 아니고, 예컨대 소방관에게 과실이 있었다고 하더라도, 본건과 같은 소화활동의 미숙으로 신속하게 불을 끄지 못하고, 경우에 따라서는 일시적으로 화재가 확대되는 것도 통상 예측할 수 있는 것이므로, 피고인의 행위와 본건 마루바닥 등의 소훼의 결과 사이에 인과관계를 긍정할 수 있다."고 판시하였다[大阪高判 平成 9(1997). 10. 16. 判時 1634·152].

37 예견이 가능하다는 것과 예측이 가능하다는 것은 구별된다. 예측가능성은 어떤 결과의 발생가능성, 즉 확률인 반면, 예견가능성은 발생 가능한 결과의 범위를 말한다. 예를 들면, 자동차를 운전하다 보면 사고가 발생할 수 있고 비행기도 추락할 수 있는데, 이는 예측 가능한 것으로서 그 확률을 따져 이를 근거로 보험료 등이 산정된다. 그런데 자동차나 비행기 제조사나 사용주는 소비자나 고용인이 자동차 운전사고를 일정한 확률로 일으킬 것을 예측할 수 있지만, 그에 대한 책임을 지지 않는다. 예견이 가능하다는 것은, 예를 들면 아로마 입욕제를 어린아이가 먹기 좋게 만들어 판매하여 어린아이가 입욕제를 먹고 질식사한 경우와 같이, 사용자가 제품을 본래의 용도대로 사용하지 않고 예견 가능한 다른 용도로 사용했을 때에도 제조자가 그 책임을 지는 것과 같은 경우이다. 가령 페인트로 도로에 주차 안내 표지 선을 그었는데 지나던 사람이 빗길에 미끄러져 넘어진 때 그와 같은 사고가 보행자 100만 명 중 1번 일어 난 것이라면, 선을 그은 사람이 혹시라도 사고가 날 확률이 있다고 예측하였다고 하여 처벌할 수는 없다. 합리적인 사람의 입장에서 도로에 표지 선을 긋는 행위가 통행인에게 위험한 행위이어서 통행인을 다치게 할 수 있다는 것을 예견할 수는 없기 때문이다.

이었으나 예정과는 다른 사실경과로 화재가 발생한 경우, 즉 '구성요건의 조기실현'[38]에 대하여 판시한 것이 있다. 처로부터 집에서 쫓겨 난 피고인이 집을 불태우고 자신도 분신자살하려는 생각으로 석유를 뿌리고, 점화하기 전에 복도에서 담배를 피우려고 하였는데, 라이터의 불이 석유의 증기에 인화하여 폭발한 사안에서 고의기수를 인정하였다.[39]

인과관계는 행위와 결과 간의 합리적 연관성이 존재하는지에 대한 문제이다. 여기에는 사실상 인과관계와 법적 혹은 귀속적 인과관계의 2단계가 있다. 전자는 행위와 결과 간에 연관이 있는지의 문제이고, 후자는 그 인과관계상 책임을 부여할 정도의 연관성이 있는지에 관한 것이다. 45

사실상 인과관계는 현상에서 실제로 연관관계가 있는지의 문제이다. 이는 일반적으로 제외등식기준(but for test)에 의해 판단한다. 즉, 만일 그 행위가 없었더라면 그 결과가 발생하지 않았을 때에는 인과관계를 인정하는 것이다. 그러나 이에 의하면 범인이 총을 쏘았는데 벽이 없어 피해자가 총에 맞은 경우, 벽을 제거한 사람에게 인과관계를 인정하는 등 무한 확장될 가능성이 있다. 원인이 아니고 원인의 원인이기만 해도 피고인에게 형사책임을 부과할 수 있게 된다. 또한 의무에 따른 행동을 했으면 결과가 발생하지 않았을 것이라는 제외 등식에 의하면 결과를 방지할 의무가 있고, 이를 완수하지 못하여 결과가 발생했다면 인과관계를 인정한다. 그러나 예를 들어 A가 B를 승용차로 들이받아 죽이려고 급가속을 해 B를 향해 돌진하고 있는 것을 본 B가 재빨리 갓길로 도망쳐 달려가는 순간 건물 꼭대기의 장식물이 떨어져 그것에 맞아 B가 사망한 때, A에게 살인죄의 인과관계를 인정할 수는 없다. 46

그러므로 이러한 문제를 해결하기 위해서는 인과관계 범위에 있어서 피해자를 보호할 필요와 어느 정도까지 가해자에게 책임을 부과할지를 고려하여 판단하는 규범적인 요소가 중요한 역할을 한다. 이는 법적 인과관계라고 할 수 있다. 위 판례에서는 피고인의 라이터 불이 석유의 증기에 인화한 것이므로 사실상 및 법률상 인과관계를 인정할 수 있다. 47

38 구성요건의 조기실현에 대해서는 ① 인과과정의 착오의 특수한 예로 인정하는 견해, ② 미수범과 과실범의 경합한다는 견해 등이 있다. 이에 대해서는 김성돈, 형법총론(5판), 234-235 참조.
39 横浜地判 昭和 58(1983). 7. 20. 判時 1108·138.

48 한편, 고의는 구성요건의 사실관계가 존재한다는 것을 인식하는 것을 말한다. 형벌조항에 정의된 구성요건은 ① 범죄행위 ② 구성요건적 상황 ③ 결과이다. 이 가운데 구성요건적 상황은 행위자의 행위와 독립하여 존재하는 것으로서 피고인 자신이 지배하는 것이 아니므로 이를 완화해서 적용할 수 있다. 가령 피고인이 피해자의 집 밖에서 피해자가 방 안에 있을 것으로 생각하고 협박했는데 피해자가 마당에 있었다고 해서 고의가 인정되지 않는다고 할 수는 없다. 일반인의 입장에서 객관적으로 볼 경우, 피고인으로서도 피해자가 방 안이 아닌 마당에 있을 것도 예상하는 것이 가능하므로 고의를 인정할 수 있다. 따라서 위 판례처럼 불이 붙게 되는 과정, 즉 구성요건적 상황을 세부적으로 인식하지 못하였다고 하더라도 고의를 인정할 수 있다.

49 본죄의 구성요건으로 불태울 것을 규정하고 있으므로 객체를 불태우면 기수에 이른다. 방화의 객체를 불태운 결과가 발생하지 않으면 구성요건적 결과가 없기 때문에 기수가 되지 않는다. 방화죄가 공공위험범이라고 하여 불태울 것을 요하지 않고 기수가 된다는 논리는 죄형법정주의에 반한다고 본다.

(4) **고의**

50 본죄는 고의범이다. 본죄의 고의는 ① 사람이 주거로 사용하거나 현재 사람이 있는 목적물이라는 점, ② 여기에 불을 놓아 불태운다는 것 모두를 인식하는 것을 말한다. 목적물에 불을 놓는다는 것의 인식만으로는 부족하고, 사람이 주거로 사용하거나 현재 존재한다는 것, 그리고 불태운다는 것에 대한 인식이 필요하다. 이때의 인식은 미필적 인식으로 충분하다.

51 피고인이 현존건조물에 붙어 있는 물건에 방화를 하면서 그 현존건조물에 불이 연소되는 것을 희망하지는 않았다 하더라도 그 불이 현존건조물에 연소되는 것을 당연히 인식할 수 있었다면 고의는 인정된다. 인식과 희망은 다르기 때문이다. 주거로 사용하는 것을 알고 있는 이상, 현재 사람이 없거나 범인이 현재 사람이 있다는 것을 몰랐다고 하더라도 현주건조물의 인식은 인정된다.

52 현존 또는 현주 부분을 제외한 나머지 부분만을 불태울 의사가 있더라도 그 부분이 현존 또는 현주 부분과 일체를 이루고 피고인이 이를 인식하고 있었다면, 전체 건조물에 대한 방화 고의가 인정된다. 만일 이를 인식하지 못했다면, 그것이 객관적·합리적으로 인정되는 한, 본조의 고의가 없으므로 일반비현주건

조물의 방화죄가 성립한다. 본조에서 공공의 위험 발생은 구성요건이 아니므로 공공의 위험 발생은 고의의 대상이 아니다.

단순히 사람을 놀래주려고만 하고 현주건조물을 직접 불태울 의도는 없지 53
만 현주건조물에 인접한 물건에 방화한 때에도, 사람을 놀래주려고 했다는 것은 일반적 고의범인 방화죄에서는 동기에 불과하므로 현주건조물을 불태울 수 있다는 것을 인식하였다는 것이 객관적·합리적으로 인정되면 고의는 성립한다.[40] 또한, 절취의 목적으로 집에 방화하였다는 이유만으로 방화의 고의가 조각되지는 않는다.

그러나 피고인이 객실 방에서 나가면 바로 다음 손님을 위하여 방의 이불 54
등을 정리하기 때문에 방의 책상 위에 담뱃불을 두고 나가더라도 자연스럽게 정리될 것이라고 생각한 것이 객관적 입장에서 합리적으로 인정되거나, 담뱃불을 충분히 끄지 않고 버린 경우 등에는, 방화의 고의가 인정되지 않고 사안에 따라 과실이 인정될 수 있다.

판례는 ① "피고인이 종사하던 파일수지공업사를 떠나 다른 직장으로 옮겨 55
가려던 의도로 위 공업사 직원의 방해로 좌절됨에 불만을 품고 피우던 담배를 파일원단 더미에 집어던져 화재를 발생케 한 경우, 불에 잘 타고 화력이 강한 파일원단에 담배불이 떨어지면 쉽사리 착화되어 화재가 발생하고 공공의 위험이 따를 것이라는 점은 경험상 쉽게 예견할 수 있으므로 피고인에게 화재의 결과에 대한 고의와 공공의 위험에 대한 인식이 확정적으로는 없었다 하더라도 미필적 인식은 있었다고 볼 수 있다."고 판시하여[41] 미필적 고의를 인정하였다. 반면에, ② "피고인이 동거하던 A와 가정불화가 악화되어 헤어지기로 작정하고 홧김에 죽은 동생의 유품으로 보관하던 서적 등을 뒷마당에 내어 놓고 불태워 버리려 했던 점이 인정될 뿐, 피고인이 A 소유의 가옥을 불태워 버리겠다고 결의하여 불을 놓았다고 볼 수 없다면 피고인의 위 소위를 가리켜 방화의 범의가 있었다고 할 수 없다."고 판시하여[42] 고의를 부정하였다.

---

40 東京高判 昭和 31(1956). 1. 12. 東高刑時報 7·1·3.
41 서울고판 1983. 5. 16, 83노456.
42 대판 1984. 7. 24, 84도1245.

(5) 착오

56 방화의 객체인 건조물 등에 대해서 그것이 현주건조물 등으로 인정되는 기초적 사실관계를 전부 인식한 때에는, 비록 피고인이 그 객체는 법률상 비현주건조물이라고 생각했다 하더라도 그 기초가 되는 사실관계를 전부 인식하였기 때문에 사실관계에 대한 고의를 조각하지 않는다. 예를 들면 학교는 경비 등이 살고 있더라도 현주건조물이 아니라고 생각했다든지, 주인이 잠시 외출 중인 주택은 비현주건조물이라고 오신했다 하더라도 본죄의 고의는 인정된다.

57 법률의 착오는 사실의 착오와 구별된다. 법률의 착오, 즉 법률을 몰랐다는 것은 고의를 조각하지 않는다. 이는 법률을 알아야 하는 것은 국민의 책임이고, 법률을 몰랐을 때에 그 부담을 범죄행위를 한 개인에게 부과하여 공익을 보호하기 위해서이다. 만일 법률을 몰랐다고 하여 고의를 조각하면 이는 법률을 모르는 사람에게 부당하게 유리하게 되고, 국민으로 하여금 법률을 외면하도록 조장하는 결과가 된다. 피고인이 법률을 알고 있었다는 마음의 상태를 입증하는 것은 현실적으로 어려운 일이기도 하다.

58 그러나 착오에 의하여 기초적 사실관계에 대한 인식이 없는 경우에는 일반건조물등방화죄로 처벌된다. 예를 들어 오랫동안 버려진 빈집에 사람이 없는 것으로 인식하고 방화했는데 우연히 걸인이 있었던 경우에는, 제15조 1항에 의하여 일반건조물등방화죄로 처벌될 것이다.[43] 다만, 이러한 착오는 피고인의 주관적 인식만으로 인정될 수 없고 착오가 정당하다는 것이 객관적 입장에서 합리적으로 인정되어야 할 것이다.

59 사람이 주거하는 건물이라고 생각했지만 일반건조물 등인 때에는 일반건조물등방화죄로 처벌된다. 범죄행위는 주관적 의도와 객관적 행위가 모두 구성요건에 충족해야 하는데, 이 경우에는 객관적 행위가 일반건조물을 대상으로 한 방화죄에 해당하기 때문이다.

2. 책 임

60 방화죄는 정신장애로 범하는 경우가 많은데, 이때는 벌하지 아니하거나 형

43 이재상·장영민·강동범, § 27/32; 주석형법 〔각칙(2)〕(5판), 201(박찬).

벌을 감경할 수 있다(§ 10). 판례 중에는 피고인이 정신분열증세와 방화에 대한 억제하기 어려운 충동으로 말미암아 사물을 변별하거나 의사를 결정할 능력이 미약한 상태에서 불과 6일간에 여덟 차례에 걸친 연속된 방화를 감행한 사안에서, 심신미약으로 인정하여 형을 감경한 판례가 있다.[44]

자기가 결정하지 않은 것이나 결정할 수 없는 것에 대하여는 책임을 지지 61
않는다는 자기책임 원리는 법치주의에 당연히 내재하는 원리다.[45]

3. 죄 수

단기간 내에 같은 목적물에 대한 수개의 방화행위가 있어도 이는 방화죄의 62
1죄를 구성한다. 그러나 같은 목적물에 방화를 하였지만 다른 사람이 소화를 하여 미수에 그쳤는데, 상당한 시일 경과 후 다시 그 목적물에 방화를 하여 마침내 기수에 이른 때와 같이 범의의 단일성이 인정되는 단기간이 아닌 이상 별개의 행위에 해당하여 미수와 기수죄의 제37조의 실체적 경합범이 된다.[46] 한 개의 방화행위로 수개의 목적물을 훼손하여 수인의 법익을 침해한 때에는 제40조의 상상적 경합에 해당한다. 이때 방화죄는 공공위험범으로 행위객체의 수가 아니라 공공의 안전이라는 보호법익을 기준으로 죄수를 결정해야 하므로 1개의 죄가 성립한다(통설)[47]고 할 수도 있지만, 생명·신체, 주거권, 재산권을 보호하는 점을 간과해서는 안 되기 때문에 상상적 경합범으로 보는 것이 타당하다. 수개의 방화행위로 수개의 목적물을 불태운 경우에는, 수개의 법익을 침해한 것이므로 수개의 방화죄가 되고, 각 죄는 실체적 경합관계이다.

1개의 방화행위로 적용법조를 달리하는 건조물과 물건을 불태운 때는, 가장 63
무거운 죄의 포괄일죄라는 견해(통설)도 있으나, 1개의 행위로 주거권 등을 침해하는 건조물과 소유권 등을 침해하는 일반물건을 불태워 수개의 죄에 해당하는 경우이므로 상상적 경합이 되어 가장 무거운 죄에 정한 형으로 처벌한다(§ 40).[48] 현주건조물에 방화할 고의로 건조물 옆에 사람이 현존하지 않고 주거로 사용하

44 대판 1984. 2. 28, 83도3007.
45 헌재 2011. 4. 28, 2009헌바90.
46 서울고판 1974. 1. 29, 73노1558(수 시간 후 동일 객체 방화).
47 김신규, 592; 이형국·김혜경, 582; 임웅, 652; 정성근·박광민, 525.
48 배종대, § 98/17; 임웅, 652-653; 정성근·박광민, 525; 주석형법 〔각칙(2)〕(5판), 203(박찬).

지 않는 자동차에 방화하였지만 현주건조물을 불태우지 못한 때에는, 현주건조물방화미수죄와 일반자동차방화죄의 기수의 상상적 경합에 해당한다. 이는 특정한 구성요건의 사실관계가 존재함을 인식한다는 의미의 고의와 결과를 달성하기 위한 의도를 의미하는 목적은 서로 다른 것으로서 목적에 의해 고의가 흡수되지는 않기 때문이다.

4. 다른 죄와의 관계

(1) 내란죄 및 소요죄와의 관계

64 내란죄(§ 87)의 수단이 된 방화는 내란죄의 폭동행위가 방화죄를 포괄하는 것이므로 내란죄에 흡수된다는 견해[49]와 내란행위는 반드시 방화가 수반되는 것은 아니므로 상상적 경합이라는 견해[50]가 대립되는데, 판례[51]는 상상적 경합이 된다는 입장이다. 소요죄(§ 115)의 실행 중에 본죄를 범한 경우, 상상적 경합이 된다.[52]

(2) 살인죄 및 사체손괴죄와의 관계

65 건조물 안에 있는 사람을 방화를 수단으로 살해한 때에는 살인죄(§ 250①)와 현존건조물방화죄가 성립하고, 두 죄는 상상적 경합관계이다.[53] 그러나 건조물 안에 있는 사람을 살해한 후 현주건조물을 방화한 때에는, 살인죄와 현주건조물방화죄의 실체적 경합이 된다.[54] 사람을 살해한 후에도 건조물이 주거로 사용되거나 다른 사람이 현존한다면 살인죄 외에 현주·현존건조물방화죄가 성립하기 때문이다. 판례도 불을 놓은 집에서 빠져나오려는 피해자들을 막아 소사케 한 경우, 방화행위와 살인행위는 법률상 별개의 범의에 의하여 별개의 법익을 해하는 별개의 행위이므로, 현주건조물방화죄와 살인죄는 실체적 경합관계에 있다고 판시하였다.[55]

66 현주건조물 안에서 사람을 살해한 후 죄적을 인멸할 목적으로 방화하여 사

---

49 김신규, 593; 배종대, § 99/18.
50 이형국·김혜경, 582.
51 대판 1953. 2. 26, 4285형상139.
52 김신규, 593; 배종대, 98/18; 이형국·김혜경, 582.
53 西田 外, 注釈刑法(2), 199(高山佳奈子).
54 김신규, 593; 배종대, § 98/18; 정성근·박광민, 525; 주석형법 〔각칙(2)〕(5판), 205(박찬).
55 대판 1983. 1. 18, 82도2341.

체를 불태운 경우, 방화행위에 대하여 현주건주물방화죄와 사체손괴죄(§ 161①)는 실체적 경합이라는 견해도 있으나,[56] 1개의 행위가 적용법조가 다른 2개의 죄에 해당하는 경우이므로 두 죄는 상상적 경합관계라고 할 것이다.[57]

(3) 공무집행방해죄와의 관계

순찰근무 중인 경찰관의 경찰차에 방화한 때에 방화행위가 동시에 그 경찰 67
관에 대한 폭행·협박에 해당하는 경우에는, 현존자동차방화죄와 공무집행방해죄(§ 136①)의 상상적 경합이 된다.[58]

(4) 주거침입죄와의 관계

타인의 주거에 침입하여 방화를 한 때에는 구별되는 각각의 범죄행위로 인 68
한 것이므로 주거침입죄(§ 319①)와 현주건조물방화죄의 실체적 경합이 된다.[59]

(5) 보험사기죄와의 관계

보험금 사기를 위하여 방화하고 방화가 아닌 것처럼 보험사를 속여 보험금 69
을 청구하였지만 보험사에 발각되어 보험금을 지급받지 못하여도 보험사기죄의 실행의 착수가 인정되어 방화죄와 보험사기방지 특별법의 보험사기미수죄(§ 10)의 실체적 경합이 되고, 보험금을 수령한 때에는 방화죄와 보험사기죄(§ 8)의 실체적 경합이 된다.[60] 보험사기방지 특별법은 보험사기행위자의 처벌에 관하여는 다른 법률에 우선하여 적용해야 하므로(§ 3), 보험사기죄가 성립하면 일반 사기죄를 적용하지 않는다.

(6) 재물손괴죄와의 관계

1개의 방화로 인하여 건조물 등이 손괴된 경우, 손괴는 방화의 불가벌적 수 70
반행위로서 법조경합관계가 되므로 방화죄에 흡수된다는 견해(통설)[61]가 있다. 상상적 경합과 법조경합은 실질적으로 수개의 구성요건을 충족시키는 것인지 아니면 외관상 수개의 죄의 구성요건에 해당하는 것처럼 보이나 실질적으로 1죄만을 구성하는 것인지의 문제이다. 그런데 법조경합은 형법에 없는 용어로

---

56 배종대, § 98/18; 정성근·박광민, 525.
57 김신규, 593; 주석형법 〔각칙(2)〕(5판), 205(박찬).
58 주석형법 〔각칙(2)〕(5판), 204(박찬).
59 주석형법 〔각칙(2)〕(5판), 204(박찬).
60 배종대, § 98/18; 정성근·박광민, 525; 주석형법 〔각칙(2)〕(5판), 206(박찬).
61 김신규, 592; 배종대, § 98/18; 임웅, 653; 주석형법 〔각칙(2)〕(5판), 207(박찬).

서 어떤 행위가 수개의 적용법조에 해당할 때 외관상이라고 구별할 객관적 기준이 막연하다. 죄형법정주의에 따라 1개의 행위가 수개의 적용법조에 해당할 때에는 제40조의 상상적 경합으로 처리해야 한다. 방화죄의 구성요건인 불태우는 것이 훼손을 포함하는 개념이라고 할 때, 방화는 불을 놓아 불태우는 것으로 피고인은 재물손괴의 여러 방법 중의 하나로서 방화를 선택한 것이고 피고인의 이러한 구체적인 방화 고의가 일반적 재물손괴 고의에 우선할 것이므로 방화죄만 성립한다고 할 것이다.

(7) 화염병사용등의처벌에관한법률위반죄와의 관계

71 화염병을 던져 사람이 주거로 사용하거나 사람이 현존하는 건조물 등을 불태운 경우에는, 현주건조물등방화죄와 화염병사용등의처벌에관한법률위반죄(§ 3①[62])가 각 성립하고, 두 죄는 상상적 경합이 된다.[63] 즉, 화염병 사용 등의 처벌에 관한 법률(이하, 화염병처벌법이라 한다.) 제3조 제1항은 '화염병을 사용하여 사람의 생명·신체 또는 재산을 위험에 빠트린' 행위를 구성요건으로 하고 있으므로 화염병을 던져 사람이 현존하는 현존건조물 등을 불태우고 사람의 생명·신체 또는 재산을 위험에 빠트렸다면, 1개의 행위가 수개의 죄에 해당하는 경우이므로 상상적 경합이 된다. 화염병처벌법은 불태울 것이 구성요건이 아니므로 화염병처벌법위반죄 외에 현주건조물등방화죄가 성립하고, 현주건조물방화죄는 화염병을 사용하여 사람의 생명·신체를 위험에 빠트리는 것이 구체적 구성요건으로 되어 있지 않아 화염병처벌법위반죄도 성립하기 때문이다.

5. 처 벌

72 무기 또는 3년 이상의 징역에 처한다.

73 미수범은 처벌한다(§ 174). 예비·음모죄는 5년 이하의 징역에 처한다. 다만, 그 목적한 죄의 실행에 이르기 전에 자수한 때는 그 형을 감경 또는 면제한다(§ 175).

62 화염병 사용 등의 처벌에 관한 법률 제3조(화염병의 사용) ① 화염병을 사용하여 사람의 생명·신체 또는 재산을 위험에 빠트린 사람은 5년 이하의 징역 또는 5천만원 이하의 벌금에 처한다. ② 제1항의 미수범은 처벌한다.

63 주석형법 [각칙(2)](5판), 207(박찬).

Ⅲ. 현주건조물등방화치사·상죄(제2항)

1. 의의 및 법적 성격

본죄[(현주·현존)(건조물·기차·전차·자동차·선박·항공기·광갱)방화(치상·치사)죄]는 제1항의 현주건조물 등에 방화하여 사람을 상해나 사망에 이르게 함으로써 성립한다.[64] 본죄의 보호법익은 공공의 안전 외에 사람의 생명·신체도 보호하는 침해범이다.[65] 74

본죄는 결과적 가중범이다. 따라서 현주건조물에 방화하여 그 결과로 그 안에 거주하는 사람이 사망하거나 상해를 입을 것을 예견할 수 있었던 경우, 즉 예견가능성이 있는 때에는 본조에 해당한다. 다만, 현주건조물에 거주하는 사람을 살해 또는 상해할 고의로 방화하여 사망 또는 상해에 이르게 한 경우에도 본죄가 성립하는 이른바 부진정결과적 가중범인지가 문제된다. 통설[66] 및 판례[67]는 본죄는 부진정결과적 가중범이라고 한다. 75

2. 구성요건

(1) 주체

본죄의 주체는 '제1항의 죄를 지은' 사람이다. '제1항의 죄를 지어'의 의미를 두고 제1항의 죄의 미수·기수를 불문한다는 견해[68]와 형법해석의 엄격성 원칙에 비추어 미수범은 포함되지 않는다는 견해[69]가 있다. 엄격해석의 원칙을 적용 76

64 일본형법에는 현주건조물등방화치사·상죄에 대한 규정이 없고, 현주건조물방화죄의 법정형이 '사형, 무기 또는 5년 이상의 징역'(§ 108)으로 우리보다 높다. 이와 관련하여 최고재판소는 현주건조물에 방화하여 2명이 도망가지 못하고 일산화탄소중독으로 사망한 치사사건에서, 방화에 의한 사람의 사상 결과는 방화죄의 위험의 내용으로서 본래 상정하고 있는 범위에 포함된다고 하면서, "동죄의 양형에서 그러한 사람의 사상결과를 고려하는 것은 법률상 당연히 예정되어 있다고 해석된다."라고 판시하여[最決 平成 29(2017). 12. 19. 刑集 71·10·606], 이를 양형고려사유로 인정하고 있다.

65 오영근, 473-474; 정성근·박광민, 526. 이와는 달리 추상적 위험범이라는 견해(김성돈, 584)도 있다.

66 배종대, § 99/1; 오영근, 473-474; 이재상·장영민·강동범, § 27/34; 정성근·박광민, 526.

67 대판 1983. 1. 18, 82도2341; 대판 1996. 4. 12, 96도215; 대판 1996. 4. 26, 96도485.

68 김신규, 591; 손동권·김재윤, § 32/18. 강도치상죄에 관한 대판 1985. 10. 22, 85도2001도 같은 입장이다.

69 오영근, 474. 다만, 미수범을 포함하도록 입법적 보완이 필요하다고 한다.

한다고 하더라도 이는 법을 최소한의 의미만으로 해석해야 한다는 것이 아니고, 상식과 명시된 입법의도를 반영할 수 있으며, 이러한 범위 내에서 문자의 공정한 의미를 부여하면 충분하다.[70] 본장에는 제1항의 미수범을 처벌하는 처벌조항이 명시되어 있어 입법의도를 반영할 수 있고, 본조의 미수행위로 인하여도 치사·상의 결과가 발생할 수 있고, '죄를 짓다'는 표현에서의 '죄'에는 기수는 물론 미수도 포함된다는 것은 일반인도 알 수 있어, 이를 처벌 대상으로 한다는 것은 상식과 명시된 입법의도를 반영한 해석이므로 미수와 기수를 불문한다고 하여도 엄격해석의 원칙에 반하지 않는다고 본다. 그러나 형벌조항의 명확성을 위해 미수범을 포함한다고 개정함이 바람직하다.

(2) 객체

77 객체인 '사람'은 범인(공범자를 포함) 이외의 모든 자연인을 말한다.[71]

(3) 결과

78 사람의 상해 또는 사망의 결과가 발생하여야 한다. 방화에 의하여 직접 발생한 경우뿐 아니라 방화의 기회에 발생한 것이면 충분하다는 견해가 있다.[72] 그러나 제1항의 죄와 상해·사망 사이에는 인과관계가 인정되어야 하고, 상해·사망에 대한 과실 및 예견가능성이 있어야 한다. 형벌은 피고인의 위법한 행위를 처벌하는 것으로서 피고인의 주관적 범죄의사 및 객관적 범죄 행위를 요하는데, 행위 요건으로서의 과실과 정신적 요건으로서의 예견가능성, 그리고 과실과 결과 간의 인과관계가 있어야 결과에 대한 과실 책임이 인정되기 때문이다. 본죄를 부진정결과적 가중범이라고 할 경우에는, 고의가 있는 경우에도 본죄가 성립한다.[73]

---

70 이에 대한 상세는 안성수, 형벌조항의 해석방법, 198(관용의 원칙과 공정한 의미 해석 부분) 참조.

71 배종대, § 99/1; 오영근, 474; 이재상·장영민·강동범, § 27/33; 정성근·박광민, 527; 주석형법 [각칙(2)](5판), 209(박찬).

72 오영근, 474.

73 통설은 사람을 살해할 고의를 가지고 현주건조물에 방화하였으나 사망하지 않은 경우, 현주건조물방화치사죄의 미수범 처벌규정이 없으므로 현주건조물방화죄와 살인미수죄의 상상적 경합이 된다고 한다[주석형법 [각칙(2)](5판), 209(박찬)].

3. 공범 및 죄수

(1) 공범

결과적 가중범에서 공동정범의 성립이 가능한지에 대해서는 견해의 대립이 있으나,[74] 판례는[75] 상해치사죄에서 이를 인정하고 있다. 교사범과 방조범의 성립도 가능한데, 기본범죄에 대한 교사·방조 외에 중한 결과에 대한 예견가능성이 있어야 한다는 입장이다.[76] 79

판례는 현주건조물등방화치사·상죄는 공범 각자에게 무거운 결과에 대한 고의나 과실이 있고, 기본범죄에 대한 공범이 인정되는 때에는 공범이 성립한다고 한다. 즉, "피고인을 비롯한 30여 명의 공범들이 화염병 등 소지 공격조와 쇠파이프 소지 방어조로 나누어 이 사건 건물을 집단방화하기로 공모하고 이에 따라 공격조가 위 건물로 침입하여 화염병 수십 개를 1층 민원실 내부로 던져 불을 붙여 위 건물 내부를 소훼케 하는 도중에 공격조의 일인이 위 건조물 내의 피해자를 향하여 불이 붙은 화염병을 던진 사실을 알 수 있는바, 이와 같이 공격조 일인이 방화대상 건물 내에 있는 피해자를 향하여 불붙은 화염병을 던진 행위는, 비록 그것이 피해자의 진화행위를 저지하기 위한 것이었다고 하더라도, 공격조에게 부여된 임무 수행을 위하여 이루어진 일련의 방화행위 중의 일부라고 보아야 할 것이고, 따라서 피해자의 화상은 이 사건 방화행위로 인하여 입은 것이라 할 것이므로 피고인을 비롯하여 당초 공모에 참여한 집단원 모두는 위 상해 결과에 대하여 현존건조물방화치상의 죄책을 면할 수 없다. 가사 피해자의 상해가 이 사건 방화 및 건물소훼로 인하여 입은 것이라고 보기 어렵다고 하더라도 형법(1995. 12. 29. 법률 제5057호로 개정되기 전의 것) 제164조 후단이 규정하는 현존건조물방화치상죄와 같은 이른바 부진정결과적 가중범은 예견가능한 결과를 예견하지 못한 경우뿐만 아니라 그 결과를 예견하거나 고의가 있는 경우까지도 포함하는 것이므로 이 사건에서와 같이 사람이 현존하는 건조물을 방화하 80

---

74 이에 대해서는 이재상·장영민·강동범, 형법총론(11판), § 15/14.

75 대판 1978. 1. 17. 선고 77도2193. 「결과적 가중범인 상해치사죄의 공동정범은 폭행 기타의 신체침해행위를 공동으로 할 의사가 있으면 성립되고 결과를 공동으로 할 의사는 필요없다 할 것이므로 패싸움 중 한사람이 칼로 찔러 상대방을 죽게 한 경우에 다른 공범자가 그 결과 인식이 없다 하여 상해치사죄의 책임이 없다고 할 수 없다.」

76 이재상·장영민·강동범, 형법총론(11판), § 15/14.

는 집단행위의 과정에서 일부 집단원이 고의행위로 살상을 가한 경우에도 다른 집단원에게 그 사상의 결과가 예견 가능한 것이었다면 다른 집단원도 그 결과에 대하여 현존건조물방화치사상의 책임을 면할 수 없는 것인바, 피고인을 비롯한 집단원들이 당초 공모 시 쇠파이프를 소지한 방어조를 운용하기로 한 점에 비추어 보면 피고인으로서는 이 사건 건물을 방화하는 집단행위의 과정에서 상해의 결과가 발생하는 것도 예견할 수 있었다고 보이므로, 이 점에서도 피고인을 현존건조물방화치상죄로 의율할 수 있다"고 하였다.[77]

(2) 죄수

81 1개의 행위로 사망 또는 상해가 별개로, 또는 동시에 여러 사람에게 생긴 때에는 각 치상죄 또는 치사죄가 성립하고, 각 죄는 상상적 경합관계이다.[78]

4. 다른 죄와의 관계

(1) 살인죄 및 존속살해죄와의 관계

82 현주건조물에 거주하는 사람을 살해 또는 상해할 고의로 방화하여 사망 또는 상해에 이르게 한 경우에도 현주건조물등방화치사·상죄에 해당하는지가 문제된다. 이에 대하여는 ① 본죄가 부진정결과적 가중범이라거나 방화치사죄의 불법에 살인의 고의범이 포함되는 것은 아니므로 별도의 고의범이 성립한다는 사실을 명확히 하기 위해서라도 살인죄와 현주건조물방화치사죄와 상상적 경합이 된다는 견해,[79] ② 위 ①의 견해는 하나의 살인의 고의를 살인죄와 본죄에서 이중으로 평가하는 것이므로 현주건조물방화치사죄만 성립한다는 견해[80]가 있다.

83 판례는 "형법 제164조 후단이 규정하는 현주건조물방화치사·상죄는 그 전단에 규정하는 죄에 대한 일종의 가중처벌규정으로서 불을 놓아 사람의 주거에 사용하거나 사람이 현존하는 건조물을 소훼함으로 인하여 사람을 사상에 이르게 한 때에 성립되며 동 조항이 사형, 무기 또는 7년 이상의 징역의 무거운 법

77 대판 1996. 4. 12, 96도215.
78 주석형법 [각칙(2)](5판), 210(박찬).
79 김신규, 592; 김일수·서보학, 466; 손동권·김재윤, § 32/19; 이재상·장영민·강동범, § 27/34; 이형국·김혜경, 583; 임웅, 654.
80 오영근, 474.

정형을 정하고 있는 취의에 비추어 보면 과실이 있는 경우뿐만 아니라 고의가 있는 경우도 포함된다고 볼 것이므로, 현주건조물 내에 있는 사람을 강타하여 실신케 한 후 동 건조물에 방화하여 소사케 한 피고인을 현주건조물에의 방화죄와 살인죄의 상상적 경합으로 의율할 것은 아니다."라고 하였다.[81]

또한 판례는, "형법 제164조 후단이 규정하는 현주건조물등방화치사·상죄는 그 전단이 규정하는 죄에 대한 일종의 가중처벌 규정으로서 과실이 있는 경우뿐만 아니라, 고의가 있는 경우에도 포함된다고 볼 것이므로 사람을 살해할 목적으로 현주건조물에 방화하여 사망에 이르게 한 경우에는 현주건조물방화치사죄로 의율하여야 하고 이와 더불어 살인죄와의 상상적 경합범으로 의율할 것은 아니며, 다만 존속살해죄와 현주건조물방화치사죄는 상상적 경합범관계에 있으므로, 법정형이 중한 존속살인죄로 의율함이 타당하다."라고 하였다.[82] 84

판례는 살인죄의 법정형은 사형, 무기 또는 5년 이상의 징역이고, 현주건조물방화치사죄의 법정형은 사형, 무기 또는 7년 이상의 징역인 것을 감안하면, 방화의 방법으로 살인을 한 것이 보통살인죄의 특별조항으로서 법조경합에 해당하여 현주건조물방화치사죄로 처벌하면 되고, 살인죄와 상상적 경합으로 의율할 필요가 없다고 본 것으로 보인다. 85

그러나 현주건조물방화로 존속을 살해한 때에는 1995년 12월 29일 개정 전 존속살해죄의 법정형인 사형 또는 무기징역보다 본조 2항의 현주건조물방화치사죄의 법정형인 사형, 무기 또는 7년 이상의 징역형이 가벼워 방화를 수단으로 존속을 살해한 때에 현주건조물방화치사죄로만 처벌하게 되면 유기징역도 처할 수 있게 되는 문제를 해결하기 위하여 상상적 경합으로 의율한 것이다. 방화의 방법으로 존속살해를 한 때를 그 외의 방법으로 존속살해를 한 때보다 법정형을 가볍게 할 합리적 입법 이유가 없으므로 이를 그대로 적용할 때의 오류를 판결에서 채택하지 않으려 했던 것이 위 판결의 입장이었을 것으로 추단할 수 있다.[83] 86

현재는 위 개정으로 존속살해죄의 법정형이 사형, 무기 또는 7년 이상으로 개정되어 현주건조물방화치사죄와 법정형의 차이가 없게 되었다. 따라서 현재의 87

81 대판 1983. 1. 18, 82도2341.
82 대판 1996. 4. 26, 96도485.
83 주석형법 [각칙(2)](5판), 208(박찬).

법정형하에서 판례의 논리에 따르면 '사람'에는 존속도 해당되므로 살인의 방법이 특정하게 규정된 현주건조물방화치사죄로만 의율하면 된다고 할 것이다.[84]

88 그런데 '사망에 이르게 한 것'은 '사람을 살해'한 것과 형법조항의 표현이 명백히 다르다. 형벌조항의 문구의 의미가 분명할 때에는 명문에 반한 다른 해석은 불가능하다.[85] 엄격해석의 원칙에 따르면 살인의 고의가 있는 때에는 '사람을 살해'한 것이므로 살인죄 또는 존속살해죄로 의율해야 하며, 무겁게 처벌하기 위하여 결과적 가중범으로 규정되어 있는 치상 또는 치사로 의율할 수는 없다. 형벌조항에 반복해서 나오는 단어는 일관되게 해석해야 한다. 그때그때 달리 해석을 한다면 일관성, 예견가능성이 없게 된다. 과실범의 구조로 되어 있는 결과적 가중범을 엄격해석의 원칙, 피고인 이익 해석원칙 즉 관용의 원칙, 일관성의 원칙에 반하여 고의범에 의율할 수는 없다고 본다.

89 따라서 '상해한 때'와 '상해에 이르게 한 때', '살해한 때'와 '사망에 이르게 한 때'로 나누어 조문을 개정해야 한다고 본다. 고의범과 과실범은 양형에 차이가 있어야 한다. 본조는 조문이 결과에 대한 과실을 구성요건으로 하고 있으므로 피고인의 고의, 과실을 불문하고 현주건조물 등에 방화하여 사람을 상해나 사망에 이르게 한 경우에 적용된다고 보는 것은 입법의 잘못을 해석으로 보충하려는 것인데, 엄격해석의 원칙에 부합하지 않는다고 본다. 형벌조항을 해석함에 있어서는 죄형법정주의 원칙 때문에 입법목적이나 입법자의 의도를 감안하는 확대해석이나 유추해석은 일체 금지되고 형벌조항의 문언의 의미를 엄격하게 해석해야 한다.[86] 입법의 잘못은 입법으로 수정해야 한다.

90 제301조의2는 "제297조, 제297조의2 및 제298조부터 제300조까지의 죄를 범한 자가 사람을 살해한 때에는 사형 또는 무기징역에 처한다. 사망에 이르게 한

84 이러한 견해에 대해서는, 두 죄는 '사형, 무기 또는 7년 이상의 징역'은 같지만 존속살해죄에는 자격정지의 병과형(임의적)이 있으므로 현주건조물방화치사죄보다 더 무거워[부칙 제2조 제3항의 "전2항(중한 형의 장기·단기 순)에 의하여 형의 경중을 정할 수 없는 때는 병과할 다른 형이 있는 것을 중한 형으로 하고" 라는 규정 참조] 이전 판례와 마찬가지로 두 죄가 성립하고, 상상적 경합관계라는 견해도 있을 수 있다. 그러나 형의 부칙 제2조 제3항은 1953년 형법 시행 이전의 적용례이고, 형법은 제50조에 의하여 형의 경중을 정할 뿐이다.

85 이에 대한 상세는 안성수, 형벌조항의 해석방법, 235(문자의 분명한 의미 부분) 참조.

86 헌재 2012. 5. 31, 2009헌바123; 헌재 2012. 12. 27, 2011헌바117; 대판 2017. 12. 21, 2015도8335(전) 등.

때에는 무기 또는 10년 이상의 징역에 처한다."라고 규정하여, '살해한 때'와 '사망에 이르게 한 때'를 나누어 규정하고 법정형에 차이를 두고 있다. 살해의 고의가 있는 때와 사망의 예견가능성을 인식한 때에는 책임에 있어 차이가 있기 때문에 이와 같이 나눈 것이다. 따라서 이와 같은 논리의 일관성을 유지하기 위해서라도 현주건조물방화 살인 및 치사, 상해 및 치상을 나누어 규정하여야 한다.

그러므로 예를 들어 현주건조물에 방화를 하고 살해의 고의로 그 안에 있는 사람이 나오는 것을 막아 사망한 때에는, 살인죄와 현주건조물방화죄의 실체적 경합이고, 살해의 고의로 현존건조물에 방화를 하여 그 안의 사람이 사망한 때에는 살인죄와 현존건조물방화죄의 상상적 경합으로 의율하는 것이 상당하다고 본다. 91

판례는 제40조가 규정하는 1개의 행위가 여러 개의 죄에 해당하는 경우에는 "가장 무거운 죄에 대하여 정한 형으로 처벌한다."함은 그 여러 개의 죄명 중 가장 무거운 형을 규정한 법조에 의하여 처단한다는 취지와 함께 다른 법조의 최하한의 형보다 가볍게 처단할 수는 없다는 취지, 즉 각 법조의 상한과 하한을 모두 무거운 형의 범위 내에서 처단한다는 의미라고 한다.[87] 92

참고로 위 논의와 관련된 결과적 가중범에 대한 판례로는 다음과 같은 것이 있다. 93

① 대법원은 "강간범인이 피해자를 사망에 이르게 한 경우에 그 사망의 결과가 간음행위 자체뿐만 아니라 강간의 수단으로 사용한 폭행으로 인하여 초래된 경우에도 강간치사죄가 성립하는 것이나, 다만 범인이 강간의 목적으로 피해자에게 폭행을 가할 때에 살해의 범의가 있었다면 살인죄와 강간치사죄의 상상적 경합범이 성립한다고 할 것이므로, 강간범인이 살해의 미필적 고의를 가지고 피해자의 입을 막고 경부를 눌러 피해자를 질식으로 인한 실신상태에 빠뜨려 강간한 후 그즈음 피해자를 경부압박으로 인한 질식으로 사망케 하였다면 살인죄와 강간치사죄의 상상적 경합범으로 보아 가장 무거운 살인죄에 정한 형으로 처벌한 원심판결은 정당하다."고 판시하였다.[88] 94

---

87 대판 1984. 2. 28, 83도3160. 본 판결 해설은 유언, "강도의 기회에 부녀를 강간하려다 미수에 그치고 그때 부녀에게 상해를 가한 경우의 처단형의 범위", 해설 3, 법원행정처(1988), 257-265.
88 대판 1990. 5. 8, 90도670.

95 이 판결은 제301조의2 강간등 살인·치사죄 시행 이전의 사안으로, 현재는 강간등살인죄는 법정형이 사형 또는 무기의 징역이고, 강간등치사죄는 법정형이 무기 또는 10년 이상의 징역이므로 살인죄나 과실치사죄보다 높다. 현재는 강간살인죄를 적용하면 충분하다고 본다. 위 판결이 강간범인이 살해의 미필적 고의로 사망케 하였다고 인정하면서 결과적 가중범인 치사죄를 적용한 것은 논리적 모순이 있다고 본다.

96 ② 또한 대법원은, "특수공무집행방해치상죄는 원래 결과적 가중범이기는 하지만, 이는 중한 결과에 대하여 예견가능성이 있었음에 불구하고 예견하지 못한 경우에 벌하는 진정결과적 가중범이 아니라 그 결과에 대한 예견가능성이 있었음에도 불구하고 예견하지 못한 경우뿐만 아니라 고의가 있는 경우까지도 포함하는 부진정결과적 가중범이다. 그러나 결과적 가중범에 이와 같이 고의로 중한 결과를 발생케 하는 경우가 포함된다고 하여서 고의범에 대하여 더 무겁게 처벌하는 규정이 있는 경우까지 고의범에 정한 형으로 처벌할 수 없다고 볼 것은 아니다. 결과적 가중범은 행위자가 중한 결과를 예견하지 못한 경우에도 그 형이 가중되는 범죄인데, 고의로 중한 결과를 발생케 한 경우까지 이를 결과적 가중범이라 하여 무겁게 벌하는 고의범에 정한 형으로 처벌할 수 없다고 하면, 결과적 가중범으로 의율한 나머지 더 가볍게 처벌되는 결과를 가져오기 때문이다. 따라서 고의로 중한 결과를 발생케 한 경우에 무겁게 벌하는 구성요건이 따로 마련되어 있는 경우에는 당연히 무겁게 벌하는 구성요건에서 정하는 형으로 처벌하여야 할 것이고, 결과적 가중범의 형이 더 무거운 경우에는 결과적 가중범에 정한 형으로 처벌할 수 있도록 하여야 할 것이다. 그러므로 기본범죄를 통하여 고의로 중한 결과를 발생케 한 부진정 결과적 가중범의 경우에 그 중한 결과가 별도의 구성요건에 해당한다면 이는 결과적 가중범과 중한 결과에 대한 고의범의 상상적 경합관계에 있다고 보아야 할 것이다."라고 판시하였다.[89]

97 이 판결의 취지는 피고인의 행위가 상해죄의 특별구성요건인 특수공무집행방해치상죄에 해당하면 그 죄로 의율하여 처벌하는 것이 입법자의 의도이므로 그 죄로만 처벌하면 충분한데, 다만 이때 그 행위가 다른 일반 구성요건에도 해

89 대판 1995. 1. 20, 94도2842.

당하게 되고 특별구성요건의 법정형이 다른 일반 구성요건보다 가볍게 될 경우에는, 특별구성요건을 정한 법을 적용하는 것은 특별구성요건을 정한 입법자의 의도라고 보기 어려우므로 무거운 법정형의 형을 적용하여 처벌하겠다고 한 것이다. 물론 이때 피고인의 행위는 일반 구성요건인 다른 죄에도 해당하므로 죄형법정주의 위반의 문제는 없다. 그러나 과실범의 구조로 되어 있는 결과적 가중범을 굳이 엄격해석의 원칙에 반하여 상상적 경합으로 의율할 필요는 없다고 본다.

(2) 강도살인죄와의 관계

판례는 "피고인들이 피해자들의 재물을 강취한 후 그들을 살해할 목적으로 98
현주건조물에 방화하여 사망에 이르게 한 경우 피고인들의 위 행위는 강도살인죄와 현주건조물방화치사죄에 모두 해당하고 그 두 죄는 상상적 경합범관계에 있다."고 한다.[90] 강도살인죄(§ 338)의 법정형이 사형 또는 무기징역으로서 현주건조물방화치사죄보다 법정형이 더 무겁기 때문이다. 살인의 고의를 인정하면서 치사죄를 적용하는 것의 문제점은 앞에서 본 바와 같다. 위 판례에 대해서는 살인의 고의가 강도살인죄에서와 현주건조물방화치사죄에서 이중평가된 것이므로 강도살인죄와 현주건조물방화죄의 상상적 경합이라는 견해도 있다.[91]

5. 처 벌

사형, 무기 또는 7년 이상의 징역에 처한다. 99

본죄의 법정형인 사형과 관련하여 판례는, "방화죄가 불특정다수인의 생명, 100
신체, 재산에 대하여 위험을 발생시키고 공공의 평온을 해하는 공공위험죄인 까닭에 그 형이 특히 무겁고, 역사적으로는 나라마다 방화죄에 극형을 부과하였음이 일반이었음에 비추어 보고 형법 제164조가 생명형을 규정한 취의로 보아 사형이 반드시 피해야 할 형이라고만 할 이유도 없다."고 판시한 바 있다.[92]

〔안 성 수〕

90 대판 1998. 12. 8, 98도3416.
91 오영근, 475.
92 대판 1983. 3. 8, 82도3248(부산 미문화원 방화사건).

第165條(공용건조물 등 방화)
불을 놓아 공용(公用)으로 사용하거나 공익을 위해 사용하는 건조물, 기차, 전차, 자동차, 선박, 항공기 또는 지하채굴시설을 불태운 자는 무기 또는 3년 이상의 징역에 처한다.
[전문개정 2020. 12. 8.]

구 조문
第165條(공용건조물 등에의 방화) 불을 놓아 공용 또는 공익에 공하는 건조물, 기차, 전차, 자동차, 선박, 항공기 또는 광갱을 소훼한 자는 무기 또는 3년 이상의 징역에 처한다.

Ⅰ. 취 지

1 본죄[(공용·공익)(건조물·기차·전차·자동차·선박·항공기·광갱)방화죄]는 비현주건조물 등 중에서 공용(公用)으로 사용하거나 공익을 위해 사용하는 건조물, 기차, 전차, 자동차, 선박, 항공기 또는 지하채굴시설(이하, '건조물 등'이라 한다.)을 방화행위의 객체로 한 죄이다. 본조는 사람이 주거로 사용하거나 사람이 현존할 것을 요하지 않는 점에서 일반건조물 등의 방화죄와 같지만, 보호대상이 되는 건조물 등이 공용으로 사용되거나 공익을 위해 사용된다는 점에서 차이가 있다.[1]

1 일본형법은 공용건조물 등에 대한 방화를 일반건조물 등에 비하여 가중하는 규정을 두고 있지 않다. 우리도 본조는 국가주의적 사고에서 비롯된 것으로 공용건조물 등이나 일반건조물 등이나 재산적 가치나 피해 시의 국가적 손실이나 그 중요성이 다르지 않다는 이유로, 본조를 삭제하고 일반건조물등방화죄에 흡수하는 내용의 형법개정법률안을 1992년에 마련한 바 있다[법무부, 형법개정법률안 제안이유서(1992. 10), 204 이하].

Ⅱ. 객 체

건조물, 기차, 전차, 자동차, 선박, 항공기 또는 지하채굴시설의 의미는 기본적으로 **현주건조물등방화죄**(§ 164①)에서와 같다. 2

사전상 공용(公用)은 '공적인 용무'를 말하고, 공익은 '사회 전체의 이익'을 말한다. 개정 전에는 한글로 '공용'으로 되어 있었다. 그런데 공용에는 공용(公用) 외에도 함께 쓴다는 공용(共用) 등을 의미할 수 있기 때문에 공용(公用)으로 표기한 것으로 보인다. 공용으로 사용하는 대표적인 것은 국가 또는 공공단체에서 사용하는 것을 말하고, 공익을 위해 사용하는 것은 일반 공중이 사용하는 것을 의미한다고 할 것이다.[2] 공용은 관용(官用), 즉 정부기관이나 국립기관에서의 사용과는 다른 개념이다. 공익에도 공익(公益) 이외에 공동의 이익이라는 의미의 공익(共益)이 있기 때문에 명확성을 위해 한자로 어떤 것을 의미하는지 병기해야 한다. 앞의 공용이라는 문구와의 일관성을 위해서라도 마찬가지다. 아울러 제367조 공익건조물파괴죄 등에서는 '공익에 공하는'이라는 용어를 그대로 사용하고 있어 형법조항의 일관성이 유지되지 않고 있으므로 개정이 필요하다. 국민을 형벌에 처하는 형법에 일관되지 않은 문구는 용인되기 어렵다. 3

'공용, 공익'과 같은 개념은 추상성이 있으므로 죄형법정주의 명확성의 원칙을 고려하여 확장해석을 하지 않도록 주의해야 한다. 4

'공적(公的)'은 '공개적' 또는 '집단적'이라는 의미가 있다. 따라서 외딴 곳에서 홀로 사용하는 것은 '사적(私的)'에 해당한다. 그러므로 외딴 곳에서 홀로 사용하는 것에 대비해 공개적으로 여럿이 사용한다는 점만을 이유로 피고인을 가중처벌하는 것이 가능한지가 문제된다. 5

형벌조항은 특정한 개인, 단체나 법인의 이익을 보호하기 위한 것이어서는 안 된다. 따라서 처벌 여부나 처벌 정도는 피해자의 신분을 반영하는 것이 아니라 피해의 정도나 범행의 태양을 반영해야 하는 것이어야 한다.[3] 같은 범죄의 6

---

2 김성돈, 형법각론(7판), 577-578; 김신규, 형법각론 강의, 594; 배종대, 형법각론(13판), § 99/2; 오영근, 형법각론(6판), 487; 이재상·장영민·강동범, 형법각론(12판), § 27/35; 이형국·김혜경, 형법각론(2판), 585; 임웅, 형법각론(11정판), 656; 주석형법 [각칙(2)](5판), 213(박찬).

3 Rudolph J. Gerber, "Arizona Criminal Code Revision: Twenty Years Later", 40 Ariz. L. Rev. 143 (1998), 153.

피해자는 모두 같이 취급되어야 하기 때문이다. 가령 상해죄의 피해자가 공익을 위한 단체의 구성원이라는 이유만으로 상해의 종류, 범행의 태양이 같음에도 다른 일반인 피해자의 경우보다 무거운 형에 처하게 해서는 안 된다. 그러므로 본조의 공용건조물 등의 방화죄가 제166조 제1항의 일반건조물 등의 방화죄와 범행방법, 대상물이 같다면 용도가 공용으로 사용하거나 공익을 위해 사용한다는 이유로 법정형을 무겁게 한 것은 타당하지 않다. 이와 같은 구분은 피해나 범행의 태양 자체가 아니라 피해 대상인 목적물의 용도에 따라 중요한 피해와 그렇지 않은 피해를 구별한 것이다. 예를 들면 재물손괴죄에서 같은 행위로 같은 액수의 손해를 발생시켰는데, 피해차량이 회사의 공용차량이라는 이유만으로 회사원이 개인적으로 업무를 위해 출퇴근에 사용하는 차량과 달리 더 중하게 처벌하지 않는다. 이는 공무집행방해죄나 공용서류등의무효죄(§ 141) 등 공무 또는 공무소의 기능을 방해한다는 피해와 업무 또는 대상장소를 객관적으로 한정하여 범행의 태양이 반영된 것과는 구별된다.

7 한편, 공용(公用)과 사용(私用), 공익과 사익의 경계선을 구별하기 어려운 경우도 있다. 현실적으로 기차, 전차, 항공기, 지하채굴시설은 사회의 다수인이 사용하고 있으므로 공용 또는 공익을 위해 사용한다고 할 수 있다. 공익을 공동의 이익이라고 해석할 경우에는 오직 개인이 혼자 사용하는 단독 건조물, 자동차, 선박, 항공기만이 공용 또는 공익을 위해 사용하지 않는다고 할 수 있다. 그러나 건조물, 자동차, 선박, 항공기는 성격상 완전히 특정인만 사용할 수 있도록 되어 있지는 않고, 구조적으로 동반자 등 다른 사람과 사용할 수 있게 되어 있다. 이처럼 경계선을 구분하기 어려운 조문은 형벌조항의 명확성을 저해한다.

Ⅲ. 행위 및 결과

8 '불을 놓는 것'과 '불태운'의 의미 등은 **현주건조물등방화죄**(§ 164①)에서와 같다.

Ⅳ. 고 의

본조의 고의는 공용으로 사용하거나 공익을 위해 사용하는 건조물 등에 불을 놓아 불태운다는 데 대하여 인식하는 것을 말한다. 따라서 공용으로 사용하는 자동차를 개인 1명만이 사적으로 사용하는 자동차로 알았고, 그러한 착오가 객관적으로 합리적인 때에는, 본조의 고의는 인정되지 않는다. 9

Ⅴ. 처 벌

무기 또는 3년 이상의 징역에 처한다. 10

본죄의 법정형은 현주 또는 현존건조물등방화죄의 법정형과 같다. 미수범은 처벌하고(§ 174), 예비·음모죄는 5년 이하의 징역에 처한다. 다만, 그 목적한 죄의 실행에 이르기 전에 자수한 때는 그 형을 감경 또는 면제한다(§ 175). 11

〔안 성 수〕

제166조(일반건조물 등 방화)

① 불을 놓아 제164조와 제165조에 기재한 외의 건조물, 기차, 전차, 자동차, 선박, 항공기 또는 지하채굴시설을 불태운 자는 2년 이상의 유기징역에 처한다.

② 자기 소유인 제1항의 물건을 불태워 공공의 위험을 발생하게 한 자는 7년 이하의 징역 또는 1천만원 이하의 벌금에 처한다.

[전문개정 2020. 12. 8.]

구 조문

제166조(일반건조물 등에의 방화) ① 불을 놓아 전2조에 기재한 이외의 건조물, 기차, 전차, 자동차, 선박, 항공기 또는 광갱을 소훼한 자는 2년 이상의 유기징역에 처한다.

② 자기소유에 속하는 제1항의 물건을 소훼하여 공공의 위험을 발생하게 한 자는 7년 이하의 징역 또는 1천만원 이하의 벌금에 처한다.

Ⅰ. 취 지

1 본죄는 사람이 주거로 사용하거나 현존하지 않고, 공용(公用)으로 사용하거나 공익을 위해 사용하지 않는 건조물, 기차, 전차, 자동차, 선박, 항공기 또는 지하채굴시설(이하, '건조물 등'이라 한다.)에 대한 방화죄이다. 제1항의 죄[일반(건조물·기차·전차·자동차·선박·항공기·광갱)방화죄]는 추상적 위험범이고, 제2항의 죄[자기소유(건조물·기차·전차·자동차·선박·항공기·광갱)방화죄]는 구체적 위험범이다.

Ⅱ. 객 체

1. 제1항의 죄 – 타인 소유

제1항의 죄(일반건조물등방화죄로 약칭한다.)의 객체는 사람이 주거로 사용하거나 현존하지 않고, 공용으로 사용하거나 공익을 위해 사용하지 않는 건조물 등이다. 따라서 사람이 현주하지 않아도 우연히 범행 당시에 현존한다면 본조에 해당하지 않는다. 마찬가지로 사람이 현주·현존하지 않아도 공익을 위해 사용되는 건조물이라면 본조에 해당하지 않는다. 2

사람이 주거로 사용하지 않는다는 것은 범인 이외의 사람이 주거로 사용하지 않는다는 것을 말한다. 아무도 주거로 사용하지 않는 건조물이나 범인만이 주거로 사용하는 건조물이 이에 해당한다. 물건만 두는 개인창고, 석탄, 건축자재 보관소 등이 이에 해당할 수 있다. 거주자 또는 현존자가 방화를 승낙한 때에도 객관적으로 현주성과 현존성에는 변화가 없고, 공공의 위험범으로 보는 이상 현주건조물등방화죄에 해당한다.[1] 3

거주자 전원을 살해하고 건조물에 방화한 경우, 제164조에서 이미 살펴본 바와 같이 제164조의 사람이 주거로 사용한다는 의미는 반드시 방화 시점에 실제로 주거로 사용되어야 한다는 것을 의미하는 것은 아니고, 거주자가 모두 여행을 떠난 경우와 같이 사람이 없어도 주거로서의 생활현상이 유지되고 있는 것을 의미하므로 현주건조물등방화죄에 해당한다.[2] 판례도 같은 취지이다.[3] 일정한 계절만 주거로 사용하고 나머지 기간 동안은 문을 잠가둔 별장의 경우에도, 관리가 계속되고 계속 주거로 사용될 것이 예정된 때에는 현주성을 잃지 않는다고 본다. 4

자기 소유 건조물 등이라도 압류 기타 강제처분을 받거나 타인의 권리 또는 보험의 목적물이 된 때에는 타인의 건조물 등으로 간주한다(§ 176). 5

---

1 거주자가 방화를 승낙하면 일반건조물등방화죄가 된다는 견해로는 김일수·서보학 새로쓴 형법각론(9판), 464. 방화죄의 재산범적 성격을 고려한 것으로 보이지만, 거주자라는 이유만으로 재산을 처분할 권리가 있다고 할 수는 없다.

2 배종대, 형법각론(13판), § 98/4; 오영근, 형법각론(5판), 470. 일반건조물등방화죄가 성립한다는 견해로는 김일수·서보학, 460; 이재상·장영민·강동범, 형법각론(12판), § 27/27.

3 대판 1947. 2. 18, 4297형상120.

2. 제2항의 죄 – 자기 소유

6 제2항의 죄(자기소유건조물등방화죄로 약칭한다.)의 객체는 자기 소유의 제1항의 건조물 등이다. 자기 소유인 때에는 법정형이 감경된다. 방화죄가 공공의 위험범인 동시에 재산범적 성격을 가진 것을 반영하여 가볍게 처벌하는 것이다. 헌법 제23조 제1항이 보장하는 바에 따라 소유권의 한 내용으로서 자기 소유의 건조물은 파손할 수 있는 권리가 있어 처벌할 수 없지만, 공공의 위험을 발생한 때는 본조에 의하여 처벌하게 된다.

7 자기 소유는 범인의 소유를 말한다. 범인에는 공범자를 포함한다.[4] 소유권은 민법의 규정에 의한다. 범인과 범인 아닌 사람이 공유한 때에는 공유물에 자기의 지분 외에 타인의 지분이 있으므로 완전한 의미에서 자기의 소유라고 할 수 없다. 따라서 이러한 의미에서는 타인의 소유라고 해석해도 논리상 오류가 있는 것은 아니다. 그러나 미국 판례는 공유물은 타인의 지분이 공유물 전체에 미치므로 타인의 것으로 해석할 수도 있고, 피고인의 지분이 전체에 미치므로 피고인의 것으로도 해석할 수 있는데, 이러한 경우에는 피고인에게 유리하게 해석해야 한다는 관용의 원칙에 따라 타인의 소유라고 해석하지 않는다.[5] 범인의 소유라고 해석함이 관용의 원칙에 부합한다고 본다.[6]

8 제1항의 건조물에 대하여 소유자가 방화를 승낙한 경우에는, 제2항의 취지가 방화죄의 재산범적 성격을 반영한 것이므로 소유자의 재산권을 보호할 필요가 없어 제2항의 죄로 의율할 것이다.[7] 무주물인 때에도 제2항의 죄로 의율할 것이다.[8] 무주물은 범인의 자기 소유의 물건은 아니어서 제1항에 해당하지만, 제2항의 취지가 특정인의 재산권 침해가 없을 때에는 감경한다는 것인 이상, 무주물도 제1항으로 의율하여 해석하는 것은 입법취지에 어긋나고, 위와 같이 해석하는 것이 피고인에게 유리하므로 죄형법정주의에도 부합한다고 본다.

---

4 김신규, 형법각론 강의, 595; 이재상·장영민·강동범, § 27/37; 임웅, 형법각론(11정판), 657; 주석형법 〔각칙(2)〕(5판), 216(박찬).

5 John Poulos, "The Metamorphosis of the Law of Arson", 51 Mo. L. Rev. 295(1986), 312; Snyder v. People, 26 Mich 106(1872); Kopcyzski v. State, 118 N.W. 863(1908).

6 이에 대한 상세는 안성수, 형벌조항의 해석방법, 박영사(2022), 1(형벌조항 해석의 중요성 부분) 참조.

7 김일수·서보학, 464; 오영근, 477; 이재상·장영민·강동범, § 27/37.

8 김일수·서보학, 469; 오영근, 477; 이재상·장영민·강동범, § 27/37; 임웅, 657.

판례도 "형법 제167조 제2항은 방화의 객체인 물건이 자기의 소유에 속한 때에는 같은 조 제1항보다 감경하여 처벌하는 것으로 규정하고 있는바, 방화죄는 공공의 안전을 제1차적인 보호법익으로 하지만 제2차적으로는 개인의 재산권을 보호하는 것이라고 볼 수 있는 점, 현재 소유자가 없는 물건인 무주물에 방화하는 경우에 타인의 재산권을 침해하지 않는 점은 자기의 소유에 속한 물건을 방화하는 경우와 마찬가지인 점, 무주의 동산을 소유의 의사로 점유하는 경우에 소유권을 취득하는 것에 비추어(민 § 252) 무주물에 방화하는 행위는 그 무주물을 소유의 의사로 점유하는 것이라고 볼 여지가 있는 점 등을 종합하여 보면, 불을 놓아 무주물을 소훼하여 공공의 위험을 발생하게 한 경우에는 '무주물'을 '자기소유의 물건'에 준하는 것으로 보아 형법 제167조 제2항을 적용하여 처벌하여야 한다."라고 한다.[9] 9

무주물의 소유권 귀속에 대해서는 민법의 규정이 있다.[10] 무주의 부동산은 국유에 속하므로 무주물에 해당하지 않는다. 10

건조물 등의 의의는 기본적으로 **현주건조물등방화죄**(§ 164①)에서와 같다. 여기서의 건조물은 토지에 정착하여 지붕이 있고 벽 또는 기둥에 의해 지지되는 가옥에 유사한 공작물을 말하는 것으로 보아야 한다. 일반물건은 건조물에 해당하지 않는다. 건조물을 판례나 해석에 맡기기보다는 법조항으로 특정하는 것이 명확성의 원칙에 부합한다고 본다. 한편, 건축법 제2조 제1항 제2호의 '건축물'은 토지에 정착(定着)하는 공작물 중 지붕과 기둥 또는 벽이 있는 것과 이에 딸린 시설물, 지하나 고가(高架)의 공작물에 설치하는 사무소·공연장·점포·차고·창고, 그 밖에 대통령령으로 정하는 것을 말한다. 11

9 대판 2009. 10. 15, 2009도7421. 본 판결 평석은 이경렬, "무주의 일반물건 방화자의 형사책임", 형사판례연구 〔18〕, 한국형사판례연구회, 박영사(2010), 223-251.

10 민법 제252조(무주물의 귀속) ① 무주의 동산을 소유의 의사로 점유한 자는 그 소유권을 취득한다.
② 무주의 부동산은 국유로 한다.
③ 야생하는 동물은 무주물로 하고 사양하는 야생동물도 다시 야생상태로 돌아가면 무주물로 한다.

Ⅲ. 행 위

12 본조의 행위는 불을 놓는 것인데 그 의미는 **현주건조물등방화죄**(§ 164①)에서와 같다.

Ⅳ. 결 과

13 불태운의 의미는 **현주건조물등방화죄**(§ 164①)에서와 같다.

14 제2항의 죄는 공공의 위험이 발생할 것을 요한다. 공공의 위험의 의미는 [**총설**]에서 살펴본 것과 같다. 따라서 예를 들어 자신이 소유하는 작은 창고에 방화하면서 주위에 나무 등이 전혀 없어 다른 곳으로의 연소가 불가능하고 다른 집도 약 300미터 거리에 있으며 비가 오고 있는 상황이었고, 피고인 스스로 다른 곳에는 번지지 않도록 주의하고 있었다면, 공공의 위험은 인정되지 않을 것이다.

15 제1항의 죄의 미수범은 처벌하지만, 제2항의 죄의 미수범은 처벌규정이 없다. 제1항의 죄는 불태우면 기수가 성립하고, 제2항의 죄는 불태워 공공의 위험이 발생하여야 기수가 된다.[11]

Ⅴ. 고 의

16 제1항의 죄의 고의는 사람이 주거로 사용하지 않고, 사람이 현존하지 않으며, 공용으로 사용하거나 공익을 위해 사용되지 않고, 자기의 소유에 속하지 않는 건조물 등에 불을 놓아 불태운다는 인식을 요한다. 목적물이 자기의 소유라고 오신한 경우에는, 사실의 착오로서 제15조 제1항에 의하여 제2항의 죄로 처벌된다. 사실의 착오는 주관적으로 사실을 인식하지 못했고, 또한 합리적인 사람이면 그와 같은 착오를 일으켰을 때에 인정될 수 있다. 즉, 실제로 착오를 일으켰다고 하더라도 객관적으로 합리적인 사람이라면 그와 같은 착오를 일으킬 수 없다고 판단되면 고의책임을 면할 수 없다. 즉 고의에는 특정한 사실관계가

11 오영근, 477; 주석형법 〔각칙(2)〕(5판), 217(박찬).

존재함을 아는 것뿐만 아니라 자신의 행위가 범죄행위에 해당될 수 있다는 것, 혹은 그 특정한 법익침해의 결과를 초래할 수 있다는 것 내지 특정한 구성요건적 상황이 존재할 수 있다는 위험을 상당히 그리고 정당화할 수 없는 정도로 의도적으로 무시한다는 의미의 미필적 고의가 포함되기 때문이다. 이와 같은 기준은 범죄자가 처벌을 면하는 것을 막고, 일반인으로서도 합리적 수준의 주의를 기울여 착오를 일으키지 않도록 노력하게 한다. 그러나 이러한 기준은 실제로는 범죄의사 없이 선의로 행동한 사람도 처벌할 수 있게 되는 비현실적으로 높은 수준이 될 수 있으므로 주관적 인식도 감안하여 객관적 기준에 의하여 평가해야 한다.

타인 소유의 물건이라는 점에 대해 법령의 착오가 있을 때에는 정당한 사유가 인정되어야 벌하지 아니한다(§ 16).[12] 17

제2항의 죄의 고의는 사람이 주거로 사용하지 않고, 사람이 현존하지 않으며, 공용으로 사용하거나 공익을 위해 사용되지 않고, 자기의 소유에 속하는 건조물 등에 불을 놓아 공공의 위험을 발생하게 한다는 인식을 요한다. 따라서 불을 놓는다는 인식은 있지만 공공의 위험을 발생시킨다는 인식이 없는 때에는 본죄는 성립하지 않는다. 이때 재물손괴죄나 항공기안전법·항공기보안법 등 특별법상의 처벌규정에 해당할 수 있다. 공공의 위험을 발생시킨다는 인식이 없다 18

12 법률의 착오는 가령 소유권이전등기를 하였으나 부동산 실권리자명의 등기에 관한 법률에 의하여 무효가 되어 소유권이 여전히 타인에게 있음에도 법률을 모르거나 법적용이 없어 자신에게 소유권이 있다고 착오한 때가 이에 해당할 수 있다. 법률의 착오는 사실의 착오와 구별된다. 법률의 착오 즉 법률을 몰랐다는 것은 고의를 조각하지 않는다. 이는 법률을 알아야 하는 것은 국민의 책임이고, 법률을 몰랐을 때에 그 부담을 범죄행위를 한 개인에게 부과하여 공익을 보호하기 위해서이다. 만일 법률을 몰랐다고 하여 고의를 조각하면 이는 법률을 모르는 사람에게 부당하게 유리하고, 국민으로 하여금 법률을 외면하도록 조장하는 결과가 된다. 법률을 알았다는 입증은 현실적으로 어렵다. 이처럼 법률은 고의의 대상이 아니므로 법률의 부지나 착오는 고의를 조각하지 않지만, 본래적으로 범죄적이지 않은 행위에 대하여는 일반인이 그것이 금지되어 있는 것인지를 알고 있어야 형사책임이 인정된다. 예를 들어, 어떤 형벌조항이 매우 복잡해서 일반 국민으로는 그 조항이 적용되는 범위를 알기 어려운 때나 본래적으로 범죄적이지 않은 행위가 형벌의 대상이 될 때 일반 국민이 그러한 행위가 범죄가 된다는 것을 매우 알기 어렵거나 불가능할 때에는 예외가 인정된다. 법을 준수하려는 사람이 합리적인 주의를 기울였음에도 불구하고 착오를 일으켰거나 알지 못했을 때, 즉 순수한 의미에서 법률을 모르거나 착오한 사람이 처벌되지 않도록 하기 위해서다. 따라서 특별법에 의한 소유권등기 무효는 일반적으로 고의를 조각하지 않을 것이다. 그러나 관련 정부부처의 유권해석이나 선행 판례를 믿고 이에 따라 행위한 때에는 정당한 이유가 있다고 할 수 있다.

는 것은 객관적으로 보아 합리적으로 인정되어야 할 것이다.

Ⅵ. 죄 수

19 1개의 행위로 제1항의 목적물과 제2항의 목적물을 동시에 불태운 경우, 상상적 경합에 해당하여 법정형이 무거운 제1항의 죄로 처벌된다.[13] 그 밖에 제164조와 객체의 성질만이 서로 다른 경우에는, 기본적으로 제164조에서의 논의를 참고하면 될 것이다.

Ⅶ. 처 벌

20 제1항의 죄는 2년 이상의 유기징역, 제2항의 죄는 7년 이하의 징역 또는 1천만 원 이하의 벌금에 처한다.

21 제1항의 죄의 미수범은 처벌하고(§ 174), 제1항의 죄의 예비·음모죄는 5년 이하의 징역에 처한다. 다만, 그 목적한 죄의 실행에 이르기 전에 자수한 때는 그 형을 감경 또는 면제한다(§ 175).

〔안 성 수〕

13 주석형법 〔각칙(2)〕(5판), 218(박찬).

제167조(일반물건 방화)
① 불을 놓아 제164조부터 제166조까지에 기재한 외의 물건을 불태워 공공의 위험을 발생하게 한 자는 1년 이상 10년 이하의 징역에 처한다.
② 제1항의 물건이 자기 소유인 경우에는 3년 이하의 징역 또는 700만원 이하의 벌금에 처한다.
[전문개정 2020. 12. 8.]

구 조문
제167조(일반물건에의 방화) ① 불을 놓아 전3조에 기재한 이외의 물건을 소훼하여 공공의 위험을 발생하게 한 자는 1년 이상 10년 이하의 징역에 처한다.
② 제1항의 물건이 자기의 소유에 속한 때에는 3년 이하의 징역 또는 700만원 이하의 벌금에 처한다.

Ⅰ. 취 지

본조 제1항은 일반물건방화죄로서 제164조부터 제166조까지에 규정된 객체 외의 물건에 대한 방화를 처벌하는 규정이다. 제2항은 자기소유일반물건방화죄로서 방화죄의 재산범적 요소가 없는 경우에 가볍게 처벌하는 것이다. 자기소유 물건에 대하여는 자유로운 처분을 인정하는 헌법 정신을 반영한 것으로도 볼 수 있다. 1

본죄는 구체적 위험범이다. 구체적 위험이 발생하지 않은 때에는 제366조 이하의 손괴죄의 성립이 문제될 뿐이다. 본죄는 미수범, 예비·음모 처벌규정이 없다. 2

3 본죄는 공공의 위험이 발생하여야 기수가 된다.

II. 객 체

4 본죄의 객체는 제164조부터 제166조까지의 건조물, 기차, 전차, 자동차, 선박, 항공기, 지하채굴시설(이하, '건조물 등'이라 한다.) 외의 물건이다.

5 따라서 건조물이라고 할 수 없는 문, 교량, 가구, 기체·액체 연료가 이에 해당한다. 지붕과 문짝, 창문이 없고 담장과 일부 벽체가 붕괴된 철거 대상 건물로서 사실상 기거·취침에 사용할 수 없는 폐가,[1] 노상에서 전봇대 주변에 놓인 재활용품과 쓰레기[2]가 일반물건이라는 판례가 있다. 민법 제98조에 의하면 물건은 유체물 및 전기 기타 관리할 수 있는 자연력을 말한다.

6 다른 물건에 불을 붙이기 위해 점화의 수단으로 사용한 종이도 본조의 물건에 포함된다고 할 수 있지만, 다른 물건에 불이 붙지 않은 상태로는 일반적으로 공공의 위험을 인정하기 어려울 것이다.[3] 다만, 이 경우 경범죄 처벌법상의

---

1 대판 2013. 12. 12, 2013도3950. 「이 사건 폐가는 지붕과 문짝, 창문이 없고 담장과 일부 벽체가 붕괴된 철거 대상 건물로서 사실상 기거·취침에 사용할 수 없는 상태의 것이므로 형법 제166조의 건조물이 아닌 형법 제167조의 물건에 해당하고, 피고인이 이 사건 폐가의 내부와 외부에 쓰레기를 모아놓고 태워 그 불길이 이 사건 폐가 주변 수목 4-5그루를 태우고 폐가의 벽을 일부 그을리게 하는 정도만으로는 방화죄의 기수에 이르렀다고 보기 어려우며, 일반물건방화죄에 관하여는 미수범의 처벌 규정이 없다는 이유로 제1심의 유죄판결을 파기하고 피고인에게 무죄를 선고하였다. 위 법리에 비추어 기록을 살펴보면, 원심의 위와 같은 사실인정과 판단은 정당하다.」

2 대판 2009. 10. 15, 2009도7421. 「형법 제167조 제2항은 방화의 객체인 물건이 자기의 소유에 속한 때에는 같은 조 제1항보다 감경하여 처벌하는 것으로 규정하고 있는바, 방화죄는 공공의 안전을 제1차적인 보호법익으로 하지만 제2차적으로는 개인의 재산권을 보호하는 것이라고 볼 수 있는 점, 현재 소유자가 없는 물건인 무주물에 방화하는 경우에 타인의 재산권을 침해하지 않는 점은 자기의 소유에 속한 물건을 방화하는 경우와 마찬가지인 점, 무주의 동산을 소유의 의사로 점유하는 경우에 소유권을 취득하는 것에 비추어(민법 제252조) 무주물에 방화하는 행위는 그 무주물을 소유의 의사로 점유하는 것이라고 볼 여지가 있는 점 등을 종합하여 보면, 불을 놓아 무주물을 소훼하여 공공의 위험을 발생하게 한 경우에는 '무주물'을 '자기 소유의 물건'에 준하는 것으로 보아 형법 제167조 제2항을 적용하여 처벌하여야 한다.」

본 판결 평석은 이경렬, "무주의 일반물건 방화자의 형사책임", 형사판례연구 [18], 한국형사판례연구회, 박영사(2010), 223-251. 한편, 일본 판례도 무주물은 자기 소유의 물건에 준한다고 한다[大阪地判 昭和 41(1966). 9. 19. 判タ 200·180(소유자가 버릴 의사로 쓰레기통 위에 폐기한 하트론지 5-6매); 東京高判 昭和 61(1976). 11. 6. 東高刑時報 37·11=12·76(발포스치로폴, 종이상자 등 폐기물)].

3 일본 하급심 판례 중에는 자체 화력이 크지 않더라도 건조물등이외물건방화죄(§ 110①)의 대상

위험한 불씨 사용으로 의율될 수도 있다.

경범죄 처벌법 제3조 제1항 제22호(위험한 불씨 사용)는 충분한 주의를 하지 아니하고 건조물, 수풀, 그 밖에 불붙기 쉬운 물건 가까이에서 불을 피우거나 휘발유 또는 그 밖에 불이 옮아붙기 쉬운 물건 가까이에서 불씨를 사용한 사람을 10만 원 이하의 벌금, 구류 또는 과료의 형으로 처벌한다. 7

자기 소유의 의미는 **제166조**에서 본 것과 같다. 8

Ⅲ. 행 위

본죄의 행위는 불을 놓는 것이다(**[총설] V. 방화죄의 개념** 부분 참조). 9

Ⅳ. 결 과

본죄의 객체인 목적물을 불태워 공공의 위험을 발생하게 하는 것이다. 여기서 '공공의 위험'은 국가나 사회 구성원의 생명·신체·재산에 해로움이나 손실이 심각하게 발생할 우려를 일으키는 것을 말한다.[4] 인가 근처에 있는 다량의 볏단에 불을 붙여 옆으로 번진 때, 방안의 이불에 불을 붙여 탈 때, 건물 안 차고의 조수석 가죽에 불을 붙여 차 안의 일부가 타고 있을 때 등에는, 주거 등에 연소될 가능성이 객관적으로 인정될 때 공공의 위험을 발생하게 하였다고 인정할 수 있다. 그러나 주위에 아무런 건물 등 연소 가능성 있는 물건이 없고, 바람도 불지 않으며, 불태운 물건 자체의 화력이 강하지 않아 저절로 꺼지고, 불탄 기간이 단기간이라면 공공의 위험을 발생하게 하였다고 할 수 없을 것이다. 10

공공의 위험이 발생하지 않으면 기수에 이르지 않은 것이고, 본조의 미수범 처벌규정은 없으므로 본조로 처벌할 수 없다. 다만, 그 물건이 타인 소유인 때 11

인 일반물건에 해당한다고 한 것[福岡高判 昭和 41(1966). 9. 14. 判タ 196·190(가솔린탱크 내 가솔린 및 비닐케이지)]이 있는 반면에, 신문지 2장 처럼 점화의 매개물로서 사용되더라도 그 자체를 불태움으로써 일반적·정형적으로 공공의 위험 발생이 예상되지 않으므로 위 일반물건에는 해당하지 않는다고 한 것[東京地判 昭和 40(1965). 8. 31. 判タ 181·194]도 있다.

4 통설은 단지 '위험이 발생하는 것'을 의미한다고 한다[김성돈, 형법각론(8판), 586; 오영근, 형법각론(7판), 488; 이재상·장영민·강동범, 형법각론(12판), § 27/11].

에는 재물손괴죄의 문제가 될 것이다.

V. 고 의

12 본죄의 고의에는 공공의 위험 발생의 인식이 필요하다(공공의 위험 인식필요설). 공공의 위험의 발생을 인식하지 못한 경우에는 고의는 인정되지 않는다. 따라서 불을 놓는다는 인식은 있지만 공공의 위험을 발생시킨다는 인식이 없는 때에는 본죄는 성립하지 않고, 손괴죄나 산림보호법 등 특별법상의 처벌규정에 해당할 수 있다. 예를 들어 모닥불을 피워 놓았는데 그 불이 갑자기 분 바람으로 인하여 근처의 건조물에 옮겨붙은 경우에는, 본죄가 아니라 제170조의 실화죄에 해당할 수 있다. 다만, 피고인에게 공공의 위험을 발생시킨다는 인식이 없었다는 것은 피고인의 주관적 인식만을 기준으로 판단할 것이 아니고 객관적으로 보아 합리적으로 인정되어야 할 것이다.

VI. 다른 죄와의 관계

1. 사체손괴죄와의 관계

13 시체는 본죄의 객체에 해당하는 물건이 아니므로 시체에 방화한 경우에는 본죄가 성립하지 않고 사체손괴죄(§ 161①)가 성립한다는 견해가 있다.[5] 같은 사항에 대하여 두 개 이상의 법조항이 있을 때에는 쟁점을 보다 상세히 규정하고 있는 특별법이 우선한다. 시체는 일반성을 가진 물건 중 특정한 것이므로 재물손괴죄가 아닌 사체손괴죄가 적용된다. 그런데 방화행위는 일반성을 가진 손괴행위 중 특정한 것이라고 할 수 있다. 즉 시체는 일반물건 중 특정된 것이고, 방화는 재물손괴의 특정한 행위이다. 이처럼 두 개 이상의 법조항이 있고, 같은 정도의 구체성이 있을 때에는 조항 모두가 입법 목적을 달성하도록 해석해야 한다.[6] 따라서 시체에 방화죄의 적용을 배제한다는 특별한 문구나 명시된 입법

5 오영근, 478; 임웅, 형법각론(11정판), 659; 주석형법 [각칙(2)](5판), 221(박찬).

6 이에 대한 상세는 안성수, 형벌조항의 해석방법, 박영사(2022), 302(구체적 법률과 신법 부분) 참조.

의도가 없는 한, 상상적 경합에 해당한다고 해석해야 한다. 사체손괴죄에 구체적으로 규정되지 않은 방화 및 공공의 위험 발생과 일반물건방화죄에 구체적으로 배제하지 않은 시체는 각각 상호 다른 일반물건방화죄와 사체손괴죄의 적용을 배제하지 않는다고 할 수 있다. 타인의 시체를 불태워 공공의 위험을 발생하게 한 때에 본죄보다 법정형이 가벼운 사체손괴죄만을 적용할 합리적인 이유도 없다.

2. 특별법위반의 죄와의 관계

14 산림보호법에는 산림보호구역 또는 보호수에 불을 지른 행위(§ 53①), 타인 소유의 산림에 불을 지른 행위(§ 53②), 자기 소유의 산림에 불을 지르거나(§ 53③), 그 불이 타인의 산림에까지 번져 피해를 입힌 행위(§ 53④)를 본조보다 가중처벌하고 있다.[7] 또한, 산림자원의 조성 및 관리에 관한 법률에는 채종림·수형목·시험림[8]에 방화한 사람은 7년 이상 15년 이하의 징역에 처하도록 하는 가중처벌규정(§ 71①. § 71② 미수범 처벌)을 두고 있다.

15 그런데 산림법은 '불을 지른 자', '피해를 입혔을 때', '공공을 위험에 빠뜨린 때'와 같이 형법과 다른 용어를 사용하고 있다. 그리고 과실범에 대해서 징역형을 법정형으로 하고 있어 고의책임주의 원칙에 따라 과실범을 금고형에 처하도록 한 형법과도 배치된다.[9] 이 같은 문제를 해결하고 용어 및 양형의 일관성 등을 위해서는 형벌조항을 단일화할 필요가 있다고 본다.

---

7 산림보호법 제53조(벌칙) ① 산림보호구역 또는 보호수에 불을 지른 자는 7년 이상 15년 이하의 징역에 처한다.
② 타인소유의 산림에 불을 지른 자는 5년 이상 15년 이하의 징역에 처한다.
③ 자기소유의 산림에 불을 지른 자는 1년 이상 10년 이하의 징역에 처한다.
④ 제3항의 경우 불이 타인의 산림에까지 번져 피해를 입혔을 때에는 2년 이상 10년 이하의 징역에 처한다.
⑤ 과실로 인하여 타인의 산림을 태운 자나 과실로 인하여 자기 산림을 불에 태워 공공을 위험에 빠뜨린 자는 3년 이하의 징역 또는 3천만원 이하의 벌금에 처한다.
⑥ 제1항부터 제3항까지의 미수범은 처벌한다.

8 산림자원의 조성 및 관리에 관한 법률 제3조(적용 범위) 이 법은 산림이 아닌 토지에 대하여도 다음 규정의 전부 또는 일부를 적용한다.
1. 채종림(採種林: 종자 생산을 목적으로 하는 산림), 수형목(우량나무), 시험림에 관한 규정

9 이에 대한 상세는 안성수, 형벌조항의 해석방법, 62(이행 가능성 부분) 참조.

Ⅶ. 처 벌

16 제1항의 죄는 1년 이상 10년 이하의 징역, 제2항의 죄는 3년 이하의 징역 또는 700만 원 이하의 벌금에 처한다.

〔안 성 수〕

제168조(연소)

① 제166조제2항 또는 전조제2항의 죄를 범하여 제164조, 제165조 또는 제166조제1항에 기재한 물건에 연소한 때에는 1년 이상 10년 이하의 징역에 처한다.

② 전조제2항의 죄를 범하여 전조제1항에 기재한 물건에 연소한 때에는 5년 이하의 징역에 처한다.

Ⅰ. 취 지

본죄(방화연소죄)는 제166조 제2항의 자기 소유 건조물, 기차, 전차, 자동차, 선박, 항공기 또는 지하채굴시설(이하, 건조물 등이라 한다.) 또는 제167조 제2항의 자기 소유 일반물건에 대한 방화로 인하여 그것이 제164조, 제165조 또는 제166조 제1항의 물건에 연소되어 보다 중한 결과가 발생하였지만, 그 결과 발생에 대한 고의가 없는 경우의 결과적 가중범이다. 따라서 법정형은 기본범죄보다는 무겁고, 가중된 범죄보다는 가볍다. 1

연소라는 중한 결과의 발생을 예견할 수 있었던 때에 성립하고, 그 결과의 발생을 예견할 수 없었던 때에는 제15조 제2항에 의하여 무거운 죄로 처벌되지 아니하므로 연소죄로 처벌할 수는 없다. 물론 중한 결과에 대한 고의가 있으면 바로 제164조, 제165조 또는 제166조 제1항, 제167조 제1항의 죄가 성립한다. 2

Ⅱ. 객 체

본죄의 객체는 자기 소유 일반건조물 등 또는 자기 소유 일반물건이다. 따라서 현주건조물 등, 공용건조물 등, 타인 소유의 일반건조물 등에 방화한 때에는 그 결과 현주건조물 등에 연소되었다고 하더라도 본조의 적용은 없다. 3

Ⅲ. 행 위

4 본죄의 행위는 자기 소유 일반건조물 등 또는 자기 소유 일반물건에 방화하여 이를 불태워 공공의 위험을 발생하게 하고, 그에 따라 예견가능성이 있는 현주건조물 등, 공용건조물 등, 타인 소유의 일반건조물 등에 불이 옮겨붙어 연소하게 하는 것이다.[1]

5 연소는 의도하지 않았던 객체에 불이 옮겨붙어 이것을 불태우는 것을 말한다.[2] 따라서 자기 소유 일반건조물 등 또는 자기 소유 일반물건에 방화하여도 공공의 위험을 발생하게 하지 않은 때에는, 현주건조물 등에 연소하여도 본죄에는 해당하지 않고 현주건조물 등에 대해서는 실화죄에 해당한다. 공공의 위험 발생을 요하지 않는다는 견해[3]는 범죄구성요건의 일부를 누락하는 피고인에게 불리한 해석을 하는 것으로 죄형법정주의에 반하는 것이라 본다.

6 예를 들어 자기 소유 자동차의 부근에 가솔린을 뿌리고 불을 붙여 자동차가 불타면서 그 불로 인해 공공의 위험이 발생하고, 그 불이 인근에 있던 타인 소유 자동차에 옮겨 붙었고 그것을 예견할 수 있었던 때에 본조 제1항의 죄가 성립할 수 있다.

Ⅳ. 결 과

7 연소는 범인이 의도하지 않았던 객체에 불이 옮겨붙어 이것을 불태우는 것을 말하므로 불이 옮겨 붙은 물건이 불타는 결과가 발생해야 한다.

---

1 오영근, 형법각론(7판), 490; 이재상·장영민·강동범, 형법각론(12판), § 27/39; 주석형법 〔각칙(2)〕(5판), 224(박찬).

2 김성돈, 형법각론(8판), 589; 김신규, 형법각론 강의, 598; 손동권·김재윤, 새로운 형법각론, § 32/24; 이재상·장영민·강동범, § 27/39; 이형국·김혜경, 형법각론(2판), 588; 주석형법 〔각칙(2)〕(5판), 224(박찬).

3 김일수·서보학, 새로쓴 형법각론(9판), 469.

V. 고 의

본조는 자기 소유 일반건조물 등 또는 자기 소유 일반물건을 불태우고, 공공의 위험을 발생하게 한다는 인식, 즉 고의가 필요하고, 무거운 결과에 대한 예견가능성이 있어야 한다. 8

VI. 처 벌

제1항의 죄는 1년 이상 10년 이하의 징역, 제2항의 죄는 5년 이하의 징역에 처한다. 9

〔안 성 수〕

제169조(진화방해)

화재에 있어서 진화용의 시설 또는 물건을 은닉 또는 손괴하거나 기타 방법으로 진화를 방해한 자는 10년 이하의 징역에 처한다.

Ⅰ. 취 지

1 본죄(진화방해죄)는 화재가 발생했을 때 진화용의 시설 또는 물건을 은닉 또는 손괴하거나 기타 방법으로 진화를 방해하는 행위를 처벌하는 범죄이다. 본죄는 진화의 방해로 인하여 공공의 위험이 발생·증대되는 것을 막기 위한 범죄로, 보호법익은 공공의 안전이고, 보호의 정도는 추상적 위험범이다.[1]

2 본죄는 방화행위 그 자체는 없으므로 방화에 준하는 준방화죄로서(통설),[2] 각종 방화죄를 보충하는 성격의 범죄이다.[3]

Ⅱ. 행위 상황 및 객체

3 본조의 구성요건적 상황은 '화재에 있어서'이고, 객체는 '진화용의 시설 또

1 김성돈, 형법각론(8판), 590; 김신규, 형법각론 강의, 600; 박찬걸, 형법각론(2판), 662; 오영근, 형법각론(5판), 483.

2 배종대, 형법각론(13판), § 99/7; 손동권·김재윤, 새로운 형법각론, § 32/25; 오영근, 483; 이재상·장영민·강동범, 형법각론(12판), § 27/41; 이형국·김혜경, 형법각론(2판), 590; 임웅, 형법각론(11정판), 661; 정성근·박광민, 형법각론(전정3판), 532; 정웅석·최창호, 형법각론, 154; 최호진, 형법각론, 699.

3 松江地判 昭和 52(1977). 9. 20. 刑月 9·9=10·744[진화방해죄(일형 § 114)는 방화죄와 처벌 목적과 보호법익을 같이하며, 이를 보충하기 위하여 규정된 것이다]; 大阪高判 平成 1(1989). 11. 9. 判タ 726·246(진화방해죄는 각종 방화죄의 보충규정이다).

는 물건'이다. 화재는 불로 인한 재난을 의미한다.

본조의 행위는 객관적으로 화재 시에 행함을 요한다. 따라서 장차 발생할 수 있는 화재를 염두에 두고 진화활동을 방해하기 위하여 진화용 시설이나 물건을 은닉하여도 본죄는 성립하지 않는다. 또한, 화재가 발생하지 않았음에도 발생한 것으로 오인하고 진화방해행위를 하여도 본죄는 성립하지 않는다. 구성요건적 상황이 없기 때문이다. 본죄는 미수범 처벌규정이 없다. 4

화재의 원인은 방화, 실화, 자연발화 등을 묻지 않는다. 화재는 진화가 필요한 정도에 이르러야 하고, 진화가 필요하지 않고 용이하게 꺼지는 단계에 불과한 것은 본조의 화재라고 할 수 없다. 이렇게 해석하는 것이 본조의 규정취지에 부합하고 피고인에게 불리하지 않기 때문이다. 화재라고 할 만한 상황이 아닌 때에도 본조를 적용하는 것은 피고인에게 불리한 확장해석에 해당한다. 5

진화용 시설 및 물건은 원래 진화작업에 쓰일 목적으로 제작된 것을 말한다. 진화는 불이 난 것을 끄는 것을 말한다. 소화전, 소화용 저수시설, 소화기, 소방차, 소방호스 등이 이에 해당한다. 소방차의 진화용 무선 통신설비 등도 이에 포함된다고 할 것이다. 그러나 화재경보장치는 불이 난 것을 끄는 것이 아니라 불이 난 것을 알려주는 것으로서 진화용으로 확장해석할 수 없다고 본다.[4] 일반 수도나 일반 통신시설 등도 비록 일시적으로 진화에 사용된다고 하더라도 이를 진화용으로 확장해석할 수는 없다고 본다. 그 소유권이나 관리 주체는 문제되지 않는다. 6

III. 행 위

은닉 또는 손괴하거나 기타의 방법으로 진화를 방해하는 것이다. 7

은닉은 진화에 사용하려는 사람에 대하여 그 물건 등의 발견을 곤란하게 하거나 불가능하게 하는 것을 말한다. 손괴는 물리적으로 훼손하여 효용을 해하는 것, 또는 기능을 훼손시키는 행위를 말한다. 8

기타의 방법으로 진화를 방해한다는 의미는 은닉, 손괴 이외의 방법으로 진 9

---

4 화재경보장치도 본조의 객체가 된다는 견해로는 김일수·서보학, 새로쓴 형법각론(9판), 470; 오영근, 483; 이재상·장영민·강동범, § 27/43.

화를 방해한다는 것이다. '기타의 방법'을 해석함에 있어서는 최소한 법률이 의도하지 않는 유추·확장을 막아야 하는데, 이를 위해서는 '단어는 그 옆의 다른 단어에 의해 그 의미를 알 수 있다(noscitur a sociis, a word is known by the company it keeps)'는 법해석 원칙[5]을 적용할 필요가 있다. 또한, 동종제한의 원칙(Ejusdem generis, of the same kind)[6]을 적용하여야 한다.

10 따라서 여기서의 '기타 방법'은 모든 방법을 말하는 것(통설)[7]이 아니라, 은닉 또는 손괴에 준하는 방법을 말한다고 제한적으로 해석해야 한다.

11 진화방해행위는 반드시 화재장소와 근접할 필요는 없다. 따라서 불이 나서 출동하는 소방차의 호스를 파괴한 때에도 본죄는 성립한다.

12 본죄는 부작위에 의해서도 가능하다.[8] 예를 들어 화재에 있어 고장난 소화전의 부품을 관리하여 수리를 담당하던 사람이 화재 시 진화를 방해할 의사로 부품으로 소화전을 수리하지 않은 경우와 같이, 부작위가 작위와 같은 정도로 평가될 때에 인정될 수 있다. 그러나 어떤 경우에 법률상[9] 작위의무가 있는지, 어떤 경우에 진화의무를 위반한 것인지를 사전에 예견할 수 없어 명확성의 원칙에 반할 가능성이 크다. 부작위를 처벌하기 위해서는 의무자와 처벌 대상인 부작위를 구체적으로 특정하여 형벌조항을 입법함이 적정하다고 본다.

Ⅳ. 결 과

13 본죄는 진화를 방해하면 기수가 된다. 방해는 남의 일을 간섭하고 막아 해를 끼치는 것을 의미한다.

---

5 이는 예를 들면 '광고, 공지, 전파'와 같은 조문이 있는 때에 '전파'를 해석함에 있어, 그 옆의 다른 단어가 광고, 공지이므로 특정 개인에 대한 전파를 포함하는 것이 아닌 공중(公衆)에 전파하는 것으로 제한적으로 해석하는 것을 의미한다.

6 이는 법의 적용대상이 되는 것을 열거함에 있어서 일반적인 언어 앞에 구체적인 단어가 있을 때 그 일반적인 언어는 오직 그 앞의 구체적인 단어가 제시하고 있는 대상과 성질상 유사한 것을 한정하여 포함하는 것으로 해석하는 원칙을 말한다. 이에 대한 상세는 안성수, 형벌조항의 해석방법, 박영사(2022), 295(일반적 단어의 동종 제한 부분) 참조.

7 김성돈, 590; 임웅, 662; 정영일, 형법각론(3판), 519.

8 김성돈, 590; 임웅, 662; 정웅석·최창호, 155.

9 소방기본법 및 경범죄 처벌법과의 관계에서 작위의무가 있는지 여부에 대한 검토는 주석형법[각칙(2)](5판), 228-229(박찬) 참조.

진화방해는 구성요건이므로 본죄가 성립하기 위해서는 진화방해가 있어야 14
한다.[10] 따라서 예를 들면 화재가 있어야 하고, 그때 진화용 물건을 은닉하여 진화활동에 장애나 어려움이 생겨야 본죄가 성립한다.

V. 다른 죄와의 관계

1. 방화죄 및 실회죄와의 관계

방화범이 불을 놓아 화재가 진행되는 중에 다른 사람의 진화행위를 방해한 15
경우, 방화죄와 본죄는 법조경합(흡수관계)이 되어 방화죄만이 성립한다는 견해도 있으나,[11] 각 별도의 고의와 실행행위가 있고 각각 별도의 구성요건에 해당하므로 두 죄는 실체적 경합에 해당할 것이다. 실화죄를 범한 경우에도 같다.

2. 재물손괴죄와의 관계

1개의 행위로 타인소유의 진화용 물건을 손괴한 것이 본죄에도 해당할 때 16
에는 재물손괴죄(§ 366)와 상상적 경합에 해당한다.[12]

3. 공무집행방해죄 및 업무방해죄와의 관계

1개의 행위로 소방공무원에 대하여 폭행·협박으로 소방업무를 방해한 것 17
이 본죄에도 해당할 때에는 공무집행방해죄(§ 136①)와 상상적 경합에 해당할 것이다.[13] 본죄와 업무방해죄(§ 314①)의 경우도 마찬가지이다.

4. 특별법위반의 죄와의 관계

본죄와 관련된 처벌규정을 두고 있는 특별법으로는, 소방기본법(§§ 50-54[14]),[15] 18

---

10 추상적 위험범이므로 진화를 방해할 만한 행위를 하면 충분하고 실제로 진화방해의 구체적 결과가 필요 없다는 견해로는 주석형법 [각칙(2)](5판), 229 (박찬). 그러나 이는 명백한 구성요건의 문언을 넘어선 피고인에게 불리한 확장해석에 해당한다고 본다. 실제로 방해의 결과가 발생하지 않은 때는 처벌할 필요가 없기 때문에 본죄는 미수범 처벌규정도 없다.

11 大阪高判 平成 1(1989). 11. 9. 判タ 726·246.

12 주석형법 [각칙(2)](5판), 229(박찬).

13 주석형법 [각칙(2)](5판), 229(박찬); 西田 外, 注釈刑法(2), 223(高山佳奈子).

14 소방기본법 제50조(벌칙) 다음 각 호의 어느 하나에 해당하는 사람은 5년 이하의 징역 또는 5천

화재예방, 소방시설 설치 유지 및 안전관리에 관한 법률(§ 54)[16]이 있다. 특별법

만원 이하의 벌금에 처한다.
1. 제16조제2항을 위반하여 다음 각 목의 어느 하나에 해당하는 행위를 한 사람
   가. 위력을 사용하여 출동한 소방대의 화재진압·인명구조 또는 구급활동을 방해하는 행위
   나. 소방대가 화재진압·인명구조 또는 구급활동을 위하여 현장에 출동하거나 현장에 출입하는 것을 고의로 방해하는 행위
   다. 출동한 소방대원에게 폭행 또는 협박을 행사하여 화재진압·인명구조 또는 구급활동을 방해하는 행위
   라. 출동한 소방대의 소방장비를 파손하거나 그 효용을 해하여 화재진압·인명구조 또는 구급활동을 방해하는 행위
2. 제21조제1항을 위반하여 소방자동차의 출동을 방해한 사람
3. 제24조제1항에 따른 사람을 구출하는 일 또는 불을 끄거나 불이 번지지 아니하도록 하는 일을 방해한 사람
4. 제28조를 위반하여 정당한 사유 없이 소방용수시설 또는 비상소화장치를 사용하거나 소방용수시설 또는 비상소화장치의 효용을 해치거나 그 정당한 사용을 방해한 사람

제51조(벌칙) 제25조제1항에 따른 처분을 방해한 자 또는 정당한 사유 없이 그 처분에 따르지 아니한 자는 3년 이하의 징역 또는 3천만원 이하의 벌금에 처한다.

제52조(벌칙) 다음 각 호의 어느 하나에 해당하는 자는 300만원 이하의 벌금에 처한다.
1. 제25조제2항 및 제3항에 따른 처분을 방해한 자 또는 정당한 사유 없이 그 처분에 따르지 아니한 자
2. 제30조제3항을 위반하여 관계인의 정당한 업무를 방해하거나 화재조사를 수행하면서 알게 된 비밀을 다른 사람에게 누설한 사람

제53조(벌칙) 다음 각 호의 어느 하나에 해당하는 자는 200만원 이하의 벌금에 처한다.
1. 정당한 사유 없이 제12조제1항 각 호의 어느 하나에 따른 명령에 따르지 아니하거나 이를 방해한 자
2. 정당한 사유 없이 제30조제1항에 따른 관계 공무원의 출입 또는 조사를 거부·방해 또는 기피한 자

제54조(벌칙) 다음 각 호의 어느 하나에 해당하는 자는 100만원 이하의 벌금에 처한다.
1. 제13조제3항에 따른 화재경계지구 안의 소방대상물에 대한 소방특별조사를 거부·방해 또는 기피한 자

1의2. 제16조의3제2항을 위반하여 정당한 사유 없이 소방대의 생활안전활동을 방해한 자

2. 제20조를 위반하여 정당한 사유 없이 소방대가 현장에 도착할 때까지 사람을 구출하는 조치 또는 불을 끄거나 불이 번지지 아니하도록 하는 조치를 하지 아니한 사람
3. 제26조제1항에 따른 피난 명령을 위반한 사람
4. 제27조제1항을 위반하여 정당한 사유 없이 물의 사용이나 수도의 개폐장치의 사용 또는 조작을 하지 못하게 하거나 방해한 자
5. 제27조제2항에 따른 조치를 정당한 사유 없이 방해한 자

15 소방기본법 제50조 각 호 및 제54조 제4호의 행위가 본죄에 해당하는 정도의 것이라면 본죄에 흡수되어 본죄만 성립한다[주석형법 [각칙(2)](5판), 229(박찬); 西田 外, 注釈刑法(2), 222(高山佳奈子)].

16 소방시설 설치 유지 및 안전관리에 관한 법률 제48조(벌칙) ① 제9조제3항 본문을 위반하여 소방시설에 폐쇄·차단 등의 행위를 한 자는 5년 이하의 징역 또는 5천만원 이하의 벌금에 처한다. ② 제1항의 죄를 범하여 사람을 상해에 이르게 한 때에는 7년 이하의 징역 또는 7천만원 이하의

우선, 신법 우선의 원칙에 따르고, 또 구성요건이 구체적으로 특정되어 있을 때에는 그 법을 적용하는 것이 일반적·합리적으로 예견되는 점을 고려할 때, 피고인의 구체적 고의와 행위를 검토하여 실질적으로 1죄만을 구성하는 것이라고 평가될 경우에는 특별법을 적용해야 할 것이다. 1개의 행위가 본죄와 그와 적용법조가 다른 특별법을 모두 충족하고 실질적으로 수개의 죄에 해당한다고 평가될 경우에는, 상상적 경합으로 처리해야 할 것이다. 그 밖의 특별법으로는 경범죄 처벌법 제3조 제1항 제29호(공무원 원조불응)[17]가 있다.

Ⅵ. 처 벌

10년 이하의 징역에 처한다. 19

〔안 성 수〕

벌금에 처하며, 사망에 이르게 한 때에는 10년 이하의 징역 또는 1억원 이하의 벌금에 처한다.

17 경범죄 처벌법 제3조(경범죄의 종류) ① 다음 각 호의 어느 하나에 해당하는 사람은 10만원 이하의 벌금, 구류 또는 과료(科料)의 형으로 처벌한다.

29. (공무원 원조불응) 눈·비·바람·해일·지진 등으로 인한 재해, 화재·교통사고·범죄, 그 밖의 급작스러운 사고가 발생하였을 때에 현장에 있으면서도 정당한 이유 없이 관계 공무원 또는 이를 돕는 사람의 현장출입에 관한 지시에 따르지 아니하거나 공무원이 도움을 요청하여도 도움을 주지 아니한 사람

제170조(실화)

① 과실로 제164조 또는 제165조에 기재한 물건 또는 타인 소유인 제166조에 기재한 물건을 불태운 자는 1천500만원 이하의 벌금에 처한다.

② 과실로 자기 소유인 제166조의 물건 또는 제167조에 기재한 물건을 불태워 공공의 위험을 발생하게 한 자도 제1항의 형에 처한다.

[전문개정 2020. 12. 8.]

구 조문

제170조(실화) ① 과실로 인하여 제164조 또는 제165조에 기재한 물건 또는 타인의 소유에 속하는 제166조에 기재한 물건을 소훼한 자는 1천500만원 이하의 벌금에 처한다.

② 과실로 인하여 자기의 소유에 속하는 제166조 또는 제167조에 기재한 물건을 소훼하여 공공의 위험을 발생하게 한 자도 전항의 형과 같다.

Ⅰ. 취 지

1 본조는 과실로 화재를 발생케 하여 불태운 때 처벌하는 규정이다(실화죄). 제1항은 제164조 또는 제165조에 기재한 물건 또는 타인 소유인 제166조에 기재한 물건을 불태운 추상적 위험범이고, 제2항은 자기 소유인 제166조 또는 제167조에 기재한 물건을 불태운 구체적 위험범이다.[1]

---

1 배종대, 형법각론(13판), § 99/15; 정성근·박광민, 형법각론(전정3판), 537; 홍영기, 형법(총론과 각론), § 96/28; 주석형법 [각칙(2)](5판), 231(박찬). 이에 대하여 제1항의 죄 중 타인 소유의 일반건조물등실화죄는 보호법익이 공공의 안전 및 평온과 재산인데, 공공의 안전 및 평화에 대

형사처벌을 위해서는 범죄의 고의라는 정신적 요소와 범죄의 행동이라는 2
객관적 요소가 모두 필요하다. 예를 들면, 비록 살인을 했어도 자신의 행위를 이해할 수 없는 정신분열자나 살인하고 싶은 마음은 있지만 내면에 품고 어떤 행동도 하지 않는 사람을 형사처벌하지는 않는다. 즉, 원칙적으로 형사처벌의 대상은 범죄의 의도를 가지고 범죄행위를 한 사람이다. 형사처벌을 받을 만한 개인적 책임성이 있어야 하는 것이다.

따라서 연혁적으로는 보통의 과실은 형사처벌의 대상으로 하지 않고 민사 3
손해배상 책임의 영역으로 보았다. 즉, 고의나 중대한 과실(gross negligence)이 입증되지 않으면 처벌할 수 없었다. 그러나 산업사회의 발전으로 전통적 제재수단으로는 위험을 관리할 수 없는 상황이 도래하였고, 형사처벌이 위험을 감소시키는 데 효과적이라는 이유로 이러한 위험을 피하기 위한 조치를 게을리한 사람도 형사처벌하게 되었다. 주로 생명·신체와 관련된 위험과 안전에 관한 범죄에 있어 법이 요구하는 주의를 게을리하거나 부과한 의무를 이행하지 않은 경우에, 위험을 초래하거나 그 위험을 줄이지 않은 것을 위반행위로 하여 합리적 주의를 기울여야 할 지위에 있는 사람이 합리적 주의를 기울이지 않았거나, 그에 부합하는 노력을 하지 않았을 때 과실범으로 이를 처벌하게 되었다. 이러한 단순 과실범의 형사처벌은 가혹하고 불공정해 보이지만 처벌의 두려움을 통하여 법을 준수하게 함으로써 사회적 해악을 제거시키고 부주의한 행동을 줄이며, 위험 감소에 필요한 예방조치를 취하도록 하는데 효용이 있다고 보았다.

그러나 과실범의 처벌이 피고인이 통제할 수 없는 우연히 발생한 해악에 대 4
한 형사처벌로 귀결된다면, 책임주의에 반하는 불공정한 것이다. 형사처벌을 통한 불공정성이 형사처벌의 사회적 효용보다 클 때에는 더 이상 과실행위의 처벌은 적정하지 않게 된다. 이 균형점을 찾아 법률을 만드는 것이 입법부의 역할이다.

과실범의 처벌은 전통적인 고의책임주의에 반하는 것이므로 예외적·제한 5
적이어야 하고, 양형도 가벼워야 한다. 본죄가 벌금형만을 법정형으로 정한 것도 이러한 취지를 반영한 것이다.

해서는 구체적 위험범, 재산에 대해서는 침해범이라는 견해도 있다〔오영근, 형법각론(7판), 491〕.

Ⅱ. 객 체

1. 제1항의 죄의 객체

6 제1항의 죄의 객체는 ① 제164조 또는 ② 제165조에 기재한 물건, 또는 ③ 타인 소유의 제166조에 기재한 물건이다. 그 의미는 해당 조문에서 살펴본 바와 같다.

2. 제2항의 죄의 객체

7 제2항의 죄의 객체는 ① 자기 소유인 제166조의 물건 또는 ② 제167조에 기재한 물건이다. 그 의미는 해당 조문에서 살펴본 바와 같다.

8 그런데 위 ②의 제167조는 제1항에서 타인 소유의 일반물건방화죄를 규정하고, 제2항에서 자기 소유인 일반물건방화죄를 나누어 규정하고 있는데, 본조 제2항에서 '자기 소유인 제166조의 물건 또는 제167조에 기재한 물건'이라고 규정하고 있어, '자기 소유인 제167조에 기재한 물건'(§167②)이 여기에 해당하는 것은 분명하지만, '타인 소유인 제167조에 기재한 물건'(§167①)도 여기에 해당하는지에 대해서는 다툼이 있다. 이는 본조 제2항의 '자기 소유인'이라는 문구가 '제167조에 기재한 물건'도 수식하는지, 아니면 '제166조의 물건'만 수식하는지 여부와 관련된다.

(1) 학설

9 이에 대해서는 ① '자기 소유인' '제166조의 물건 또는 제167조에 기재한 물건'을 전체 수식하고 있기 때문에 타인 소유의 제167조에 기재한 물건은 본조 제2항에 해당하지 않아 처벌할 수 없다는 주장도 있다.[2] 그러나 ② '자기 소유인'이 '제166조의 물건'만을 한정 수식하고, 제167조는 자기 소유 또는 타인 소유를 모두 포함한다고 할 것이다(통설).[3]

---

2 오영근, 492는 개정 전 형법에서는 위 ①의 견해가 타당하다고 해야 했지만, 2020년 12월 8일 개정형법은 위 ②의 견해와 같이 문언을 조정하였다고 하고, 박찬걸, 형법각론(2판), 664-665는 개정 이전의 해석으로는 타인 소유의 제167조에 기재한 물건은 본죄로 처벌할 수 없다는 위 ①의 견해가 타당하지만, 위 개정으로 객체에 해당하게 되어 처벌할 수 있다는 취지로 주장하나, 위 개정으로도 불명확한 수식관계가 정비되지 않아 종전의 논의는 여전히 유효하다고 할 것이다[김성돈, 형법각론(8판), 595].

3 김성돈, 596; 배종대, § 99/20; 손동권·김재윤, 새로운 형법각론, § 33/27; 정성근·박광민, 538.

이처럼 해석하여도 유추확장해석에 해당하지 않으며, 문리해석원칙에도 반하 10
지 않는다. 또한, 타인 소유의 제167조 기재 물건을 처벌에서 배제한다는 것이 입법 의도라고 해석하는 것은 일반인의 입장에서 볼 때에도 합리적이라고 할 수 없다.[4] 그러나 명확성의 원칙에 따라 '자기 소유인 제166조에 기재한 물건 또는 자기 및 타인 소유인 제167조에 기재한 물건'과 같이 정확히 표현하는 것이 바람직하다고 본다. 불명확한 형벌조항을 해석을 통하여 처벌하는 것은 죄형법정주의, 명확성의 원칙에 반하기 때문이다.

(2) 판례

이에 대해서는 대법원의 전원합의체 결정[5]이 있다.[6] 11

---

4 가령 '아동을 상대로 한 성적 행위 또는 성적 학대, 중한 성적 학대'라고 되어 있을 때 '아동을 상대로 한'이 '성적 행위'만을 수식한다는 해석은 직근 수식 원칙이고, 모두를 수식한다는 해석은 연속 수식 원칙이다. 이때 예를 들어 '키 큰 남자와 낙타'라는 표현에서 '키 큰'이라는 수식어는 바로 앞의 '남자'만을 수식하고 그 이상 확장해서 멀리 있는 단어 즉 '낙타'를 수식하지 않는다고 해석한다. 그러나 이는 절대적이지 않고 자연스럽고 합리적이라면 달리 해석할 수 있다[Morell E. Mullins, Sr., "Tools, Not Rules: The Heuristic Nature of Statutory Interpretation", 30 J. Legis 1(2003), 71]. 가령 '키 큰 남자와 여자'와 같이 수식 대상이 대등한 단어라면 '키 큰'은 남자와 여자 모두를 수식한다고 해석할 수 있다. 연속 수식 원칙은 수식어가 대상 전체를 수식한다고 해석하는 것이 상식에 부합하고, 또 하나의 통합된 목록 즉 열거된 대상이 병행적 용어로서 통합된 성격일 때 적용된다[Jama v. Immigration & Customs Enforcement, 543 U.S. 335, 344 n.4(2005)]. 직근 수식 원칙은 제한적 수식어구나 절은 바로 그 앞뒤의 것에 한정하여 수식한다고 해석하는 것이 일반적으로 맞는다는 것으로서, 그와 같은 해석이 문법상 자연스럽고, 입법 의도에 부합할 때 적용한다[Hassan Shaikh, "May the Best Canon Win: Lockhart v. United States and the Battle of Statutory Interpretation", 12 Duke J. Const. L. & Pub. Pol'y Sidebar 203(2017), 213]. 일반인이 보았을 때 수식 대상이 하나의 통일된 목록으로 열거되었다고 보기 어렵다거나 수식어구가 전체에 적용된다는 점에 익숙하지 않을 때에는 직접 수식하는 것으로 한정한다고 해석한다[이에 대한 상세는 안성수, 형벌조항의 해석방법, 박영사(2022), 322(구문론적 원리 부분) 참조].

5 대결 1994. 12. 20, 94모32(전). 본 판결 해설과 평석은 김영환, "형법해석의 한계 - 허용된 해석과 금지된 유추와의 상관관계", 형사판례연구 [4], 한국형사판례연구회, 박영사(1996), 1-18; 조수현, "형법 제170조 제2항 실화죄의 객체", 해설 22, 법원행정처(1995), 640-647.

6 본 사건의 상고심까지의 경과는 아래와 같다.
① 검사는 피고인이 1993. 3. 23. 16:00경 대전 대덕구에 있는 피해자 등 소유의 사과나무 밭에서 바람이 세게 불어 그냥 담뱃불을 붙이기가 어렵자 마른 풀을 모아 놓고 성냥불을 켜 담배불을 붙인 뒤, 그 불이 완전히 소화되었는지 여부를 확인하지 아니한 채 자리를 이탈한 과실로, 남은 불씨가 주변에 있는 마른 풀과 잔디에 옮겨 붙고, 계속하여 피해자들 소유의 사과나무에 옮겨 붙어 사과나무 217주 등 시가 671만 원 상당을 소훼하였다는 것을 공소사실로, 제170조 제2항, 제167조를 적용법조로 하여 공소를 제기하였다.
② 제1심 법원은 제170조 제2항은 타인의 소유에 속하는 제167조에 기재한 물건(일반물건)을 소훼한 경우에는 적용될 수 없고, 형법상 그러한 물건을 과실로 소훼한 경우에 처벌하도록 하고

12 다수의견은 "형법 제170조 제2항에서 말하는 '자기의 소유에 속하는 제166조 또는 제167조에 기재한 물건'이라 함은 '자기의 소유에 속하는 제166조에 기재한 물건 또는 자기의 소유에 속하든, 타인의 소유에 속하든 불문하고 제167조에 기재한 물건'을 의미하는 것이라고 해석하여야 하며, 제170조 제1항과 제2항의 관계로 보아서도 제166조에 기재한 물건(일반건조물 등) 중 타인의 소유에 속하는 것에 관하여는 제1항에서 규정하고 있기 때문에 제2항에서는 그중 자기의 소유에 속하는 것에 관하여 규정하고, 제167조에 기재한 물건에 관하여는 소유의 귀속을 불문하고 그 대상으로 삼아 규정하고 있는 것이라고 봄이 관련조문을 전체적, 종합적으로 해석하는 방법일 것이고, 이렇게 해석한다고 하더라도 그것이 법규정의 가능한 의미를 벗어나 법형성이나 법창조행위에 이른 것이라고는 할 수 없어 죄형법정주의의 원칙상 금지되는 유추해석이나 확장해석에 해당한다고 볼 수는 없을 것이다."라고 한다.[7]

13 이에 대하여 반대의견은, "형법 제170조 제2항은 명백히 '자기의 소유에 속하는 제166조 또는 제167조에 기재한 물건'이라고 되어 있을 뿐 '자기의 소유에 속하는 제166조에 기재한 물건 또는 제167조에 기재한 물건'이라고는 되어 있지 아니하므로, 우리말의 보통의 표현방법으로는 '자기의 소유에 속하는'이라는 말은 '제166조 또는 제167조에 기재한 물건'을 한꺼번에 수식하는 것으로 볼 수밖에 없고, 같은 규정이 '자기의 소유에 속하는 제166조에 기재한 물건 또는, 아무런 제한이 따르지 않는 단순한, 제167조에 기재한 물건'을 뜻하는 것으로 볼 수는 없다."고 한다.

있는 규정이 없으므로 결국 공소장에 기재된 사실이 진실하다고 하더라도 범죄가 될 만한 사실이 포함되어 있지 아니한 때에 해당한다는 이유로 공소기각의 결정을 하였고, 위 결정에 대하여 검사가 즉시항고하였다.

③ 원심 법원은 제170조 제2항의 '자기의 소유에 속하는 제166조 또는 제167조에 기재한 물건'을 '자기의 소유에 속하는 제166조에 기재한 물건 또는 자기나 타인의 소유에 속하는 제167조에 기재한 물건'으로 해석하는 것은 죄형법정주의의 원칙, 특히 유추해석금지 또는 확장해석금지의 원칙에 반한다는 이유로 즉시항고를 기각하여 제1심 결정을 유지하였다.

7 다수의견을 입법 결함의 극복, 형사처벌의 목적 달성을 위하여 이와 같이 종합적으로 해석한 것이라는 견해로는, 주석형법 [각칙(2)](5판), 233(박찬). 그러나 이러한 견해는 법치주의, 죄형법정주의, 권력분립의 원리를 형해화하고, 무의미하게 하는 것이다. 이러한 논리라면 사법부가 법해석으로 형벌조항을 입법하는 것이 가능하기 때문이다.

Ⅲ. 행 위

과실로 인하여 대상물을 불태우는 것이다. 과실손괴죄는 처벌하지 않지만 본죄를 처벌하는 것은 화재가 가진 공공의 위험성 때문이다. 14

1. 과 실

여기서 과실이란 불을 놓으면 목적물이 불타는 데 이르는 사정이 존재하고, 그 사정을 인식할 수 있음에도 이를 인식하지 못하거나, 그 사정으로부터 화재가 발생할 위험성을 경시하여 화재발생의 방지를 위한 적절한 수단을 취하지 않아 불타는 결과를 야기하는 것을 말한다. 예를 들면 담뱃불을 끄지 않고 쓰레기통에 그대로 버린 행위, 조리용 가스 불을 켜 놓은 채 외출을 한 경우, 또는 과열 현상이 발생하여 화재가 예견되는 장치를 그대로 계속 사용하다가 불이 나자 이를 소화하기 위한 적절한 조치를 하지 않은 때가 이에 해당한다. 15

(1) 과실이 인정된 사례

판례 중에는 함께 술을 마신 후 만취된 피해자를 촛불이 켜져 있는 방안에 혼자 눕혀 놓고 촛불을 끄지 않고 나오는 바람에 화재가 발생하여 피해자가 사망한 경우, 실화 및 그로 인한 과실치사책임을 인정한 사례가 있다. 판례는 "피고인들이 자신들과 함께 술을 마시고 만취되어 의식이 없는 피해자를 부축하여 학교선배의 자취집에 함께 가서 촛불을 가져 오라고 하여 촛불이 켜져 있는 방안에 이불을 덮고 자고 있는 피해자를 혼자 두고 나옴에 있어 그 촛불이 피해자의 발로부터 불과 약 70 내지 80cm 밖에 떨어져 있지 않은 곳에 마분지로 된 양초갑 위에 놓여져 있음을 잘 알고 있었던 피고인들로서는 당시 촛불을 켜놓아야 할 별다른 사정이 엿보이지 아니하고 더욱이 피고인들 외에는 달리 피해자를 돌보아 줄 사람도 없었던 터이므로 술에 취한 피해자가 정신없이 몸부림을 치다가 발이나 이불자락으로 촛불을 건드리는 경우 그것이 넘어져 불이 이불이나 비닐장판 또는 벽지 등에 옮겨붙어 화재가 발생할 가능성이 있고, 또한 화재가 발생하는 경우 화재에 대처할 능력이 없는 피해자가 사망할 가능성이 있음을 예견할 수 있으므로 이러한 경우 피해자를 혼자 방에 두고 나오는 피고인들로서는 촛불을 끄거나 양초가 쉽게 넘어지지 않도록 적절하고 안전한 조치 16

를 취하여야 할 주의 의무가 있다 할 것인바, 비록 피고인들이 직접 촛불을 켜지 않았다 할지라도 위와 같은 주의 의무를 다하지 않은 이상 피고인들로서는 이 사건 화재발생과 그로 인한 피해자의 사망에 대하여 과실책임을 면할 수는 없다."라고 판시하였다.[8]

17 이는 피고인이 피해자를 자취방에 혼자 두고 나온 행위 또는 켜져 있는 촛불을 끄는 등 조치를 취하지 않은 행위에 대하여, 피해자가 촛불을 넘어뜨려 화재를 발생하게 한 것에 대한 처벌을 인정한 것이라 할 수 있다. 그런데 피고인의 행위와 결과 사이에 피해자의 행위가 개입되어 있어 즉각적이고 직접적인 인과관계(immediate and direct cause)가 인정되기도 어렵다. 또한 피고인이 피해자의 위와 같은 과실행위를 막고 피해자를 보호할 법적 의무가 있는지에 대해서는, 자발적으로 다른 사람을 구조할 의무를 부담하여 그 결과 스스로를 구조할 수 없는 사람에 대하여 다른 사람이 구조할 수 없게 방해한 경우로 보아 법적 의무를 인정할 수는 있지만, 이와 같이 판결로 법적 의무를 정하는 것은 유·무죄 판결에 도덕적 감정이 도입되게 하여 죄형법정주의와 기본권제한은 입법부가 명확하게 정한 법률로서만 가능하다는 적법성의 원칙(principle of legality)을 침해할 수 있게 한다. 도덕적 의무위반의 책임은 도덕적 비난이 될 뿐 형사처벌이 될 수 없다. 불이 난 것을 알고 끄지 않은 것과 촛불을 끄지 않고 나온 것일 뿐 불이 난 것을 모른 경우는 상이한데, 이와 같은 행위를 과실치사로 처벌한다면 선의로 피해자를 배려하는 행위에 대해서도 장차의 중한 결과에 책임을 질 우려로 인해 필요 이상의 주의를 기울이거나 선의의 원조행위를 하지 않게 하는 부당한 억제 효과도 발생할 수 있다.[9] 또한 결과를 알고 난 후에는 그 일을 쉽게 예견할 수 있었던 것처럼 과장해서 평가하는 사후판단 편향(hindsight bias)으로 인하여 사후에 판단하는 제3자는 피고인의 책임을 인정하는 경향이 증가될 수 있는데, 이는 피고인에게는 불공정한 것이 될 수 있다. 이 판결은 주의의무의 근거, 과실행위, 인과관계, 예견가능성 등에 관한 법리 및 적용에 대한 상세한 설명도 없어 실질적으로는 결론만 있는 것과 같다.

8 대판 1994. 8. 26, 94도1291.

9 이를 부진정부작위범의 작위의무를 인정한 것으로 보는 견해로는 주석형법 [각칙(2)](5판), 235(박찬). 그러나 피해자를 혼자 두고 촛불을 끄지 않고 나왔다는 것은 작위로도 해석이 가능하여 부작위로 단정할 수 없고, 실제로 이러한 구별은 의미가 없다.

(2) 과실이 부정된 사례

① 연탄 난로의 공기조절구멍을 활짝 열어 놓아 연탄난로가 가열되면서 50cm 정도 떨어져 있는 소파에 불이 인화됨으로써 화재가 발생하였다 하여 실화를 유죄로 인정한 원심판결에 대하여, "난로의 공기조절구멍을 열어 놓아 과열이 된 경우에도 난로에서 50cm 떨어져 있던 소파에 인화될 가능성이 인정되어야만 피고인에게 실화책임을 물을 수 있을 것인바, 위와 같은 경우에 50cm 떨어진 소파에 인화될 가능성이 있음이 경험칙상 명백하다고 보기 어렵고, 기록을 살펴보아도 위와 같은 인화가능성이 있는 지의 여부를 알아 볼만한 다른 자료를 찾아볼 수 없다."라고 파기판송한 판결이 있다.[10] 18

② 자동차의 하자로 인한 화재에 대하여 소유자는 일반적·객관적으로 그 하자로 인한 실화의 예견가능성이 없다고 할 것이므로 자동차의 화재에 대하여 단지 자동차를 소유·운전하였다는 것만으로는 과실이 인정되지 않을 것이다. 판례도 "자동차 운전업무에 종사하는 자는 자동차 충돌로 인한 사고발생을 미리 방지하여야 할 의무가 있다고 하는 것은 몰라도, 일반적으로 그 자동차 운전 중 충돌로 인한 기름 탱크의 파열로 발생할지 모를 화재를 미리 방지하여야 할 업무상의 주의의무는 없다고 할 것이다."라고 한 판결[11]이 있다.[12] 19

2. 과실의 경합 및 공동정범

행위자의 과실이 타인의 과실과 공동으로 원인이 된 경우, 즉 과실이 경합된 경우에도 인과관계가 인정되어 실화책임을 진다. 판례도 "공동의 과실이 경합되어 화재가 발생한 경우에 적어도 각 과실이 화재의 발생에 대하여 하나의 조건이 된 이상은 그 공동적 원인을 제공한 각자에 대하여 실화죄의 죄책을 물어야 한다."라고 판시한 바 있다.[13] 20

---

10 대판 1991. 11. 12, 91도1942.

11 대판 1972. 2. 22, 71도2231.

12 그 밖에도, 전문가의 실험에 따라 완전히 불꽃의 비산으로 인한 화재의 위험성이 제거된 상태라고 설명을 듣고 용접작용을 한 경우에, 그 과정에서 불꽃이 튀어 화재가 발생하였다고 하더라도 일반인의 입장에서 객관적으로 볼 때 예견가능성을 인정하기 어려워 과실이 인정되지 않을 것이다.

13 대판 1983. 5. 10, 82도2279. 「업무상실화죄에 있어서의 업무에는 그 직무상 화재의 원인이 된 화기를 직접 취급하는 것에 그치지 않고 화재의 발견, 방지 등의 의무가 지워진 경우를 포함한

21 과실의 공동정범을 인정할 지에 대해서는 긍정설과 부정설이 대립되는데,[14] 판례는 일관하여 이를 인정하고 있다. 예를 들어 성수대교 붕괴 사건 판결에서, "피고인들(주: 교량 건설회사의 트러스 제작 책임자, 교량공사 현장감독, 발주 관청의 공사 감독 공무원 등)에게는 트러스 제작상, 시공 및 감독의 과실이 인정되고, 감독공무원들의 감독상의 과실이 합쳐져서 이 사건 사고의 한 원인이 되었으며, 한편 피고인들은 이 사건 성수대교를 안전하게 건축되도록 한다는 공동의 목표와 의사연락이 있었다고 보아야 할 것이므로, 피고인들 사이에는 이 사건 업무상과실치사상등죄에 대하여 형법 제30조 소정의 공동정범의 관계가 성립된다고 보아야 할 것이다."라고 판시하였다.[15] 따라서 판례에 의하면 본죄의 공동정범도 성립할 것이다(주로 업무상실화와 관련되어 문제된다.). 책임주의원칙상 각자 자신의 과실행위와 인과관계가 인정되고, 예견가능한 범위 내에서 형벌을 부과하여야 한다고 본다.

Ⅳ. 결 과

22 객체인 물건이 불타야 한다. 그리고 제2항의 죄에서는 공공의 위험이 발생하여야 한다(그 의미에 관하여는 **[총설] Ⅳ. 공공위험범** 부분 참조). 과실과 불에 타고, 공공의 위험이 발생하는 것에는 인과관계가 있어야 한다. 행위자의 과실이 화재의 유일한 원인이 될 필요는 없으며, 다른 사람의 행위가 개입되더라도 행위자의 과실과 불에 타고 공공의 위험이 발생하는 데에 충분하게 직접적이고 확실한 연관성이 있거나 명백한 인과적 관련이 있을 때에는 인과관계를 인정할 수 있다.

23 판례는 구 산림법 제120조의 산림실화죄와 관련하여, 과실과 산림소훼와 사

다 할 것이고 공동의 과실이 경합되어 화재가 발생한 경우에 적어도 각 과실이 화재의 발생에 대하여 하나의 조건이 된 이상은 그 공동적 원인을 제공한 각자에 대하여 실화죄의 죄책을 물어야 함이 마땅하다고 해석할 것인바, 기록에 의하면 피고인들은 각자 위 판시와 같은 업무상 주의의무가 있음에도 불구하고 이를 태만히 하여 도정공장 내에 설치되어 있는 백열전구에 종이류로 된 전등갓을 설치하였고 또한 이를 그대로 방치하였다가 뒤늦게 제거한 사실이 정당하게 시인되니 이건 화재가 위 전등갓을 제거하는 과정에서 떨어진 불티로 인하여 발생한 것이라면 피고인들은 각자 업무상실화죄의 죄책을 면할 수는 없다.」

14 이에 대해서는 이재상·장영민·강동범, 형법총론(11판), § 33/21-33 참조.

15 대판 1997. 11. 28, 97도1740. 본 판결 평석은 이용식, "과실범의 공동정범", 형사판례연구 〔7〕, 한국형사판례연구회, 박영사(1999), 81-108.

이에 상당인과관계가 있어야 한다고 하면서, "초지조성공사를 도급받은 수급인이 산불작업을 하도급을 준 이후에 계속하여 그 작업을 감독하지 아니한 잘못이 있다 하더라도 이는 도급자에 대한 도급계약상의 책임이지 위 하수급인의 과실로 인하여 발생한 산림실화에 상당인과관계가 있는 과실이라고는 할 수 없다."고 판시하였다.[16]

V. 공공의 위험

제2항의 죄에서는 공공의 위험의 발생이 구성요건이므로 이것이 고의의 내용인지, 즉 이를 인식하여야 하는지가 문제된다. 과실로 불을 붙였지만, 공공의 위험의 발생을 인식하지 못한 때에는 고의가 없어 제2항의 죄로 처벌할 수 없게 되는 것이 아닌지가 문제된다. 24

본조는 죄명 및 구성요건의 기본행위가 실화 및 과실로서 행위 당시 공공의 위험 발생을 인식하는 것은 상정할 수 없다. 따라서 공공의 위험 발생의 예견가능성이 있을 때, 제2항의 죄가 성립한다는 해석은 과실범의 일반해석에 부합하고, 일반인도 객관적·합리적으로 알 수 있다고 볼 수 있다. 25

그러나 죄형법정주의 원칙상 피고인에게 불이익한 확장해석은 금지되므로 비록 명백한 입법 잘못이라고 하더라도 피고인에게 제2항을 적용할 수 없다고 본다.[17] 26

공공의 위험 발생에 대한 예견가능성이 있는 경우에도 적용하기 위해서는 제170조 제2항을 '불태워 공공의 위험을 발생하게 한'이 아닌 '불타게 하여 그로 인하여 공공의 위험이 발생한 때'로 개정하여야 한다. 27

공공의 위험 발생에 대한 예견가능성도 요하지 않는다고 해석하는 것은 구성요건요소에 대한 피고인의 주관적 요소를 배제한 것으로 책임주의 원칙에 반한다. 따라서 공공의 위험 발생의 예견가능성도 없을 때에는 제2항의 죄로 처벌할 수 없다고 본다. 다만, 경범죄 처벌법 제3조 제1항 제22호(위험한 불씨 사용) 위반 등으로 처벌할 수는 있을 것이다. 28

---

16 대판 1987. 4. 28, 87도297.
17 이에 대한 상세는 안성수, 형벌조항의 해석방법, 271(언어의 예외, 명백한 과오 부분) 참조.

Ⅵ. 죄수 및 다른 죄와의 관계

1. 죄 수

29 1개의 실화행위로 수개 또는 여러 종류, 즉 제164조, 제165조, 타인 소유의 제166조 기재 물건을 불타게 한 때에는 제1항의 죄 1개가 성립한다는 견해가 있다.[18] 1개의 행위로 인한 1개 조항의 구성요건에 해당하는 범죄이기 때문이다. 그러나 소유자가 각각 다를 경우에는 상상적 경합에 해당한다. 방화죄는 소유권도 법익으로 보므로 수개의 죄에 해당하기 때문이다.

30 1개의 실화행위로 제164조 기재의 물건을 불타게 하고, 자기 소유의 제166조 기재 물건을 불타게 하여 공공의 위험이 발생한 때와 같이, 제1항과 제2항에 해당할 때에는 제1항과 제2항의 각 죄의 상상적 경합이 된다. 1개의 행위가 서로 다른 법조항인 수개의 죄에 해당하기 때문이다. 다만, 두 죄의 법정형이 동일하기 때문에 실질적인 차이는 없다.

2. 다른 죄와의 관계

31 실화로 인하여 사람이 사상하는 결과가 발생하면 실화죄와 과실치사·상죄(§ 266①, § 267)의 상상적 경합이 된다.[19]

32 실화죄와 관련된 특별규정으로는 산림보호법 제53조,[20] 경범죄 처벌법 제3

18 주석형법 [각칙(2)](5판), 237-238(박찬).

19 주석형법 [각칙(2)](5판), 238(박찬). 판례 중에는 피고인이 피해자 A 경영의 여관에 B와 함께 투숙하여 다음 날 02:30경까지 여관 방안에서 술을 마시고 담배를 피우다가 술에 취하여 담뱃불을 제대로 끄지 않고 침대에 누워 잠이 든 과실로, 담뱃불이 침대 옆에 놓아둔 휴지통과 침대시트와 매트리스 등에 인화됨으로써 여관방 내부와 복도 등을 태워 여관 내부시설이 소훼되고, 맞은 편 호실에서 잠을 자던 투숙객인 피해자 C, D, E가 위 화재로 인한 화기와 연기로 질식하여 사망하고, 피해자 F가 화상을 입은 사안에서, 구 형법(1995. 12. 29. 개정 전의 법률) 제171조, 제170조 제1항, 제164조(중실화), 각 구 형법 제268조(중과실치사 및 중과실치상)를 적용하고, 제40조, 제50조에 의하여 형과 죄질 및 범정이 가장 무거운 피해자 E에 대한 중과실치사죄에 정한 형으로 처벌하되 금고형을 선택하여 금고 1년 6월을 선고한 원심은 정당하다고 판시한 것(대판 1997. 2. 28, 96도3410)이 있다. 위 판례는 "원심이 피고인이 인화하기 쉬운 침대 옆에 놓아둔 휴지통과 침대시트카바와 솜이불 및 매트리스 등이 있는 4평도 안되는 좁은 여관 방안에서 술을 마시고 담배를 피우다가 술에 취하여 담배불을 제대로 끄지 않고 침대에 누워 잠이 든 것을 중대한 과실이 있는 경우에 해당한다고 판단한 것은 정당한 것으로 수긍이 가고, 거기에 중대한 과실에 관한 법리오해의 위법이 없다."고 판시하였다.

20 산림보호법 제53조(벌칙) ⑤ 과실로 인하여 타인의 산림을 태운 자나 과실로 인하여 자기 산림

조 제1항 제22호(위험할 불씨 사용),[21] 위험물안전관리법 제33조·제34조[22]가 있다.

Ⅶ. 처 벌

1천 500만 원 이하의 벌금에 처한다. 33

〔안 성 수〕

을 불에 태워 공공을 위험에 빠뜨린 자는 3년 이하의 징역 또는 3천만원 이하의 벌금에 처한다.
⑥ 제1항부터 제3항까지의 미수범은 처벌한다.

21 경범죄 처벌법 제3조 ① 다음 각 호의 어느 하나에 해당하는 사람은 10만원 이하의 벌금, 구류 또는 과료(科料)의 형으로 처벌한다.
22. (위험한 불씨 사용) 충분한 주의를 하지 아니하고 건조물, 수풀, 그 밖에 불붙기 쉬운 물건 가까이에서 불을 피우거나 휘발유 또는 그 밖에 불이 옮아붙기 쉬운 물건 가까이에서 불씨를 사용한 사람을 10만 원 이하의 벌금, 구류 또는 과료의 형으로 처벌한다.

22 위험물안전관리법 제33조(벌칙) ① 제조소등에서 위험물을 유출·방출 또는 확산시켜 사람의 생명·신체 또는 재산에 대하여 위험을 발생시킨 자는 1년 이상 10년 이하의 징역에 처한다.
② 제1항의 규정에 따른 죄를 범하여 사람을 상해에 이르게 한 때에는 무기 또는 3년 이상의 징역에 처하며, 사망에 이르게 한 때에는 무기 또는 5년 이상의 징역에 처한다.
제34조(벌칙) ① 업무상과실로 제조소등에서 위험물을 유출·방출 또는 확산시켜 사람의 생명·신체 또는 재산에 대하여 위험을 발생시킨 자는 7년 이하의 금고 또는 7천만원 이하의 벌금에 처한다.
② 제1항의 죄를 범하여 사람을 사상에 이르게 한 자는 10년 이하의 징역 또는 금고나 1억원 이하의 벌금에 처한다.
제2조(정의) ① 이 법에서 사용하는 용어의 정의는 다음과 같다.
1. "위험물"이라 함은 인화성 또는 발화성 등의 성질을 가지는 것으로서 대통령령이 정하는 물품을 말한다. (주: [별표 1]에 위험물 및 지정수량에 대한 상세 규정이 있다.)

제171조(업무상 실화, 중실화)

업무상과실 또는 중대한 과실로 인하여 제170조의 죄를 범한 자는 3년 이하의 금고 또는 2천만원 이하의 벌금에 처한다.

Ⅰ. 취 지

1 본죄[(업무상·중)실화죄]는 업무상과실 또는 중대한 과실로 인하여 실화죄(§ 170)를 범함으로써 성립하는 범죄이다. 업무자라는 신분관계 또는 과실의 중대성으로 인하여 실화죄에 비하여 법정형이 가중된 구성요건이다.

Ⅱ. 객 체

2 **제170조**의 규정과 같다.

Ⅲ. 행 위

3 업무상과실 또는 중대한 과실로 제170조의 죄를 범하는 것이다. 따라서 본조는 업무자의 일반과실, 업무자가 아닌 자의 중대한 과실이 구성요건이다.

1. 업무상과실

(1) 업무

4 형법에는 업무상횡령·배임, 업무상과실치사·상, 업무방해죄에 '업무'가 규정되어 있는데, 판례는 ① "형법상 업무방해죄의 보호대상이 되는 '업무'란 직업

또는 계속적으로 종사하는 사무나 사업으로서 타인의 위법한 침해로부터 형법상 보호할 가치가 있는 것이어야 하므로, 어떤 사무나 활동 자체가 위법의 정도가 중하여 사회생활상 도저히 용인될 수 없는 정도로 반사회성을 띠는 경우에는 업무방해죄의 보호대상이 되는 '업무'에 해당한다고 볼 수 없다."[1]고 판시하고, ② "업무상과실치상죄에 있어서의 '업무'란 사람의 사회생활면에서 하나의 지위로서 계속적으로 종사하는 사무를 말하고, 여기에는 수행하는 직무 자체가 위험성을 갖기 때문에 안전배려를 의무의 내용으로 하는 경우는 물론 사람의 생명·신체의 위험을 방지하는 것을 의무내용으로 하는 업무도 포함되는데, 안전배려 내지 안전관리 사무에 계속적으로 종사하여 위와 같은 지위로서의 계속성을 가지지 아니한 채 단지 건물의 소유자로서 건물을 비정기적으로 수리하거나 건물의 일부분을 임대하였다는 사정만으로는 업무상과실치상죄에 있어서의 '업무'로 보기 어렵다."[2]고 판시하고 있다.

사전상으로 '업무'는 '직장 같은 곳에서 맡아서 하는 일'을 의미한다.[3] 직업은 생계를 유지하기 위하여 하는 일로서 그중에는 특별한 기술을 바탕으로 하여 지적인 판단을 행하는 전문가도 포함된다. 가정에서 조리를 하는 사람이나 흡연자와 같이 개인의 일상생활에 있어 불을 계속 반복하여 사용하는 사람도 업무자에 포함되는지가 문제된다. 포함된다고 한다면 '업무'의 범위가 무한 확장될 수 있다. 따라서 계속 반복성, 위험 사무성 외에 사회생활상의 지위를 업무의 요건으로 하여 업무의 범위가 확장되는 것을 제한할 필요가 있다. 5

다음으로 인턴, 자원봉사자와 같이 급료를 받지 않고 특별한 지식이나 기술이 필요 없는 일과 식당의 주방직원과 같이 급료는 받지만 불을 다룸에 있어 가정의 일반 조리와 같이 특별한 지식이나 기술을 요하지 않는 일도 포함될 것인지 문제된다. 업무는 직업이나 전문직보다는 광의의 개념이므로 이를 배제한다고 보기는 어렵다. 6

그렇다면 사회생활상의 지위에서 불을 다루는 사람은 모두 본조에 해당하는지가 문제된다. 일반과실로 화재를 발생하게 한 경우, 사회생활상의 지위에서 7

1 대판 2011. 10. 13, 2011도7081.
2 대판 2009. 5. 28, 2009도1040.
3 네이버 국어사전 참조.

불을 다룬다는 이유만으로 실화죄에는 없는 금고형이 포함된 중한 법정형으로 의율할 합리적 근거는 없다고 본다. 계속 반복적으로 일을 하다 보면 의도하였건 하지 않았건, 예견할 수 있었건 혹은 할 수 없었건, 합리적 주의를 기울여 막을 수 있었건 혹은 그렇지 않았던 건 간에 피할 수 없는 실수가 따른다. 사실상 가정주부와 같은 일을 함에도 식당에서 주방 일을 한다는 이유만으로 법정형이 중한 형으로 의율하는 것은 과잉처벌을 초래하기 때문이다. 헌법 제11조는 사회적 신분에 의한 차별을 인정하지 않는다. 범죄자의 범죄행위, 즉 무엇을 했는지가 아니라 그가 누구인지 또는 어떤 상태인지에 따라 처벌하는 것은 위헌이라고 본다. 어떤 사람이 사회생활상의 지위에서 일을 맡고 있다는 것은 범죄행위가 아니므로 이것만으로 가중처벌하는 것은 타당하다고 할 수 없고, 이는 범죄행위나 정신적 요소로서 과실의 유무를 판단하기 위한 자료로 봄이 상당하다고 본다.

8 따라서 가중처벌의 근거가 합당하기 위해서는 업무의 범위를 화재의 위험성을 관리할 의무가 법률에 의하여 특별히 부과되었음에도 이를 게을리한 것, 즉 본인의 과실은 일반과실이지만 화재의 위험을 수반하고 있는 일에 있어 화재의 발생을 방지할 특별한 의무가 법률에 의하여 부여되어 있음에도 이를 게을리한 것이라고 보아야 한다.

9 이에 의하면 업무상 실화에서의 '업무'는 ① 사람이 직업, 사무, 사업상 사회생활상의 지위에 따라, ② 계속하여 반복적으로 행하는, ③ 법률에 따라 화재의 위험성을 관리하는 특별한 사무를 말하는 것으로 정의할 수 있다.

10 그러나 이와 같이 정의하여도 화재의 위험성을 관리할 의무가 민사·행정적인 법률에 의하여 부과된 경우에, 왜 이러한 민사·행정적인 책무가 형사책임으로 귀결되어 무겁게 처벌되는지에 대한 문제가 남는다. 즉, 민사·행정법과 형사법은 추구하는 목적이나 목적을 실현하는 방법이 다름에도 민사·행정법상의 의무규정을 입법자의 의도와 달리 형사법에 연결하여 무겁게 처벌하는 문제를 야기하게 된다. 결국 형사처벌 범위를 정할 입법의 영역을 사법의 영역에서 담당하게 되는 것이 될 수 있다. 아울러 피고인의 입장에서는 어디까지가 업무에 해당하는지 합리적으로 예견할 수 없게 되어 명확성의 원칙에 위반될 수 있다. 업무상과실, 중과실에 의한 일수죄 조항도 없다. 따라서 업무상실화죄와 업무상

과실죄는 삭제함이 타당하다고 본다.

11 판례는 본죄에서의 업무는 '직무로서 화기로부터의 안전을 배려해야 할 사회생활상의 지위'라고 하면서,[4] '그 직무상 화재의 원인이 된 화기를 직접 취급하는 것에 그치지 않고 화재의 발견, 방지 등의 의무가 있는 경우'를 포함한다[5]고 한다.[6] 나아가 업무는 본래의 업무뿐만 아니라 부수되는 업무도 포함한다[7]고 한다.

12 이러한 판례의 태도에 의하면, 예를 들어 종업원이 가연성 물건이 비산되어 담뱃불에 불이 붙을 가능성이 있는 건물에서 담배를 피우는 것을 본 감독자가 이를 제지하지 않아 화재가 발생한 때에 감독자가 업무상실화에 해당할 수 있을 것이다. 그러나 '화재의 발견, 방지의 의무 등이 있는 업무'가 어떤 때에 인정될 것인지는 사전에 예견하기 어려울 수 있다. 위험물안전관리법 제37조[8]의 안전관리와 감독을 하지 아니한 때는 법률에 따라 화재의 위험성을 관리하는 특별한 사무로서 '화재의 발견, 방지의 의무 등이 있는 업무'에 해당할 수 있을 것이다.

(2) 주의의무

13 업무상주의의무를 인정한 판례로는 호텔의 사장과 영선과장이 방화문(비상문)을 잠가 놓고, 화재경보기 등을 꺼 놓아 화재 발생 시 연소를 막지 못하고 투숙

---

4 대판 1988. 10. 11, 88도1273.

5 대판 1983. 5. 10, 82도2279.

6 일본 판례도 같은 취지이다. 즉 업무는 '직무로서 화기의 안전을 배려해야 할 사회생활상의 지위'를 말하는데[最決 昭和 60(1985). 10. 21. 刑集 39·6·362(우레탄폼의 가공판매회사의 공장부문 책임자)], '해당 화재의 원인이 된 불을 직접 취급하는 것을 업무 내용의 전부 또는 일부로 하고 있는 것만에 한정되는 것은 아니고[最判 昭和 33(1958). 7. 25. 刑集 12·12·2746(식당 건물의 야간경비원)]', '사람의 생명·신체의 위험을 방지하는 것을 의무내용으로 하는 업무를 포함한다'[위 最決 昭和 60(1985). 10. 21.]고 한다.

7 대판 1961. 9. 28, 4293형상696.

8 위험물안전관리법 제37조(벌칙) 다음 각 호의 어느 하나에 해당하는 자는 1천만원 이하의 벌금에 처한다.
   1. 제15조제6항을 위반하여 위험물의 취급에 관한 안전관리와 감독을 하지 아니한 자
   2. 제15조제7항을 위반하여 안전관리자 또는 그 대리자가 참여하지 아니한 상태에서 위험물을 취급한 자

   제15조(위험물안전관리자) ⑥ 안전관리자는 위험물을 취급하는 작업을 하는 때에는 작업자에게 안전관리에 관한 필요한 지시를 하는 등 행정안전부령이 정하는 바에 따라 위험물의 취급에 관한 안전관리와 감독을 하여야 하고, 제조소등의 관계인과 그 종사자는 안전관리자의 위험물 안전관리에 관한 의견을 존중하고 그 권고에 따라야 한다.

   ⑦ 제조소등에 있어서 위험물취급자격자가 아닌 자는 안전관리자 또는 제5항에 따른 대리자가 참여한 상태에서 위험물을 취급하여야 한다.

객이 대피하지 못한 경우[9]가 있다. 일본 판례 중에는 ① 공중목욕탕의 굴뚝 관리자는 수시로 굴뚝 청소를 하여 매연을 제거해야 할 뿐 아니라 연료 선택에도 신경을 쓰고, 특히 강풍에 불 때는 아궁이에 불 때는 것을 제한하여 굴뚝에서 불꽃이 날리지 않도록 하여 화재사고의 발생을 미리 막을 주의의무가 있고,[10] ② 디젤엔진 자동차의 운전자는 위 자동차를 안전한 상태를 유지하면서 운행해야 할 지위에 있으며, 만일 불꽃 없이 연기만 내면서 타는 냄새를 감지한 때에는 즉시 운전을 중지하고 응급조치를 할 주의의무가 있고,[11] ③ 고압가스판매업자가 고객의 점포 내에 프로판가스용기 및 그 부속설비를 설치하였는데, 설치방법에 과실이 있어 화재가 발생한 경우에는 업무상실화죄가 성립한다[12]고 판시한 것이 있다.

14 업무상주의의무를 부정한 판례로는 ① 유조차운전사가 석유구판점의 위험물취급주임의 지시를 받아 유조차의 석유를 구판점 탱크로 급유하다가 탱크주입구에서 급유호스가 빠지는 바람에 화기에 인화되어 화재가 발생한 경우,[13]

---

9 대판 1984. 2. 28, 83도3007. 「피고인 등은 각 호텔의 사장과 영선과장으로서 화재가 발생하면 불이 확대되지 않도록 계단과 복도 등을 차단하는 갑종방화문은 항상 자동 개폐되도록 하며 숙박객들이 신속하게 탈출 대피할 수 있도록 각 층의 을종방화문(비상문)은 언제라도 내부에서 외부로의 탈출방향으로 밀기만 하면 그대로 열려지도록 설비관리하고 화재시에는 즉시 전층 각 객실에 이를 알리는 감지기, 수신기, 주경종, 지구경종을 완벽하게 정상적으로 작동하도록 시설관리하여야 할 업무상의 주의의무가 있음에도 불구하고 이를 게을리하여 오보가 잦다는 이유로 자동화재조기탐지 및 경보설비인 수신기의 지구경종 스위치를 내려끈채 그 위를 스카치 테이프로 봉하여 버리고 종업원 등으로 하여금 영업상 미관을 해친다는 이유로 매일 06:00경부터 24:00까지 나무받침대로 이를 고정시키는 방법으로 각 층에 시설된 갑종방화문을 열어 두게하고 옥외 피난계단으로 통하는 을종방화문(비상문)은 도난방지 등의 이유로 그 문에 부착된 철판고리를 건물에 부착된 장쇠에 끼어 넣는 방법으로 걸어두어 비상시 긴급탈출자가 위 철판고리를 벗기지 아니한 채 그대로 밀면 열려지지 아니하여 피난구로서의 소임을 다하지 못하게 하였다는 것이니 피고인 등의 주의의무 해태는 결과적으로 건물의 화재발생 시에 있어서 숙박객 등에게 신속하게 화재를 알릴 수 없게 되고 발화지점에서의 상, 하층 등에의 연소방지를 미흡하게 하고 또 숙박객 등을 비상구를 통해 신속하게 옥외로 대피시키지 못하게 하는 것임은 경험상 명백하다 할 것이니 이는 충분히 예견가능한 것이라고 할 것이다.」

10 最判 昭和 34(1959). 12. 25. 刑集 13·13·3333.

11 最決 昭和 46(1971). 12. 20. 刑集 25·9·1086.

12 最決 昭和 42(1967). 10. 12. 刑集 21·8·1083.

13 대판 1990. 11. 13, 90도2011. 「소방법 제18조, 같은 법 시행규칙 제54조, 소방시설의 설치, 유지 및 위험물제조소 등 시설의 기준에 관한 규칙 제279조 제6호에 비추어 보면 유조차의 석유를 구판점의 지하 석유탱크에 공급하는 작업은 위험물취급주임의 참여하에 하여야 하고, 작업자는 그의 보완에 관한 지시와 감독 하에 일을 하여야 하는 것이며, 그 보안에 관한 책임은 위험물취급주임에게 있는 것이라고 보아야 할 것인바, 유조차의 운전사에게 위험물취급주임의 지시 없이

② 자동차 운전자가 운전 중 충돌로 인한 기름 탱크의 파열로 화재가 발생한 경우,[14] ③ 선박의 등화단속을 담당한 책임자가 실화한 경우에 선장이 그 담당자에 대한 행정상 지휘·감독을 소홀히 한 경우,[15] ④ 호텔 종업원의 부주의와 호텔구조상의 결함으로 화재가 발생, 확대된 경우에 호텔 회장이 회사의 직원들에 대한 일반적·추상적 지휘·감독책임만을 지는 경우[16] 등이 있다.

2. 중과실

중실화는 실화의 과실이 중대하다는 것으로, 행위자가 특별히 경솔하거나 15
무모하게 행동하여 주의의무를 위반한 것을 말한다. 따라서 중과실은 단순한 무관심이나 부주의로는 충분하지 않고, 쉽게 예견할 수 있음에도 부주의로 이를 예견하지 못한 경우를 말한다.[17] 판례에 의하면, 제171조가 정하는 중실화는 행

도 석유가 제대로 급유되는지, 어떠한 사유로 인하여 급유장애가 발생하는지 여부를 확인하기 위하여 급유가 끝날 때까지 그와 함께 또는 그와 교대로 급유호스가 주입구에서 빠지려고 할 때는 즉시 대응조치를 할 수 있는 자세를 갖추어야 할 업무상의 주의의무가 있다고 할 수는 없으므로, 유조차운전사가 석유구판점의 위험물취급주임의 지시를 받아 유조차의 석유를 구판점 탱크로 급유하다가 급유호스가 탱크주입구에서 빠지는 바람에 분출된 석유가 화기에 인화되어 화재가 발생한 경우 운전수가 위험물취급주임이 탱크주입구 부분을 이탈하였음을 보고서도 유조차 운전석에 앉아 다른 일을 보고 있었다고 하여 운전사에게 화재발생에 대하여 과실이 있다고 책임을 물을 수는 없다.」

14 대판 1972. 2. 22, 71도2231. 「원심은 (중략) 피고인이 업무상 과실로 그가 운전하는 3륜차의 기름 탱크를 반대 방향에서 오는 짚차 차체에 부딪혀서 파열케 하고 이로 인한 발화로 그 차체를 태웠다고 하는 업무상 실화의 점에 대해서는 무죄를 선고하고 그 이유로써 피고인은 자동차 운전 업무에 종사하는 자이니만치 자동차의 충돌로 인한 사고 발생을 미리 방지하여야 할 업무상의 주의 의무가 있다고 하는 것은 몰라도 일반적으로 그 자동차 운전 중 충돌로 인한 기름 탱크의 파열로 발생할 지 모를 화재를 미리 방지해야 할 업무상의 주의의무는 없다라고 설시하고 있는바, 기록에 비추어 위 판단은 정당하다.」

15 대판 1956. 12. 21, 4289형상276.

16 대판 1986. 7. 22, 85도108. 「피고인은 위 호텔 본관은 물론 그 부대건물의 구조 및 시설등에 대하여는 전혀 관여한 바 없었던 사실, 한편 위 회사에는 A가 대표이사로 되어 있고, 그 목적사업의 달성을 위하여 전무인 B 밑에 상무, 지배인, 관리부장, 영업부장 등을 따로 두어 각 소관업무를 분담 처리하도록 하는 한편, 소방법 소정의 방화관리자까지 선정하여 당국에 신고하여 동인으로 하여금 소방훈련 및 화기사용 또는 취급에 관한 지도감독 등을 하도록 되어 있는 사실을 인정할 수 있는바, 위 인정사실에 비추어 보면 비록 같은 피고인이 위 회사의 회장으로 취임 중이었다고 하더라도 같은 피고인에게는 위 회사의 직원들에 대한 일반적, 추상적 지휘감독의 책임은 있을지언정, 더 나아가 원심이 판시하고 있는 바와 같은 이 사건 화재에 대한 구체적이고도 직접적인 주의의무는 없다고 할 수밖에 없다.」

17 김성돈, 형법각론(8판), 596; 이재상·장영민·강동범, 형법각론(12판), § 27/61; 주석형법 〔각칙(2)〕(5판), 242(박찬).

위자가 극히 작은 주의를 함으로써 결과발생을 예견할 수 있었는데도 부주의로 이를 예견하지 못하는 경우를 말한다.[18]

16 따라서 일반과실이 주의를 기울이지 않은 것이라고 하면 중과실은 극히 작은 주의를 기울이지 않은 것으로 상대적 개념으로 볼 수 있다. 그러나 쉽게 예견한다거나 중대하다는 것의 기준을 어떻게 정할 수 있는지가 문제된다. 이것은 구성요건이기 때문에 명확성의 원칙상 일반인이 객관적이며 합리적으로 예견할 수 있어야 한다. 따라서 예를 들면 이상 현상이 있어서 조치를 취해야 한다는 것을 알면서도 이를 의도적으로 방치하는 경우 같은 때에 이를 인정할 수 있을 것이다.

(1) 중과실을 인정한 사례

17 중과실을 인정한 사례로는, ① 피고인이 약 2.5평 넓이의 주방에 설치된 간이온돌용 새마을보일러에 연탄을 갈아 넣음에 있어서 연탄의 연소로 보일러가 가열됨으로써 그 열이 전도·복사되어 그 주변의 가열 접촉물에 인화될 것을 쉽게 예견할 수 있었음에도 불구하고 그 주의의무를 게을리하여 위 보일러로부터 5 내지 10센티미터쯤의 거리에 판시 가연물질을 그대로 두고 신문지를 구겨서 보일러의 공기조절구를 살짝 막아놓은 채 그 자리를 떠나버렸기 때문에 화재가 발생한 경우,[19] ② 피고인이 성냥불로 담배를 붙인 다음 그 성냥불이 꺼진 것을 확인하지 아니한 채 휴지가 들어 있는 플라스틱 휴지통에 던진 경우,[20] ③ 모텔 방에 투숙하여 담배를 피운 후 재떨이에 담배를 끄게 되었으나 담뱃불이 완전히 꺼졌는지 여부를 확인하지 않은 채 불이 붙기 쉬운 휴지를 재떨이에 버리고 잠을 자 담뱃불이 휴지와 침대시트에 옮겨 붙게 함으로써 화재가 발생한 경우[21] 등이 있다.

18 일본 판례 중에는 원인에 있어 자유로운 행위의 유형으로 중과실을 인정한 것이 있다. 평소부터 술을 많이 먹으면 고도의 비정상 주취상태가 되어 기물을 집어던지는 등 난폭한 행위를 하는 습벽이 있는 것을 잘 알고 있는 피고인이 술을 먹고 위와 같은 상태가 되어 연소 중인 스토브 위에 의자를 올려놓아 현주건

---

18 대판 1988. 8. 23, 88도855.
19 대판 1988. 8. 23, 88도855.
20 대판 1993. 7. 27, 93도135.
21 대판 2010. 1. 14, 2009도12109, 2009감도38.

조물을 소훼케 한 사안에서, 중과실실화죄의 성립을 인정하였다.[22]

(2) 중과실을 부정한 사례

중과실을 부정한 사례로는, ① 창고 안에 있는 상자 위에 서양식 초(洋燭)를 녹여서 붙여 놓고 촛불을 끄지 않고 그대로 나와 이로 인하여 화재가 발생한 경우,[23] ② 호텔 오락실의 경영자가 그 오락실 천정에 형광등을 설치하는 공사를 하면서 그 호텔의 전기보안담당자에게 아무런 통고를 하지 아니한 채 무자격전기기술자로 하여금 전기공사를 하도록 하여 부실공사가 되어 그대로 방치됨으로써 합선으로 인한 화재가 발생한 경우,[24] ③ 연탄 아궁이로부터 80센티미터 떨어진 곳에 쌓아둔 스폰지요, 솜 등이 연탄 아궁이 쪽으로 넘어지면서 화재가 발생한 경우[25] 등이 있다. 19

22 最決 昭和 48(1973). 9. 6. 裁判集(刑事) 190·67.

23 대판 1960. 3. 9, 4292형상761. 「원심은 원판시 창고내 상자위에 피고인이 초를 녹여 부쳐서 세워놓은 것을 들고 나오던가 소화하고 나오지 아니한 것은 중대한 과실이라고 판정하였으나 기록에 의하면 피고인이 사용한 양초는 신품으로서 약 3시간 지속할 수 있는 것이고 창고내는 휘발유 등 인화력이 강한 물건이 존재하지 아니하였으며 다만 쓰레기 등이 촛불 부근에 있었으며 창고내에는 양곡이 입고되어 있고 양초는 상자 위에 녹여서 붙여 놓았으며 약 30분 후에는 고사를 끝내고 고사에 사용한 쌀가마니를 창고에 입고할 예정으로 촛불을 끄지 아니하고 그대로 세워놓고 창고문을 닫고 나온 것임이 분명한 바이므로 여사한 경우에 있어서는 피고인이 촛불을 들고 나오던가 이를 소화하고 나오지 아니한 과실은 있다 할 것이나 이것은 어디까지나 경과실에 불과한 것이고 이것을 소위 중과실이라고는 볼 수 없음이 모두 설시한 바에 의하여 분명하다.」

24 대판 1989. 10. 13, 89도204. 「호텔오락실의 경영자가 그 오락실 천정에 형광등을 설치하는 공사를 하면서 그 호텔의 전기보안담당자에게 아무런 통고를 하지 아니한 채 무자격전기기술자로 하여금 전기공사를 하게 하였더라도, 전기에 관한 전문지식이 없는 오락실경영자로서는, 시공자가 조인터 박스를 설치하지 아니하고 형광등을 천정에 바짝 붙여 부착시키는 등 부실하게 공사를 하였거나 또는 전기보안담당자가 전기공사사실을 통고받지 못하여 전기설비에 이상이 있는지 여부를 점검하지 못함으로써 위와 같은 부실공사가 그대로 방치되고 그로 인하여 전선의 합선에 의한 방화가 발생할 것 등을 쉽게 예견할 수 있었다고 보기는 어려우므로 위 오락실경영자에게 위와 같은 과실이 있었더라도 사회통념상 이를 화재발생에 관한 중대한 과실이라고 평가하기는 어렵다.」

25 대판 1989. 1. 17, 88도643. 「피고인이 스폰지요, 솜 등을 쌓아두는 방법이나 상태 등에 관하여 아주 작은 주의만 기울였더라면, 스폰지요나 솜 등이 넘어지고 또 그로 인하여 화재가 발생할 것을 예견하여 회피할 수 있었음에도 불구하고, 부주의로 이를 예견하지 못하고 스폰지와 솜 등을 쉽게 넘어질 수 있는 상태로 쌓아둔 채 방치하였기 때문에 화재가 발생한 것으로 판단이 되어야만, 피고인의 "중대한 과실"로 인하여 화재가 발생한 것으로 볼 수 있는 것이다. 그러나 피고인이 연탄아궁이로부터 80센티미터쯤 떨어진 곳에 비닐로 포장한 스폰지요, 솜 등을 끈으로 묶지 않은 채 쌓아두었다고 하더라도, 피고인이 아주 작은 주의만 기울였더라면 그것들이 연탄아궁이 쪽으로 쉽게 넘어지고 또 그로 인하여 훈소현상(불꽃없이 연기만 내면서 타는 현상)에 의한 화재가 발생할 것을 예견할 수 있었다고 보기는 어렵기 때문이다(기록에 의하면 피고인은

Ⅳ. 결 과

20 대상물건을 불타게 해야 한다. 자기 소유인 일반건조물 등 및 일반물건을 불타게 한 때에는 공공의 위험이 발생하여야 한다. 그 의미는 앞에서 본 것과 같다.

Ⅴ. 다른 죄와의 관계

21 (1) 본죄에 해당함과 동시에 사람이 사상하는 결과가 발생하면, 본죄와 업무상과실·중과실치사·상죄의 상상적 경합이 된다.

22 (2) 업무상실화로 불이 번지는 과정에서 폭발성물질이 파열한 경우에는 예견가능성이 있다면, 업무상실화죄와 업무상과실포발성물건파열죄(§ 173의2②)는 상상적 경합이 될 것이다.

23 (3) 위험물안전관리법에는 업무상과실에 관한 특별규정이 있다.[26]

Ⅵ. 처 벌

24 3년 이하의 금고 또는 2천만 원 이하의 벌금에 처한다.

25 과실범에 대한 자유형의 선고는 전통적인 고의책임주의에는 반하는 것이므로, 중과실로 인한 금고형의 가중된 법정형은 위험성을 인지하고서도 의도적으로 방치한 때에 한하여 제한적으로 적용함이 상당하다고 생각한다.

〔안 성 수〕

평상시에도 화재가 발생한 날의 경우와 마찬가지로 연탄아궁이에 불을 피워 놓은 채 스폰지요, 솜들을 쌓아두고 귀가한 것으로 보이는바, 이와 같은 점포의 관리상황과 피고인이 점포를 떠난 지 4시간 이상이 지난 뒤에 화재가 발생한 점 등에 비추어 보면, 화재의 발생에 관하여 피고인에게 과실이 있었다고 하더라도 이를 중대한 과실로 평가하기는 어렵다).」

26 위험물안전관리법 제34조(벌칙) ① 업무상과실로 제조소등에서 위험물을 유출·방출 또는 확산시켜 사람의 생명·신체 또는 재산에 대하여 위험을 발생시킨 자는 7년 이하의 금고 또는 7천만 원 이하의 벌금에 처한다.
② 제1항의 죄를 범하여 사람을 사상에 이르게 한 자는 10년 이하의 징역 또는 금고나 1억원 이하의 벌금에 처한다.

第172조(폭발성물건파열)

① 보일러, 고압가스 기타 폭발성 있는 물건을 파열시켜 사람의 생명·신체 또는 재산에 대하여 위험을 발생시킨 자는 1년 이상의 유기징역에 처한다.

② 제1항의 죄를 범하여 사람을 상해에 이르게 한 때에는 무기 또는 3년 이상의 징역에 처한다. 사망에 이르게 한 때에는 무기 또는 5년 이상의 징역에 처한다.

[전문개정 1995. 12. 29.]

Ⅰ. 취 지

본조는 보일러, 고압가스 기타 폭발성 있는 물건을 파열시켜 사람의 생명·신체 또는 재산에 대하여 위험을 발생시키거나(제1항)(폭발성물건파열죄), 사람을 사상하는 행위(제2항)[폭발성물건파열(치상·치사)죄]를 처벌하는 규정이다. 폭발물을 파열시키는 행위는 폭발에 의해 고열 및 폭풍 등에 의해 공공의 위험이 발생하고, 폭발물이 파열할 때 불과 열기를 내기 때문에 방화에 준하여 본장에 포함된 것이다. 이에 대하여 입법론상으로는 국가적 법익의 죄인 각칙 제6장 폭발물에 관한 죄에서 규정해야 한다는 견해가 있다.[1] 그러나 본조는 제13장 '방화와 실화의 죄'에 속해 있지 제6장에 속해 있지 않으므로 명문으로 된 법체계를 넘어 본죄를 폭발물에 관한 죄라고 해석할 수 없다. 1

1 1992년 형법개정법률안은 당시 각칙 제13장 방화와 실화의 죄에 있는 본조와 제173조(개쓰등의 공작물손괴죄)를 제6장 제119조의 폭발물사용죄와의 유사성을 살려서 폭발물 등에 관한 죄(안 제22장)로 옮겨서 규정하였다[법무부, 형법개정법률안 제안이유서(1992. 10), 200].

2 제6장 폭발물에 관한 죄의 하나로서, 제119조 제1항(폭발물사용죄)은 "폭발물을 사용하여 사람의 생명, 신체 또는 재산을 해하거나 기타 공안을 문란한 자는 사형, 무기 또는 7년 이상의 징역에 처한다."라고 규정하고 있어, 본죄와 폭발물사용죄가 동시에 성립할 경우, 두 죄는 상상적 경합관계라는 견해가 있다.[2] 그러나 폭발물과 폭발성 있는 물건은 구별되는 것이므로 별도로 적용될 것이다.

3 본조는 1995년 12월 29일 형법개정으로 전문이 개정되었다. 화약은 폭발성 물건이 아니라 폭발물이라는 이유로 화약을 고압가스로 바꾸고, 침해범에서 구체적 위험범으로 개정하였다.[3]

Ⅱ. 객 체

4 보일러, 고압가스, 기타 폭발성 있는 물건이다.

1. 보일러

5 보일러는 물을 가열하여 고온, 고압의 증기나 온수를 발생시키는 장치이다.

2. 고압가스

6 고압가스는 높은 압력을 가하여 압축한 가스 또는 액화된 가스를 말한다.[4]

---

2 주석형법 [각칙(2)](5판), 245(박찬).

3 구 형법 제172조(폭발물파열) ① 화약, 기관 기타 폭발성 있는 물건을 파열하게 하여 제164조 내지 제167조에 기재한 물건을 손괴한 자는 방화의 예에 의한다.
② 전항의 행위가 과실로 인한 때에는 실화의 예에 의한다.

4 고압가스 안전관리법 시행령 제2조의 고압가스의 종류 및 범위는 다음과 같다.
제2조(고압가스의 종류 및 범위) 「고압가스 안전관리법」(이하 "법"이라 한다) 제2조에 따라 법의 적용을 받는 고압가스의 종류 및 범위는 다음 각 호와 같다. 다만, 별표 1에 정하는 고압가스는 제외한다.
1. 상용의 온도에서 압력(게이지압력을 말한다. 이하 같다)이 1메가파스칼 이상이 되는 압축가스로서 실제로 그 압력이 1메가파스칼 이상이 되는 것 또는 섭씨 35도의 온도에서 압력이 1메가파스칼 이상이 되는 압축가스(아세틸렌가스는 제외한다)
2. 섭씨 15도의 온도에서 압력이 0파스칼을 초과하는 아세틸렌가스
3. 상용의 온도에서 압력이 0.2메가파스칼 이상이 되는 액화가스로서 실제로 그 압력이 0.2메가파스칼 이상이 되는 것 또는 압력이 0.2메가파스칼이 되는 경우의 온도가 섭씨 35도 이하인 액화가스
4. 섭씨 35도의 온도에서 압력이 0파스칼을 초과하는 액화가스 중 액화시안화수소·액화브롬

3. 기타 폭발성 있는 물건

'기타 폭발성 있는 물건'은 급격하게 파열하여 사람·물건을 손괴하는 성질을 가진 물건을 말한다.[5] 폭발에는 어떤 물체의 체적이 물리적으로 급격히 증대하는 현상, 즉 물리적 폭발과 물질의 분해 또는 화합이 극히 급격하게 진행하여 그 화학변화에 따라 일시적으로 다량의 반응열 및 다수의 가스분자를 발생시켜 체적의 급격한 증대를 초래하는 현상, 즉 화학적 폭발이 있다. 폭발 시에는 열, 빛, 소리, 압력, 충격파 등이 발생한다. 7

'기타 폭발성 있는 물건'을 해석함에 있어, 보일러·고압가스는 예시에 불과하다는 것이 일반적인 해석이다(통설).[6] 그러나 이를 해석함에는 죄형법정주의 원칙상 법률이 의도하지 않는 확장이 없어야 한다. '단어는 그 옆의 다른 단어에 의해 그 의미를 알 수 있다'는 해석원칙과 동종제한의 원칙에 따라, 여기서의 '기타 폭발성 있는 물건'은 모든 폭발성 있는 물건을 말하는 것이 아니라 보일러 또는 고압가스에 준하는 폭발성 있는 물건이라고 한정하여 해석해야 한다. 만일 '기타 폭발성 있는 물건'과 같은 일반적 단어를 앞의 구체적 단어인 '보일러, 고압가스'와 관련 없이 모든 대상을 포용하는 의미로 해석한다면, 구체적 단어인 '보일러, 고압가스'는 필요 없는 과잉 언어가 된다. 반대로 구체적 단어인 '보일러, 고압가스'만이 의미가 있다고 해석한다면, 일반적 단어 역시 필요 없는 과잉 언어가 된다. 일반적 단어와 구체적 단어 모두 각각 의미를 가진 단어로서 나란히 의미를 유지시키기 위해서는 일반적 단어를 구체적 단어와 같은 종류(Same Class)를 의미한다고 해석해야 한다. 법조항은 내·외부적 일관성을 유지하도록 해석해야 한다. 단어는 문장의 맥락 속에서 존재하므로 한 문장에 있어 일반적 단어는 그것과 연관이 있는 다른 구체적 단어의 분명한 의미와 부합되는 한도 내에서만 구체성을 가진다고 해석해야 한다. 입법 의도가 구체적 단어를 예시로 제시하는 것일 뿐이고, 예시 자체에 중점을 두고 있지 않음이 형벌조항 자체나 명시된 입법 의도에 의해 확인되지 않는 한 구체적 단어를 단순한 예시에 불과 8

화메탄 및 액화산화에틸렌가스

5 오영근, 형법각론(7판), 495; 이재상·장영민·강동범, 형법각론(12판), § 27/50; 주석형법 〔각칙(2)〕(5판), 246(박찬).

6 오영근, 495; 이재상·장영민·강동범, § 27/50; 주석형법 〔각칙(2)〕(5판), 246(박찬).

하다고 해석할 수 없다. 이는 피고인에게 불리한 확장해석이 될 수 있다.

9 총포는 그 자체가 폭발에 의한 파괴력을 지니는 것이기보다는 발사를 시켜 원거리에 있는 대상을 타격하는 것이므로 일반적으로 본조의 폭발성 있는 물건이라고 할 수 없고,[7] 화약[8]이나 다이너마이트는 폭발물사용죄(§ 119)에서의 폭발물에 해당하므로 마찬가지로 폭발성 있는 물건에는 포함되지 않는다.[9]

10 이와 관련하여, 본조의 '폭발성 있는 물건'과 폭발물사용죄에서의 '폭발물'과의 구별이 문제된다. 이에 대해서는 다양한 견해가 있을 수 있지만,[10] 판례[11]는 '폭발물'은 '폭발작용의 위력이나 파편의 비산 등으로 사람의 생명, 신체, 재산 및 공공의 안전이나 평온에 직접적이고 구체적인 위험을 초래할 수 있는 정도의 강한 파괴력, 즉 고도의 폭발성능을 가진 물건을 가지는 물건'을 말하고, 이에 미치지 못하는 정도의 파괴력을 가진 물건이 본조의 '폭발성 있는 물건'이라는 취지로 판시하고 있다.[12] 즉 판례는 피고인이 직접 제작한 파괴력 있는 물건을 배낭에 담아 고속버스터미널 등의 물품보관함 안에 넣어 두고 폭발하게 한 사안에서, "(피고인이 제작한) 제작물은 그 폭발작용 자체에 의하여 공공의 안전을 문란하게 하거나 사람의 생명, 신체 또는 재산을 해할 정도의 성능이 없거나, 사람의 신체 또는 재산을 경미하게 손상시킬 수 있는 정도에 그쳐 사회의 안전과 평온에 직접적이고 구체적인 위험을 초래하여 공공의 안전을 문란하게 하기에는 현저히 부족한 파괴력과 위험성의 정도만을 가진 물건이라 할 것이다. 따라서 이 사건 제작물은 형법 제172조 제1항에 규정된 '폭발성 있는 물건'에는 해당될 여지가 있으나 이를 형법 제119조 제1항에 규정된 '폭발물'에 해당한다

---

7 김일수·서보학, 새로쓴 형법각론(9판), 453; 오영근, 495; 이재상·장영민·강동범, § 27/50; 주석형법 [각칙(2)](5판), 246(박찬).

8 총포·도검·화약류 등의 안전관리에 관한 법률 제2조 제3항은 '화약류'에 관하여 상세하게 규정하고 있는데, '화약류'란 화약, 폭약 및 화공품(火工品: 화약 및 폭약을 써서 만든 공작물을 말한다)을 말한다.

9 오영근, 495; 배종대, 형법각론(13판), 99/10; 주석형법 [각칙(2)](5판), 246(박찬).

10 자체 내에 폭발장치가 있는 것은 '폭발물'이고 없는 것은 '폭발성 있는 물건'으로 보는 견해, 폭파를 목적으로 제작되고 그 목적을 달성하기에 적합한 물건은 '폭발물'이고 객관적 성질상 사용하기에 따라 폭파의 결과를 초래할 수 있는 물건은 '폭발성 있는 물건'이라는 견해가 있다[주석형법 [각칙(2)](5판), 248(박찬)].

11 대판 2012. 4. 26, 2011도17254. 본 판결 해설은 박진환, "형법 제119조 폭발물사용죄에서 '폭발물'의 의미 및 폭발물 판단 기준", 해설 92, 법원도서관(2012), 619-660.

12 같은 취지로는 정성근·박광민, 형법각론(전정3판), 534; 주석형법 [각칙(2)](5판), 246(박찬).

고 볼 수는 없다."고 판시하고 있다.

Ⅲ. 행 위

11 파열을 시키는 것이다. 파열은 물건의 급격하고 격렬한 팽창력을 발생시켜 폭발시키는 일체의 행위를 말한다.[13] 팽창력은 폭발의 필수적 요소이다.

Ⅳ. 결 과

1. 제1항의 죄

12 제1항의 죄(폭발성물건파열죄)의 경우, 사람의 생명·신체 또는 재산에 대하여 위험을 발생시키는 것이다. 본조는 위험을 발생시켜야 하는 것이 구성요건이므로 구체적 위험범이다. 보일러, 고압가스, 기타 폭발성 있는 물건을 파열시켜도 사람의 생명·신체 또는 재산에 대하여 위험을 발생시키지 못하면 미수(§ 174)에 해당한다.

13 위험을 발생시킨다는 것은 사람의 생명·신체 또는 재산에 대하여 심각한 사상 또는 손괴를 시킬 우려를 야기하는 것을 말한다.[14] '위험'은 '해로움이나 손실이 생길 우려가 있거나 또는 그런 상태'이다. 만일 실제로 사람의 생명·신체를 사상하면 제2항에 해당하고, 재물을 손상하면 본죄와 재물손괴죄(§ 366)의 상상적 경합이 성립할 것이다.

14 '위험의 발생'은 결국 사실인정의 문제로 사건 발생 당시의 제반사정을 기초로 하여 객관적 합리적으로 판단해야 하는 것이다. 그러나 객관적으로는 생명, 신체, 재산에 대한 침해의 결과가 발생하지 않았음에도 위험을 발생시켰다고 인정하는 것은 우려, 즉 두려움에 기초하여 판단할 때 가능하다. 이처럼 두려움이라는 심리에 기초하여 가능성 또는 위험성을 판단할 경우, 두려움은 획일적으로 판단할 수 없는 변수가 심한 것이어서 일관되지 않는 결론이 도출될 수

13 오영근, 496; 이재상·장영민·강동범, § 27/50; 주석형법 [각칙(2)](5판), 247(박찬).
14 통설은 단지 '위험이 발생하는 것'을 의미한다고 한다[김성돈, 형법각론(8판), 586; 오영근, 488; 이재상·장영민·강동범, § 27/11].

있다. 두려움은 행위의 중요성과 범인의 의도 등을 고려한 판단자의 주관적 인상에 따라 크게 좌우되기 때문이다.[15]

2. 제2항의 죄

15 제2항의 죄(폭발성물건파열치사·상죄)에서는 사람을 사상하는 결과가 발생하여야 한다. 이는 제1항의 결과적 가중범이다. 사람을 상해에 이르게 한 때에는 무기 또는 3년 이상의 징역에 처하고, 사망에 이르게 한 때에는 무기 또는 5년 이상의 징역에 처한다.[16] 상해죄의 법정형(7년 이하의 징역, 10년 이하의 자격정지 또는 1천만 원 이하의 벌금)과 살인죄의 법정형(사형, 무기 또는 5년 이상의 징역)에 비추어, 치상죄는 부진정결과적 가중범, 치사죄는 진정결과적 가중범이다.[17]

16 본조에서 사람은 범인 이외의 자를 말한다.

V. 주관적 구성요건

1. 제1항의 죄

17 제1항의 죄의 고의와 관련하여, 보일러, 고압가스 기타 폭발성 있는 물건을 파열시킨다는 대한 인식은 물론, 사람의 생명·신체 또는 재산에 대하여 위험을 발생시킨다는 점에 대한 인식도 필요하다(공공의 위험 인식필요설이 통설).[18] 보일러, 고압가스 기타 폭발성 있는 물건을 파열시키는 점에 대하여는 고의가 있지

---

15 Peter Westen, "Impossibility Attempts: A Speculative Thesis", 5 Ohio St. J. Crim. L. 523 (2008), 560-562.

16 고압가스 안전관리법에는 다음과 같은 처벌규정이 있다.
제38조(벌칙) ① 고압가스시설을 손괴한 자 및 용기·특정설비를 개조한 자는 5년 이하의 징역 또는 5천만원 이하의 벌금에 처한다.
② 업무상과실 또는 중대한 과실로 인하여 고압가스 시설을 손괴한 자는 2년 이하의 금고 또는 2천만원 이하의 벌금에 처한다.
③ 제2항의 죄를 범하여 가스를 누출시키거나 폭발하게 함으로써 사람을 상해에 이르게 하면 10년 이하의 금고 또는 1억원 이하의 벌금에 처한다. 사망에 이르게 하면 10년 이하의 금고 또는 1억5천만원 이하의 벌금에 처한다.
④ 제1항의 미수범은 처벌한다.

17 김성돈, 형법각론(8판), 592; 오영근, 486; 이재상·장영민·강동범, § 27/52; 임웅, 형법각론(11정판), 667; 주석형법 〔각칙(2)〕(5판), 248(박찬).

18 오영근, 496; 이재상·장영민·강동범, § 27/51; 주석형법 〔각칙(2)〕(5판), 248(박찬).

만 사람의 생명·신체 또는 재산에 대하여 위험을 발생시킨다는 점에 대한 고의가 없는 때에는, 경우에 따라서 물건파열에 따른 재물손괴죄(§ 366)가 성립할 수 있을 뿐이다.

2. 제2항의 죄

제2항의 죄의 경우, 보일러, 고압가스 기타 폭발성 있는 물건을 파열시켜 사람의 생명·신체 또는 재산에 대하여 위험을 발생시킨다는 점에 대한 고의와 치사·상의 결과에 대한 예견가능성을 요한다. 18

판례에 의하면,[19] 상해의 고의로 휴대한 위험한 물건인 폭발성 있는 물건을 파열시켜 사람을 상해에 이르게 한 경우에는, 고의범인 특수상해죄(§ 258의2①. 1년 이상 10년 이하의 징역)보다 부진정결과적 가중범인 폭발성물건파열치상죄(무기 또는 3년 이상의 징역)의 법정형이 더 무거우므로 특수상해죄와 폭발성물건파열치상죄의 상상적 경합이 아니라, 특별관계에 있는 폭발성물건파열치상죄만 성립하고 이와 법조경합관계에 있는 특수상해죄는 별도로 성립하지 않을 것이다. 그러나 살해의 고의로 폭발성물건을 파열시켜 사람을 사망에 이르게 한 경우에는, 진정결과적 가중범인 폭발성물건파열치사죄(무기 또는 5년 이상의 징역)가 성립하지 않고, 폭발성물건파열죄와 살인죄(§ 250①. 사형, 무기 또는 5년 이상의 징역)가 각 성립하고, 두 죄는 상상적 경합관계가 될 것이다(무거운 살인죄로 처벌).[20] 19

그러나 현주건조물등방화치사상죄(§ 164②)의 해당 부분에서 살펴본 바와 같이, 상해의 고의범을 본조로 처벌하기 위해서는 죄형법정주의 명확성의 원리에 위반되지 않도록 '상해한 때 또는 상해에 이르게 한 때'와 같이 개정해야 한다. 나아가 고의범과 과실범을 구별하지 않고 같은 조문으로 처벌하는 조항은 책임주의와 적정절차 원리에 부합하지 않으므로 이를 나누어 규정해야 한다. 20

19 부진정결과적 가중범인 특수공무집행방해치상죄(§ 144②)와 상해죄와의 관계에 관한 대판 2008. 11. 27, 2008도7311 참조.

20 주석형법 〔각칙(2)〕(5판), 247(박찬).

Ⅵ. 죄수 및 다른 죄와의 관계

1. 죄 수

21 한 개의 파열로 수명의 치사·상이 발생하였다면, 제2항의 폭발성물건파열치사·상죄의 상상적 경합이 된다.

2. 다른 죄와의 관계

22 방화의 고의로 폭발성 물건을 파열하여 사람의 생명·신체 또는 재산에 위험을 발생시키고 그 파열을 원인으로 화재가 발생하여 현주건조물을 불태운 때에는, 제1항의 폭발성물건파열죄와 현주건조물방화죄(§ 164①)의 상상적 경합이 된다.

23 자기 소유 일반건조물 등을 불태울 고의로 폭발성 물건을 파열하여 사람의 생명·신체 또는 재산에 위험을 발생시키고 그 파열을 원인으로 화재가 발생하여 현주건조물 등에 연소된 경우, 예견가능성이 있을 때에는 본죄(제1항)와 자기소유일반건조물방화죄(§ 166②)와 연소죄(§ 168)의 상상적 경합이 된다.

Ⅶ. 특별법

24 폭발물과 관련한 처벌조항을 두고 있는 특별법으로는, 경범죄 처벌법 제3조 제1항 제38호(총포 등 조작장난),[21] 국민투표법 제111조(투표소등에의 무기휴대난입죄),[22] 우편법 제52조(우편금지물품 발송의 죄),[23] 주최자의 준수사항위반에 관한 집회 및

---

21 경범죄 처벌법 제3조(경범죄의 종류) ① 다음 각 호의 어느 하나에 해당하는 사람은 10만원 이하의 벌금, 구류 또는 과료(科料)의 형으로 처벌한다.

38. (총포 등 조작장난) 여러 사람이 모이거나 다니는 곳에서 충분한 주의를 하지 아니하고 총포, 화약류, 그 밖에 폭발의 우려가 있는 물건을 다루거나 이를 가지고 장난한 사람

22 국민투표법 제111조(투표소등에의 무기휴대남입죄) ① 무기·흉기·폭발물 기타 사람을 살상할 수 있는 물건을 휴대하고 투표소나 개표소에 남입한 자는 5년 이하의 징역 또는 금고에 처한다. ② 제1항의 죄를 범한 경우에 그 휴대한 물건은 이를 몰수한다.

23 우편법 제52조(우편금지물품 발송의 죄) 우편금지물품을 우편물로서 발송한 자는 2년 이하의 징역 또는 2천만원 이하의 벌금에 처하고 그 물건을 몰수한다.

제17조(우편금지물품, 우편물의 용적·중량 및 포장 등) ① 과학기술정보통신부장관은 건전한 사회질서를 해치거나 우편물의 안전한 송달을 해치는 물건(음란물, 폭발물, 총기·도검, 마약류 및

시위에 관한 법률 제22조 제3항,[24] 철도 보호 및 질서유지를 위한 금지행위위반에 관한 철도안전법 제78조(철도 보호 및 질서유지를 위한 금지행위)[25]가 있다.

Ⅷ. 처 벌

제1항의 죄는 1년 이상의 유기징역에 처한다. 이때 사람을 상해에 이르게 한 때에는 무기 또는 3년 이상의 징역에, 사망에 이르게 한 때에는 무기 또는 5년 이상의 징역에 처한다(제2항). 25

제1항의 죄의 미수범은 처벌한다(§ 174). 파열을 시도하였으나 파열하지 못하였거나, 폭발성 있는 물건을 파열하였으나 생명·신체 또는 재산에 위험을 발생시키지 못하였거나, 파열행위와 위험 발생 사이에 인과관계가 없는 경우에는 미수범이 성립한다.[26] 26

제1항의 죄의 예비·음모죄는 5년 이하의 징역에 처한다. 다만, 그 목적한 죄의 실행에 이르기 전에 자수한 때는 그 형을 감경 또는 면제한다(§ 175). 27

〔안 성 수〕

독극물 등으로서 우편으로 취급하는 것이 부적절하다고 인정되는 물건을 말하며, 이하 "우편금지물품"이라 한다)을 정하여 고시하여야 한다.

24 집회 및 시위에 관한 법률 제22조(벌칙) ③ 제5조제2항 또는 제16조제4항을 위반한 자는 1년 이하의 징역 또는 100만원 이하의 벌금에 처한다.

제16조(주최자의 준수 사항) ④ 집회 또는 시위의 주최자는 다음 각 호의 어느 하나에 해당하는 행위를 하여서는 아니 된다.

1. 총포, 폭발물, 도검(도검), 철봉, 곤봉, 돌덩이 등 다른 사람의 생명을 위협하거나 신체에 해를 끼칠 수 있는 기구(기구)를 휴대하거나 사용하는 행위 또는 다른 사람에게 이를 휴대하게 하거나 사용하게 하는 행위

25 철도안전법 제78조(벌칙) ② 다음 각 호의 어느 하나에 해당하는 자는 3년 이하의 징역 또는 3천만원 이하의 벌금에 처한다.

8. 제48조제1호부터 제4호까지의 규정에 따른 금지행위를 한 자

제48조(철도 보호 및 질서유지를 위한 금지행위) 누구든지 정당한 사유 없이 철도 보호 및 질서유지를 해치는 다음 각 호의 어느 하나에 해당하는 행위를 하여서는 아니 된다.

4. 철도교량 등 국토교통부령으로 정하는 시설 또는 구역에 국토교통부령으로 정하는 폭발물 또는 인화성이 높은 물건 등을 쌓아 놓는 행위

26 오영근, 496; 주석형법 [각칙(2)](5판), 247(박찬).

제172조의2(가스 · 전기등 방류)

① 가스, 전기, 증기 또는 방사선이나 방사성 물질을 방출, 유출 또는 살포시켜 사람의 생명 · 신체 또는 재산에 대하여 위험을 발생시킨 자는 1년 이상 10년 이하의 징역에 처한다.

② 제1항의 죄를 범하여 사람을 상해에 이르게 한 때에는 무기 또는 3년 이상의 징역에 처한다. 사망에 이르게 한 때에는 무기 또는 5년 이상의 징역에 처한다.

[본조신설 1995. 12. 29.]

Ⅰ. 취 지

1 본조는 가스, 전기, 증기 또는 방사선이나 방사성 물질을 방출, 유출 또는 살포시켜 사람의 생명 · 신체 또는 재산에 대하여 위험을 발생시키거나(제1항)[(가스 · 전기 · 증기 · 방사선 · 방사선물질)(방출 · 유출 · 살포)죄], 그 죄를 범하여 사람을 상해 또는 사망에 이르게 한 행위(제2항)[(가스 · 전기 · 증기 · 방사선 · 방사선물질)(방출 · 유출 · 살포)(치상 · 치사)죄]를 처벌하는 조항이다. 이러한 물질은 사회생활상 필수불가결한 물질이지만 사람의 생명 · 신체 또는 재산에 대한 위험성을 가지고 있고, 화재와도 관련이 있기 때문에 본장에 규정된 것이다.

Ⅱ. 객 체

2 객체는 가스, 전기, 증기, 방사선, 방사성물질이다.[1]

1 일본형법 제118조(가스유출등 및 동치사상)는 가스, 전기, 증기만을 그 객체로 규정하고 있다.

이는 제한적 열거로서,[2] 특정 법조항이 어떤 것을 명시적으로 적시한 때에는 그 외의 것을 배제한다(Expressio Unius, Exclusio Alterius)고 해석한다.[3] 일반적으로 '가스'는 기체로 된 물질, '전기'는 물질 안에 있는 전자 또는 공간에 있는 자유 전자나 이온들의 움직임 때문에 생기는 에너지의 한 형태, '증기'는 액체나 고체가 증발 또는 승화하여 생긴 기체를 말한다.[4] '방사선'은 전자파 또는 입자선 중 직접 또는 간접으로 공기를 전리(電離)하는 능력을 가진 것(원자력안전법 § 2(vii))으로서, 구체적으로는 알파선·중양자선·양자선·베타선 및 그 밖의 중하전입자선, 중성자선, 감마선 및 엑스선, 5만 전자볼트 이상의 에너지를 가진 전자선을 말한다(동법 시행령 § 6). '방사성물질'은 핵연료물질(동법 § 2(iii). 라늄·토륨 등 원자력을 발생할 수 있는 물질)·사용후핵연료·방사성동위원소(방사선을 방출하는 동위원소와 그 화합물(동법 § 2(vi)) 및 원자핵분열생성물을 말한다(동법 § 2(v)). 3

가스, 전기, 증기는 누구의 소유인가는[5] 물론, 영업용·자가용 여부도 불문한다.[6] 4

Ⅲ. 행 위

방출, 유출, 살포이다. 5

'방출'은 외부로 노출시키는 것을 말하고, '유출'은 밖으로 흘려 내보내는 것을 말한다.[7] '살포'는 일반적으로 널리 흩어지게 하는 것인데,[8] 본조에서는 특히 분말상태나 미립자상태의 방사성물질을 흩어 뿌리거나 이를 방치하여 자연히 흩어지도록 하는 것을 의미한다(통설).[9] 6

---

2 주석형법 [각칙(2)](5판), 250(박찬).
3 이에 대한 상세는 안성수, 형벌조항의 해석방법, 301(명시 사항 한정 부분) 참조.
4 네이버 국어사전 참조.
5 오영근, 형법각론(7판), 497.
6 주석형법 [각칙(2)](5판), 251(박찬).
7 오영근, 497. 이재상·장영민·강동범, 형법각론(12판), § 27/54; 주석형법 [각칙(2)](5판), 251(박찬).
8 오영근, 497.
9 김성돈, 형법각론(8판), 592-593; 정성근·박광민, 형법각론(전정3판), 534; 주석형법 [각칙(2)](5판), 251(박찬). 전기의 살포는 상정하기 어렵고, 가스와 증기의 방출은 살포도 포함한다고 볼 수 있다는 점을 전제로 한 해석이다. 일본형법 제118조 제1항은 객체를 가스·전기·증기로 한정

Ⅳ. 결 과

1. 제1항의 죄

7 제1항의 죄는 사람의 생명·신체 또는 재산에 대하여 위험을 발생시켜야 한다. 여기서 '사람'은 범인 이외의 사람을 말한다.

8 본죄는 위험을 발생시켜야 하는 것이 구성요건이므로 구체적 위험범이다. 가스는 그 종류에 따라 중독이나 폭발 등에 의한 다양한 위험을, 전기는 감전이나 발열에 의한 위험을, 증기는 열에 의한 위험을, 방사선이나 방사성물질은 피폭에 따른 다양한 위험을 발생시킬 수 있다. 위험을 발생시킨다는 것은 사람의 생명·신체 또는 재산에 대하여 심각한 사상 또는 손괴를 시킬 우려를 야기하는 것[10]을 말한다.[11] 위험의 발생에 대해서는 **폭발성물건파열죄**(§ 172)에서 본 바와 같다.

2. 제2항의 죄

9 제2항의 죄의 경우, 사람을 사상하는 결과가 발생하여야 한다. 따라서 실제로 사람의 생명·신체를 사상하면 제2항에 해당하고, 단지 재산을 손상하면 본죄와 재물손괴죄(§ 366)의 상상적 경합이 될 것이다.

10 제2항의 죄는 제1항의 죄의 결과적 가중범이다. 치상죄는 부진정결과적 가중범, 치사죄는 진정결과적 가중범이다.[12]

11 그러나 현주건조물등방화치사상죄(§ 164②)의 해당 부분에서 살펴본 바와 같이, 상해의 고의범을 본조로 처벌하기 위해서는 죄형법정주의 명확성의 원리에

하여 방사선은 포함되지 않는데, '누출, 유출 또는 차단'행위를 처벌한다.

10 통설은 단지 '위험이 발생하는 것'을 의미한다고 한다(김성돈, 586; 오영근, 488; 이재상·장영민·강동범, § 27/11).

11 '위험의 발생'은 결국 사실인정의 문제인데, 일본 판례는 가스의 누출로 사람의 사망이 확실시되는 상황 또는 사망에 밀착할 정도로 위험한 상황이 되어야 하는 것은 아니고, 구체적인 사정하에서 통상적으로 생명을 침해할 우려가 있는 상태면 충분하다고 한다[東京高判 昭和 51(1976). 1. 23. 判時 818·107].

12 김성돈, 593; 김신규, 형법각론 강의, 604; 박찬걸, 형법각론(2판), 669; 손동권·김재윤, 새로운 형법각론, § 32/35; 오영근, 498; 이재상·장영민·강동범, § 27/55; 이형국·김혜경, 형법각론(2판), 593; 임웅, 형법각론(11정판), 669; 정웅석·최창호, 형법각론, 158; 최호진, 형법각론, 702; 주석형법 [각칙(2)](5판), 252(박찬).

위반되지 않도록 '상해한 때 또는 상해에 이르게 한 때', '살해한 때 또는 사망에 이르게 한 때'와 같이 개정해야 한다. 나아가 고의범과 과실범을 구별하지 않고 같은 조문으로 처벌하는 조항은 책임주의와 적정절차 원리에 부합하지 않으므로 이를 나누어 규정해야 한다.

V. 주관적 구성요건

1. 제1항의 죄

12 제1항의 죄의 경우, 가스, 전기, 증기 또는 방사선이나 방사성 물질을 방출, 유출 또는 살포시켜 사람의 생명·신체 또는 재산에 대하여 위험을 발생시킨다는 점에 대한 고의가 필요하다(공공의 위험 인식필요설).[13] 가스, 전기, 증기 또는 방사선이나 방사성 물질을 방출, 유출 또는 살포시키는 점에 대하여는 고의가 있지만, 사람의 생명·신체 또는 재산에 대하여 위험을 발생시킨다는 점에 대한 고의가 없는 때에는 본죄는 성립할 수 없다.

2. 제2항의 죄

13 제2항의 죄의 경우, 가스, 전기, 증기 또는 방사선이나 방사성 물질을 방출, 유출 또는 살포시켜 사람의 생명·신체 또는 재산에 대하여 위험을 발생시킨다는 점에 대한 고의와 치사·상의 결과에 대한 예견가능성을 요한다. 그리고 행위와 결과 사이에는 인과관계가 인정되어야 한다.[14]

---

13 이와는 달리 일본 판례는 '공공의 위험'을 요구하는 범죄유형에서 이를 인식할 필요가 없다는 입장인데, 제118조 제1항에서도 위험의 발생에 관하여 인식할 필요가 없다고 한다[東京高判 昭和 51(1976). 1. 23. 判時 818·107].

14 일본 판례 중에는 ① 자살할 목적으로 거실을 밀폐시키고 도시가스를 거실 내에 유출시킨 행위와 구조하러 온 경찰관이 형광등의 점멸기 끈을 잡아당겨 발화시킴으로써 발생한 가스 폭발로 인한 상해와의 사이의 인과관계에 관하여, 경찰관의 행동은 긴급사태 시에 전혀 예상할 수 없는 의외의 일이라고는 할 수 없다는 이유로 이는 피고인의 행위로 인하여 유발된 것으로서 인과관계가 인정된다고 판시한 것[名古屋地判 昭和 56(1981). 6. 30. 刑月 13·6=7·467], ② 가스를 실내에 가득 채워 가스중독으로 자살하려고 하였으나 동료가 오자 옷을 입으려는 순간 정전기로 불꽃이 생겨 폭발케 함으로써 동료에게 상해를 입힌 사안에서, 예상과는 다른 인과과정이기는 하지만 인과관계를 인정하여 치상죄의 성립을 인정한 것[札幌地判 昭和 55(1980). 10. 31. 判時 1009·143]이 있다.

14 판례에 의하면,[15] 상해의 고의로 가스, 전기, 증기 또는 방사선이나 방사성 물질을 방출, 유출 또는 살포시켜 사람을 상해에 이르게 한 경우에는, 고의범인 특수상해죄(§ 258의2①. 1년 이상 10년 이하의 징역)보다 부진정결과적 가중범인 본조 제2항의 가스·전기등방류치상죄(무기 또는 3년 이상의 징역)의 법정형이 더 무거우므로 특수상해죄와 가스·전기등방류치상죄의 상상적 경합이 아니라, 특별관계에 있는 가스·전기등방류치상죄만 성립하고 이와 법조경합관계에 있는 특수상해죄는 별도로 성립하지 않을 것이다. 그러나 살해의 고의로 가스, 전기, 증기 또는 방사선이나 방사성 물질을 방출, 유출 또는 살포시켜 사람을 사망에 이르게 한 경우에는, 진정결과적 가중범인 가스·전기등방류치사죄(무기 또는 5년 이상의 징역)가 성립하지 않고, 가스·전기등방류죄와 살인죄(§ 250①. 사형, 무기 또는 5년 이상의 징역)가 각 성립하고, 두 죄는 상상적 경합관계가 될 것이다(무거운 살인죄로 처벌).[16]

15 그러나 현주건조물등방화치사상죄(§ 164②)의 해당 부분에서 살펴본 바와 같이, '상해한 때'와 '상해에 이르게 한 때', '살해한 때'와 '사망에 이르게 한 때'를 나누는 내용으로 조문을 개정해야 한다.

VI. 특별법

16 본조와 관련된 처벌조항을 두고 있는 특별법으로는, 고압가스 안전관리법 제33조,[17] 액화석유가스의 안전관리 및 사업법 제65조,[18] 도시가스사업법 제48

15 부진정결과적 가중범인 특수공무집행방해치상죄(§ 144②)와 상해죄와의 관계에 관한 대판 2008. 11. 27, 2008도73111 참조.

16 주석형법 [각칙(2)](5판), 252(박찬).

17 고압가스 안전관리법 제38조(벌칙) ① 고압가스시설을 손괴한 자 및 용기·특정설비를 개조한 자는 5년 이하의 징역 또는 5천만원 이하의 벌금에 처한다.
② 업무상과실 또는 중대한 과실로 인하여 고압가스 시설을 손괴한 자는 2년 이하의 금고 또는 2천만원 이하의 벌금에 처한다.
③ 제2항의 죄를 범하여 가스를 누출시키거나 폭발하게 함으로써 사람을 상해에 이르게 하면 10년 이하의 금고 또는 1억원 이하의 벌금에 처한다. 사망에 이르게 하면 10년 이하의 금고 또는 1억5천만원 이하의 벌금에 처한다.
④ 제1항의 미수범은 처벌한다.

18 액화석유가스의 안전관리 및 사업법 제65조(벌칙) ① 액화석유가스 집단공급사업자의 가스시설을 손괴하거나 그 기능에 장애를 가져오게 하여 액화석유가스의 공급을 방해한 자는 1년 이상

조,[19] 전기사업법 제100조,[20] 전기공사업법 제40조·제41조,[21] 생활주변방사선

10년 이하의 징역 또는 1억 5천만원 이하의 벌금에 처한다.
② 제40조제5항을 위반하여 가스용품을 개조하여 판매하거나 판매할 목적으로 개조한 자는 3년 이하의 징역 또는 3천만원 이하의 벌금에 처한다.
③ 업무상과실이나 중대한 과실로 제1항의 죄를 범한 자는 7년 이하의 금고 또는 2천만원 이하의 벌금에 처한다.
④ 제3항의 죄를 범하여 가스를 누출시키거나 폭발하게 함으로써 사람을 상해한 경우에는 10년 이하의 금고 또는 1억원 이하의 벌금에, 사망에 이르게 한 경우에는 1년 이상 10년 이하의 금고 또는 1억 5천만원 이하의 벌금에 처한다.
⑤ 액화석유가스 집단공급사업자, 액화석유가스 판매사업자 또는 액화석유가스 사용자의 승낙 없이 가스공급시설 또는 가스사용시설(액화석유가스 판매사업자가 액화석유가스를 공급하는 경우에는 그 사업자 소유인 가스설비만을 말한다)을 조작하여 가스의 공급 및 사용을 방해한 자는 1년 이하의 징역 또는 1천만원 이하의 벌금에 처한다.
⑥ 액화석유가스 집단공급사업자, 액화석유가스 판매사업자 또는 액화석유가스 사용자의 가스공급시설 및 가스사용시설에 종사하는 자가 정당한 사유 없이 가스 공급에 장애를 발생하게 한 경우에는 제5항의 형과 같다.
⑦ 액화석유가스 집단공급사업자, 액화석유가스 판매사업자 또는 액화석유가스 사용자의 승낙 없이 가스공급시설 또는 가스사용시설(액화석유가스 판매사업자가 액화석유가스를 공급하는 경우에는 그 사업자 소유인 가스설비만을 말한다)을 변경한 자는 500만원 이하의 벌금에 처한다.
⑧ 제1항과 제5항에 규정된 죄의 미수범은 처벌한다.

19 도시가스사업법 제48조(벌칙) ① 도시가스사업자의 가스공급시설 중 가스제조시설과 가스배관시설을 손괴하거나 그 기능에 장애를 입혀 도시가스 공급을 방해한 자는 1년 이상 10년 이하의 징역 또는 1억5천만원 이하의 벌금에 처한다.
② 도시가스사업자의 가스공급시설 중 가스충전시설, 나프타부생가스·바이오가스제조시설 또는 합성천연가스제조시설을 손괴하거나 그 기능에 장애를 입혀 도시가스 공급을 방해한 자는 5년 이하의 징역 또는 5천만원 이하의 벌금에 처한다.
③ 도시가스사업자 외의 가스공급시설설치자의 가스공급시설을 손괴하거나 그 기능에 장애를 입혀 도시가스 공급을 방해한 자는 10년 이하의 징역 또는 1억원 이하의 벌금에 처한다.
④ 가스사용자의 도시가스배관을 손괴하거나 그 기능에 장애를 입혀 도시가스 공급을 방해한 자는 4년 이하의 징역 또는 4천만원 이하의 벌금에 처한다.
⑤ 업무상과실이나 중대한 과실로 인하여 제1항의 죄를 범한 자는 7년 이하의 금고 또는 2천만원 이하의 벌금에 처한다.
⑥ 업무상과실이나 중대한 과실로 인하여 제2항의 죄를 범한 자는 2년 이하의 금고 또는 2천만원 이하의 벌금에 처한다.
⑦ 업무상과실이나 중대한 과실로 인하여 제3항의 죄를 범한 자는 3년 이하의 금고 또는 1천만원 이하의 벌금에 처한다.
⑧ 업무상과실이나 중대한 과실로 인하여 제4항의 죄를 범한 자는 1년 이하의 금고 또는 1천만원 이하의 벌금에 처한다.
⑨ 제5항부터 제8항까지의 죄를 범하여 가스를 누출시키거나 폭발하게 함으로써 사람을 상해에 이르게 한 경우에는 10년 이하의 금고 또는 1억원 이하의 벌금에, 사망에 이르게 한 경우에는 1년 이상 10년 이하의 금고 또는 1억5천만원 이하의 벌금에 처한다.
⑩ 도시가스사업자 또는 도시가스사업자 외의 가스공급시설설치자의 승낙 없이 가스공급시설을 조작하여 도시가스 공급을 방해한 자는 1년 이하의 징역 또는 1천만원 이하의 벌금에 처한다.

안전관리법 제29조,[22] 방사선폐기물 관리법 제39조·제40조[23]가 있다.

---

⑪ 도시가스사업 또는 도시가스사업 외의 가스공급시설에 종사하는 자가 정당한 사유 없이 도시가스 공급에 장애를 발생하게 한 경우에는 제10항의 형과 같다.

⑫ 도시가스사업자 또는 도시가스사업자 외의 가스공급시설설치자의 승낙 없이 가스공급시설을 변경한 자는 500만원 이하의 벌금에 처한다.

⑬ 제1항부터 제4항까지 및 제10항의 미수범은 처벌한다.

20 전기사업법 제100조(벌칙) ① 다음 각 호의 어느 하나에 해당하는 자는 10년 이하의 징역 또는 1억원 이하의 벌금에 처한다.
1. 전기사업용전기설비를 손괴하거나 절취하여 발전·송전·변전 또는 배전을 방해한 자
2. 전기사업용전기설비에 장애를 발생하게 하여 발전·송전·변전 또는 배전을 방해한 자

② 다음 각 호의 어느 하나에 해당하는 자는 5년 이하의 징역 또는 5천만원 이하의 벌금에 처한다.
1. 정당한 사유 없이 전기사업용전기설비를 조작하여 발전·송전·변전 또는 배전을 방해한 자
2. 전기사업에 종사하는 자로서 정당한 사유 없이 전기사업용전기설비의 유지 또는 운용업무를 수행하지 아니함으로써 발전·송전·변전 또는 배전에 장애가 발생하게 한 자

③ 제1항 및 제2항제1호의 미수범은 처벌한다.

21 전기공사업법 제40조(벌칙) ① 공사업자 또는 제17조에 따라 시공관리책임자로 지정된 사람으로서 제18조 또는 제22조를 위반하여 전기공사를 시공함으로써 착공 후 하자담보책임기간에 대통령령으로 정하는 주요 전력시설물의 주요 부분에 중대한 파손을 일으키게 하여 사람들을 위험하게 한 자는 7년 이하의 징역 또는 7천만원 이하의 벌금에 처한다.

② 제1항의 죄를 범하여 사람을 상해에 이르게 한 경우에는 1년 이상의 유기징역 또는 1천만원 이상 2억원 이하의 벌금에 처하며, 사망에 이르게 한 경우에는 3년 이상의 유기징역 또는 3천만원 이상 5억원 이하의 벌금에 처한다.

제41조(벌칙) ① 업무상과실로 제40조제1항의 죄를 범한 자는 3년 이하의 금고 또는 3천만원 이하의 벌금에 처한다.

② 업무상과실로 제40조제1항의 죄를 범하여 사람을 상해에 이르게 한 경우에는 5년 이하의 금고 또는 5천만원 이하의 벌금에 처하며, 사망에 이르게 한 경우에는 7년 이하의 금고 또는 7천만원 이하의 벌금에 처한다.

22 생활주변방사선 안전관리법 제29조(벌칙) 다음 각 호의 어느 하나에 해당하는 자는 3천만원 이하의 벌금에 처한다.
1. 제9조를 위반하여 취급자 등록을 하지 아니하거나 거짓이나 그 밖의 부정한 방법으로 취급자 등록을 하고 원료물질 또는 공정부산물을 취급한 자
2. 제20조제1항을 위반하여 감시기를 설치하지 아니한 재활용고철취급자

23 방사성폐기물 관리법 제39조(벌칙) ① 방사성폐기물 관리시설을 파괴하거나 부당하게 조작하여 사람의 생명 또는 신체를 해하거나 공공의 안전을 해치는 자는 1년 이상 10년 이하의 징역에 처한다.

② 방사성폐기물 관리시설을 파괴하거나 부당하게 조작하여 사람을 사망하게 한 자는 사형, 무기 또는 7년 이상의 징역에 처한다.

③ 제1항 및 제2항의 미수범은 처벌한다.

④ 제1항 및 제2항의 죄를 범할 목적으로 예비·음모 또는 선동한 자는 1년 이상의 유기징역에 처한다.

제40조(벌칙) ① 방사성폐기물 관리시설을 손괴·절취하거나 방사성폐기물 관리시설의 기능에 장애를 발생하게 하여 방사성폐기물 관리를 방해한 자는 10년 이하의 징역 또는 1억원 이하의 벌금에 처한다.

Ⅶ. 처 벌

제1항의 죄는 1년 이상 10년 이하의 징역에 처한다. 이때 사람을 상해에 이르게 한 때에는 무기 또는 3년 이상의 징역에 처하고, 사망에 이르게 한 때에는 무기 또는 5년 이상의 징역에 처한다(제2항). 17

제1항의 죄의 미수범은 처벌한다(§ 174). 방출 등의 개시행위를 하였으나 방출 등이 되지 않거나, 방출 등이 있어도 생명·신체 또는 재산에 위험을 발생시키지 못하였거나, 방출 등 행위와 위험 발생 사이에 인과관계가 없는 경우에는 미수범이 성립한다.[24] 18

제1항의 죄의 예비·음모죄는 5년 이하의 징역에 처한다. 다만, 그 목적한 죄의 실행에 이르기 전에 자수한 때는 그 형을 감경 또는 면제한다(§ 175). 19

〔안 성 수〕

---

② 다음 각 호의 어느 하나에 해당하는 자는 5년 이하의 징역 또는 5천만원 이하의 벌금에 처한다.
1. 정당한 사유 없이 방사성폐기물 관리시설을 조작하여 방사성폐기물 관리를 방해한 자
2. 방사성폐기물 관리사업에 종사하는 자로서 정당한 사유 없이 방사성폐기물 관리시설의 유지 또는 운영을 하지 아니함으로써 방사성폐기물 관리에 장애를 발생하게 한 자

③ 제1항 및 제2항제1호의 미수범은 처벌한다.

24 오영근, 498.

第173조(가스·전기등 공급방해)

① 가스, 전기 또는 증기의 공작물을 손괴 또는 제거하거나 기타 방법으로 가스, 전기 또는 증기의 공급이나 사용을 방해하여 공공의 위험을 발생하게 한 자는 1년 이상 10년 이하의 징역에 처한다. 〈개정 1995. 12. 29.〉

② 공공용의 가스, 전기 또는 증기의 공작물을 손괴 또는 제거하거나 기타 방법으로 가스, 전기 또는 증기의 공급이나 사용을 방해한 자도 전항의 형과 같다. 〈개정 1995. 12. 29.〉

③ 제1항 또는 제2항의 죄를 범하여 사람을 상해에 이르게 한 때에는 2년 이상의 유기징역에 처한다. 사망에 이르게 한 때에는 무기 또는 3년 이상의 징역에 처한다. 〈개정 1995. 12. 29.〉

[제목개정 1995. 2. 29.]

Ⅰ. 취 지

1 본조는 가스, 전기 또는 증기의 공작물을 손괴 또는 제거하거나 기타 방법으로 가스, 전기 또는 증기의 공급이나 사용을 방해하는 행위를 처벌하는 규정이다. 폭발성물건파열죄와 같은 화력은 아니지만 이에 준하는 파괴력을 가졌기 때문에 위와 같이 처벌하는 것이다.[1]

2 제1항은 구체적 위험범으로서 공공의 위험을 발생하게 하는 행위를 처벌하고[(가스·전기·증기)(공급·사용)방해죄], 제2항은 추상적 위험범으로서 공공용의 경우 방해행위 자체를 처벌하고[공공용(가스·전기·증기)(공급·사용)방해죄], 제3항은 제1항 및 제2항의 행위로 사람을 상해 또는 사망에 이르게 한 경우에 처벌하는

1 이재상·장영민·강동범, 형법각론(12판), § 27/56; 주석형법 [각칙(2)](5판), 253(박찬).

조항이다〔공공용(가스·전기·증기)(공급·사용)방해(치상·치사)죄〕.

Ⅱ. 객 체

제1항은 가스, 전기 또는 증기의 공작물이다. 소유권이 누구에게 있는지는 문제되지 않는다. 3

제2항은 공공용의 가스, 전기 또는 증기의 공작물이다. 공공용(公共用)은 국가나 사회의 구성원의 이용에 두루 제공되는 것을 말한다. 즉, 공공용은 공용(公用)과 공용(共用)을 포함하는 개념으로서 공적 또는 공동 사용을 의미한다. 같은 장의 방화죄에서 공용 및 공용과 일관된 해석을 해야 하기 때문이다. 4

'공공용'은 한계가 불명확하고, 대상물의 용도만에 따른 가중처벌은 처벌 여부나 처벌 정도는 피해자의 신분이나 대상물의 용도를 반영하는 것이 아니라 피해의 정도나 범행의 태양을 반영해야 하는 것이어야 하고, 이와 무관하게 특정 대상을 특히 보호하기 위한 것이어서는 아니 된다는 원칙에 반한다는 점은 공용건조물등방화죄에서 본 바와 같다. 5

Ⅲ. 행 위

손괴 또는 제거하거나 기타 방법으로 가스, 전기 또는 증기의 공급이나 사용을 방해하는 것이다. 6

'손괴'는 물리적으로 훼손하여 효용을 상실시키거나 감소시키는 것이고,[2] 'ᅟ제거'는 공작물을 원래 설치되어 있던 장소에서 파괴하거나 다른 장소로 이동시키는 것,[3] 즉 없애버리는 것을[4] 말한다. '기타의 방법'은 가스, 전기 또는 증기의 공급이나 사용을 불가능하게 하거나 곤란하게 하는 일체의 행위로서 그 방법이 무엇인지는 불문한다는 견해(통설)도 있으나,[5] '단어는 그 옆의 다른 단어에 7

2 오영근, 형법각론(7판), 499; 주석형법 〔각칙(2)〕(5판), 255(박찬).
3 오영근, 499.
4 이재상·장영민·강동범, § 27/57.
5 오영근, 499; 주석형법 〔각칙(2)〕(5판), 254(박찬).

의해 그 의미를 알 수 있다'는 해석원칙과 동종제한의 원칙에 따라, 손괴 또는 제거에 준하는 것으로 한정하여 해석하여야 할 것이다.

Ⅳ. 결 과

1. 제1항 및 제2항의 죄

8 제1항의 죄는 가스, 전기 또는 증기의 공급이나 사용을 방해하여 공공의 위험을 발생시켜야 한다. 제1항의 죄는 구체적 위험범이다. 제2항의 죄는 가스 등의 공급이나 사용을 방해하여야 하며, 이는 추상적 위험범이다. 제1항의 죄의 경우, 가스, 전기 또는 증기의 공급이나 사용을 방해하였지만 공공의 위험이 발생하지 않은 때에는 미수죄에 해당한다.

2. 제3항의 죄

9 제3항의 죄가 성립하기 위해서는 상해 또는 사망의 결과가 발생해야 한다. 이는 제1항 및 제2항의 결과적 가중범이다. 치사·상죄 모두 진정결과적 가중범이라는 견해도 있으나,[6] 제172조 제1항 및 제172조의2 제1항과 마찬가지로 치상죄는 부진정결과적 가중범, 치사죄는 진정결과적 가중범이라고 할 것이다.[7]

Ⅴ. 주관적 구성요건

1. 제1항 및 제2항의 죄

10 제1항의 죄의 경우, 가스, 전기 또는 증기의 공작물을 손괴 또는 제거하거나 기타 방법으로 가스, 전기 또는 증기의 공급이나 사용을 방해하여 공공의 위험을 발생하게 한다는 점에 대한 고의가 필요하다(공공의 위험 인식필요설). 가스, 전기 또는 증기의 공작물을 손괴 또는 제거하거나 기타 방법으로 가스, 전기 또

6 백형구, 형법각론, 432.
7 김성돈, 형법각론(8판), 593; 오영근, 500; 이재상·장영민·강동범, § 27/59; 임웅, 형법각론(11정판), 670-671; 정성근·박광민, 형법각론(전정3판), 536; 주석형법 [각칙(2)](5판), 255(박찬).

는 증기의 공급이나 사용을 방해한다는 점에 대하여는 고의가 있지만 공공의 위험을 발생시킨다는 점에 대한 고의가 없는 때에는, 본죄는 성립할 수 없다.

제2항의 죄의 경우, 가스, 전기 또는 증기의 공작물이라는 것과 그것이 공 11
공용이라는 점, 가스, 전기 또는 증기의 공급이나 사용을 방해한다는 점에 대한 고의가 필요하다.

2. 제3항의 죄

제3항의 죄에서는 제1항과 제2항의 고의와 치·사상의 결과에 대한 예견가 12
능성을 요한다.

판례에 의하면,[8] 상해의 고의로 본조 제1항 및 제2항의 행위를 하여 사람을 13
상해에 이르게 한 경우에는, 고의범인 상해죄(§ 257①. 7년 이하의 징역)보다 부진정결과적 가중범인 본조 제3항의 가스·전기등공급방해치상죄(2년 이상의 유기징역)의 법정형이 더 무거우므로 상해죄와 가스·전기등공급방해치상죄의 상상적 경합이 아니라, 특별관계에 있는 가스·전기등공급방해죄만 성립하고 이와 법조경합관계에 있는 상해죄는 별도로 성립하지 않을 것이다. 그러나 살해의 고의로 본조 제1항 및 제2항의 행위를 하여 사람을 사망에 이르게 한 경우에는, 진정결과적 가중범인 가스·전기등공급방해치사죄(무기 또는 3년 이상의 징역)가 성립하지 않고, 가스·전기등공급방해죄와 살인죄(§ 250①. 사형, 무기 또는 5년 이상의 징역)가 각 성립하고, 두 죄는 상상적 경합관계가 될 것이다(무거운 살인죄로 처벌).[9]

그러나 현주건조물등방화치사상죄(§ 164②)의 해당 부분에서 살펴본 바와 같 14
이, '상해한 때'와 '상해에 이르게 한 때', '살해한 때'와 '사망에 이르게 한 때'를 나누는 내용으로 조문을 개정해야 한다.

Ⅵ. 처 벌

제1항과 제2항의 죄는 1년 이상 10년 이하의 징역에 처한다. 이때 사람을 15

8 부진정결과적 가중범인 특수공무집행방해치상죄(§ 144②)와 상해죄와의 관계에 관한 대판 2008. 11. 27, 2008도73111 참조.
9 주석형법 〔각칙(2)〕(5판), 252(박찬).

상해에 이르게 한 때에는 2년 이상의 유기징역에 처하고, 사망에 이르게 한 때에는 무기 또는 3년 이상의 징역에 처한다(제3항).

16 제1항과 제2항의 죄의 미수범은 각 처벌한다(§ 174). 일반 또는 공공용의 가스 등 공작물의 손괴 등 및 가스 등의 공급 등의 방해를 시도하였으나 목적을 이루지 못하였거나(제1·2항), 위 행위는 종료하였으나 공공의 위험이 발생하지 않았거나(제1항), 위 행위와 결과 사이에 인과관계가 없는 경우(제1·2항)에는 미수범이 성립한다.

17 제1항과 제2항의 죄의 예비·음모죄는 5년 이하의 징역에 처한다. 다만, 그 목적한 죄의 실행에 이르기 전에 자수한 때는 그 형을 감경 또는 면제한다(§ 175).

〔안 성 수〕

제173조의2(과실폭발성물건파열등)
① 과실로 제172조제1항, 제172조의2제1항, 제173조제1항과 제2항의 죄를 범한 자는 5년 이하의 금고 또는 1천500만원 이하의 벌금에 처한다.
② 업무상과실 또는 중대한 과실로 제1항의 죄를 범한 자는 7년 이하의 금고 또는 2천만원 이하의 벌금에 처한다.
[본조신설 1995. 2. 29.]

Ⅰ. 취 지

과실로 폭발성물건파열죄(§ 172①), 가스·전기등방류죄(§ 172의2①), 가스·전기등공급방해죄(§ 173①), 공공용가스·전기등공급방해죄(§ 173②)를 범하는 것을 처벌하는 규정이다(제1항). 업무상과실 또는 중과실로 위 범죄를 범한 때에는 그 형을 가중한다(제2항). 1

Ⅱ. 구성요건

과실, 업무상과실, 중과실의 의미는 **제170조, 제171조** 해당 부분에서 살펴본 바와 같다. 결과를 알고 난 후에는 그 일을 쉽게 예견할 수 있었던 것처럼 과장해서 평가하는 사후판단 편향 때문에 사후에 판단하는 제3자는 피고인의 책임을 인정하는 경향이 증가될 수 있는데, 이로 인하여 피고인이 통제할 수 없는 우연한 결과에 대해서까지 형사책임을 지지는 않도록 과실에 대해서는 객관적이고 합리적이며 정밀한 판단을 해야 한다. 2

본조에 해당하기 위해서는 위 폭발성물건파열죄, 가스·전기등방류죄, 가스·전기등공급방해죄, 공공용가스·전기등공급방해죄의 구성요건을 충족하는 행위 3

를 해야 한다.

4 판례상 과실폭발성물건파열죄의 성립 여부가 다투어진 사건을 살펴보면 아래와 같다.

1. 아현동 도시가스 폭발 사건[1]

5 아현동 도시가스 관로공급의 밸브 내부 누설량 및 누설 부위를 점검하는 공사를 함에 있어, 퍼지밸브를 열어 도시가스를 외부로 배출시킨 후 누설부위를 점검하고 다시 퍼지밸브를 잠그고 수동밸브를 열어 도시가스를 소통하는 방법으로 진행하면서, 남아 있던 도시가스 및 고압가스의 분출가능성이 높은 상황에서 분출된 도시가스가 폭발하여 화재가 발생한 사건에서, 한국가스공사 관로사무소(이하, 관로사무소라고 한다.) 소장으로서 안전관리총괄자인 피고인 甲과 한국가스공사 중앙통제소 과장인 乙에 대하여 각 업무상과실을 인정하였다.

(1) 피고인 甲

6 첫째 한국가스공사 관로사무소가 이 사건 가스누설 점검작업을 가스기술공업 주식회사 수도권사업소에게 도급을 주었다 하더라도, 도시가스사업법과 그 시행령 및 한국가스공사 안전관리규정의 각 관계 규정 취지에 비추어 보면, 위 관로사무소 소장으로서 안전관리총괄자인 피고인 甲으로서는, 공사감독원 또는 안전관리자를 반드시 입회시켜 위 작업이 적절하고 안전하게 시행되고 있는지 등에 관하여 철저한 관리 및 감독을 하여야 하고, 또한 밸브의 개폐 등 조작 역시 자격을 갖춘 정규 운전원으로 하여금 조작하도록 하여야 할 주의의무가 있고, 둘째 위 가스누설 점검작업은 위 관로사무소가 그 계획 및 시행을 주관한 것으로서 위 관로사무소의 산하기관인 서울분소는 위 작업에 관하여는 단지 위 관로사무소에 협조하는 관계에 있었을 뿐이므로, 위 작업에 있어서 공사감독원 및 안전관리원을 배치하여 작업의 안전을 도모하여야 할 사람은 바로 위 관로사무소의 안전관리총괄자인 피고인 甲이라 할 것이며, 셋째 피고인 甲은 위 관로사무소 소장으로서 안전관리총괄자의 지위에 있었을 뿐만 아니라 위 가스누

---

1 대판 1996. 1. 26, 95도2263[업무상과실치사·업무상과실치상·업무상실화·과실폭발물파열]. 가스기술공업 주식회사가 한국가스공사로부터 도급을 받아 가스누설 점검작업 중 발생한 가스폭발사고에 대하여 한국가스공사 소속 직원들에게 과실을 인정한 사례이다.

설 점검작업의 개요라든가 대체적인 시행시기 정도는 알고 있었으므로, 피고인 甲에게 위 사고의 발생에 관하여 과실이 있다고 보아야 할 것이다.

(2) 피고인 乙

원심이 한국가스공사 중앙통제소 과장인 피고인 乙로서는 A 공급기지에서 이 사건 가스누설 점검작업 중 가스가 누출되고 있다는 사실을 알 수 있는 상황에 있었으므로, A 공급기지가 지하기지라는 점 및 가스누출이 계속되는 경우 폭발의 위험성이 아주 크다는 점을 감안하여 위 가스누설 점검작업의 구체적인 내용 및 그 작업이 최선의 방법으로 안전하게 실시되고 있는지를 알아보고, 특히 가스누출경보가 사고 당일 14:52경까지 무려 40여 분간 계속되고 있었으므로 판시 작업자들에게 그 원인을 구체적으로 물어보아 이상이 있는 경우에는 일시 작업을 중단시키거나 직통전화 등을 이용하여 위 관로사무소에 연락하여 이상이 있음을 알려 그에 필요한 조치를 취할 것을 요구하는 등의 조치를 취하여야 할 주의의무가 있음에도, 만연히 가스누설 점검작업 중이라는 말만 듣고 고도의 위험성이 도사리고 있는 위 가스누설 점검작업에 대하여 하등의 조치를 취하지 아니하였으니, 피고인에게 위 사고의 발생에 관하여 과실이 있다고 판단한 것은 정당하다. 7

2. 대구 도시가스 폭발 사건[2]

대구 달서구 상인동 대백프라자 상인점 신축공사 중 터파기 그라우팅 작업 중 고압도시가스관을 손상시켜 누출된 도시가스가 연쇄폭발하게 한 사건에서, 건설업자인 피고인 甲의 건설업법 소정의 건설기술자를 현장에 배치하지 아니한 과실과 폭발사고와 상당한 인과관계를 인정하였다. 8

(1) 건설업법 제33조 제1항, 제2항은 건설업자는 건설공사의 시공에 있어서 9

2 대판 1997. 1. 24, 96도776[업무상과실치사·업무상과실치상·배임수재·산업안전보건법위반·업무상과실폭발물파열·도로법위반·건축법위반]. 건설업자가 토공사 및 흙막이공사의 감리업무까지 수행하기로 약정하였음에도 이에 위반하여 실질적인 감리업무를 수행할 수 있는 사람을 감리자로 파견하지 않은 상태에서, 건설업법 제33조, 건설업법시행령 제36조 제2항 제2호 소정의 건설기술자를 현장에 배치할 의무를 위반하여 건설기술자조차 현장에 배치하지 아니한 과실은 공사현장 인접 소방도로의 지반침하 방지를 위한 그라우팅공사 과정에서 발생한 가스폭발사고와 상당한 인과관계가 있다고 본 사례이다.

공사의 관리 기타 기술상의 관리를 하게 하기 위하여 대통령령이 정하는 바에 의하여 건설공사의 현장에서 그 공사의 시행관리를 할 수 있는 자격을 가진 건설기술자를 1인 이상 배치하여야 하며, 건설공사의 현장에 배치된 건설기술자는 당해 건설공사의 발주자의 승낙을 얻지 아니하고는 정당한 사유 없이 그 건설공사의 현장을 이탈하여서는 안된다고 규정하고 있고, (중략) 피고인 甲은 위 건설업법 소정의 건설기술자를 이 사건 공사현장에 배치하였다고 볼 수 없고, 이로 인하여 위 피고인은 건설업법위반의 점에 대하여 제1심 및 원심으로부터 모두 유죄를 선고받았고, 이에 대하여 위 피고인이 상고를 제기하지 아니하여 위 유죄 부분이 확정되었다.

10 (2) 건설업자에게 위와 같이 건설기술자의 현장배치의무를 부담시킨 이유는 배치된 건설기술자로 하여금 공사의 관리 기타 기술상의 관리를 하게 함으로써, 건설공사의 적정한 시공을 확보하기 위한 것이라고 할 것이다. (중략) 피고인 甲으로서는 기술적인 문제가 발생하였을 때에 한하여 기술담당 이사인 A나 부사장인 B 등을 현장에 파견하여 기술에 관한 자문을 하여 주는 것에 그칠 것이 아니라 법령에서 규정하고 있는 건설기술자를 공사현장에 배치하여 항시 당해 공사가 기술상의 관리를 받을 수 있도록 조치를 취하여야 하는 것이고, 위와 같은 이 사건 폭발사고의 경위에 비추어 보면 이 사건 공사현장에 위 건설업법 소정의 건설기술자가 배치되었더라면, 배치된 건설기술자가 그의 기술과 경험에 의하여 이 사건 소방도로에 대한 그라우팅공사를 위와 같이 지하 매설물을 확인하지도 아니한 채 설계도면도 없이 무모하게 시행하지는 못하도록 하였을 가능성이 충분히 있었다고 할 수 있을 것이다.

11 (3) 더욱이, (중략) 피고인 甲으로서는 공소외 주식회사의 대표이사로서 피고인 乙 주식회사와 하도급계약을 체결하면서 위 공사의 감리까지 담당하기로 약정하고도 위 공사에 대한 실질적 감리업무를 수행할 수 있는 사람을 공사감리자로 지정하여 현장에 파견하지 않았으므로, 위 건설업법 소정의 자격을 갖춘 건설기술자를 현장에 배치할 의무만이라도 충실히 이행하여 그 공사가 기술적으로 관리될 수 있도록 하였어야 할 것이다.

12 (4) 결국 피고인 甲이 위 토공사 및 흙막이공사의 감리업무까지 수행하기로 약정하였음에도 이에 위반하여 실질적인 감리업무를 수행할 수 있는 사람을 감

리자로 파견하지 않은 상태에서, 위 건설업법 소정의 건설기술자를 현장에 배치할 의무를 위반하여 건설기술자조차 현장에 배치하지 아니한 과실은 위 폭발사고와 상당한 인과관계가 있다고 봄이 상당할 것이다.

3. 임대주택 가스 폭발 사건[3]

임차인이 자신의 비용으로 설치·사용하던 가스설비의 휴즈콕크를 아무런 조치 없이 제거하고 이사를 간 후 가스공급을 개별적으로 차단할 수 있는 주밸브가 열려져 가스가 유입되어 폭발사고가 난 사건에서, 임차인(피고인 甲)에 대해서는 과실을 인정하는 한편, 임대인(피고인 乙)에 대해서는 과실을 부정하였다. 13

(1) 임차인

이 사건 휴즈콕크가 가스설비의 설치기준에 포함되는 안전장치로서 일정한 자격이 있는 사람만이 그 설치 및 제거를 할 수 있도록 규정하고 있는 법규정[4]의 취지와 이 사건 103호에 대한 가스유입을 개별적으로 차단할 수 있는 주밸브가 주택 외부에 다른 가구의 것과 함께 설치되어 있어 누군가에 의하여 개폐될 가능성을 배제할 수 없다는 점 등에 비추어 보면, 위 휴즈콕크를 제거하면서 그 제거부분에 아무런 조치를 하지 않고 방치하게 되면, 혹시나 주밸브가 열리는 경우에는 위 103호로 유입되는 가스를 막을 아무런 안전장치가 없어 가스 유출로 인한 대형사고의 가능성이 있다는 것은 평균인의 관점에서 객관적으로 볼 때 충분히 예견할 수 있는 것이므로, 위 피고인이 단지 자신의 비용으로 설치한 것이라는 이유만으로 주밸브만을 잠궈놓은 채 아무런 조치 없이 위 휴즈 14

---

3 대판 2001. 6. 1, 99도5086[과실폭발성물건파열·과실치사·과실치상] (임차인이 자신의 비용으로 설치·사용하던 가스설비의 휴즈콕크를 아무런 조치 없이 제거하고 이사를 간 후 가스공급을 개별적으로 차단할 수 있는 주밸브가 열려져 가스가 유입되어 폭발사고가 발생한 경우, 임차인의 과실과 가스폭발사고 사이의 상당인과관계를 인정한 사례).

본 판결 해설은 정형식, "가. 구 액화석유가스의안전및사업관리법 제15조 제1항 및 제29조 제3항의 규정취지, 나. 임차인이 자신의 비용으로 설치·사용하던 가스설비의 휴즈콕크를 아무런 조치 없이 제거하고 이사를 간 후 가스공급을 개별별적으로 차단할 수 있는 주밸브가 열려져 가스가 유입되어 폭발사고가 경우, 임차인의 과실과 가스폭발사고 사이의 상당인과관계를 인정한 사례(2001. 6. 1. 선고 99도5086 판결)", 해설 37, 법원도서관(2001), 521-531.

4 이 사건 휴즈콕크는 액화석유가스의 안전 및 사업관리법 시행규칙(1998. 4. 4. 산업자원부령 제7호로 개정되기 전의 것, 이하 같다) 제50조 [별표18] 제7호 (가)목의 규정에 의하여 연소기 각각에 대하여 설치해야 할 안전장치에 해당하고, 그 설치 및 부대공사는 제4종 이상의 가스시설시공업 면허를 가진 자만이 시행할 수 있다(건설산업기본법 시행령 제7조 [별표 1]).

콕크를 제거한 것은 과실이 없다고 할 수 없고, 이러한 위 피고인의 과실은 위 가스폭발사고와 상당인과관계가 있다고 할 것이다(위 피고인이 이사를 가면서 위 주택을 소유자에게 인도하였고, 새로 세입자가 입주함으로써 위 주밸브를 포함한 가스설비에 대한 관리책임이 이양되었다는 점이나, 주밸브가 열려진 원인 및 점화원이 밝혀지지 않았다고 하여 달리 볼 것은 아니다).

(2) 임대인

15 임대인이 주택을 임대함에 있어서 그 주택의 하자로 말미암아 임차인에게 발생할 수 있는 사고를 방지하여야 할 일반적인 주의의무는 있다고 할 것이나 기록에 의하면, 피고인 乙이 종전의 임차인인 피고인 甲으로부터 가스와 관련한 수선요청을 받았다거나 휴즈콕크를 제거하였다는 사실을 고지받았다고 볼 만한 자료가 없고, 앞에서 본 바와 같이 가스사용시설의 설치나 변경 등은 일정한 자격을 갖춘 자만이 이를 할 수 있는 것이어서 피고인 乙로서도 당연히 자격 있는 자에 의하여 안전하게 연소기가 제거되었으리라고 믿었고, 따라서 임차인이 그 제거부분에 아무런 조치를 취함이 없이 임의로 휴즈콕크를 제거하여 갔으리라고 상상하기 어려워 보이는 점 등에 비추어 보면, 피고인 乙이 위 주택을 임대함에 있어서 위 휴즈콕크가 제거된 사실을 발견하지 못함으로써 결과적으로 하자있는 상태의 주택을 임대하게 되었다고 하더라도 가스누출로 인한 위 가스폭발사고에 대하여 어떠한 과실책임이 있다고 보기 어렵다 할 것이다.

Ⅲ. 처 벌

16 제1항의 죄(과실)는 5년 이하의 금고 또는 1천 500만 원 이하의 벌금에 처하고(제1항), 제2항의 죄(업무상과실 또는 중대한 과실)는 7년 이하의 금고 또는 2천만 원 이하의 벌금에 처한다(제2항).

〔안 성 수〕

제174조(미수범)
제164조제1항, 제165조, 제166조제1항, 제172조제1항, 제172조의2제1항, 제173조제1항과 제2항의 미수범은 처벌한다.
[전문개정 1995. 12. 29.]

Ⅰ. 취 지

본조는 현주건조물등방화죄(§ 164①), 공용건조물등방화죄(§ 165), 일반건조물등방화죄(§ 166①), 폭발성물건파열죄(§ 172①), 가스·전기등방류죄(§ 172의2①), 가스·전기등공급방해죄(§ 163①, ②)의 미수범 처벌규정이다. 제166조 제2항 자기소유 일반건조물 방화죄, 제167조 일반물건방화죄, 제169조 진화방해죄는 미수범 처벌규정이 없다. 1

Ⅱ. 미 수

미수는 실행의 착수가 있어야 한다. 실행의 착수가 있기 전에는 예비나 음모가 가능할 뿐이다. 2

방화죄에서 불을 놓는 행위를 시작한 때와 같이 각 죄의 구성요건적 행위를 시작한 때 실행의 착수가 인정될 것이다. 각 죄의 구성요건적 결과가 발생한 때에는 기수가 되므로 미수가 되기 위해서는 그 이전단계에 그쳐야 한다. 3

Ⅲ. 중지범

중지범은 실행의 착수 후에 자의(自意)로 행위를 중지하거나 그 행위로 인 4

한 결과의 발생을 방지하는 것을 요건으로 한다(§ 26).

1. 주관적 요건

5 중지미수의 주관적 요건으로서의 '자의'는 ① 후회에 의하여 결정한 경우, ② 일반경험칙상 의사 결정에 대하여 강제적 영향을 주는 사정에 따르지 않고 판단한 경우, ③ 외부적 장해를 인식하지 않고 결정한 경우로 해석하는 견해가 있을 수 있다.

6 그러나 자의란 자기의 생각이나 의견이고, 인간의 생각이나 의견은 외부의 영향과 단절될 수는 없는 것이므로 후회감이 있는지 없는지, 의사결정에 강제적 영향을 미쳤는지 등의 판단은 기준이 불명확할 수밖에 없다. 이러한 때에는 피고인에게 유리하게 해석해야 하므로 외부적 영향이나 내면적 후회감 등 동기에 불문하고 자신이 결정한 때에는 자의에 해당한다고 봄이 상당하다. 따라서 피고인이 범행 중 검거된 때에는 타의에 의하여 실행이 중단된 것이므로 중지미수에 해당하지 않고, 피고인이 검거의 두려움, 공포감, 후회감 등에 의하여 스스로 범행을 중단한 것이라면 중지미수에 해당한다고 보아야 한다.

7 판례는 위 ②의 입장에서, "범죄의 실행행위에 착수하고 그 범죄가 완수되기 전에 자기의 자유로운 의사에 따라 범죄의 실행행위를 중지한 경우에 그 중지가 일반 사회통념상 범죄를 완수함에 장애가 되는 사정에 의한 것이 아니라면 이는 중지미수에 해당한다. 피고인이 장롱 안에 있는 옷가지에 불을 놓아 건물을 소훼하려 하였으나 불길이 치솟는 것을 보고 겁이 나서 물을 부어 불을 끈 것이라면, 위와 같은 경우 치솟는 불길에 놀라거나 자신의 신체안전에 대한 위해 또는 범행 발각시의 처벌 등에 두려움을 느끼는 것은 일반 사회통념상 범죄를 완수함에 장애가 되는 사정에 해당한다고 보아야 할 것이므로, 이를 자의에 의한 중지미수라고는 볼 수 없다."라고 판시하였다.[1]

8 생각건대, 공포감, 두려움은 자의가 아니고, 후회감은 자의라고 하는 것은 자의를 도덕적 판단에 의한 것으로 한정하는 것인데,[2] 조문이 '후회에 기초한

---

1 대판 1997. 6. 13, 97도957. 본 판결 평석은 하태훈, "중지미수의 성립요건", 형사판례연구 〔7〕, 한국형사판례연구회, 박영사(1999), 60-80.

2 피고인에게 유리하게 해석해야 하며, 윤리적 동기에 한정할 필요는 없다는 견해로는 주석형법,

자의로'와 같은 형식으로 자의의 범위를 한정하지 않고 있고, 두려움은 후회감과 병존할 수 있으며, 두려움을 많이 느끼는 사람은 중지미수가 적용되지 않는 상대적 불이익을 받을 수 있게 되므로 위 판결은 부당하다고 할 것이다.[3]

2. 객관적 요건

착수미수인 때에는 행위를 종료 전에 그쳐야 하고, 실행미수인 때에는 행위로 인한 결과의 발생을 방지하여야 한다. 따라서 결과가 발생하여 기수에 이른 때에는 중지미수는 성립할 수 없다. 9

가령 불을 놓다가 범의를 번복하여 불을 끄겠다고 마음먹고 확인하였는데 불이 꺼진 것으로 오인하여 불을 끄는 행위를 하지 않고 그대로 돌아가서 결국 불탄 때에는, 중지미수에 해당하지 않는다.[4] 결과 발생의 방지는 피고인이 단독으로 할 필요는 없고, 다른 사람의 도움을 구하여 결과를 방지하여도 무방하다.[5] 또한, 타인이 먼저 시작한 소화행위에 피고인이 가담하여 결과의 발생을 방지하여도 이에 해당한다. 그러나 타인이 이미 결과의 발생을 방지한 후에는 피고인이 이에 가담하여도 피고인이 결과를 방지한 것은 아니므로 이에 해당하지 않는다. 2개 장소에 불을 붙였는데 1개 장소만 소화를 한 때에도 나머지 1개 장소에서 불탄 결과가 발생한 때에는, 중지미수에 해당하지 않는다.[6] 불을 붙이고 놀라 소리를 질렀는데 이를 우연히 들은 주변 사람이 불을 끈 때에는, 피고 10

〔총칙(2)〕(2판), 74(오영근).

3 중지미수가 인정된다는 견해로는, ① 범행을 불가능하게 할 정도의 '극도의 두려움, 공포심, 놀람'은 일반 사회통념상 범죄수행에 장애가 될 만한 사정에 해당하나, 범행에 당연히 수반되는 미약한 정도의 '단순한 두려움, 공포심, 놀람'은 일반 사회통념상 범죄수행에 장애가 될 만한 사정에 해당하지 않으므로 중지미수가 성립한다는 견해〔임웅, "중지미수에 있어서의 자의성", 형사판례의 연구 I (지송 이재상 교수 화갑기념논문집), 박영사(2004), 542-543〕, ② 불길이 치솟는다는 것은 사회통념상 방화죄가 순조롭게 진행되고 있다는 것을 의미하므로 이는 외부적 장애가 아니고 행위자의 주관적 사정에 의한 것으로 중지미수를 인정해야 한다는 견해〔오영근, "중지미수의 자의성", 형사판례의 연구 I (지송 이재상 교수 화갑기념논문집), 박영사(2004), 563〕, ③ 두려움에 의한 중지를 일률적으로 자의에 의한 중지가 아니라고 하는 것은 부당하고, 이 경우에도 자율적인 중지인가 여부에 따라 결정해야 하는데, 위 사안에서는 중지미수가 성립된다는 견해〔이재상·장영민·강동범, 형법총론(11판), § 28/22〕 등이 있다.

4 大判 昭和 7(1932). 10. 8. 刑集 11·1444.

5 大判 大正 15(1926). 12. 14. 法律新聞 2661·15.

6 大判 昭和 7(1932). 6. 29. 刑集 11·985.

인의 결과발생 방지행위를 인정하기 어려울 것이다.[7] 또한 불을 끄는 행위가 완전하지 않았는데 그 불을 제3자가 우연히 발견하고 소화한 때에도, 피고인의 결과발생 방지행위를 인정하기 어려울 것이다.[8] 불을 놓은 후 그 사실을 소유자에게 알려만 주어 그 소유자로 하여금 소화하게 하고 이를 방관한 때에도, 마찬가지로 피고인이 결과발생 방지행위를 했다고 인정하기 어렵다고 본다.[9]

Ⅳ. 불능범

11 불능범은 행위자가 범죄 실현의 의사를 가졌지만 범죄행위의 성질상 실행의 수단 또는 대상의 착오로 결과발생이 불가능한 행위를 하고 위험성이 있는 때 처벌하는 것을 말한다(§ 27). 이론상으로는 처벌 가능한 불능미수와 처벌 불가능한 불능범으로 분류하기도 한다. 처벌할 수 없는 불능범은 범죄행위의 성질상 결과발생 또는 법익침해의 가능성 즉 위험성이 절대로 있을 수 없는 경우를 말한다.[10] 판례는 처벌 가능한 불능범의 판단 기준으로서 위험성 판단은 피고인이 행위 당시에 인식한 사정을 놓고 이것이 객관적으로 일반인의 판단으로 보아 결과 발생의 가능성이 있느냐를 따져야 한다고 한다.[11]

12 처벌 가능한 불능범의 예로는, 타인의 빈 호주머니에 손을 넣어 절취를 시도한 경우, 사체를 생존자로 알고 총기로 쏘아 살해하려 한 경우, 치사량에 현저히 미달한 독을 넣어 살해하려 한 경우, 약품배합 미숙으로 '히로뽕' 제조에 실패한 경우[12]를 들고 있다. 이런 때에는 결과 발생의 가능성이 없지만 위험성

---

7 東京高判 昭和 26(1951). 12. 24. 特報 25·115.

8 東京地判 昭和 38(1963). 10. 7. 判タ 155·96.

9 大阪地判 昭和 42(1967). 11. 9. 判タ 218·264.

10 대판 2007. 7. 26, 2007도3687.

11 대판 2005. 12. 8, 2005도8105.

12 대판 1985. 3. 26, 85도 206. 「불능범은 범죄행위의 성질상 결과발생의 위험이 절대로 불능한 경우를 말하는 것으로서 원심인정과 같이 피고인이 다른 사람과 향정신성의약품인 메스암페타민 속칭 "히로뽕" 제조를 공모하고 그 제조종원료인 염산에 페트린 및 수종의 약품을 교반하여 "히로뽕" 제조를 시도하였으나 그 약품배합 미숙으로 그 완제품을 제조하지 못하여 미수에 그쳤다는 것이라면, 피고인의 위 소위는 그 성질상 결과발생의 위험성이 있다고 할 것이므로 이를 습관성의약품제조미수범으로 처단한 원심의 조치는 옳고 거기에 소론의 불능범에 관한 법리오해의 위법이 있다고는 할 수 없다.」

이 있다고 보는 것이다. 이때는 각 구성요건을 실현하려는 고의와 손을 넣거나 총을 쏘거나 독을 넣거나 배합을 하는 등 일반적인 실행의 착수행위가 있어 미수에 해당하나, 결과 발생이 불가능하다는 특수한 사정이 있어 임의적 감경사유인 제25조의 미수범보다 피고인에게 유리하게 형을 감경 또는 면제할 수 있게 되는 것이다.

13 그러나 절대적으로 결과 발생이 불가능하다는 것은 법익침해의 가능성이 없다는 것인데 위험성만을 가지고 처벌하는 것은 형사처벌 조항의 확장 적용을 가능케 하여 죄형법정주의 취지에 반할 여지가 있다. 예를 들면 사체는 살인죄의 객체인 사람이 아니므로 사체로 알고 총을 쏜 사람은 살인죄의 구성요건에 해당하지 않아 살인미수나 처벌 가능한 불능범에 해당하지 않지만, 이 경우 착오로 사체가 아닌 사람으로 알았다는 사정만으로 처벌이 가능한 살인미수의 불능범이 된다는 것은 행위의 불법은 배제하고 주관적 불법 즉 의도만의 차이에 따라 처벌하는 것이므로 범죄행동 없는 의도, 감정, 인격, 성격만으로는 처벌하지 않는다는 형사처벌의 원칙[13]에 반할 수 있다. 형사처벌을 위해서는 범죄행동도 있어야만 하기 때문이다(corpus delicti; the fact of a crime having been actually committed).

14 결과 발생이 절대로 불가능한데 위험하다는 것은 당해 사건에서는 법익침해가 객관적으로는 인정될 수 없고, 오직 피고인의 의도나 성향이 위험하다는 것으로만 인정될 수 있다. 예를 들면 사람이라고 오인하고 사체에 총을 쏜 때 해당사건에서 객관적으로 사람을 죽일 위험성은 전혀 없었던 것이고, 오직 피고인의 의도나 성향이 사람에게 총을 쏘아 죽일 수 있는 위험성을 가지고 있다는 것을 나타낼 뿐인 것이다. 판례가 위험성 판단을 피고인이 행위 당시에 인식한 사정을 놓고 평가하는 것도 이러한 취지이다. 그러나 만일 피고인이 범죄의도를 명백히 하여 위험한 성향을 드러낸 이상 장래 범죄를 저지를 위험을 막고자 하는 취지라면 이는 현재의 범죄행위와 범죄결과가 아닌 미래의 위험에 대한 예견에 기초한 것이므로 형벌의 근거가 될 수 없다. 이러한 장래의 위험성 판단은 자의적일 수 있고 객관적 기준이 있을 수 없다. 이렇게 범인의 의도와 행위를

13 Joycelyn M. Pollock, *Criminal Law* (10th edition), Anderson Publishing(2013), 48. The criminal law does not punish thoughts, emotions, personality, or character.

중심으로 하면 위험성이 있게 되고, 실제 물리적 객관적 상황에 주목하면 위험성이 없게 되면, 처벌은 사실상 사법부가 어떤 것에 중점을 두는지에 따라 결정된다.[14] 다시 말하면 먼저 범인을 처벌해야 할지, 말아야 할지를 결정한 후, 처벌해야겠다고 결정하면 그에 따라 의도와 행위에 중점을 두어 위험성이 있다고 설시하고, 처벌하지 않는다고 결정하면 그에 따라 객관적 상황에 중점을 두어 위험성이 없다고 설시하면 된다. 결국 사법부의 주관에 따라 처벌 여부를 먼저 결정하고 그에 따라 논리를 선택하는 과정을 거치게 된다. 따라서 불능범으로 처벌하는 것은 주관적 오신에 대한 처벌을 의미하는 것으로 의도만으로는 처벌하지 않는다는 형사처벌의 원칙과 적정절차의 원리에 반할 수 있다고 본다. 그러므로 결과 발생이 불가능한 행위의 미수죄 처벌은 행위가 범죄 결과 발생에 상당한 단계까지 나아가야 하고, 피고인의 행위나 주관적 의도가 형벌조항이 보호하는 법익침해에 상당한 위협이 됨이 인정될 때 가능할 수 있다.[15] 즉, 피고인의 행위는 범죄 의도를 강하게 보여주는 일반적이지 않은 이질적인 것이어야 한다. 앞의 죽은 사람에게 총을 쏜 사례의 경우 이는 법을 준수하는 사람이 할 수 없는 이질적인 행위로서 주관적 의도도 보호법익에 상당한 위협이 된다고 할 수 있으므로 미수죄로 처벌할 수도 있다.

15 방화죄에서 불능범은 구조적으로 연소가 절대 불가능한 목적물에 불을 붙였는데 위험성이 있는 경우를 생각할 수 있다.[16] 가령 불연 소재로 된 건조물에 불을 놓는 경우가 이에 해당한다.

16 그런데 제164조 제1항, 제165조, 제166조 제1항, 제172조 제1항, 제172조의2 제1항, 제173조 제1항과 제2항은 불을 놓는 등의 실행행위의 착수가 있으면 본조의 미수죄로 처벌하면 충분하다. 미수범 처벌조항이 없는 제164조 제2항, 제172조 제2항, 제172조의2 제2항은 각각 제1항의 결과적 가중범이므로 불능범을 논할 필요가 없다. 제166조 제2항, 제167조 제2항은 자기 소유의 물건을 불

14 Peter Westen, "Impossibility Attempts: A Speculative Thesis", 5 Ohio St. J. Crim. L. 523 (2008), 530.

15 Peter Westen, "Impossibility Attempts: A Speculative Thesis", 5 Ohio St. J. Crim. L. 523 (2008), 563-564.

16 주석형법 [각칙(2)](5판), 262(박찬). 그 밖에 발화장치 등이 원리상 점화가 불능인 경우, 매개물에 점화하였지만 그 성질상 목적물에의 연소가 불능인 경우 등을 예로 들고 있다.

태운 것인데, 자기 소유의 물건을 불태우는 것은 일반적으로 법을 준수하는 사람이 할 수 없는 이질적인 행위라고 볼 수 없을 것이다. 또한, 재산범적 성격을 고려하여 자기 물건을 불태워도 공공의 위험이 발생하지 않으면 미수로도 처벌하지 않도록 한 것이 입법 의도임에도 불에 탈 수 없음에도 위험성이 있다고 인정하여 불능범으로 처벌할 수는 없을 것이다. 즉, 법조항에 포함되지 않은 것은 입법부가 의도적으로 제외한 것으로 해석한다는(Casus Omissus) 원칙에 따르면 본조의 미수범 처벌 대상에서 제167조 제1항을 배제한 것은 불태워도 위험성이 없으면 미수범으로도 처벌하지 않는다는 입법 의도로 해석해야 하기 때문이다. 그럼에도 불탈 수 없는 자기 물건에 불을 붙인 행위가 위험하다고 인정하여 불능범으로 처벌하는 것은 입법 의도에 반한다고 볼 수 있다.

이상과 같은 이유로 불능범을 쉽게 인정하기는 어려울 것으로 본다. 17

〔안 성 수〕

제175조(예비, 음모)

제164조제1항, 제165조, 제166조제1항, 제172조제1항, 제172조의2제1항, 제173조제1항과 제2항의 죄를 범할 목적으로 예비 또는 음모한 자는 5년 이하의 징역에 처한다. 단, 그 목적한 죄의 실행에 이르기 전에 자수한 때에는 형을 감경 또는 면제한다. 〈개정 1995. 12. 29.〉

Ⅰ. 취 지

1 본조는 현주건조물등방화죄(§ 164①), 공용건조물등방화죄(§ 165), 일반건조물방화죄(§ 166①), 폭발성물건파열죄(§ 172①), 가스·전기등방류죄(§ 172의2①), 가스·전기등공급방해죄(§ 163①, ②)를 범할 목적으로 예비·음모한 행위를 처벌하는 규정이다. 특히 위험성이 큰 점을 고려하여, 예비·음모행위 단계부터 이를 처벌하는 것이다.[1]

Ⅱ. 요 건

1. 예비죄

2 방화예비죄는 방화의 실행의사와 그 의사실행을 위한 준비행위로서의 외부적 행동이 있어야 성립한다. 준비행위는 실행의 착수 이전의 행위를 말한다. 예를 들면, 불을 붙일 재료를 구입하거나 이러한 재료를 가지고 대상 목적물에 들어가는 것이 이에 해당할 것이다. 예비행위를 한 사람이 실행에 착수하면, 예비죄는 미수죄에 흡수된다. 예비행위에 공동 가담한 때에는, 방화예비죄의 공동정

1 주석형법 〔각칙(2)〕(5판), 263(박찬).

범이 성립한다.[2]

화재보험금 편취를 위하여 슈퍼마켓에 불을 놓기로 하여 휘발유를 준비하고 슈퍼마켓 직원들이 모두 퇴근한 다음 슈퍼마켓에 휘발유를 뿌린 사안에 대하여, 방화예비를 인정한 판례[3]가 있다. 3

2. 음모죄

방화음모는 2인 이상이 방화범죄를 실행하기로 합의에 이르러야 성립한다. 따라서 방화 실행의 의사와 그 의사실행을 위한 2인 이상의 합의가 있어야 한다. 따라서 단지 각자의 방화 의사표명이나 교환만으로는 음모라고 할 수 없다.[4] 그렇지 않고 범죄행위자가 범죄행위를 하겠다는 것을 확인하는 대화를 나누었다거나, 범죄행위를 할 것을 알면서도 그와 거래행위를 했다는 것만으로 음모를 인정한다면 국민의 표현의 자유 등 기본권 제한이 심화될 것이다. 형벌조항의 적용범위가 추상적이어서 불명확하고 광범하면 수사기관은 수사를, 검사는 기소를 하지 않을 수 없고, 따라서 적용 대상자인 국민은 수사는 물론 최종판결 시까지 부담을 지게 된다는 점을 유념해야 한다. 4

단순히 혼자서 방화를 계획하였을 뿐인 때에는, 외부적인 준비행위가 없으면 예비죄에도 해당하지 않아 처벌하지 못한다. 그러나 2인 이상이 방화에 대하여 합의할 때에는 그 실행의 가능성과 범행의 대담성, 치밀성이 상승된다는 점에서 위험성이 커서 방화실행의사의 합의만으로도 처벌하는 것이다. 음모는 실행의 착수에 이르기 전 단계의 행위이므로 실행에 착수하면 음모죄는 미수죄에 흡수된다. 5

2 最決 昭和 37(1962). 11. 8. 刑集 16111522. 참고로 일본형법은 예비죄만 처벌한다(§ 113).

3 대구고판 2001. 4. 17, 2000노673·2001노73.

4 대판 1999. 11. 12, 99도3801. 「형법상 음모죄가 성립하는 경우의 음모란 2인 이상의 자 사이에 성립한 범죄실행의 합의를 말하는 것으로, 범죄실행의 합의가 있다고 하기 위하여는 단순히 범죄결심을 외부에 표시·전달하는 것만으로는 부족하고, 객관적으로 보아 특정한 범죄의 실행을 위한 준비행위라는 것이 명백히 인식되고, 그 합의에 실질적인 위험성이 인정될 때에 비로소 음모죄가 성립한다.」

Ⅲ. 처 벌

6 5년 이하의 징역에 처한다. 다만, 그 목적한 죄의 실행에 이르기 전에 자수한 때에는 형을 감경 또는 면제한다.

〔안 성 수〕

第176조(타인의 권리대상이 된 자기의 물건)

자기의 소유에 속하는 물건이라도 압류 기타 강제처분을 받거나 타인의 권리 또는 보험의 목적물이 된 때에는 본장의 규정의 적용에 있어서 타인의 물건으로 간주한다.

Ⅰ. 취 지

1 본조는 자기소유일반건조물등방화(§ 166 ②), 자기소유일반물건방화(§ 167 ②), 실화(§ 170 ②)와 같이 자기 소유물과 타인 소유물에 대한 구성요건 및 처벌이 다른 경우에 있어서도 일정한 경우에는 타인 소유물과 같이 처벌하려는 규정이다. 즉, 타인의 재산권 침해를 요소로 하지 않아 공공의 위험의 발생을 구성요건으로 하거나 상대적으로 가벼운 법정형을 규정한 조문에 있어서도 범죄 객체가 압류 기타 강제처분을 받거나 타인의 권리 또는 보험이 목적물이 된 때에는 타인의 재산권을 침해할 수 있으므로 자기의 소유물이라고 하더라도 타인의 소유물과 동일하게 처벌하는 것이다.[1] 본 조항은 처벌되는 미수죄에도 적용된다.[2]

2 그러나 위와 같은 취지는 권리행사방해죄의 적용으로 해결할 수 있고, 재물손괴죄에 대하여는 이러한 조문이 없어 방화와 실화죄를 이와 같이 달리 처벌

---

1 일본형법 제115조도 "제109조 제1항 및 제110조 제1항에 규정한 물건이 자기의 소유에 관계된 것이더라도 압류를 받거나, 물권을 부담하거나, 임대 또는 보험의 목적물이 된 경우에 있어서 이를 소손(燒損)한 때는 타인의 물건을 소손한 자의 예에 의한다."고 규정하여 본조와 같은 취지의 규정을 두고 있다. 일본 판례는 위 조항의 취지에 관하여, "형법 제115조는 동조의 물건이 범인의 소유에 속하는 경우이더라도 만일 그것이 압류되거나 물권을 부담하거나 임대 또는 보험의 목적물이 된 경우에는, 이를 소훼하는 것은 타인에게 손해를 끼치거나 끼칠 우려가 있는 것이므로, 그와 같은 타인의 이익을 침해하는 행위를 범죄로 인정하여 이를 처벌하기로 한 것이다."라고 판시하고 있다[最決 昭和 33(1958). 3. 27. 刑集 12·4·666].

2 最決 昭和 28(1953). 6. 12. 裁判集(刑事) 82·719.

하는 것은 불을 놓아 손괴하는 방법의 재산권 행사를 과잉 제한하는 것이 되어 헌법위반의 여지가 있다고 본다.

Ⅱ. 요 건

1. 자기의 소유

3 이는 범인 자신이 소유하고 있는 것을 말한다.

2. 압류 기타 강제처분을 받거나 타인의 권리 또는 보험의 목적물이 된 때

4 압류는 일반적으로는 공무원이 그 직무상 보관할 물건을 자신의 점유로 이전하는 강제처분을 말한다. 민사집행법상의 압류와 국세징수법 제24조에 의한 압류가 이에 포함된다. 기타 강제처분은 가압류, 민사집행법 제136조의 부동산 인도명령 또는 관리명령 등이 이에 해당할 것이나, 유추확장해석 금지원칙에 따라 압류에 준하는 것으로 한정하여 해석해야 한다. 따라서 형사소송법상 압수는 압류가 아니므로 이에 해당하지 않는다.[3] 조문상으로는 반드시 점유가 공무원 등에게 이전될 것을 요하지는 않는다.

5 타인의 권리의 목적물은 타인의 제한물권 또는 채권의 목적물이 된 것을 말한다. 판례는 피고인과 甲 사이에 '甲이 임야의 입목을 벌채하는 등의 공사를 완료하면 피고인은 甲에게 그 벌채한 원목을 인도한다.'는 계약이 성립되고 甲이 위 계약상 의무를 모두 이행한 경우 원목에 대한 인도청구권,[4] 채무자가 채권자에게 일정한 기일까지 채무를 변제하기로 하고, 만일 그때까지 변제하지 못할 때에는 특정한 물건의 소유권을 양도함과 동시에 이를 인도하기로 하는 법정화해를 한 경우 정지조건 있는 대물변제의 예약권[5]은 이에 해당하고, 승낙을 얻어 타인의 변소를 사용하는 권리[6]는 채권적인 사용관계이므로 이에 해당하지

3 이에 반하여 국고의 재산적 이익을 고려하여 해당한다고 보는 견해로는 주석형법 [각칙(2)](5판), 266(박찬).

4 대판 1991. 4. 26, 90도1958.

5 대판 1968. 6. 18, 68도616.

6 대판 1971. 6. 29, 71도926.

않는다고 한다. 명확성을 위해서는 타인의 권리를 '임대', '대차' 등과 같이 구체적으로 정해야 한다고 본다.

보험의 목적물은 물건의 멸실이나 손상 보험으로 화재보험 외에 해상보험, 6
운송보험을 포함한다.

Ⅲ. 고 의

범인이 압류 기타 강제처분을 받거나 타인의 권리 또는 보험의 목적물이 7
된 것에 대한 인식이 없을 때는, 그 착오가 객관적으로 합리적인 경우에는 고의가 없으므로 본조를 적용할 수 없다.

그러나 압류 등이 법률에 의하여 무효 또는 효력을 상실하였다고 오신한 8
때에는, 법률의 착오로서 그 착오에 정당한 사유가 있는 때에 한하여 처벌하지 않는다(§ 16). 법률의 착오의 의미는 '**제166조 일반건조물등방화죄의 고의**'에서 살펴본 바와 같다.

반대로 그 압류 등의 효력이 무효임에도 유효하다고 오신하고 한 때에는 9
본조의 적용은 없다. 객관적으로 압류가 없기 때문이다.

Ⅳ. 효 과

본장의 규정의 적용에 있어서 타인의 물건으로 간주한다는 것은 타인 소유 10
물을 불태운 규정을 적용한다는 의미다. 법정형이 상향될 뿐만 아니라 제166조 제2항, 제170조 제2항은 공공의 위험 발생의 구성요건을 요하지 않게 된다.

〔안 성 수〕

제14장 일수와 수리의 죄

〔총 설〕

Ⅰ. 규 정

1 본장은 일수(溢水)[1] 및 수리(水利)에 관한 죄로 구성되어 있다. 일수의 죄는 공공의 위험범이고 재산죄의 성격도 지닌다.[2] 그러나 수리의 죄는 공공의 위험범의 성격은 없고, 개인의 수리권을 보호법익으로 하고 있다.[3] 수리는 성질상 다수의 인간이 이용하는 것을 전제로 하고 있고, 수리방해는 일수의 위험을 수반하는 경우가 있으므로 같은 장에서 규정하는 것이다. 구체적으로는 현주건조물등일수죄(§ 177), 공용건조물등일수죄(§ 178), 일반건조물등일수죄(§ 179), 방수방해죄(§ 180), 과실일수죄(§ 181), 수리방해죄(§ 184)가 규정되어 있다.

2 본장은 방화죄의 장과 유사한 형태로 규정되어 있다. 다만, 방화에 관한 죄에서의 연소죄(§ 168)와 같이 피해가 확대되는 것을 가중처벌하는 규정은 두고

---

1 일본형법 각칙 제10장은 '일수' 대신에 '출수(出水)'라는 용어를 사용하여 '출수 및 수리에 관한 죄'에 대하여 규정하고 있다.

2 김성돈, 형법각론(8판), 598; 김신규, 형법각론 강의, 609; 오영근, 형법각론(7판), 501; 임웅, 형법각론(11정판), 672; 정성근·박광민, 형법각론(전정3판), 540; 정웅석·최창호, 형법각론, 161; 최호진, 형법각론, 708. 이에 대하여 공공위험죄라고만 하는 견해도 있다[배종대, 형법각론(13판), § 100/1; 이재상·장영민·강동범, 형법각론(12판), § 28/1].

3 배종대, § 100/1; 이재상·장영민·강동범, § 28/1; 정성근·박광민, 540; 주석형법 〔각칙(2)〕(5판), 268(박찬).

있지 않다.

3 본장의 조문 구성은 아래 [표 1]과 같다.

[표 1] 제14장 조문 구성

조문		제목	구성요건	죄명	공소시효
§ 177	①	현주건조물 등에의 일수	ⓐ 물을 넘겨 ⓑ 사람이 주거에 사용하거나 사람이 현존하는 건조물, 기차, 전차, 자동차, 선박, 항공기, 광갱을 ⓒ 침해	(현주, 현존)(건조물, 기차, 전차, 자동차, 선박, 항공기, 광갱)일수	15년
	②		ⓐ ①의 죄를 범하여 ⓑ 사람을 상해 또는 사망에 이르게 함	(제1항 각 죄명)(치상, 치사)	15년
§ 178		공용건조물 등에의 일수	ⓐ 물을 넘겨 ⓑ 공용 또는 공익에 공하는 건조물, 기차, 전차, 자동차, 선박, 항공기, 광갱을 ⓒ 침해	(공용, 공익)(건조물, 기차, 전차, 자동차, 선박, 항공기, 광갱)일수	15년
§ 179	①	일반건조물 등에의 일수	ⓐ 물을 넘겨 ⓑ § 177, § 178 이외의 건조물, 기차, 전차, 자동차, 선박, 항공기, 광갱 기타 타인의 재산을 ⓒ 침해	일반(건조물, 기차, 전차, 자동차, 선박, 항공기, 광갱)일수	10년
	②		ⓐ 자기 소유에 속하는 ①의 물건을 ⓑ 침해하여 ⓒ 공공의 위험을 발생	자기소유(건조물, 기차, 전차, 자동차, 선박, 항공기, 광갱)일수	5년
	③		§ 176 준용		
§ 180		방수방해	ⓐ 수재에 있어서 ⓑ 방수용의 시설 또는 물건을 ⓒ 손괴, 은닉, 기타 방법으로 ⓓ 방수를 방해	방수방해	10년
§ 181		과실일수	ⓐ 과실로 인하여 ⓑ § 177, § 178를 범하거나 § 179를 범해 공공의 위험을 발생	과실일수	5년
§ 182		미수범	§ 177, § 178, § 179①의 미수	(§ 177, § 178, § 179① 각 죄명)미수	
§ 183		예비, 음모	ⓐ § 177, § 178, § 179①을 범할 목적으로 ⓑ 예비, 음모	(§ 177, § 178, § 179① 각 죄명)(예비, 음모)	5년
§ 184		수리방해	ⓐ 둑을 무너뜨리거나 수문을 파괴하거나 그 밖의 방법으로 ⓑ 수리를 방해	수리방해	7년

Ⅱ. 연 혁

1995년 12월 29일 형법을 개정하면서 제177조, 제173조 등에 있어서 상해와 사망을 구분하지 않고 동일하였던 법정형을 그 결과에 따라 구분하여 정하였다. 그리고 벌금의 단위를 '환'에서 '원'으로 고치고 액수를 상향 조정하였다. 4

그리고 2020년 12월 8일 알기 쉬운 법령 문장으로 개정하면서(2021. 12. 9. 시행), 형법 전체적으로 변경한 용어(전항, 범한, 기타 등) 외에, 제184조의 '제방을 결궤하거나'를 '둑을 무너뜨리거나'로 바꾸었다. 5

한편 방화죄와는 달리 '광갱', '공용 또는 공익에 공하는' 등을 개정하지 않고, 표제에서 '…등에의 일수'를 '…등 일수'로 고치지 않았다. 이렇게 같은 법률상 조문조차 일치하지 않는 형법은 죄형법정주의에 반하여 용인되기 어렵다고 본다. 불명확하고, 일관성 없는 형벌조항이 국민을 처벌하는 기준이 되어서는 안 되기 때문이다. 6

Ⅲ. 보호법익

일수의 죄의 보호법익은 공공의 위험이다. 보호의 정도는 추상적 위험범이고, 자기소유건조물등일수죄(§ 179②)와 일반건조물 등에의 과실일수죄(§ 181 후단)는 구체적 위험범이다.[4] 일수의 죄는 자기소유일반건조물일수죄를 타인의 일반건조물일수죄보다 가볍게 처벌하여 재산죄의 성격도 지닌다. 일수로 인하여 개인의 생명·신체를 침해하는 것을 처벌하는 점(§ 177②)에서는 개인의 생명·신체도 부차적인 보호법익이다.[5] 사람이 주거로 사용하거나, 실제 사람이 사상하지 않았더라도 사람이 존재하는 건조물에 대하여 그렇지 않은 건조물에 비하여 가중처벌하는 이유는 일수를 사람의 생명·신체와 더불어 주거권(right of habitation)을 침해하는 범죄로 보기 때문이다. 따라서 본장의 죄의 보호법익을 구체적으로 본다면 개별조항에 따라 판단해야 하고, 전체적으로 본다면 공공의 안전, 개인의 생명·신체, 개인의 재산권, 주거권이라고 할 수 있다. 7

4 김성돈, 598; 배종대, § 100/1; 이재상·장영민·강동범, § 28/1
5 오영근, 501; 정성근·박광민, 540; 주석형법 [각칙(2)](5판), 268(박찬).

8 수리의 죄의 보호법익은 개인의 수리권이고, 보호의 정도는 추상적 위험범이다.[6]

Ⅳ. 공공위험범

9 수리방해죄를 제외한 본장의 죄는 자기 소유 일반건조물 등에 대한 일수도 공공의 위험을 발생한 때에는 처벌한다는 점(§ 179②), 일반건조물 등을 과실일수한 경우에는 공공의 위험이 발생하지 않는 때에는 처벌하지 않는다는 점(§ 181①)에서는 공공의 생명·신체·재산에 대한 위험을 막기 위한 것으로서 공공의 안전을 보호법익으로 하는 공공위험범의 성격도 가지고 있다.

10 일수의 죄는 타인의 재산을 침해하는 것을 구성요건으로 하여 재산죄적 성격을 지니고 있다. 일수의 죄는 일수의 방법으로 타인의 재산을 침해하는 것을 구성요건으로 하고 있어, '손괴 또는 은닉 기타 방법으로 효용을 해하도록(§ 366)' 되어 방법이 특정되지 않은 재물손괴죄에 우선 적용되고 별도의 재물손괴죄가 적용되지 않는다. 사람의 생명·신체를 침해한 때에는 현주건조물 등에의 일수치사·상죄(§ 177②)에 해당한다. 제177조 제2항은 사망에 이르게 한 때는 무기 또는 7년 이상의 징역에 처하도록 되어 있어, 방화죄와는 달리 법정형으로 사형을 규정하고 있지 않다. 판례[7]의 입장에 따르면, 살인의 고의로 일수를 범하여 사람이 사망한 때에는 살인죄와 현주건조물일수치사죄와 상상적 경합이 될 것이다. 이 점이 방화죄의 경우, 현주건조물방화치사죄만 성립하는 것과는 다르다.

11 일수의 죄는 공공의 위험범이므로 피해자의 승낙이 있어도 위법성이 조각되지 않는다. 따라서 현주건조물등에의 일수(§ 177)나 공용건조물등에의 일수(§ 178)에 있어서는 피해자의 승낙이 있어도 처벌할 수 있다.

12 그러나 제179조 제2항의 자기 소유 일반건조물 등에의 일수죄에 있어서는 공공의 위험이 발생하지 않으면 처벌 대상이 되지 않으므로, 제179조 제1항의 타인 소유 일반건조물 등에 피해자의 승낙을 받아 일수한 때에도 공공의 위험

6 김성돈, 598; 임웅, 672.

7 대판 1983. 1. 18, 82도2341(현주건조물방화).

이 없으면 처벌되지 않는지가 문제된다. 제179조 제1항과 제2항의 구성요건상 차이가 소유권이 있는지 여부에 달려 있고, 피해자가 승낙하였다면 그 소유권 보호의 필요가 없으므로 제179조 제2항과 달리 처벌할 필요가 없으며, 그와 같이 해석하는 것이 피고인에게 유리하므로 일반건조물 등에의 일수죄에 있어서는 피해자가 승낙한 경우 제179조 제2항과 같이 공공의 위험이 발생하지 않으면 처벌할 수 없다고 함이 상당하다. 제179조 제1항은 공공의 위험 발생을 구성요건으로 하지 않고 있기 때문에 이와 같은 해석은 입법자가 의도하지 않은 범위의 새로운 입법에 해당한다는 비판이 가능하다. 그러나 제179조 제1항과 제179조 제2항은 소유권에 차이가 있을 뿐이므로 피해자의 승낙이 있고 공공의 위험이 발생하지 않았음에도 제179조 제2항과 달리 처벌하는 것은 일반적으로 합리적 해석이라고 보기 어렵다. 엄격해석의 원칙을 적용한다고 하더라도 상식과 명시된 입법 의도를 반영할 수 있으며, 이러한 한도 내에서 입법부의 의도에 반하는 결과를 막기 위해 문자에 공정한 의미를 부여할 수 있는 것이므로 권력분립의 원칙에 반하지 않는다고 본다. 즉, 소유자가 일수를 승낙한 경우에는 제2항의 취지가 일수죄의 재산범적 성격을 반영한 것이므로 소유자의 재산권을 보호할 필요가 없는 제2항의 죄로 의율해야 한다고 본다. 무주물도 마찬가지이다.

소유자와 비소유자가 공범으로 일반건조물 등에의 일수죄를 범한 경우, 공공의 위험이 발생하지 않는 때에 소유자에 대해서는 제179조 제2항에 의하여 범죄가 성립하지 않고, 비소유자는 제179조 제1항에 의하여 범죄가 성립한다고 할 수도 있지만, 비소유자는 소유자의 공범으로 소유자가 범죄가 성립하지 않는데도 처벌을 받는 불합리가 발생한다. 두 가지 합리적인 법리해석이 모두 가능할 때는 피고인에게 유리하게 해석하는 것이 상당하기 때문에, 이때에는 비소유자도 범죄가 성립하지 않는다고 봄이 상당하다. 13

1개의 일수행위로 현주건조물과 일반건조물을 침해한 때에는 상상적 경합이 된다. 14

V. 수리방해죄

15 수리방해죄는 공공의 위험범은 아니고 개인이 가진 계약상 또는 관습법상 물을 사용할 권리, 즉 수리권을 보호하는 것이다. 따라서 수리권자가 승낙한 때에는 수리방해죄는 성립하지 않는다.

〔안 성 수〕

제177조(현주건조물 등에의 일수)

① 물을 넘겨 사람이 주거에 사용하거나 사람이 현존하는 건조물, 기차, 전차, 자동차, 선박, 항공기 또는 광갱을 침해한 자는 무기 또는 3년 이상의 징역에 처한다.

② 제1항의 죄를 범하여 사람을 상해에 이르게 한 때에는 무기 또는 5년 이상의 징역에 처한다. 사망에 이르게 한 때에는 무기 또는 7년 이상의 징역에 처한다.

[전문개정 1995. 12. 29.]

Ⅰ. 취 지

1 본조는 물을 넘겨 사람이 주거에 사용하거나 사람이 현존하는 건조물, 기차, 전차, 자동차, 선박, 항공기 또는 광갱(이하, 건조물 등이라 한다.)을 침해하거나(제1항)[(현주·현존)(건조물·기차·전차·자동차·선박·항공기·광갱)일수죄], 이로 인하여 사람을 상해 또는 사망에 이르게 하는(제2항)[(현주·현존)(건조물·기차·전차·자동차·선박·항공기·광갱)일수(치상·치사)죄] 행위를 처벌하는 규정으로서,[1] 제164조(현주건조물 등에의 방화)와 대비되는 유형이다. 본죄는 추상적 공공위험범으로서, 제1항의 죄는 물을 넘겨 현주건조물 등을 침해하면 바로 성립하고, 공공의 위험 발생은 구성요건이 아니다. 제2항의 죄는 이로 인하여 사람이 상해 또는 사망에 이르러야 성립한다는 점에 비추어, 추상적 공공위험범에 더하여 생명·신체에 대

1 일본의 경우, 현주건조물등침해죄(§ 119)(우리의 현주건조물등일수죄에 해당)는 현주건조물방화죄(§ 108)와 비교하여 법정형의 하한이 낮고(3년/5년), 예비·음모와 미수규정이 없으며, 선박이 객체에서 제외되어 있는 점에서 우리 형법과는 서로 다르다. 참고로 2022년 6월 17일 일본형법 개정(법률 제67호)으로 징역형과 금고형이 '구금형'으로 단일화되어 형법전의 '징역', '구금', '징역 또는 구금'은 모두 '구금형'으로 개정되었고, 부칙에 의하여 공포일로부터 3년 이내에 정령으로 정하는 날에 시행 예정이다. 그러나 현재 정령이 제정되지 않아 시행일은 미정이므로, 본장에서 일본형법 조문을 인용할 때는 현행 조문의 '징역' 등의 용어를 그대로 사용한다.

한 침해범으로서의 성격도 가지고 있다.[2]

Ⅱ. 현주건조물등일수죄(제1항)

1. 구성요건

(1) 주체

2 주체에는 특정한 한정이 없다.

(2) 객체

3 객체는 사람이 주거에 사용하거나 사람이 현존하는 건조물, 기차, 전차, 자동차, 선박, 항공기 또는 광갱이다.

4 본죄는 현주건조물등방화죄(§ 164)에 상응하는 것으로 객체의 의미는 방화죄에서 본 것과 같다(**§ 164 II. 객체** 부분 참조). 방화죄에서는 '광갱'을 '지하채굴시설'로 개정하였는데, 본조에서는 개정하지 않았다. 같은 법률의 용어는 일관되게 해석되고 적용되어야 하므로 여기서의 광갱은 방화죄의 개정 전 광갱, 즉 지하채굴시설과 같은 의미로 해석해야 한다.

5 본죄의 객체가 물에 의한 침해 대상이기 때문에 일수죄에서의 건조물 등의 개념은 방화죄나 손괴죄의 객체인 건조물 등과 다른 것으로 목적론적으로 해석할 수 있다는 주장이 있다. 그러나 같은 법의 여러 문장에 반복해서 나오는 단어는 일관되게 해석해야 한다는 법해석의 일반원칙에 반하고, 방화죄의 객체와 달리 해석해야 할 특별한 필요성이 인정되지 않음에도 다른 해석을 한다면 일관성이나 예견가능성만 잃게 하므로 타당하지 않다.[3]

6 사람은 범인 이외의 사람을 말한다. 사람이 주거에 사용하거나 사람이 현존하는 것을 요하므로, 범인 이외의 사람이 주거에 사용하는 경우에는 현재 사람이 있을 것을 요건으로 하지 않고, 범인 이외의 사람이 현재 있으면 주거로 사용하고 있을 것을 요건으로 하지 않는다.

7 '사람이 현존하는 것'은 구성요건이므로 현존 여부는 실행의 착수시점을 기

2 오영근, 형법각론(7판), 502.
3 이에 대한 상세는 안성수, 형벌조항의 해석방법, 박영사(2022), 273(맥락 부분) 참조.

준으로 해야 한다. '현존'은 일수 시점에 범인 이외의 사람이 존재하는 것을 말한다. 침해의 시점에 범인 이외의 사람이 존재할 것을 요하지는 않는다. 일수 후 침해 시점까지 사이에 사람이 피난한 경우에도 본죄에 해당한다.[4] 일수장치를 설치한 때에는 범인 이외의 사람이 존재하더라도 일수가 될 때 존재하지 않는다면 현존건조물은 아니다. 그러나 일수장치를 설치할 때 범인 이외의 사람이 존재하지 않더라도 일수 시점에 존재한 경우 피고인이 이를 미리 인식하거나 미필적으로 인식하였다면 본죄가 성립할 것이다.

방화죄와는 달리 일수죄에서의 건조물은 불연성이 문제되지 않는다. 사람이 현주 또는 현존하는 이상 지하상가도 건조물에 해당한다. 맨홀은 본조의 건조물에 해당하지 않는다. 건조물인 이상 현재 다소 침수된 상태에 있더라도 본죄의 대상이다. 이미 건조물이 침해를 받아 건조물로서의 효용을 상실하여 더 이상 침해를 받을 수 없을 때에는 객체가 되지 않는다. 그러나 침수를 받아도 건조물로서의 효용을 상실하지 않는 때에는 객체가 된다. 침해를 받을 수 있기 때문이다. 8

(3) 행위

'물을 넘기는 것', 즉 일수(溢水)이다. 물을 넘기는 것은 대량의 물을 열어 만유인력의 법칙에 의해 물이 가진 자연의 에너지로 넘치게 하는 것을 말한다.[5] 단순히 물이 넘쳐서는 안 되고, 객체를 침해하는 데 충분한 강한 범람을 일으키게 하는 것이 필요하다. 대상인 물은 흐르는 것, 솟아오르는 것을 묻지 않는다. 일반적으로 '제한되어 있거나',[6] '관리·제어되어 있는 물'로[7] 한정하는데, 홍수나 쓰나미에 의해 자연범람하여 유출된 흐르는 물을 다른 곳으로 유도하거나 막아 범람을 확대하는 것도 처벌 대상으로 한다면 이러한 요소는 필요 없다는 견해[8]도 있다. 9

물을 넘기는 방법은 한정되어 있지 않으므로 그 수단에는 제한이 없다. 제 10

4 주석형법 〔각칙(2)〕(5판), 269(박찬).

5 大塚 外, 大コン(2版)(7), 161(河上和雄=木村匡良).

6 김성돈, 형법각론(7판), 500; 배종대, 형법각론(13판), § 101/3; 이재상·장영민·강동범, 형법각론(12판), § 28/4; 정선근·박광민, 형법각론(전정3판), 형법각론(전정3판), 541

7 주석형법 〔각칙(2)〕(5판), 270(박찬).

8 西田 外, 注釈刑法(2), 241(嶋矢貴之).

방이나 수문의 파괴가 이에 해당한다. 물은 하천이나 저수지, 해수를 포함한다. 부작위에 의해서도 가능하다.[9] 이때의 부작위는 작위와 동등한 법적 평가를 받는 수준이어야 한다.

11 일수된 물이 건조물 등을 침해할 수 있을 정도는 되어야 한다. 일수된 물로 건조물 등을 침해할 수 없는 것이 객관적일 때에는 제27조의 불능범이 문제될 것이다. 일수된 물이 건조물 등을 파괴할 정도로 강한 힘을 보유할 것을 요하지는 않지만, 사람이 조절할 수 없을 정도는 되어야 한다.

(4) 결과

12 침해의 결과가 있어야 한다. 침해가 없는 한 본죄는 성립하지 않고, 미수범이 성립할 뿐이다. 침해에 대한 정의조항이 없다. 사전상으로는 '침범하여 해를 끼침'이다.[10] 침해는 객체의 효용을 훼손하거나 사용을 방해하는 것으로서 손괴보다는 넓은 의미이다. 즉, 일수된 물에 의하여 객체가 침수되어 그 효용이 상실되거나 감소하면 충분하다.[11] 항구적으로 침해될 것을 요하지 않고, 일시적으로 침해되는 것도 포함한다. 객체의 전부가 침해될 것도 요하지 않는다. 침해는 파괴까지는 이르지 않고 수몰이 되어도 인정된다. 결과의 발생이 예정된 상황이라고 하더라도 그 결과 발생의 시기를 앞당기는 가속의 행위를 한 경우에는 인과관계가 인정된다(가속 법리). 따라서 이미 객체에 침수가 시작된 경우에도, 제방을 파괴하여 수량을 증가시킴으로써 건조물 등을 수몰한 때에도 침해에 해당한다.[12] 본죄의 법정형이 무기 또는 3년 이상의 징역형임을 감안할 때, 형벌조항의 명확성을 위하여 본죄의 대상인 피해액수를 정하는 입법이 필요하다고 본다.

(5) 고의

13 본죄의 고의는 사람이 주거에 사용하거나 사람이 현존하는 건조물 등이라는 것과 물을 넘기는 것에 대한 인식을 요한다. 침해도 구성요건이므로 그에 대한 인식이 없으면 본죄는 성립하지 않는다. 공공의 위험은 구성요건이 아니므로

---

9 오영근, 503.
10 네이버 국어사전
11 김성돈, 290; 김일수·서보학, 새로쓴 형법각론(9판), 474; 배종대, § 101/3; 오영근, 503; 이재상·장영민·강동범, § 28/4. 이에 대하여 효용의 상실에 이를 것을 요한다는 견해도 있다(백형구, 형법각론, 435).
12 大判 明治 44(1911). 11. 16. 刑錄 17·1987. 범람 후더라도 확대·증수하면 침해죄가 된다.

고의의 대상이 아니고, 이를 인식할 필요가 없다.

2. 죄 수

1개의 일수행위로 현주건조물과 일반건조물에 일수한 경우, 포괄일죄로 보아 가장 중한 처벌규정에 해당하는 죄로 처벌한다는 견해도 있으나,[13] 개인의 생명·신체, 주거권, 재산권을 고려하면 각각의 죄가 성립하고 상상적 경합이 된다고 할 것이다. 1개의 일수행위로 수개의 현주건조물에 일수한 때에도 본죄의 주거권·재산범적 성격을 고려하면 상상적 경합이 된다고 볼 수 있다. 단기간 내에 수개의 행위로 1개의 일수가 일어난 경우에는 1죄가 된다. 예를 들면, 같은 기회에 1개의 제방을 여러 곳에서 파괴하여 일수가 일어난 때가 이에 해당할 것이다. 14

3. 다른 죄와의 관계

(1) 본죄의 결과 본죄의 객체가 아닌 다른 재물을 손괴한 때에는, 그에 대한 고의가 인정될 경우 본죄와 재물손괴죄의 상상적 경합이 된다. 15

(2) 보험금 사기를 위하여 본죄를 범한 때에는 보험금 청구라는 별도의 행위가 있으므로, 본죄와 보험사기방지 특별법상의 보험사기죄(§ 8)가 각 성립하고, 두 죄는 실체적 경합이 된다.

4. 처 벌

무기 또는 3년 이상의 징역에 처한다(§ 177①). 16

본죄의 미수범은 처벌하고(§ 182), 예비·음모죄는 3년 이하의 징역에 처한다(§ 183). 본죄에는 방화죄에서와 같은 실행 전 자수 감면규정(§ 175)은 없다. 17

13 주석형법 [각칙(2)](5판), 271(박찬). 일본 판례도 같은 입장이다[大判 明治 44(1911). 11. 16. 刑錄 17·1987].

Ⅲ. 현주건조물등일수치사·상죄(제2항)

1. 구성요건

18 본죄는 제1항의 죄를 범하여 사람을 사망 또는 상해에 이르게 하는 것이다. 제1항의 죄의 결과적 가중범이다. 따라서 제1항의 죄의 고의와 사람의 사망 또는 상해에 대한 예견가능성 및 인과관계를 요한다. 통설은 제2항 제1문의 치상죄는 부진정결과적 가중범, 제2문의 치사죄는 진정결과적 가중범이라고 한다.[14]

19 판례[15]의 취지에 의하면, 사람을 살해할 고의로 제1항의 죄를 범하여 사람이 사망한 때에는 본죄와 살인죄의 상상적 경합이 된다. 현주건조물등일수치사죄에는 사형이 없으므로 이 조항만을 적용하여 가볍게 처벌할 합리적 이유가 없기 때문이라고 할 것이다. 사람을 상해할 고의로 현주건조물등일수죄를 범하여 사람이 상해에 이른 때에는 본죄의 법정형이 상해죄보다 무거우므로 본조로 처벌할 것이다. 고의범을 과실범보다 가볍게 처벌할 근거가 없기 때문이라고 할 것이다.

20 그러나 '상해에 이르게 한 것'은 '상해'한 것과 명문의 표현이 다르다. 형벌조항이 명확할 때에는 명문에 반한 다른 해석은 불가능하다. 엄격해석의 원칙에 따르면 상해의 고의가 있는 때에는 '상해'한 것이므로 상해죄로 의율하여야 하며, 형벌조항의 분명한 의미를 넘어 피고인에게 불리하게 확장하여 결과적 가중범으로 규정되어 있는 것을 의율하여 중하게 처벌할 수는 없다. 형벌조항에 반복해서 나오는 단어는 일관되게 해석해야 한다. 그때그때 달리 해석을 한다면 일관성이나 예견가능성이 없게 된다.

21 따라서 '상해한 때'와 '상해에 이르게 한 때', '살해한 때'와 '사망에 이르게 한 때'로 나누어 조문을 개정해야 한다. 고의범과 과실범은 책임주의 원리상 양형에 차이가 있어야 한다. 제301조의2는 "제297조, 제297조의2 및 제298조부터 제300조까지의 죄를 범한 자가 사람을 살해한 때에는 사형 또는 무기징역에 처한다. 사망에 이르게 한 때에는 무기 또는 10년 이상의 징역에 처한다."라고 규

14 오영근, 503; 정성근·박광민, 541; 주석형법 〔각칙(2)〕(5판), 271(박찬). 이에 대하여 두 죄 모두 부진정결과적 가중범이라는 견해도 있다(이재상·장영민·강동범, § 28/5).

15 대판 1983. 1. 18, 82도2341(현주건조물방화 사례).

정하여 '살해한 때'와 '사망에 이르게 한 때'를 나누어 규정하고 법정형에 차이를 두고 있다.

그러므로 예를 들어 현주건조물에 일수를 하고 살해의 고의로 그 안에 있는 사람이 나오는 것을 막아 사망한 때에는 살인죄와 현주건조물일수죄의 실체적 경합이고,[16] 살해의 고의로 현주건조물에 일수를 하여 그 안의 사람이 사망한 때에는 살인죄와 현주건조물일수죄의 상상적 경합으로 의율하는 것이 상당하다고 본다. 22

2. 처 벌

제1항의 죄를 범하여 사람을 상해에 이르게 한 때에는 무기 또는 5년 이상의 징역에, 사망에 이르게 한 때에는 무기 또는 7년 이상의 징역에 처한다(§ 177②). 23

본죄의 미수범에 대해서는 처벌규정이 있다(§ 182). 그러나 그 처벌 여부를 둘러싸고는 견해가 대립한다(이에 대한 상세는 **§ 182 주해** 부분 참조). 24

본죄의 예비·음모죄는 3년 이하의 징역에 처하고(§ 183), 방화죄에서와 같은 실행 전 자수 감면규정(§ 175)은 없다. 25

〔안 성 수〕

16 대판 1983. 1. 18, 82도2341(현주건조물방화 사례). 「형법 제164조 전단의 현주건조물에의 방화죄는 공중의 생명, 신체, 재산 등에 대한 위험을 예방하기 위하여 공공의 안전을 그 제1차적인 보호법익으로 하고 제2차적으로는 개인의 재산권을 보호하는 것이라고 할 것이나, 여기서 공공에 대한 위험은 구체적으로 그 결과가 발생됨을 요하지 아니하는 것이고 이미 현주건조물에의 점화가 독립연소의 정도에 이르면 동 죄는 기수에 이르러 완료되는 것인 한편, 살인죄는 일신전속적인 개인적 법익을 보호하는 범죄이므로, 이 사건에서와 같이 불을 놓은 집에서 빠져나오려는 피해자들을 막아 소사케 한 행위는 1개의 행위가 수개의 죄명에 해당하는 경우라고 볼 수 없고, 위 방화행위와 살인행위는 법률상 별개의 범의에 의하여 별개의 법익을 해하는 별개의 행위라고 할 것이니, 현주건조물방화죄와 살인죄는 실체적 경합관계에 있다.」

제178조(공용건조물 등에의 일수)

물을 넘겨 공용 또는 공익에 공하는 건조물, 기차, 전차, 자동차, 선박, 항공기 또는 광갱을 침해한 자는 무기 또는 2년 이상의 징역에 처한다.

Ⅰ. 취 지

1 본죄[(공용·공익)(건조물·기차·전차·자동차·선박·항공기·광갱)일수죄]는 물을 넘겨 공용 또는 공익에 공하는 건조물 등을 침해하는 경우에 성립하는 범죄이다.

2 '물을 넘겨', '침해'의 의미는 **제177조(현주건조물 등에의 일수)**에서 설명한 것과 같다.

3 '공용 또는 공익에 공하는 건조물, 기차, 전차, 자동차, 선박, 항공기 또는 광갱(이하, '건조물 등'이라 한다.)'의 의미는 방화죄에서 살펴본 것과 같다(**§ 164의 II. 객체** 부분 참조). 그런데 방화죄에서는 2020년 12월 8일 형법개정으로 '공용 또는 공익에 공하는'을 '공용(公用)으로 사용하거나 공익을 위해 사용하는'으로, '광갱'을 '지하채굴시설'로 개정하였다. 같은 법률에서 이처럼 일관되지 않는 용어를 사용하는 것은 용인되기 어려우므로 앞으로 본조도 용어를 개정할 필요가 있다.

Ⅱ. 현주건조물등일수죄와의 관계

4 1개의 행위로 사람이 주거로 사용하거나 사람이 현존하는 공용 또는 공익에 공하는 건조물 등에 일수한 때에는 현주건조물등일수죄와 공용건조물등일수죄 모두에 해당하지만(상상적 경합), 현주건조물등일수죄가 법정형이 무거우므로 그 죄로 처벌될 것이다(§ 40).

Ⅲ. 처 벌

무기 또는 2년 이상의 징역에 처한다. 5

미수범은 처벌하고(§ 182), 예비·음모죄는 3년 이하의 징역에 처한다(§ 183). 6

〔안 성 수〕

제179조(일반건조물 등에의 일수)

① 물을 넘겨 전2조에 기재한 이외의 건조물, 기차, 전차, 자동차, 선박, 항공기 또는 광갱 기타 타인의 재산을 침해한 자는 1년 이상 10년 이하의 징역에 처한다.

② 자기의 소유에 속하는 전항의 물건을 침해하여 공공의 위험을 발생하게 한 때에는 3년 이하의 징역 또는 700만 원 이하의 벌금에 처한다. 〈개정 1995. 12. 29.〉

③ 제176조의 규정은 본조의 경우에 준용한다.

Ⅰ. 취 지

1 본조 제1항 및 제2항은 일반건조물등방화죄(§ 166)와 일반물건방화죄(§ 167)에 대응하는 규정이다. 제1항의 죄[일반(건조물·기차·전차·자동차·선박·비행기·광갱)일수죄]는 공공의 위험 발생을 구성요건으로 하지 않는 추상적 위험범이고, 제2항의 죄[자기소유(건조물·기차·전차·자동차·선박·비행기·광갱)일수죄]는 공공의 위험 발생을 구성요건으로 하는 구체적 위험범이다.[1]

2 제3항은 자기 소유 일반건조물 등이라도 압류 기타 강제처분을 받거나 타인의 권리 또는 보험의 목적물이 된 때에는 타인의 물건으로 간주하는 규정(§ 176)이다. 이에 따라 자기 소유 일반건조물 등이라도 압류 기타 강제처분을 받거나 타인의 권리 또는 보험의 목적물이 된 때에는 공공의 위험 발생이 구성요건이 되지 않는다.

3 타인의 재산권 침해를 요소로 하지 않아 공공의 위험의 발생을 구성요건으로 하고, 상대적으로 가벼운 법정형을 규정한 제2항에 있어서도 범죄 객체가 압

1 김성돈, 형법각론(8판), 601; 배종대, 형법각론(13판), § 102/2; 이재상·장영민·강동범, 형법각론(12판), § 28/7; 주석형법 [각칙(2)](5판), 275(박찬).

류 기타 강제처분을 받거나 타인의 권리 또는 보험이 목적물이 된 때에는 타인의 재산권을 침해할 수 있으므로 자기의 소유물이라고 하더라도 타인의 소유물과 동일하게 처벌하는 것이다. 그러나 이러한 취지는 권리행사방해죄의 적용으로 해결할 수 있고, 재물손괴죄에 대하여는 이러한 조문이 없어 일수죄를 이와 같이 달리 처벌하는 것은 일수로 손괴하는 방법의 재산권 행사를 과잉 제한하는 것이 되어 헌법위반의 여지가 있다고 본다.

방화죄와 달리 건조물, 기차, 전차, 자동차, 선박, 항공기 또는 광갱 이외의 4
이에 준하는 기타 타인의 재산에의 일수에 대하여 별도의 조문을 정하지 않고 본조에 의해 처벌한다. 따라서 자기 소유 기타 재산에의 일수죄는 구체적 위험범이지만, 타인소유 기타 재산에의 일수죄는 추상적 위험범이 된다.

II. 구성요건

1. 주 체

주체에는 제한이 없다.

2. 객 체

제177조, 제178조에 기재한 이외의 건조물, 기차, 전차, 자동차, 선박, 항공 5
기 또는 광갱 기타 타인의 재산이다. 건조물, 기차, 전차, 자동차, 선박, 항공기 또는 광갱의 의미는 방화죄에서 살펴본 바와 같다(§ 164의 **II. 객체** 부분 참조).

여기서 '기타 타인의 재산'은 건조물, 기차, 전차, 자동차, 선박, 항공기 또는 6
광갱에 준하는 것으로 한정해석하여야 한다. 즉, 법 조문상의 한 단어는 그 앞, 또는 뒤의 다른 단어에 의해 그 의미를 해석해야 한다(noscitur a sociis, a word is known by the company it keeps). 이와 같은 해석원칙에 따라 '기타 타인의 재산'을 해석함에 있어서는 그 앞에 있는 '건조물, 기차, 전차, 자동차, 선박, 항공기 또는 광갱'의 의미를 살펴보아야 한다. 만일 '기타 타인의 재산'이 그 바로 앞에 있는 '건조물, 기차, 전차, 자동차, 선박, 항공기 또는 광갱'과 유리(流離)된 별도의 개념이라면 '건조물, 기차, 전차, 자동차, 선박, 항공기 또는 광갱'을 조문에 열거할 필요가 없다. 또한, 위 조항에 대해서는 동종제한의 원칙(Ejusdem generis, of the same kind)이 적용된다. 이는 법의 적용 대상이 되는 것을 열거함에 있어서 일반적인 언어 앞에 구체적인 단어가 있을 때 그 일반적인 언어는 오직 그 앞의 구체적인 단어가 제시하고 있는 대상과 성질상 유사한 것에 한하여 포함하는 것으로 해석하는 원칙을 말한다.[2]

7 '기타 타인의 재산'을 이와 같이 해석하지 않고 모든 동산, 부동산, 무체재산권을 포함하는 것으로 해석한다면,[3] 이는 공공의 위험 발생까지 요건으로 하지 않는 본조 제1항의 객체를 무한히 확장하는 것이 되어 명확성의 원칙에 위배된다고 할 것이다. 가령 1원 짜리 종이 1장이 침해된 때에도 1년 이상의 형에 처하게 된다. 또한 타인소유일반물건방화죄(§ 167①)는 공공의 위험이 발생하지 않으면 처벌받지 않는 반면, 타인 소유 기타 재산에의 일수죄는 공공의 위험이 발생하지 않아도 본조 제1항에 해당하여 처벌받게 되는 불균형이 발생한다. 기타 재산이 압류 기타 강제처분을 받거나 타인의 권리 또는 보험의 목적물이 된 때 공공의 위험이 발생하지 않은 경우에, 일수죄는 본조 제1항에 해당하여 처벌을 받지만 방화죄는 처벌을 받지 않는다. 일수죄가 방화죄와 같이 공공의 위험범으로서 서로 대응하는 규정이라면, 이와 같은 차이를 두어 일수죄의 처벌범위를 넓힐 근거가 부족하다. 이러한 문제점을 해결하기 위해서라도 '기타 타인의 재산'은 건조물, 기차, 전차, 자동차, 선박, 항공기 또는 광갱에 준하는 것으로 제한해서 해석해야 한다. 이와 같은 해석은 피고인에게 유리한 것으로 죄형법정주의에 반하지 않는다.

8 본조 제1항의 '재산'의 정의조항은 없다. 재산은 사전상으로는 금전적 가치가 있는 것을 말한다. 제167조의 일반물건방화죄는 '물건'으로 되어 있고 본조 제1항은 '재산'으로 되어 있어, 재산이 물건보다 넓은 개념이므로 금전적 가치가 있는 모든 것으로 해석할 수도 있으나, 본조 제2항은 '물건'으로 되어 있어 이러한 해석은 일관성이 유지될 수 없다. 제1항은 모든 재산을 의미하고 제2항은 기

---

2 이에 대한 상세는 안성수, 형벌조항의 해석방법, 박영사(2022), 295(일반적 단어의 동종 제한 부분) 참조.

3 주석형법 [각칙(2)](5판), 276(박찬). '기타 타인의 재산'은 타인 소유의 논밭, 과수원, 삼림, 목장 등 수력에 의하여 그 효용일 멸실 또는 감소될 만한 물건이면 무엇이라도 상관없다고 한다.

차, 전차, 자동차, 선박, 항공기 또는 광갱 및 이에 준하는 물건으로 한정한다는 해석은, 타인 소유는 모든 재산을 보호대상으로 하면서 타인의 권리의 대상이 된 자기 소유는 일정한 물건으로 한정하는 점에 대한 합리적 근거가 없어 본조 제3항을 논리적이고 일관성 있게 적용하는 데 문제가 발생한다. 제176조는 적용 대상이 '물건'으로 되고 '재산'으로 되어 있지 않아, 본조 제3항에 의해 제176조를 적용할 때에는 본조 제1항을 물건으로 한정할 수밖에 없다. 조문의 표제는 형벌조항의 해석 자료가 되는데, 본조의 표제가 '일반건조물 등에의 일수'로 되어 있지, '일반건조물, 일반물건 등의 일수'와 같이 되어 있지 않다. 이는 일반물건을 배제한 명시적 의도로 해석할 수 있는 근거이다.[4] 만일 일반물건을 처벌하려면 방화죄와 같이 별도의 조문을 제정하여야 한다.

제2항의 자기 소유는 범인의 소유를 말한다. 9

"타인과 공동소유관계에 있는 물건도 절도죄의 객체가 되는 타인의 재물에 속한다.",[5] "타인의 재물을 공유하는 자가 공유자의 승낙을 받지 않고 공유대지를 담보에 제공하고 가등기를 경료한 경우 횡령행위는 기수에 이른다."[6]라는 각 판례 취지에 따르면, 공유물은 타인 소유로 해석될 수 있다. 10

그러나 민법 제263조(공유지분의 처분과 공유물의 사용, 수익)에 의하면 공유자는 그 지분을 처분할 수 있고, 공유물 전부를 지분의 비율로 사용, 수익할 수 있으며, 제264조(공유물의 처분, 변경)에 의하면 공유자는 다른 공유자의 동의 없이 공유물을 처분하거나 변경하지 못하도록 되어 있다. 이에 의하면 공유자는 공유물의 특정 부분이 아닌 전체에 대하여 공유자로서의 소유권의 일부인 사용, 수 11

4 이에 대한 상세는 안성수, 형벌조항의 해석방법, 287(법률의 제목, 장, 조항의 표제 부분) 참조.

5 대판 1994. 11. 25, 94도2432.

6 대판 2014. 12. 24, 2011도11084. 「구분소유적 공유관계에서 각 공유자 상호 간에는 각자의 특정 구분부분을 자유롭게 처분함에 서로 동의하고 있다고 볼 수 있으므로, 공유자 각자는 자신의 특정 구분부분을 단독으로 처분하고 이에 해당하는 공유지분등기를 자유로이 이전할 수 있는데, 이는 공유지분등기가 내부적으로 공유자 각자의 특정 구분부분을 표상하기 때문이다. 그러나 구분소유하고 있는 특정 구분부분별로 독립한 필지로 분할되는 경우에는 특별한 사정이 없는 한 각자의 특정 구분부분에 해당하는 필지가 아닌 나머지 각 필지에 전사된 공유자 명의의 공유지분등기는 더 이상 당해 공유자의 특정 구분부분에 해당하는 필지를 표상하는 등기라고 볼 수 없고, 각 공유자 상호 간에 상호 명의신탁관계만이 존속하므로, 각 공유자는 나머지 각 필지 위에 전사된 자신 명의의 공유지분에 관하여 다른 공유자에 대한 관계에서 그 공유지분을 보관하는 자의 지위에 있다.」

익권을 가지며, 다만 자신의 지분의 한도 내에서 처분이 가능하고, 전체에 대해서는 다른 공유자의 동의 없이 처분, 변경하지 못하는 제한을 받을 뿐인데, 이와 같이 그 공유물 전체에 대하여 불가분의 소유권의 일부인 사용, 수익권을 가지고 있으므로 특별규정이 없는 한 형사처벌에 있어 이를 타인의 소유라고 볼 수 없다고 해석함이 상당하다. 즉 공유물의 경우에는 소유권이 타인에게 있다고 볼 수도 있고 피고인에게 있다고 볼 수도 있는데, 이러한 때에는 피고인에게 소유권이 있다고 피고인에게 유리한 해석을 하는 것이 관용의 원칙(rule of lenity)에 부합하기 때문이다.[7] 물론 범인과 범인 아닌 자가 공유한 때에는 공유물에 자기의 지분 외에 타인의 지분이 있으므로 완전한 의미에서 자기의 소유라고 할 수 없다. 따라서 이러한 의미에서는 타인의 소유라고 해석해도 논리상 오류가 있는 것은 아니다. 그러나 사법부는 인권보호적 해석을 해야 하고, 그럼에도 제한할 필요가 있다면 입법부는 그 해석과 반대되는 명확한 입법을 하는 것이 헌법의 원리에 부합한다.[8] 그러므로 사법부는 공유는 자신의 소유라고 해석하고, 입법부는 공유도 처벌할 필요가 있다면 '공유는 타인의 소유로 본다.'와 같이 명확한 입법을 해야 한다고 본다.

3. 행 위

12 물을 넘기는 것이다. 그 의미는 **제177조(현주건조물등에의 일수)**에서 살펴본 것과 같다.

4. 결 과

13 침해하는 것이다. 제2항은 공공의 위험을 발생하게 하여야 한다.

14 침해의 의미는 **제177조**에서 살펴본 본 것과 같다. 제1항의 죄의 경우, 침해가 발생하지 않으면 미수죄가 성립할 뿐이다. 법정형이 1년 이상 10년 이하

---

7 이에 대한 상세는 안성수, 형벌조항의 해석방법, 1(형벌조항 해석의 중요성 부분) 참조.

8 자유민주주의는 선거민주주의 외에도 자의적 지배의 통제를 통한 자유 증진을 내용으로 한다. 따라서 이를 실현하기 위한 법해석은 필수적이다. 헌법은 선거를 통해 정치적 책임을 지는 입법부가 자유를 제한하는 입법을 제정하도록 한다. 사법부의 역할은 불명확한 법률로 기본권이 제한될 수 있도록 해석하는 것이 아니라 민주주의의 요소인 자유를 보호하고, 법치주의 및 죄형법정주의를 수호함에 있기 때문이다.

의 징역형임을 감안할 때, 형벌조항의 명확성을 위하여 본항의 적용 대상인 피해액수를 정하는 입법이 필요하다고 본다. 제2항의 죄의 경우에는, 미수범 처벌규정이 없으므로 침해의 결과나 공공의 위험이 발생하지 않으면 처벌할 수 없다.

공공의 위험의 의미는 방화죄에서 본 것과 같이 '국가나 사회 구성원의 생 15
명·신체·재산에 해로움이나 손실이 심각하게 발생할 우려'를 의미한다.[9] 공공의 위험이 발생하였는지는 결국 사실인정의 문제가 될 것인데, 당시의 제반 상황을 모두 고려하여 전문적 지식 등을 바탕으로 합리적이며 객관적으로 판단하여야 한다.[10] 이와 같은 판단은 인상주의적 경향을 가질 가능성이 크다. 자세한 것은 방화죄의 총설 등의 내용과 같다.

제2항의 죄의 경우, 침해와 공공의 위험 사이의 선후관계가 문제된다. 조문 16
상으로는 침해를 거쳐 공공의 위험이 발생할 필요가 있는 것으로 보인다는 견해가 있다(침해경유필요설).[11] 이에 대하여 일본에서는 물을 넘기는 시점에 제방에 많은 사람이 있는 경우와 같이, 물의 위험성의 특질에 비추어 그 선후를 묻지 않고 위험이 발생하면 충분하다는 견해(침해경유불요설)도 있다.[12] 제2항이 '침해하여 공공의 위험을 발생하게 한 때'라고 되어 있지만, 침해가 발생하고 그 후에 공공의 위험이 발생한 때에만 본조가 적용된다고 해석하는 것은 '하여'라는 문구에 얽매인 부자연스러운 것이라고 본다. 침해와 공공의 위험 발생의 시간적 순서를 구성요건으로 하지는 않고 두 요건이 모두 충족되는 때에 적용된다고 해석하는 것이 일반적인 현시대의 상식에 부합하므로 침해와 동시에 공공의 위험이 발생한 때 또는 공공의 위험이 발생하고 침해가 된 때라고 해서 위 조항이 적용되지 않는다고 할 수는 없다.

---

9 주석형법 [각칙(2)](5판), 277(박찬). 현주건조물등에 침해가 파급되는 위험뿐 아니라 불특정 또는 다수인의 생명·신체·재산에 위험이 생기는 것을 말한다고 한다.

10 西田 外, 注釈刑法(2), 246(嶋矢貴之). 주변 주민 등의 위구감만으로는 불충분하고, 객관적인 위험의 유무가 선행적으로 판단되어야 한다고 한다.

11 주석형법 [각칙(2)](5판), 277(박찬).

12 西田 外, 注釈刑法(2), 246(嶋矢貴之).

5. 고 의

17 제1항의 죄의 고의는 **제177조**에서 살펴 본 것과 같다.

18 제2항의 죄의 고의는 제1항의 고의 외에 공공의 위험의 발생에 대한 인식을 요한다.[13] 제2항의 죄는 객체를 침해하여 공공의 위험을 발생하게 하는 것이 구성요건이기 때문이다. 미필적 고의를 포함한다.

19 제3항, 즉 자기소유의 건조물, 기차, 전차, 자동차, 선박, 항공기 또는 광갱 기타 재산이 압류 기타 강제처분을 받거나 타인의 권리 또는 보험의 목적물이 된 때에는 공공의 위험이 발생하지 않은 경우에도 본조 제1항에 해당하여 처벌을 받게 되므로 이때에는 공공의 위험의 발생에 대한 인식을 요하지 않는다. 그러나 재산이 압류 기타 강제처분을 받거나 타인의 권리 또는 보험의 목적물이 되었다는 사실의 인식을 요한다. 원래 자기 소유 일반건조물 등에의 일수는 침해만으로 처벌되지 않는 것이고, 그것이 압류 기타 강제처분을 받거나 타인의 권리 또는 보험의 목적물이 된 때 비로소 처벌 대상이 되는 것이므로 이 사실은 고의의 대상이 된다. 사실의 착오와 법률의 착오는 방화죄 부분(**§ 164의 V. 고의** 부분 참조)을 참조하기 바란다.

III. 처 벌

20 제1항의 죄는 1년 이상 10년 이하의 징역에 처하고, 제2항의 죄는 3년 이하의 징역 또는 700만 원 이하의 벌금에 처한다.

21 제1항의 죄의 미수범은 처벌하고(§ 182), 예비·음모죄는 3년 이하의 징역에 처한다(§ 183).

〔안 성 수〕

13 주석형법 〔각칙(2)〕(5판), 277(박찬).

제180조(방수방해)

수재에 있어서 방수용의 시설 또는 물건을 손괴 또는 은닉하거나 기타 방법으로 방수를 방해한 자는 10년 이하의 징역에 처한다.

Ⅰ. 취 지

본죄(방수방해죄)는 수재(水災)에 있어 방수(防水)를 방해하는 경우에 성립하는 범죄이다. 본조는 방수활동의 효율성을 유지하기 위한 것으로 제169조의 진화방해죄에 대응하는 규정이다. 본죄의 보호법익은 공공의 안전 및 평온이고, 보호의 정도는 추상적 위험범이라는 견해가 있다.[1] 그러나 타인의 시설 또는 물건을 손괴 또는 은닉한 때에는 재산에 대한 침해가 있어 침해범이라 할 수 있다. 또한, 방수를 방해하는 것이 구성요건으로 명시되어 있어 방해의 위험성만으로는 본죄가 성립하지 않는다. 1

본죄는 미수범 처벌조항도 없다. 2

Ⅱ. 구성요건

1. 주 체

주체에는 제한이 없다. 3

1 김성돈, 형법각론(8판), 602; 오영근, 형법각론(7판), 506; 정성근·박광민, 형법각론(전정3판), 543.

2. 행위상황 및 객체

4 본조의 행위상황은 '수재에 있어서'이고, 객체는 '방수용의 시설 또는 물건'이다.

5 본조의 구성요건에 해당하는 행위를 할 때 수재가 있어야 한다. 수재는 장마나 홍수, 해일 등에 의한 하천의 범람, 저수지의 붕괴, 해안 제방의 유실 등으로 인한 넓은 지역의 침수나 물에 의한 침해를 말한다.[2] 따라서 침수나 침해가 매우 작은 지역에 불과한 때에는 수재라고 할 수는 없다.

6 본조의 행위는 객관적으로 수재 시에 행함을 요한다. 따라서 장차 발생할 수 있는 수재를 염두에 두고 방수활동을 방해하기 위하여 방수용 시설이나 물건을 은닉하여도 본죄는 성립하지 않는다. 또한, 수재가 발생하지 않았음에도 발생한 것으로 오인하고 방수방해행위를 하여도 본죄는 성립하지 않는다. 객관적으로 구성요건적 상황이 존재하지 않기 때문이다.

7 본조의 구성요건인 '수재에 있어서'는 수재가 발생한 때뿐만 아니라 수재가 발생할 것 같은 때, 또는 수재 발생의 위험이 있는 때를 포함한다는 견해가 있다(통설).[3] 그러나 구성요건이 수재가 발생한 때임을 명확하게 하고 있어 죄형법정주의에 반하는 위와 같은 확장해석은 불가하다.[4] 만일 이와 같이 적용범위를 확대하려면 본조의 구성요건을 '수재 또는 수재가 임박한 때'와 같이 개정하여야 한다.

8 방수용이란 수재에 있어서 물을 막기 위한 용도를 말한다. 방수를 하기 위한 콘크리트, 토양, 석재, 목재 등이 이에 해당할 것이나, 방수작업을 위해 사용되고 있는 무전기 등도 포함된다. 공유 여부나 소유권은 묻지 않는다.

3. 행 위

9 객체를 손괴 또는 은닉하거나 기타의 방법으로 방수를 방해하는 것이다.

---

2 주석형법 [각칙(2)](5판), 278(박찬).
3 배종대, 형법각론(13판), § 102/5; 오영근, 507; 이재상·장영민·강동범, 형법각론(12판), § 28/8; 정성근·박광민, 543; 주석형법 [각칙(2)](5판), 278(박찬).
4 이에 대한 상세는 안성수, 형벌조항의 해석방법, 박영사(2022), 235(문자의 분명한 의미 부분) 참조.

손괴는 물리적으로 훼손하여 효용을 해하는 것, 또는 기능을 훼손시키는 행 10
위를 말한다.

은닉은 방수에 사용하려는 사람에 대하여 그 물건 등의 발견을 곤란하게 11
하거나 불가능하게 하는 것을 말한다.

기타의 방법으로 방수를 방해한다는 의미는 은닉, 손괴 이외의 방법으로 방 12
수를 방해한다는 것이다. 여기서의 기타 방법은 모든 방법을 말하는 것이 아니라, 은닉 또는 손괴에 준하는 방법을 말한다고 제한적으로 해석해야 한다.

방수용 물건이 있음에도 없다고 거짓말하거나 그 소재를 다른 곳으로 알려 13
주어 찾을 수 없게 한 경우에는 은닉에 준하는 기타 방법으로 볼 수 있다. 그러나 그 소재에 대하여 묵비하거나 알지 못한다고 했을 때에는 찾는 행위는 계속될 것이고, 진실을 진술할 의무가 있다고 할 수 없어 단순 묵비 또는 불고지가 은닉과 같은 행위라고 법적으로 평가하기 어려우므로 이에 해당한다고 볼 수 없을 것이다. 그 방법 여하를 묻지 않고 방수활동을 곤란하게 할 행위이면 이에 해당하므로, 방수활동의 의욕을 저하시키는 언동을 하는 것도 포함된다는 견해[5]가 있다. 그러나 언어는 행동과 구별된다. 인간의 언어가 가진 추상성과 다의성이라는 본질적 성격 때문에 같은 단어라도 상황에 따라 다른 의미를 가질 수 있다. 따라서 일체의 언어를 처벌하는 것이 아니면 처벌의 한계를 예견하기 어려울 것이다. 결국 입장의 변화, 설득, 의사소통을 하기 위한 언어까지 형사처벌할 가능성이 있고, 이 때문에 표현, 거래, 신체의 자유의 제한이 심화될 것이다. 사례별 범죄화는 규칙성·평등성을 저해하는 개별적·차별적 형사처벌의 부당성을 내재하며, 어떤 언어가 처벌 대상인지 명확하지 않은 상태에서의 형벌은 적정절차에도 반한다고 본다.[6]

4. 결 과

본조는 '방수를 방해한 자'로 구성요건이 되어 있어 방수를 방해해야 범죄 14
가 성립한다. 방수를 방해하지 않으면 본죄는 성립하지 않는다.[7] 현실적으로 방

5 주석형법 〔각칙(2)〕(5판), 279(박찬).
6 이에 대한 상세는 안성수, 형벌조항의 해석방법, 142(구성요건의 비결정성 부분) 참조.
7 오영근, 507.

수활동이 방해될 것을 요하지 않는다는 견해[8]는 피고인에게 불리한 확장해석으로 인정하기 어렵다.

Ⅲ. 처 벌

15 10년 이하의 징역에 처한다.

16 본죄는 미수범 처벌규정이나 예비·음모를 처벌하는 규정이 없다.

17 본조와 관련하여 처벌규정을 두고 있는 특별법으로는, 재산 및 안전관리 기본법(§ 78의3, § 80),[9] 저수지·댐의 안전관리 및 재해예방에 관한 법률(§ 30[10]),[11]

---

8 정성근·박광민, 544; 주석형법 [각칙(2)](5판), 280(박찬).

9 재산 및 안전관리 기본법 제78조의3(벌칙) 제31조제1항에 따른 안전조치명령을 이행하지 아니한 자는 3년 이하의 징역 또는 3천만원 이하의 벌금에 처한다.
제79조(벌칙) 다음 각 호의 어느 하나에 해당하는 자는 1년 이하의 징역 또는 1천만원 이하의 벌금에 처한다.
1. 삭제
2. 정당한 사유 없이 제30조제1항에 따른 긴급안전점검을 거부 또는 기피하거나 방해한 자
3. 삭제
4. 정당한 사유 없이 제41조제1항제1호(제46조제1항에 따른 경우를 포함한다)에 따른 위험구역에 출입하는 행위나 그 밖의 행위의 금지명령 또는 제한명령을 위반한 자

제80조(벌칙) 다음 각 호의 어느 하나에 해당하는 자는 500만원 이하의 벌금에 처한다.
1. 정당한 사유 없이 제45조(제46조제1항에 따른 경우를 포함한다)에 따른 토지·건축물·인공구조물, 그 밖의 소유물의 일시 사용 또는 장애물의 변경이나 제거를 거부 또는 방해한 자
2. 제74조의2제3항을 위반하여 직무상 알게 된 재난관리정보를 누설하거나 권한 없이 다른 사람이 이용하도록 제공하는 등 부당한 목적으로 사용한 자

10 저수지·댐의 안전관리 및 재해예방에 관한 법률 제30조(벌칙) ① 제3조에 따른 저수지·댐의 보수·보강 등 필요한 조치를 하지 아니하거나 성실하게 조치를 하지 아니함으로써 저수지·댐에 중대한 손괴를 야기하여 공공의 안전에 위험을 발생하게 한 자는 10년 이하의 징역에 처한다.
② 제1항의 죄를 범하여 사람을 상해에 이르게 한 자는 1년 이상의 징역에 처하고, 사망에 이르게 한 자는 무기 또는 3년 이상의 징역에 처한다.
③ 업무상 과실 또는 중대한 과실로 제제1항의 죄를 범한 자는 5년 이하의 징역 또는 5천만원 이하의 벌금에 처한다.
④ 업무상 과실 또는 중대한 과실로 제제1항의 죄를 범하여 사람을 사상에 이르게 한 자는 10년 이하의 징역 또는 1억원 이하의 벌금에 처한다.

11 저수지·댐의 안전관리 및 재해예방에 관한 법률 제30조 제1항은 '성실하게 조치를 하지 아니한'이 구성요건으로 되어 있는데, 성실과 불성실의 기준은 막연하다고 할 수 있다. 막연성은 일반적인 지적 수준을 가진 사람이 적용 기준 즉 적용 영역을 설정하는 경계선을 어림짐작해야 하고, 따라서 반드시 기준에 차이가 발생함을 말한다. 이처럼 막연한 형벌조항은 예견이 불가능하여 공정한 고지가 없게 된다. 국민은 이로 인해 적정절차에 반하는 수사·기소 및 처벌의 위험을 부담하므로 이러한 형벌조항은 허용될 수 없다. 각 개별법에서 집행의 실효성 강화를 위해 개별

경범죄 처벌법 제3조 제1항 제29호(공무원 원조불응)[12]가 있다.

〔안 성 수〕

법 내에 형벌조항을 제정하는 경우에 이러한 현상이 빈번하게 발생한다. 이를 방지하기 위해서는 형벌법의 일원화 노력이 필요하다고 본다. 각각의 개별법에 있는 형벌조항은 국민이 그 존재 자체를 알기도 어렵다.

이에 대한 상세는 안성수, 형벌조항의 해석방법, 168(저수지·댐의 안전관리 및 재해예방에 관한 법률 부분), 108(형벌조항의 불명확성 부분); Wayne R. LaFave, Criminal Law(4th edition), Thomson West, (2003), 91.

12 경범죄 처벌법 제3조(경범죄의 종류) ① 다음 각 호의 어느 하나에 해당하는 사람은 10만원 이하의 벌금, 구류 또는 과료(科料)의 형으로 처벌한다.

29. (공무원 원조불응) 눈·비·바람·해일·지진 등으로 인한 재해, 화재·교통사고·범죄, 그 밖의 급작스러운 사고가 발생하였을 때에 현장에 있으면서도 정당한 이유 없이 관계 공무원 또는 이를 돕는 사람의 현장출입에 관한 지시에 따르지 아니하거나 공무원이 도움을 요청하여도 도움을 주지 아니한 사람

第181條(과실일수)

과실로 인하여 제177조 또는 제178조에 기재한 물건을 침해한 자 또는 제179조에 기재한 물건을 침해하여 공공의 위험을 발생하게 한 자는 1천만원 이하의 벌금에 처한다.

[전문개정 1995. 12. 29.]

Ⅰ. 취 지

1 본죄(과실일수죄)는 실화죄(§ 170)에 상응한 범죄이다. 그러나 실화죄에서의 업무상실화, 중실화와는 달리 업무상과실, 중과실에 의한 일수죄 규정은 없다.

2 본조의 전단, 즉 현주건조물 등(§ 177), 공용건조물 등(§ 178) 과실일수죄는 추상적 위험범이고, 일반건조물 등(§ 179) 과실일수죄는 구체적 위험범이다.

3 과실범의 의미 등은 실화죄에서 살펴본 것과 같다(§ 170 **주해** 부분 참조).

Ⅱ. 구성요건

1. 주 체

4 주체에는 제한이 없다.

2. 객 체

5 본조 전단의 객체는 제177조(현주건조물 등) 또는 제178조(공용건조물 등)에 기재한 물건이다. 본조 후단의 객체는 제179조(일반건조물 등)에 기재한 물건이다.

3. 행 위

과실로 인하여 물을 넘기는 것이다. 6

본조는 일수의 원인이 된 작위 또는 부작위 시점에 일수의 예견가능성이 있고, 일수에 의해 제177조(현주건조물 등), 제178조(공용건조물 등)에 기재한 물건을 침해할 것에 대한 예견가능성 또는 제179조(일반건조물 등)에 기재한 물건을 침해할 것에 대한 예견가능성이 있을 것을 요한다. 7

단순히 일수의 예견가능성만으로는 본조의 구성요건인 침해에 대한 주관적 구성요건을 충족하지 못한다. 침해에 대한 예견가능성이 없을 때에는 처벌하지 못한다. 8

후단은 공공의 위험의 발생이 구성요건이므로 이것이 고의의 내용인지, 즉 이를 인식하여야 하는지가 문제된다. 과실로 일수를 하였지만, 공공의 위험의 발생을 인식하지 못한 때에는, 고의가 없어 후단으로 처벌할 수 없게 되는 것이 아닌지가 문제된다. 9

본조는 죄명 및 구성요건의 기본행위가 과실일수로서, 행위 당시 공공의 위험 발생을 인식하는 것은 상정할 수 없다. 따라서 공공의 위험 발생의 예견가능성이 있을 때, 제2항의 죄가 성립한다는 해석은 과실범의 일반해석에 부합하고, 일반인도 객관적·합리적으로 이를 알 수 있다고 볼 수 있다. 그러나 죄형법정주의 원칙상 피고인에게 불이익한 확장해석은 금지되므로 비록 명백한 입법 잘못이라고 하더라도 피고인에게 제2항을 적용할 수 없다고 본다.[1] 따라서 공공이 위험 발생에 대한 예견가능성이 있는 경우 제2항을 적용하기 위해서는 후단의 '침해하여 공공의 위험을 발생하게 한'을 '침해하고 그로 인하여 공공의 위험이 발생한 때'라고 개정하여야 한다. 10

물을 넘기는 것의 의미는 **제177조**에서 살펴본 것과 같다. 11

과실로 물을 넘기는 것과 침해 및 공공의 위험 발생과의 사이에 인과관계가 인정되어야 한다. 12

침해를 회피할 법률상 의무가 있는 사람이 통상 일수를 예견할 수 있는 정 13

---

1 이에 대한 상세는 안성수, 형벌조항의 해석방법, 박영사(2022), 271(언어의 예외, 명백한 과오 부분) 참조.

도의 물이 늘어나는 상황에서 침해를 회피하는 것이 가능함에도 과실로 이를 하지 않아 예견가능한 침해가 발생하였다면, 본조 전단의 과실일수죄가 성립한다.

14 과실과 관련된 판례를 보면, 건설회사가 도급받아 공사를 하면서 그 공사시공을 함에 있어 배수관만을 설치하고 하수 맨홀을 설치하지 아니하여 홍수의 범람으로 건조물이 침수된 사안에서, 그 공사의 직접 책임자로서 건설기술자가 특정되어 배치되어 있었던 이상 다른 특별한 사정이 없는 한, 그 과실 책임은 위 책임자에게 있고 회사책임자에게 책임을 돌릴 수 없다고 한 판례[2]가 있다.

15 일본 판례로는 지방자치단체의 하천사무소 소속인 수문공사의 검사원이 수문장치의 중대한 결함을 발견하지 못하여 물이 불을 때에 수문이 제대로 기능하지 못하여 현주건조물 등에 침해가 발생한 사안에서, 시공업자의 전문적 기술을 신뢰할 수밖에 없다는 점을 인정하면서도 미리 결함을 발견하여 업자로 하여금 수리·정비토록 한 후에 세밀하게 검사를 하면 위 결함을 발견할 수 있었던 사정 등을 지적하여 본죄의 성립을 인정한 판례[3]가 있다.

4. 결 과

16 침해와 공공의 위험 발생의 의미는 앞에서 본 것과 같다.

Ⅲ. 다른 죄와의 관계

17 본죄의 결과 사람이 사망 또는 상해에 이른 때에는 과실치사 또는 과실치상죄와 상상적 경합이 된다.[4] 사람이 사망 또는 상해에 이르게 한 때에 업무상과실 또는 중과실이 있으면, 업무상과실·중과실치사·상죄와 상상적 경합이 된다.

Ⅳ. 처 벌

18 1천만 원 이하의 벌금에 처한다.

---

2 대판 1973. 6. 5, 73도233.
3 東京高判 昭和 52(1977). 3. 24. 東高刑時報 28·3·28.
4 주석형법 〔각칙(2)〕(5판), 283(박찬).

본죄와 관련하여 처벌규정을 두고 있는 특별법으로는, 하천법(§ 96(ii),[5] § 96(iv)[6])[7], 공유수면 관리 및 매립에 관한 법률(§ 62),[8] 댐건설 및 주변지역지원 등에 관한 법률(§ 49)[9] 등이 있다. 19

〔안 성 수〕

5 하천법 제96조(벌칙) 다음 각 호의 어느 하나에 해당하는 자는 1년 이하의 징역 또는 1천만원 이하의 벌금에 처한다.
  2. 제38조제1항 본문에 따른 허가를 받지 아니하고 같은 항 각 호의 어느 하나를 행한 자
제38조(홍수관리구역 안에서의 행위제한) ① 제12조제3항에 따라 고시된 홍수관리구역 안에서 다음 각 호의 행위를 하려는 자는 대통령령으로 정하는 바에 따라 하천관리청의 허가를 받아야 한다. 다만, 대통령령으로 정하는 경미한 행위에 대하여는 그러하지 아니하다.
  1. 공작물의 신축 또는 개축
  2. 토지의 굴착·성토·절토, 그 밖에 토지의 형질변경

6 하천법 제96조(벌칙) 다음 각 호의 어느 하나에 해당하는 자는 1년 이하의 징역 또는 1천만원 이하의 벌금에 처한다.
  4. 제41조제2항에 따른 환경부장관 또는 하천관리청의 명령을 위반한 자
제41조(홍수조절을 위한 조치) ① 댐등의 설치자 또는 관리자는 홍수에 대비하여 댐의 저수를 방류하려는 때에는 대통령령으로 정하는 바에 따라 환경부장관의 승인을 얻어야 한다.
② 하천관리청 또는 환경부장관은 홍수로 인한 재해의 발생을 방지하거나 줄이기 위하여 긴급한 조치가 필요한 때에는 그 수계에 관한 하천의 상황을 종합적으로 고려하여 댐등의 설치자 또는 관리자에 대하여 필요한 조치를 명할 수 있다. 다만, 환경부장관은 미리 하천관리청인 시·도지사와 협의한 경우에는 시·도지사가 할 조치명령을 직접 할 수 있다.

7 하천법 제96조 제4호는 제41조 제2항의 하천관리청 또는 환경부장관이 명한 '필요한 조치'를 위반하면 처벌하도록 되어 있는데, 위임입법은 법률이 행정기관에 충분한 기준을 제시하고, 행정기관이 법률에서 정한 기준을 이해하고 따를 수 있을 정도로 한계가 정해져 있어야 한다. 특히 형벌에 있어서는 위임되는 범위 행위의 한계가 매우 구체적이어야 한다. 또한, 입법부는 국민의 기본적 권리에 효력을 미치는 본질적 결정은 스스로 해야만 한다. 한계 없는 '필요한 조치'의 위임 및 처벌은 위헌성이 있다. 이러한 문제를 시정하기 위해서도 형벌조항의 일원화가 필요하다고 본다[이에 대한 상세는 안성수, 형벌조항의 해석방법, 331(정부구성 원리 부분) 참조].

8 공유수면 관리 및 매립에 관한 법률 제62조(벌칙) 다음 각 호의 어느 하나에 해당하는 자는 3년 이하의 징역 또는 3천만원 이하의 벌금에 처한다.
  1. 제5조를 위반하여 금지된 행위를 한 자
제5조(금지행위) 누구든지 공유수면에서 정당한 사유 없이 다음 각 호의 어느 하나에 해당하는 행위를 하여서는 아니 된다.
  2. 수문 또는 그 밖에 공유수면의 관리를 위한 시설물을 개폐하거나 훼손하는 행위

9 댐건설 및 주변지역지원 등에 관한 법률 제49조(벌칙) 제18조를 위반하여 공공의 피해를 발생시키거나 치수에 장해를 일으킨 댐수탁관리자의 임직원은 5년 이하의 징역 또는 3천만원 이하의 벌금에 처한다.
제18조(위해방지를 위한 조치) 댐관리청이나 댐수탁관리자는 댐의 저수를 방류함으로써 하류에 현저한 변화를 가져올 것이라고 인정하는 경우에는 이로 인한 위해를 방지하기 위하여 대통령령으로 정하는 바에 따라 미리 관계 시·도지사에게 통지하여야 하며, 일반에게 알리기 위하여 필요한 조치를 하여야 한다.

제182조(미수범)
제177조 내지 제179조제1항의 미수범은 처벌한다.

Ⅰ. 취 지

1 제177조(현주건조물 등에의 일수), 제178조(공용건조물 등에의 일수), 제179조 제1항(일반건조물 등에의 일수)에 대한 미수범 처벌규정이다.

Ⅱ. 내 용

1. 개 요

2 제177조 내지 제179조 제1항에 해당하는 실행행위를 하였지만 침해에 이르지 않은 때에는 미수범으로 처벌한다. 자기 소유 일반건조물 등에의 일수는 미수범 처벌규정이 없지만, 제179조 제3항에 의하여, 즉 자기 소유의 건조물, 기차, 전차, 자동차, 선박, 항공기 또는 광갱 기타 재산이 압류 기타 강제처분을 받거나 타인의 권리 또는 보험의 목적물이 된 때에는, 제179조 제1항에 해당하여 미수범으로 처벌받게 된다.

2. 제177조 제2항에의 적용 여부

3 결과적 가중범인 현주건조물등방화치사·상죄(§164②)와는 달리 현주건조물등일수치사·상죄(§177②)의 경우에는 본조의 미수범 처벌규정이 있다. 현주건조물등일수치사·상죄는 결과적 가중범인데, 두 죄 모두 부진정결과적 가중범이라는 견해도 있으나,[1] 통설은 치상죄는 부진정결과적 가중범, 치사죄는 진정결과

1 이재상·장영민·강동범, 형법각론(12판), §28/5.

적 가중범이라고 한다.[2] 이러한 결과적 가중범의 미수가 가능한지에 대해서는 견해가 대립된다.[3] 진정결과적 가중범에 대해서는 통설[4]과 판례[5]는 이를 부정한다. 부진정결과적 가중범에 대해서는 ① 현주건조물방화치상죄만 부진정결과적 가중범이라는 입장에서, 현주건조물등일수죄에 대한 고의가 있고 과실로 상해나 사망에 이른 경우에는 미수범이 성립하지 않지만, 사람을 상해할 고의로 일수행위를 하였으나 상해의 결과를 발생시키지 못한 경우에는 현주건조물등일수

2 오영근, 형법각론(7판), 503; 정성근·박광민, 형법각론(전정3판), 541; 주석형법 〔각칙(2)〕(5판), 271(박찬).

3 긍정설과 부정설의 논거는 다음과 같다(대구고판 2013. 5. 29, 2012노776에서 인용)
(1) 긍정하는 견해와 그 논거
① 기본범죄가 미수인지 기수인지 여부는 전체 결과적 가중범의 불법의 양과 행위자의 책임 정도에 상당한 영향이 있다. 즉 기본범죄가 기수인 경우와 미수인 경우에는 불법의 정도에 차이가 있고 그 차이를 반영하는 미수범이 인정되어야 과형상 적절한 조정이 가능하므로 결과적 가중범의 미수를 인정하여 차등을 두어야 행위책임원칙에 부합한다.
② 기본범죄가 중지미수인 경우 중한 결과에도 불구하고 중지미수에 대한 형의 필요적 감면조치를 하는 것이 형사정책상 타당하다. 그와 같은 중지미수를 인정하기 위해서는 결과적 가중범의 미수 또한 인정되어야 한다.
③ 기본범죄가 미수인 경우로서 결과적 가중범의 미수 개념도 합당하게 상정할 수 있을뿐더러 실제로 법이 명문으로 결과적 가중범의 미수 처벌을 규정하고 있어 미수범 인정의 근거가 될 수 있음에도 이를 무시하고 미수의 성립을 부정하여 그 적용을 하지 않는 것은 죄형법정주의에 어긋난다.
(2) 부정하는 견해와 그 논거
① 강도상해, 강도강간 등의 고의범죄에서 기본범죄의 기수, 미수에 상관없이 중한 결과가 발생하면 기수범으로 보면서, 결과적 가중범에서는 중한 결과가 발생하였음에도 불구하고 기본 범죄가 미수이면 전체를 미수범으로 보자는 것은 일관성이 없어 부당하다.
② 결과적 가중범은 과실에 기한 중한 결과발생을 전제로 하여 인정되는 것이므로 결과가 발생한 이상 과실범의 미수가 부정되듯이 결과적 가중범의 미수도 인정될 수 없고, 기본범죄의 미수를 처벌한다는 것은 기본범죄가 미수인 경우도 기본범죄를 범한 것과 동일하게 취급한다는 것이고 중한 결과가 발생한 이상 결과적 가중범의 결과불법도 인정되므로 결과적 가중범의 기수가 된 것이다.
③ 이례적으로 결과적 가중범의 조문이 미수범 처벌규정의 적용 대상에 포함되는 경우가 있다 하더라도 이는 입법자의 실수에 기한 것일 뿐이므로 결과적 가중범에 해당하는 부분을 제외하고 고의범인 결합범에만 적용되도록 조문을 별도로 해석해야 한다.

4 오영근, 형법총론(5판), 140; 이재상·장영민·강동범, 형법총론(11판), § 27/45.

5 대판 2008. 4. 24, 2007도10058. 「성폭력범죄의 처벌 및 피해자보호 등에 관한 법률 제9조 제1항에 의하면 같은 법 제6조 제1항에서 규정하는 특수강간의 죄를 범한 자뿐만 아니라 특수강간이 미수에 그쳤다고 하더라도 그로 인하여 피해자가 상해를 입었으면 특수강간치상죄가 성립하는 것이고, 같은 법 제12조(주: 성폭력범죄의 처벌 등에 관한 법률 제15조로 변경)에서 규정한 위 제9조 제1항에 대한 미수범처벌규정은 제9조 제1항에서 특수강간치상죄와 함께 규정된 특수강간상해죄의 미수에 그친 경우, 즉 특수강간의 죄를 범하거나 미수에 그친 자가 피해자에 대하여 상해의 고의를 가지고 피해자에게 상해를 입히려다가 미수에 그친 경우 등에 적용된다.」

치상죄의 미수범이 성립한다는 견해(긍정설),[6] ② 현주건조물일수치사·상죄 모두 부진정결과적 가중범이라는 입장에서, 형법이 같은 부진정결과적 가중범인 현주건조물방화치사·상죄나 교통방해치상죄에 관하여는 미수범 처벌규정을 두지 않으면서 현주건조물등일수치사·상죄의 경우에만 그 미수범을 처벌할 이유가 없으므로, 본조의 미수범 처벌규정에도 불구하고 다른 규정과의 균형을 고려할 때 본조는 일수죄에만 적용되는 규정으로 일수치사·상죄의 미수는 있을 수 없다는 견해(부정설)[7]가 대립한다.

4 생각건대, '상해 또는 사망에 이르게 한 것'은 '상해하거나 살해'한 것과 명문의 표현이 다르다. 형벌조항이 명확할 때에는 명문에 반한 다른 해석은 불가능하다. 죄형법정주의 엄격해석의 원칙에 따르면 상해의 고의가 있는 때에는 '상해'한 것이므로 상해죄로 의율하여야 하며, 결과적 가중범으로 규정되어 있는 것을 의율하여 중하게 처벌할 수는 없다. 또한, 과실범에 고의를 요하는 미수를 인정할 수 없다. 따라서 방화죄에 있어서도 미수범 규정인 제174는 제164조 제1항만 처벌하고, 제164조 제2항의 현주건조물등방화치사·상죄는 처벌하지 않고 있다. 이러한 조문 등을 고려하면, 입법 의도는 현주건조물등일수죄치사·상죄(§ 177②)의 경우에는 본조의 미수범 처벌규정을 적용하지 않는 것이고, 따라서 이 부분은 명백한 입법 과오라고 해석할 수 있다. 그러므로 상해·살인의 고의로 현주건조물등에 일수하여 침해하였으나 상해·살인에 이르지 못한 때에는 현주건조물등일수죄 및 상해미수 또는 살인미수의 상상적 경합이 성립할 뿐이라고 본다. 이와 같은 해석은 죄형법정주의의 실질적 의미에도 부합하는 것이다. 본조에서 제177조 제2항을 제외하는 법 개정이 필요하다.

〔안 성 수〕

6 오영근, 504; 주석형법 〔각칙(2)〕(5판), 272(박찬)
7 이재상·장영민·강동범, 형법총론(11판), § 27/46.

제183조(예비, 음모)

제177조 내지 제179조제1항의 죄를 범할 목적으로 예비 또는 음모한 자는 3년 이하의 징역에 처한다.

Ⅰ. 취 지

제177조(현주건조물 등에의 일수), 제178조(공용건조물 등에의 일수), 제179조 제1항(일반건조물 등에의 일수)에 대한 예비·음모 처벌규정이다. 일수로 인한 파괴력과 위험성이 크기 때문에 예비·음모 단계까지 처벌하는 것이다. 1

Ⅱ. 내 용

예비·음모의 의미 등은 방화예비·음모죄(§ 175)에서 살펴본 것과 같다. 다만, 방화예비·음모죄와는 달리 예비·음모 후에 그 목적한 죄의 실행에 이르기 전에 자수한 경우에 대한 형의 필요적 감면규정은 두고 있지 않다. 과실범을 예비·음모할 수 없으므로 본조에서도 제182조와 마찬가지로 제177조 제2항을 제외하는 법 개정이 필요하다. 2

〔안 성 수〕

제184조(수리방해)
둑을 무너뜨리거나 수문을 파괴하거나 그 밖의 방법으로 수리(水利)를 방해한 자는 5년 이하의 징역 또는 700만원 이하의 벌금에 처한다.
[전문개정 2020. 12. 8]

구 조문
제184조(수리방해) **제방을 결궤하거나 수문을 파괴하거나 기타 방법으로 수리를 방해한 자는 5년 이하의 징역 또는 700만원 이하의 벌금에 처한다.**

Ⅰ. 취 지

1 본조는 개인의 재산권인 수리권을 보호하기 위한 규정으로서, 본죄의 보호법익은 수리권이다.[1] 본죄(수리방해죄)는 수리를 방해해야 성립하고, 수리의 방해에 이르지 못하면 처벌하지 못하는 침해범이다.[2]

1 이재상·장영민·강동범, 형법각론(12판), § 28/13; 주석형법 [각칙(2)](5판), 286(박찬). 판례(대판 2001. 6. 26, 2001도404) 및 일본 판례[大判 昭和 7(1932). 4. 11. 刑集 13·646]도 같은 입장이다.

2 오영근, 형법각론(7판). 508. 이에 대하여 추상적 위험범이라는 견해도 있다[임웅, 형법각론(9전정판), 668]. 그러나 침해와 침해의 위험성은 다른 표현이다. 침해가 없어도 침해의 위험성으로 범죄가 성립한다는 해석은 피고인에게 불리한 확장해석으로 죄형법정주의 위반이라고 본다[안성수, 형벌조항의 해석방법, 박영사(2022), 253(위험범 부분) 참조].

Ⅱ. 구성요건

1. 주 체

주체에는 제한이 없다. 2

2. 객 체

본조의 객체는 타인의 수리이다. 타인은 범인이 아닌 사람을 말한다. '수리(水利)'는 관개용·목축용·발전이나 수차 등의 동력용·상수도의 원천용 등 널리 물이라는 천연자원을 사람의 생활에 유익하게 사용하는 것을 가리키고, 교통방해죄(§ 185) 또는 수도불통죄(§ 195)의 경우 등 다른 규정에 의하여 보호되는 형태의 물의 이용은 제외된다.[3] 수리의 예로는, 관개, 발전, 목축, 수차의 동력, 수도가 아닌 식료수로의 이용이 있다. 수리의 물은 유수, 하천수, 저수지의 물, 해수, 지하수 등이 포함된다. 식용수, 수도식용수는 각칙 제16장(먹는 물에 관한 죄)에 별도 규정이 있으므로 본조의 객체에는 해당하지 아니하고, 수도시설을 변조하거나 손괴하면 수도법 제83조 제4호[4]에 의하여 처벌 대상이 된다. 3

수리권은 법률, 계약 또는 관습상 물을 사용할 권리를 말한다. 단순히 물을 이용하는 사실로는 부족하다. 민법 제231조 내지 제235조[5]는 용수권을 규정하 4

---

3 대판 2001. 6. 26, 2001도404.

4 수도법 제83조(벌칙) 다음 각 호의 어느 하나에 해당하는 자는 2년 이하의 징역 또는 2천만원 이하의 벌금에 처한다.

4. 제20조(제50조에 따라 준용하는 경우를 포함한다)를 위반하여 기존 수도관으로부터 분기하여 수도시설을 설치하거나, 수도시설을 변조하거나 손괴한 자

제20조(수도시설의 보호) 누구든지 일반수도사업자의 사전 동의를 받지 아니하고는 일반수도의 기존 수도관으로부터 분기하여 수도시설을 설치하거나, 일반수도의 수도시설을 변조하거나 손괴하여서는 아니 된다.

5 민법 제231조(공유하천용수권) ① 공유하천의 연안에서 농, 공업을 경영하는 자는 이에 이용하기 위하여 타인의 용수를 방해하지 아니하는 범위내에서 필요한 인수를 할 수 있다.

② 전항의 인수를 하기 위하여 필요한 공작물을 설치할 수 있다.

제232조(하류 연안의 용수권보호) 전조의 인수나 공작물로 인하여 하류연안의 용수권을 방해하는 때에는 그 용수권자는 방해의 제거 및 손해의 배상을 청구할 수 있다.

제233조(용수권의 승계) 농, 공업의 경영에 이용하는 수로 기타 공작물의 소유자나 몽리자의 특별승계인은 그 용수에 관한 전소유자나 몽리자의 권리의무를 승계한다.

제234조(용수권에 관한 다른 관습) 전3조의 규정은 다른 관습이 있으면 그 관습에 의한다.

제235조(공용수의 용수권) 상린자는 그 공용에 속하는 원천이나 수도를 각 수요의 정도에 응하

고 있다. 그 밖에 하천법, 소하천법 등에도 수리에 관한 규정이 있다.

5 타인의 수리가 무효인 계약에 기초하거나 무효라면 본조의 객체가 아니다. 수리권자 전원이 방해를 승낙한 때에도 본죄의 객체가 아니다.

6 관습상의 수리권을 인정하는 것이 관습형법의 금지를 내용으로 하는 죄형법정주의에 반하는 것인지에 대하여는, '둑을 무너뜨리거나 수문을 파괴하거나 기타 방법으로 수리를 방해한 자'라는 조문 자체가 있다는 의미에서는 관습형법이라고 볼 수 없지만, 범행의 객체가 관습에 의하여 인정된다는 것은 구성요건의 객체가 형벌조항으로 정해지지 않고, 명확하지 않다는 면에서 죄형법정주의에 반한다고 본다. 수리권이 다른 법률 또는 계약으로 인정된다는 것도 죄형법정주의에 반하므로 본조의 대상이 되는 수리권이 무엇인지에 대한 정의조항이 필요하다고 본다.

7 관습 자체가 명확하지 않아 피고인이 관습에 의한 수리권이 인정된다는 인식을 하지 못하였다면, 사실의 착오이다. 이러한 착오의 존재가 피고인의 주관적 주장에 그치는 것이 아니라 객관적 합리적으로 인정되는 경우, 제13조에 의하여 범의가 인정되지 않을 것이다. 관습이 있어도 법률에 의하여 그것이 효력이 없다고 판단한 때에는 제16조의 법률의 착오에 해당하여 그 오인에 정당한 사유가 있으면 처벌받지 않을 것이다. 자세한 내용은 방화죄 부분(**§ 164의 V. 고의** 부분 참조)을 참조하기 바란다.

8 판례 중에는 관습에 의한 용수권, 점유취득시효에 의한 용수권을 인정한 것이 있다.

9 ① 공유하천인 소포하천 연안 지역 농지의 경작자들이 소포방조제 및 배수갑문이 축조되기 이전부터 이미 소포하천을 농업용수로 이용해 오고 있었다면 위 경작자들은 민법상의 공유하천용수권이나 관습에 의한 용수권 또는 그와 유사한 용수권을 가지고 있었다고 봄이 타당하고, 그러한 상태에서 소포하천 하류에 방조제 등이 축조되어 이 사건 소포호 등 농업기반시설이 만들어졌다면, 이 사건 소포호의 관리자는 당초부터 존재해 오던 위 경작자들의 용수권을 방해할 수 없으므로, 소포호 연안 농지 가운데 '조합구역'으로 지정되지 아니한 농지의

여 타인의 용수를 방해하지 아니하는 범위내에서 각각 용수할 권리가 있다.

경작자들에 대해서도 소포호로부터의 용수사용을 수인하여야 할 의무가 있다.[6]

② 몽리(蒙利)민들이 계속하여 20년 이상 평온 공연하게 본건 유지(溜地)의 10
물을 사용하여 소유농지를 경작하여 왔다면, 그 유지의 물을 사용할 권리가 있다고 할 것이므로 그 권리를 침해하는 행위는 본죄를 구성한다 할 것이다. 몽리민들이 1944년경부터 계속하여 20년 이상 평온, 공연하게 본건 유지의 물을 사용하여 소유 농지를 경작하여 왔다면 민법 부칙 제2조, 민법 제294조, 제245조 제1항, 제291조, 제292조 등에 의하여 지역권취득기간의 경과로 유지소유자에 대하여 그 저수 관계에 이용할 수 있는 권리를 취득하였다 하여 용수지역권에 관한 등기를 청구할 수 있다.[7]

한편, 용수권을 인정하지 아니한 판례도 있다. 11

③ 가사 장구한 시간 동안 평온, 공연하게 지소로부터 관개용의 물을 대어 12
써 왔다 할지라도 이 지소가 사유지에 속하여 있는 이상 그러한 사실만으로서는 곧 위의 지소의 물을 사용할 수 있는 용수권(지역권)을 법률상 취득한다고는 볼 수 없고, 또 그러한 관습법도 없다.[8]

3. 행 위

둑을 무너뜨리거나 수문을 파괴하거나 기타 방법으로 수리를 방해하는 것 13
이다.

둑은 물을 막기 위한 구조물을 가진 인공 건조물을 말한다. 14

수문은 물의 유입과 유출을 조절하는 입출구인 인공구조물을 말한다. 파괴 15
는 때려 부수거나 깨뜨려 헐어버리는 것을 말한다.

'기타 방법으로 수리를 방해하는 것'의 의미는 둑을 무너뜨리거나 수문을 16
파괴하는 이외의 방법으로 수리를 방해한다는 것이다. 여기서의 기타 방법은 모든 방법을 말하는 것이 아니라, 둑을 무너뜨리거나 수문을 파괴하는 것에 준하는 방법을 말한다고 제한적으로 해석해야 한다. 이와 같이 제한적으로 해석하지 않고 모든 방법을 말한다고 한다면 '둑을 무너뜨리거나 수문을 파괴하거나'와

6 대판 2009. 6. 11, 2006다13001.
7 대판 1968. 2. 20, 67도1677.
8 대판 1967. 5. 30, 66다1382.

같은 예시를 둘 이유가 없다.

17 판례는 '수리를 방해한다' 함은 제방을 무너뜨리거나 수문을 파괴하는 등 본조에 예시된 것을 포함하여 저수시설, 유수로나 송·인수시설 또는 이들에 부설된 여러 수리용 장치를 손괴·변경하거나 효용을 해침으로써 수리에 지장을 일으키는 행위를 가리키고, 나아가 본죄가 성립하기 위하여는 법령, 계약 또는 관습 등에 의하여 타인의 권리에 속한다고 인정될 수 있는 물의 이용을 방해하는 것이어야 한다고 판시하고 있다.[9] 이러한 입장에서 판례는, 원천 내지 자원으로서의 물의 이용이 아니라 하수나 폐수 등 이용이 끝난 물을 배수로를 통하여 내려 보내는 것은 본조의 수리에 해당한다고 할 수 없고, 그러한 배수 또는 하수처리를 방해하는 행위는 특히 그 배수가 수리용의 인수와 밀접하게 연결되어 있어서 그 배수의 방해가 직접 인수에까지 지장을 초래한다는 등의 특수한 경우가 아닌 한 본죄의 대상이 될 수 없다고 하면서, 농촌주택에서 배출되는 생활하수의 배수관(소형 PVC관)을 토사로 막아 하수가 내려가지 못하게 한 경우, 본죄에 해당하지 아니한다고 판시하였다.[10]

4. 결 과

18 본죄는 수리를 방해하여야 성립한다. 구성요건이 '수리를 방해한 자'로[11] 되어 있기 때문이다. 따라서 수리방해의 결과가 발생하지 않으면 본죄는 성립하지 않는다.[12] 판례도 삽으로 흙을 떠올려 물줄기를 막는 행위만으로 수리방해를 인정할 수 없다고 판시하여 같은 입장이다.[13]

---

9 대판 2001. 6. 26, 2001도404.

10 대판 2001. 6. 26, 2001도404.

11 우리 형법 규정과는 달리 일본형법의 수리방해 및 출수위험죄(§ 123)는 '제방을 결괴하거나 수문을 파괴하거나 그 밖의 수리의 방해가 될 만한 행위 또는 물을 넘치게 할 만한 행위를 한 때에' 성립한다고 규정되어 있어, 통설과 판례[大判 明治 37(1904). 10. 10. 刑錄 10·1849]는 현실의 수리방해의 결과는 필요하지 않다고 한다. 우리 형법의 수리방해죄에서도 같은 해석을 하는 견해가 있다(임웅, 668).

12 오영근, 509.

13 대판 1975. 6. 24, 73도2594.

5. 고 의

본죄의 고의는 둑을 무너뜨리거나 수문을 파괴하거나 기타 방법으로 수리를 방해하는 행위를 하는 것과 수리방해의 결과에 대한 인식을 요한다. 미필적 고의로도 충분하다. 따라서 어떤 것이 수리에 사용되고 있는 것에 대한 인식이 없거나, 수리에 관련되어 있다고 하더라도 수리방해의 결과에 대한 인식이 없다면, 그것이 객관적 합리적으로 인정되는 이상 고의를 인정할 수 없다. 19

6. 위법성조각

타인의 수리권에 기한 수리를 방해한 경우에도 정당행위,[14] 정당방위,[15] 긴급피난[16] 등 위법성조각사유가 있는 경우에는 위법성이 조각된다. 수리권자의 승낙이 있는 때에는 본죄의 재산범적 성격에 비추어 구성요건해당성이 없다고 할 것이다.[17] 20

Ⅲ. 처 벌

5년 이하의 징역 또는 700만 원 이하의 벌금에 처한다. 21

본죄는 미수범 처벌규정이나 예비·음모를 처벌한 규정이 없다. 22

본죄와 관련하여 처벌규정을 두고 있는 특별법으로는, 하천법(§ 93,[18] § 95(ix)[19]), 23

---

14 전력회사에서 쟁의행위의 일환으로 행한 용수방류행위〔東京高判 昭和 35(1960). 11. 28. 高刑集 13·10·695〕.

15 관행에 반한 상류부락의 침해적 이용을 저지한 경우〔大判 昭和 10(1935). 9. 11. 刑集 14·9·16〕.

16 가뭄 시 등에는 보충성이 있으면 긴급피난이 성립할 수 있다고 한다〔西田 外, 注釈刑法(2), 251(鈴木左斗志)〕.

17 주석형법 〔각칙(2)〕(5판), 290(박찬).

18 하천법 제93조(벌칙) 정당한 사유 없이 하천시설을 이전 또는 손괴하여 공공의 피해를 발생시키거나 치수에 장해를 일으킨 자는 10년 이하의 징역 또는 1억원 이하의 벌금에 처한다.

19 하천법 제95조(벌칙) 다음 각 호의 어느 하나에 해당하는 자는 2년 이하의 징역 또는 2천만원 이하의 벌금에 처한다.

9. 제50조제1항을 위반하여 허가를 받지 아니하고 하천수를 사용한 자

제50조(하천수의 사용허가 등) ① 생활·공업·농업·환경개선·발전·주운(舟運) 등의 용도로 하천수를 사용하려는 자는 대통령령으로 정하는 바에 따라 환경부장관의 허가를 받아야 한다. 허가받은 사항 중 대통령령으로 정하는 중요한 사항을 변경하려는 경우에도 또한 같다.

소하천정비법(§ 27),[20] 농어촌정비법(§ 130),[21] 어촌·어항법(§ 60),[22] 항만법(§ 95),[23] 경범죄 처벌법 제3조 제1항 제17호(물길의 흐름 방해)[24]가 있다.

〔안 성 수〕

20 소하천정비법 제27조(벌칙) 다음 각 호의 어느 하나에 해당하는 자는 6개월 이하의 징역 또는 500만원 이하의 벌금에 처한다.
1. 정당한 사유 없이 소하천시설을 이전하거나 파손하여 공공의 피해를 발생하게 하거나 유수에 지장을 초래하게 한 자
2. 제10조를 위반하여 허가를 받지 아니하고 소하천등 정비를 한 자
3. 제14조를 위반하여 허가를 받지 아니하고 유수의 점용 등을 한 자
4. 제17조 또는 제18조에 따른 관리청의 명령을 위반한 자

21 농어촌정비법 제130조(벌칙) ① 다음 각 호의 어느 하나에 해당하는 자는 5년 이하의 징역 또는 5천만원 이하의 벌금에 처한다.
1. 제18조제3항제1호를 위반하여 농업생산기반시설의 구조상 주요 부분을 손괴하여 그 본래의 목적 또는 사용에 지장을 준 자
2. 제18조제3항제2호를 위반하여 농업생산기반시설관리자의 허락 없이 수문을 조작하거나 용수를 인수함으로써 농어촌용수의 이용·관리에 지장을 준 자

22 어촌·어항법 제60조(벌칙) ① 다음 각 호의 어느 하나에 해당하는 자는 5년 이하의 징역 또는 5천만원 이하의 벌금에 처한다.
1. 정당한 사유 없이 제45조제1호의 금지행위를 한 자
2. 정당한 사유 없이 제45조제2호의 금지행위를 한 자

제45조(금지행위) 누구든지 정당한 사유 없이 어항시설에 대하여 또는 어항구역에서 다음 각 호에 해당하는 행위를 하여서는 아니 된다.
1. 어항시설을 파괴하여 어항의 기능을 해치는 행위
2. 어항시설의 구조를 개조하거나 위치를 변경하는 행위

23 항만법 제95조(벌칙) 정당한 사유 없이 항만시설의 구조 또는 위치를 변경하거나 항만시설을 훼손하여 항만의 효용을 떨어뜨리거나 선박의 입항·출항에 위해를 발생시킨 자는 5년 이하의 징역이나 3천만원 이하의 벌금에 처한다.

24 경범죄 처벌법 제3조(경범죄의 종류) ① 다음 각 호의 어느 하나에 해당하는 사람은 10만원 이하의 벌금, 구류 또는 과료(科料)의 형으로 처벌한다
17. (물길의 흐름 방해) 개천·도랑이나 그 밖의 물길의 흐름에 방해될 행위를 한 사람

第15장 교통방해에 관한 죄

[총 설]

Ⅰ. 규 정

본장은 교통방해에 관한 죄에 대하여 규정하고 있는데, 구체적으로는 일반교통방해(§ 185), 기차, 선박 등의 교통방해(§ 186), 기차 등의 전복 등(§ 187), 교통방해치사상(§ 188), 과실·업무상과실·중과실일반교통방해 등(§ 189①, ②), 일반교통방해 등의 미수(§ 190), 기차교통방해 등의 예비·음모(§ 191)가 규정되어 있다. 1

교통방해에 관한 죄의 기본적 구성요건은 일반교통방해죄(§ 185)이다. 기차, 선박 등의 교통방해죄(§ 186)는 기차, 선박 등 객체의 특수성으로 인해 공공의 위험이 증가함에 따른 가중적 구성요건이고, 기차 등의 전복 등 죄(§ 187)는 행위태양이 전복·매몰·추락 또는 파괴라는 점에서 위험성이 크다는 이유로 불법이 가중된 가중적 구성요건이다. 그리고 일반교통방해(§ 185), 기차, 선박 등의 교통방해(§ 186), 기차 등의 전복 등(§ 187)을 범하여 상해에 이르게 한 경우와 사망에 이르게 한 때에는 그 결과에 따라 결과적 가중범인 교통방해치사상죄(§ 188 전문, 후문)로 처벌된다. 2

그리고 일반교통방해(§ 185), 기차, 선박 등의 교통방해(§ 186), 기차 등의 전복 등(§ 187)에 대하여 과실범, 업무상과실범 또는 중과실범(§ 189①, ②)과 미수범(§ 190)을 처벌하고, 가중적 구성요건인 기차, 선박 등의 교통방해(§ 186), 기차 등 3

의 전복 등(§ 187)에 대한 예비·음모(§ 191)도 처벌한다.

4 본장의 조문 구성은 아래 [표 1]과 같다.

[표 1] 제15장 조문 구성

조 문	제 목	구성요건	죄 명	공소시효
§ 185	일반교통방해	ⓐ 육로, 수로 또는 교량을 ⓑ 손괴 또는 불통하게 하거나 기타 방법으로 ⓒ 교통을 방해	일반교통방해	10년
§ 186	기차, 선박 등의 교통방해	ⓐ 궤도, 등대 또는 표지를 ⓑ 손괴하거나 기타 방법으로 ⓒ 기차, 전차, 자동차, 선박 또는 항공기의 교통을 방해	(기차, 전차, 자동차, 선박, 항공기)교통방해	10년
§ 187	기차 등의 전복 등	ⓐ 사람의 현존하는 기차, 전차, 자동차, 선박 또는 항공기를 ⓑ 전복, 매몰, 추락 또는 파괴	(기차, 전차, 자동차, 선박, 항공기)(전복, 매몰, 추락, 파괴)	15년
§ 188	교통방해치사상	ⓐ § 185 내지 § 187를 범하여 ⓑ 사람을 상해 또는 사망에 이르게 함	(§ 185 내지 § 187 각 죄명)(치상, 치사)	15년
§ 189 ①	과실, 업무상과실, 중과실	ⓐ 과실로 ⓑ § 185 내지 § 187를 범함	과실(§ 185 내지 § 187 각 죄명)	5년
②		ⓐ 업무상과실 또는 중대한 과실로 ⓑ § 185 내지 § 187를 범함	(업무상, 중)과실(§ 185 내지 § 187 각 죄명)	5년
§ 190	미수범	§ 185 내지 § 187의 미수	(§ 185 내지 § 187 각 죄명)미수	
§ 191	예비, 음모	ⓐ § 186 또는 § 187를 범할 목적으로 ⓑ 예비, 음모	(§ 186, § 187 각 죄명)(예비, 음모)	5년

II. 연 혁

5 1953년 9월 18일 형법을 제정하면서, ① 일반교통방해죄(구 § 124①)의 법정형을 높이고 그 행위에 관하여 '손괴 또는 폐색(閉塞)하여 왕래에 방해를 생기게 한' 것을 '손괴 또는 불통하게 하거나 기타 방법으로 교통을 방해한' 것으로 수정하였으며, 기차, ② 선박 등의 교통방해죄(구 § 125)의 법정형 하한을 낮추고 그 객체에서 부표를 삭제하였으며 그 행위에 관하여 '왕래에 위험을 생케 한' 것

을 '교통을 방해한' 것으로 수정하였고, ③ 기차, 선박 등의 교통방해죄(구 § 125)와 기차 등의 전복 등 죄(구 § 126①, ②)의 객체에 자동차와 항공기를 추가하고, ④ 개별 조문에서 규정하던 일반교통방해죄(구 § 124①)에 대한 치사·상죄(구 § 124②)와 기차 등의 전복 등 죄(구 § 126①, ②)에 대한 치사죄(구 § 126③) 외에도 기차 등의 전복 등 죄에 대한 치상죄와 기차 등의 교통방해죄에 대한 치사·상죄를 신설하면서 이를 통합하여 교통방해치사상죄(§ 188)로 규정하고, ⑤ 기차 등의 교통방해죄(구 § 125)로 인한 기차 등의 전복 등 죄(구 § 127)를 삭제하였으며, ⑥ 과실 및 업무상과실에 의한 교통방해죄와 관련하여 중과실범을 추가하고 그 대상범죄를 기차 등의 교통방해죄와 기차 등의 전복 등 죄 외에도 일반교통방해죄(§ 185)를 추가하였고, ⑦ 예비·음모죄를 신설하였다.[1]

그리고 1995년 12월 29일 형법을 개정하면서, ① 치상죄와 치사죄에 대하여 하나의 법정형을 규정하였던 제188조의 교통방해치사상죄에 대하여 치상죄와 치사죄를 전문과 후문으로 구분하여 법정형에 차등을 두고, ② 법정형 중 사형을 없앴다. 또한, ③ 제185조, 제189조 제1항, 제2항의 벌금 단위를 '환'에서 '원'으로 고치고 그 액수를 높였다. 6

Ⅲ. 보호법익

교통방해에 관한 죄는 교통로 또는 교통기관 등 교통설비를 손괴 또는 불통하게 하는 등의 방법으로 교통을 방해하는 것을 내용으로 하는 범죄이다. 현대의 사회생활은 교통의 안전과 발달에 의하여 유지·발전되고 있으며, 교통은 사람들 사이의 교류뿐 아니라 물건의 생산과 유통을 향상시켜 생활환경의 개선 7

1 구 형법과 유사한 일본형법 각칙 제11장 왕래(往來)를 방해하는 죄의 조문 구성은 다음과 같다.

조문	표제	비고
§ 124	왕래방해 및 동치사상	
§ 125	왕래위험	
§ 126	기차전복 등 및 동치사상	
§ 127	왕래위험에 의한 기차전복 등	
§ 128	미수죄	§ 124①, § 125, § 126①, ②
§ 129	과실왕래위험	① 과실, ② 업무상과실

과 경제의 활성화에 미치는 영향이 매우 크다. 최근 대형화·고속화된 교통기관의 등장에 따라 교통의 안전을 해하는 범죄는 공중의 생명, 신체 또는 재산에 중대한 피해를 초래할 위험이 있다. 따라서 교통방해에 관한 죄도 공공위험범으로서의 성격을 가지게 된다.

8 교통방해에 관한 죄의 보호법익은 공공 또는 공중의 교통안전이다. 다만, 공중의 교통안전뿐만 아니라 불특정 또는 다수인의 생명, 신체 또는 재산의 안전도 그 보호법익에 포함되는지에 대하여는 학설이 대립하고 있다. 이를 긍정하는 견해가 다수설[2]이고, 이를 부정하는 견해가 소수설[3]이며, 구체적 구성요건에 따라서 개별적으로 해석하여야 한다는 견해[4]도 있다. ① 긍정설은 본장의 죄는 공중의 교통안전만을 보호하기 위한 도로교통법과 성질과 입법 취지가 다르다는 점을 근거로 들고 있고,[5] ② 부정설은 공중의 생명, 신체 또는 재산은 반사적으로 보호를 받게 되는 점을 근거로 들고 있다.[6] 판례는 일반교통방해죄(§ 185)의 보호법익이 일반 공중의 교통안전이라고 판시하고 있다.[7]

9 그리고 본죄의 보호법익이 보호받는 정도는 기본적으로 추상적 위험범이다.[8] 이에 대하여 구체적 위험범으로 보는 소수설[9]이 있다. 판례는 일반교통방해죄(§ 185)를 추상적 위험범으로 판시하고 있다.[10]

---

2 김신규, 형법각론 강의, 615; 김일수·서보학, 새로쓴 형법각론(9판), 479; 박상기, 형법각론(8판), 487; 박상기·전지연, 형법학(총론·각론)(5판), 755; 배종대, 형법각론(13판), § 103/2; 원혜욱, 형법각론, 384; 이재상·장영민·강동범, 형법각론(12판), § 29/2; 이정원·류석준, 형법각론, 537; 이형국·김혜경, 형법각론(2판), 604; 임웅, 형법각론(9정판), 669; 정성근·박광민, 형법각론(전정3판), 548; 정성근·정준섭, 형법강의 각론(2판), 411; 정웅석·최창호, 형법각론, 166; 최호진, 형법각론, 713; 한상훈·안성조, 형법개론(3판), 623.

3 정영일, 형법강의 각론(3판), 303.

4 손동권·김재윤, 새로운 형법각론, § 34/1; 주석형법 [각칙(2)](5판), 291(김상준).

5 박상기, 487; 박상기·전지연, 745; 배종대, § 103/2; 이재상·장영민·강동범, § 29/2; 임웅, 669; 정성근·박광민, 548.

6 정영일, 303.

7 대판 1995. 9. 15, 95도1475; 대판 2005. 10. 28, 2004도7545; 대판 2009. 1. 30, 2008도10560; 대판 2014. 7. 10, 2014도1926; 대판 2019. 1. 10, 2016도19464.

8 김성돈, 형법각론(5판), 568; 김일수·서보학, 479; 김신규, 615; 박상기, 487; 박상기·전지연, 745; 손동권·김재윤, § 34/1; 이재상·장영민·강동범, § 29/2; 이정원·류석준, 537; 임웅, 669; 정성근·박광민, 548; 정성근·정준섭, 411; 정웅석·최창호, 166; 주석형법 [각칙(2)](5판), 291(김상준).

9 배종대, § 103/2.

10 대판 2005. 10. 28, 2004도7545; 대판 2019. 1. 10, 2016도19464; 대판 2019. 4. 23, 2017도

교통범죄는 일반적으로 다음의 세 가지의 의미, 즉 협의, 광의 그리고 최광의의 교통범죄로 사용되고 있다.[11] 먼저 ① 협의의 교통범죄란 이른바 교통형사범, 즉 교통기관을 수단 또는 대상으로 범해진 형법상의 범죄, 예컨대, 업무상과실치사상죄나 교통방해죄, 교통사고처리특례법위반, 특정범죄가중처벌등에관한법률위반(도주치사·상) 등을 말한다. ② 광의의 교통범죄란 협의의 교통범죄와 형이 부과되는 교통규칙위반행위, 즉 도로교통법위반(음주운전, 무면허운전) 등을 말한다. 그리고 ③ 최광의의 교통범죄는 광의의 교통범죄에 더하여 교통규칙 외의 교통관계 행정법규위반행위로서 형이 부과되는 것을 말한다. 10

오늘날 교통의 영역 중 도로교통의 발달과 함께 육상교통 중 궤도교통이나 해상교통 및 항공교통의 중요성도 커지고 있다. 이에 따라 형법의 규정뿐만 아니라 교통기관 및 교통시설 등에 따라 개별 법률을 통하여 규율하고 있다. 도로교통에 관하여는 도로교통법, 도로법, 유료도로법, 여객자동차 운수사업법, 화물자동차 운수사업법, 특정범죄 가중처벌 등에 관한 법률, 교통사고처리 특례법, 자동차관리법, 주차장법이, 철도교통에 관하여는 철도법, 해상교통에 관하여는 선박법, 선박안전법, 해사안전법, 항만운송사업법, 선박의 입항 및 출항 등에 관한 법률, 측량·수로조사 및 지적에 관한 법률, 유선 및 도선사업법, 도선법이, 항공교통에 관하여는 항공사업법, 항공기안전법, 항공보안법 등이 있다. 11

〔전 승 수〕

1056.

11 손기식, 교통형법, 한국사법행정학회(2008), 33.

第185條(일반교통방해)

육로, 수로 또는 교량을 손괴 또는 불통하게 하거나 기타 방법으로 교통을 방해한 자는 10년 이하의 징역 또는 1천500만원 이하의 벌금에 처한다. 〈개정 1995. 12. 29.〉

Ⅰ. 취 지

1 본죄(일반교통방해죄)는 육로, 수로 또는 교량을 손괴 또는 불통하게 하거나 기타 방법으로 교통을 방해함으로써 성립하는 범죄이다. 교통방해에 관한 죄의 기본적 구성요건이지만, 그 객체가 육로, 수로 또는 교량으로 제한되어 있다.

2 본죄는 일반 공중의 교통안전을 보호법익으로 한다. 교통방해라는 상태를 야기할 것을 요하며, 현실로 교통이 방해된 일이 있거나 공공의 위험 발생 등 구체적으로 어떤 결과의 발생을 구성요건에서 요구하지 않는다.[1] 따라서 보호법익의 보호 정도는 추상적 위험범이다(통설[2]·판례[3]). 이에 대하여 구체적 위험범으로 보는 견해[4]와 침해범처럼 규정되어 있다는 견해[5]가 있다.

---

1 대판 2005. 10. 28, 2004도7545.

2 김성돈, 형법각론(5판), 568; 김일수·서보학, 새로쓴 형법각론(9판), 479; 박상기, 형법각론(8판) 488; 박상기·전지연, 형법학(총론·각론)(5판), 755; 손동권·김재윤, 새로운 형법각론, § 34/4; 신동운, 형법각론(2판), 327; 이재상·장영민·강동범, 형법각론(12판), § 29/7; 임웅, 형법각론(9정판), 670; 정성근·박광민, 형법각론(전정3판), 549; 정영일, 형법강의 각론(3판), 303; 홍영기, 형법(총론과 각론), § 97/5; 주석형법 〔각칙(2)〕(5판), 293(김상준).

3 대판 2005. 10. 28, 2004도7545; 대판 2019. 1. 10, 2016도19464; 대판 2019. 4. 23, 2017도1056.

4 배종대, 형법각론(13판), § 104/1. 일본형법은 '육로, 수로 또는 다리를 손괴하거나 폐색(閉塞)하

본조가 죄형법정주의의 명확성원칙에 반하는지 여부 등이 문제되고 있다. 헌법재판소는 본조 중 육로를 불통하게 하거나 기타 방법으로 교통을 방해한 자를 형사처벌하도록 규정한 부분은 죄형법정주의의 명확성 원칙에 위배되지 않고, 국가형벌권 행사에 관한 입법재량의 범위를 벗어난 과잉입법도 아니며, 형벌과 책임 간의 비례원칙에 반하는 과잉 형벌로 볼 수 없어 헌법에 위반되지 아니한다고 결정하였다.[6] 3

Ⅱ. 객 체

본죄의 객체는 육로, 수로 또는 교량이다. 4

1. 육 로

'육로'는 일반 공중의 왕래에 공용(供用)되는 육상의 통로로서, 특정인에 한하지 않고 불특정 다수인 또는 차마(車馬)가 자유롭게 통행할 수 있는 공공성을 지닌 장소를 말한다.[7] 5

육로는 사실상 일반 공중의 왕래에 공용되는 육상의 통로이면 충분하고, 육로에 사용되는 부지의 소유관계[8]나 통행권리관계 또는 통행인의 많고 적음이나 노면 폭의 넓고 좁음 등은 가리지 않는다.[9] 따라서 육로에 해당하는 이상 학교법인 소유 토지를 무단출입하여 불법통행하였거나 소수인의 통행에 불과했다는 사실만으로는 육로의 인정을 좌우할 수 없다.[10] 도로법이나 도로교통법의 적용을 받는 도로인가 아닌가를 묻지 않는다.[11] 6

여 왕래의 방해를 생기게 한 자'를 왕래방해죄(§ 124①)(우리의 일반교통방해죄에 해당)로 처벌하도록 규정하고 있어, 구체적 위험범이라고 한다[大判 昭和 3(1928). 5. 31. 刑集 7·416].

5 오영근, 형법각론(5판), 500.

6 헌재 2010. 3. 25, 2009헌가2.

7 대판 1984. 9. 11, 83도2617; 대판 1988. 5. 10, 88도262; 대판 1999. 4. 27, 99도401; 대판 2010. 2. 25, 2009도13376; 대판 2019. 4. 23, 2017도1056; 대판 2021. 3. 11, 2020다229239.

8 最決 昭和 32(1957). 9. 18. 裁判集(刑事) 120·457.

9 대판 1979. 9. 11, 79도1761; 대판 1988. 4. 25, 88도18; 대판 1989. 6. 27, 88도2264; 대판 1994. 11. 4, 94도2112; 대판 2002. 4. 26, 2001도6903; 대판 2005. 10. 28, 2004도7545; 대판 2021. 3. 11, 2020다229239.

10 대판 1979. 9. 11, 79도1761.

11 김일수·서보학, 479; 박상기, 488; 오영근, 501; 이재상·장영민·강동범, § 29/7; 임웅, 671; 정성

7 ① 농가의 영농을 위한 경운기나 리어카 등의 통행을 위한 농로로 개설되었으나 다른 차량도 통행할 수 있는 도로,[12] ② 주민들에 의하여 공로로 통하는 유일한 통행로로 오랫동안 이용되어 온 폭 2미터의 골목길,[13] ③ 문제된 토지를 포함한 구도로 옆으로 신도로가 개설되었으나 그 이후에도 여전히 포장도로의 형태를 유지하면서 신도로로 진입하는 통행로 등으로 사용되고 있는 구도로,[14] ④ 등산객이나 인근 주민, 여관 및 식당, 버섯농장의 손님들의 통행로로 이용된 토지,[15] ⑤ 마을주민, 등산객, 성묘객 등이 사실상 통행로로 이용하여 오던 토지,[16] ⑥ 사실상 2가구 외에는 달리 이용하는 사람들이 없더라도 2가구의 집과 밭에서 공로에 이르는 통행로,[17] ⑦ 인근 상가의 통행로로 이용되고 있는 토지,[18] ⑧ 지방자치단체가 농어촌도로정비법상 농어촌도로로 지정하고 30년 이상 관리하면서 사찰로 출입하는 유일한 통행로로서 사찰의 승려, 신도, 탐방객 및 인근 주민들이 이용하고 있던 도로[19] 등은 육로에 해당한다.

8 그러나 ① 단순히 개인이 그 사용에 제공하면서 인접된 주택에 거주하는 사람들의 통행을 부수적으로 묵인한 장소,[20] ② 인접한 토지 소유자들이 대로에 이르는 지름길로서 통행하는 것을 묵인한 개인의 주택과 마당의 일부,[21] ③ 토지의 소유자가 자신의 토지의 한쪽 부분을 일시 공터로 두었을 때 인근 주민들이 위 토지의 동서쪽에 있는 도로에 이르는 지름길로 일시 이용한 적이 있는 장소,[22] ④ 공로에 출입할 수 있는 다른 도로가 있는 상태에서 토지 소유자로부터 일시적인 사용승낙을 받아 통행하거나 토지 소유자가 개인적으로 사용하면서 부수적으로 타인의 통행을 묵인한 장소,[23] ⑤ 정당한 도로개설이 되기 전까지 소유자

근·박광민, 549; 정영일, 304; 주석형법 〔각칙(2)〕(5판), 294(김상준).

12 대판 1995. 9. 15, 95도1475.
13 대판 1994. 11. 4, 94도2112.
14 대판 1999. 7. 27, 99도1651.
15 대판 2002. 4. 26, 2001도6903.
16 대판 2005. 8. 19, 2005도1697.
17 대판 2007. 2. 22, 2006도8750.
18 대판 2007. 12. 28, 2007도7717.
19 대판 2021. 3. 11, 2020다229239.
20 대판 1984. 9. 11, 83도2617.
21 대판 1999. 4. 27, 99도401.
22 대판 1984. 11. 13, 84도2192.
23 대판 2017. 4. 7, 2016도12563.

가 농작물 경작지로서 이용하려고 하였고, 부근 주민들은 큰 도로로 나아가는 간편한 통로로 이용하려고 하여 분쟁이 계속된 토지,[24] ⑥ 목장 소유자가 목장운영을 위해 목장용지 내에 임도를 개설하고 차량 출입을 통제하면서 인근 주민들의 일부 통행을 부수적으로 묵인한 장소,[25] ⑦ 기존의 도로를 사용할 수 없게 되자 피고인 소유의 임야에 콘크리트 포장공사를 하여 타인의 음식점으로 통하는 진입도로를 만들었으나 피고인과 분쟁이 계속되고 소송에서 타인의 통행권이 인정되지 아니한 진입도로[26] 등은 공공성을 지닌 장소라고 할 수 없어 여기의 '육로'에 해당하지 아니한다.

육로는 도로의 도상만을 말하는 것이 아니고 터널을 통과하는 도로일 때에는 터널도 여기의 육로에 포함된다.[27] 그러나 철로는 일종의 육로라고 할 수 있지만 제186조(기차, 선박 등의 교통방해)의 관계에 비추어 본조의 객체에서 제외되는 것으로 해석한다.[28] 9

2. 수 로

'수로'는 선박의 항행에 공용되는 하천, 운하, 호소(湖沼), 항구 등을 말한다. 일반 공중의 왕래에 공용되는 것에 한한다. 해로가 여기의 '수로'에 해당하는지에 관하여는 견해가 대립하고 있다. 전면적인 제외는 타당하지 않고 좁은 해협은 그 대상에 포함될 수 있다는 견해[29]가 있으나, 공해상의 수로도 교통방해의 대상이 될 수 있어 여기의 수로에 해당한다는 견해[30]가 다수설이다. 10

24 대판 1988. 5. 10, 88도262.
25 대판 2007. 10. 11, 2005도7573.
26 대판 2010. 2. 25, 2009도13376.
27 주석형법 [각칙(2)](5판), 296(김상준).
28 김성돈, 569; 김일수·서보학, 480; 손동권·김재윤, § 34/5; 정성근·박광민, 550; 주석형법 [각칙(2)](5판), 295(김상준).
29 김성돈, 569; 김일수·서보학, 480; 정성근·박광민, 550; 주석형법 [각칙(2)](5판), 295(김상준).
30 김성돈, 569; 김신규, 형법각론 강의, 618; 김일수·서보학, 480; 박상기, 488; 박찬걸, 형법각론(2판), 677; 배종대, § 104/3; 손동권·김재윤, § 34/5; 오영근, 501; 이재상·장영민·강동범, § 29/10; 임웅, 671; 정성근·박광민, 550; 정성조·정준섭, 형법강의 각론(2판), 412; 정영일, 304; 한상훈·안성조, 형법개론(3판), 624.

3. 교 량

11 '교량'은 일반 공중의 교통에 제공되는 다리를 말한다. 그 구조, 형태, 재질, 대소와 공유 내지 사유 여부 등은 묻지 않는다.[31] 도로관계법령에 의하여 노선의 인정을 받은 도로상에 설치된 교량에 국한되지 않는다. 교량은 반드시 하천 등 수로에 가설되어 있을 필요가 없고, 육교나 잔교도 교량에 포함된다. 그러나 기차와 전차의 운행만을 위하여 설치된 교량은 궤도의 일부이므로 제186조와의 관계에 비추어 본조의 객체에서 제외된다.[32] 이에 대하여 철교도 교량에 포함된다는 견해가 있다.[33]

Ⅲ. 행 위

12 본죄의 실행행위는 손괴 또는 불통하게 하거나 기타 방법으로 교통을 방해하는 것이다.

1. 손 괴

13 '손괴'라 함은 객체를 물리적으로 파괴, 파손하여 그 효용을 상실하게 하는 것을 말한다. 반드시 전부의 손괴를 요하지 않지만, 교통을 방해할 정도에 이르러야 한다. 따라서 도로를 파헤치거나 터널의 측면 또는 상부를 손괴하는 것도 손괴에 해당한다. 주민들이 농기계 등으로 그 주변의 농경지나 임야에 통행하기 위해 이용하는 자신 소유의 도로에 깊이 1m 정도의 구덩이를 판 행위[34]는 여기에 해당한다. 그리고 판례[35]는 교량 건설 당시의 부실제작 및 부실시공 등에 의하여 교량의 트러스가 붕괴되는 경우에도 여기의 손괴에 해당한다고 보았다.

---

31 일본 판례는 다리 양 쪽에 경찰서와 지방자치단체의 통행금지 표지가 세워져 있지만, 위 표지가 쓸모없이 방치되어 있거나 법적 효력이 없는 데다가 사실상 사람이나 차량이 통행하는 때에는 교량에 해당한다고 판시하였다[最判 昭和 36(1961). 1. 10. 刑集 15·1·1].

32 김성돈, 569; 김일수·서보학, 480; 배종대, § 103/4; 손동권·김재윤, § 34/5; 이재상·장영민·강동범, § 29/11; 이정원·류석준, 형법각론, 539; 정성근·박광민, 550; 정영일, 304.

33 오영근, 502.

34 대판 2007. 3. 15, 2006도9418.

35 대판 1997. 11. 28, 97도1740.

2. 불 통

'불통하게 한다'라 함은 유형의 장애물을 가지고 왕래를 방해하는 일체의 행위를 말한다. 도로를 차단하거나 장애물로 왕래를 방해할 수 있는 것은 여기에 해당한다.[36] 14

판례는 ① 농로의 노변에 약 50개의 말뚝을 박고 그 말뚝에 철조망까지 쳐서 노폭을 현저하게 제한함으로써 경운기 이외의 다른 차량 등의 통행을 불가능하게 한 행위,[37] ② 주민들에 의하여 공로로 통하는 유일한 통행로로 오랫동안 이용되어 온 폭 2미터의 골목길을 자신의 소유라는 이유로 폭 50 내지 75센티미터 가량만 남겨두고 담장을 설치한 행위,[38] ③ 불특정 다수인의 통행로로 이용되어 오던 도로의 토지 일부의 소유자라 하더라도 그 도로의 중간에 바위를 놓아두거나 이를 파헤침으로써 차량의 통행을 못하게 한 행위,[39] ④ 피고인 소유의 승합차를 시청사 정문 앞에 주차시켜 청사 정문을 가로막은 다음, 청원경찰의 요구에도 승합차 문을 잠근 채 밖으로 나오지 않다가 나중에 위 승합차를 그 자리에 둔 채 다른 곳으로 가버린 행위,[40] ⑤ 통행로 중 폭 100미터 길이 부분을 포크레인으로 폭 2미터 정도로 굴착하고 돌덩이까지 쌓아 놓은 행위,[41] ⑥ 쇠파이프구조물을 설치하거나 화물차로 도로를 가로막는 행위,[42] ⑦ 인근 상가의 통행로로 이용되고 있는 토지의 사실상 지배권자가 위 토지에 철주와 철망을 설치하고 포장된 아스팔트를 걷어냄으로써 통행로로 이용하지 못하게 15

---

36 일본형법은 육로·수로·다리에 대하여 '왕래의 방해를 생기게 한' 경우에는 왕래방해죄(§ 124①)(우리의 일반교통방해죄에 해당)로 처벌하고, 기차·전차·선박에 대하여 '왕래의 위험을 생기게 한' 경우는 왕래위험죄(§ 125①, ②)(우리의 기차·선박등교통방해죄에 해당)로 처벌하고 있다. '왕래의 위험'의 의미에 대하여, 일본 판례는 "기차 또는 전차의 탈선, 전복, 충돌, 파괴 등 이들 교통기관의 왕래에 위험한 결과를 발생시킬 우려가 있는 상태를 말하고, 단순히 교통의 방해를 발생시킨 것만으로는 부족하지만, 위 탈선 등의 실해(實害)의 발생이 필연적 내지 개연적일 것까지 필요로 하는 것은 아니고, 위 실해가 발생할 가능성이 있으면 충분하다."고 판시하고 있다〔最決 平成 15(2003)·6·2. 刑集 57·6·749〕.

37 대판 1995. 9. 15, 95도1475.

38 대판 1979. 9. 11, 79도1761; 대판 1988. 4. 25, 88도18; 대판 1989. 6. 27, 88도2264; 대판 1994. 11. 4, 94도2112; 대판 2002. 4. 26, 2001도6903; 대판 2005. 10. 28, 2004도7545.

39 대판 2002. 4. 26, 2001도6903.

40 대판 2001. 9. 28, 2001도3923.

41 대판 2007. 2. 22, 2006도8750.

42 대판 2005. 10. 28, 2004도7545.

한 행위,[43] ⑧ 야간에 2, 3대의 차량과 간이테이블 수십 개를 이용하여 편도 3개 차로 중 길가 쪽 2개 차로를 차지하는 포장마차를 설치하고 영업을 한 행위,[44] ⑨ 차량의 교행이 가능한 아파트 후문 입구 도로의 중앙에 피고인의 차량을 주차해 놓음으로 인해 차량 한 대가 겨우 빠져 나갈 수 있는 상황을 만든 행위,[45] ⑩ 폭이 약 320cm인 편도 1차선 도로에 너비 약 260cm의 탱크로리를 4개월 이상 주차하여 둠으로써 위 차선을 지나는 운전자들이 반드시 중앙선을 넘어서 반대편 차선을 이용해야만 통행할 수 있도록 한 행위,[46] ⑪ 도로 중 약 1.4미터를 침범한 상태로 트랙터를 세워두거나 철책 펜스를 설치하여 노폭을 현저하게 제한함으로써 종전에는 통행이 가능하던 차량의 통행을 불가능하게 한 행위[47] 등이 여기에 해당한다고 판시하였다.

3. 기타 방법

16 여기서 '기타 방법'이란 육로 등을 손괴하거나 불통하게 하는 행위에 준하여 의도적으로, 또한 직접적으로 교통장해를 발생시키거나 교통의 안전을 위협하는 행위를 하여 교통을 방해하는 행위를 의미한다.[48] 보복운전을 하기 위하여 편도 2차로의 고속도로 2차로를 따라 자동차를 운전하다가 1차로를 진행하던 차량 앞에 급하게 끼어든 후 곧바로 1차로 한가운데에 정차한 행위[49]는 여기에 해당한다.

17 '기타 방법'으로 교통을 방해하는 행위의 범위와 관련하여, 예를 들어 권한 없는 사람이 허위의 '통행금지'라는 표지를 세워 교통을 방해하거나 특히 집회 또는 시위 시 도로의 차로를 점거하는 행위가 기타의 방법에 해당하는가에 대하여 견해가 대립하고 있다.

18 ① 다수설은 교통방해가 초래될 수 있는 일체의 방법을 의미한다고 보아 이를 긍정하는 광의설[50]이고, 소수설로는 ② 손괴 또는 불통에 준하는 행위여야 한

---

43 대판 2007. 12. 28, 2007도7717.
44 대판 2007. 12. 14, 2006도4662.
45 대판 2012. 9. 13, 2010도1654.
46 대판 2014. 2. 13, 2012도10864.
47 대판 2009. 1. 30, 2008도10560.
48 헌재 2010. 3. 25, 2009헌가2.
49 대판 2014. 7. 24, 2014도6206.
50 김성돈, 569; 김신규, 619; 김일수·서보학, 480; 박상기, 489; 배종대, § 104/5; 손동권·김재윤,

다는 이유로 이를 부정하는 협의설[51]과 ③ 손괴 또는 불통과 동등한 수준의 행위여야 한다는 이유로 이를 부정하는 동등설[52]이 있다. 다수설은 행위의 태양에 제한을 두지 않고 교통방해라는 상태와 함께 구성요건 해당 여부를 판단하고 있기 때문에 기타 방법에 해당한다고 본다. 그러나 소수설은 행위태양에 의하여 구성요건 해당 여부를 판단하되, 행위태양이 물리적 손괴 또는 교통상 장해물 설치에 준하여야 한다고 보기 때문에 이러한 행위들은 기타 방법에 해당하지 않는다고 본다. 또한, 이에 대하여는 입법론으로 기타 방법을 삭제하고 행위태양을 보다 세분화하여 명확하게 규정하여야 한다는 견해가 있다.[53]

4. 집회·시위와 교통방해

도로에서 집회 또는 시위를 하는 경우와 관련하여, 집회 및 시위에 관한 법률(이하, 집시법이라 한다.)과의 관계가 문제된다. 19

판례에 의하면, 구 집시법(2007. 5. 11. 법률 제8424호로 전문 개정되기 전의 것) 제6조 제1항 및 입법 취지에 비추어 적법한 신고를 마치고 도로에서 집회나 시위를 하는 경우 도로의 교통이 어느 정도 제한될 수밖에 없으므로, 그 집회 또는 시위가 신고된 범위 내에서 행해졌거나 신고된 내용과 다소 다르게 행해졌어도 신고된 범위를 현저히 일탈하지 않는 경우에는, 그로 인하여 도로의 교통이 방해를 받았다고 하더라도 특별한 사정이 없는 한 본죄가 성립한다고 볼 수 없다고 하면서도 그 집회 또는 시위가 당초에 신고한 범위를 현저히 벗어나거나 집시법 제12조에 따른 조건을 중대하게 위반하여 도로 교통을 방해함으로써 통행을 불가능하게 하거나 현저하게 곤란하게 하는 경우에는 본죄가 성립한다.[54] 20

판례는 ① 전국민주노동조합총연맹 준비위원회가 주관한 도로행진시위가 21

---

§ 34/6; 오영근, 502; 이재상·장영민·강동범, § 29/13; 임웅, 671; 정성근·박광민, 550; 정성근·정준섭, 413; 정영일, 304; 정웅석·최창호, 형법각론, 167.

51 신동운, 330; 주석형법 〔각칙(2)〕(5판), 298(김상준).

52 한인섭, "일반교통방해죄와 집회시위에의 그 적용을 둘러싼 문제", 형사법연구 21-1, 한국형사법학회(2009), 356.

53 조현욱, "차량교통이 통제된 도로에서 집행된 집행·시위에 참가한 사람에 대한 일반교통방해죄 성립 여부", 저스티스 168, 한국법학원(2018. 10), 352; 하태훈, "명확성의 원칙과 일반교통방해죄(형법 제185조)의 예시적 입법형식", 2013 한·터키 국제학술대회 발표논문(2014. 6. 22), 279.

54 대판 2008. 11. 13, 2006도755; 대판 2018. 1. 24, 2017도11408; 대판 2018. 5. 11, 2017도9146; 대판 2019. 1. 17, 2017도8847; 대판 2021. 7. 15, 2018도11349.

사전에 구 집시법(2007. 5. 11. 법률 제8424호로 전문 개정되기 전의 것)에 따라 옥외집회신고를 마쳤어도, 신고의 범위와 집시법 제12조에 따른 제한을 현저히 일탈한 행진시위의 참가자들의 주요 도로 전차선 점거 행진 및 도로점거 연좌시위 등의 행위,[55] ② 한미 FTA 저지 범국민운동본부의 주도하에 그 회원 등 약 5,000명이 집결하여 2006. 12. 6. '제3차 범국민총궐기대회'를 개최한 후 시내도로를 점거한 채 집단행진을 하고 도로를 점거한 채 촛불집회 등을 개최하는 과정에서 이루어진 행위,[56] ③ 소위 '광우병위험 미국산 쇠고기 전면 수입을 반대하는 국민대책회의' 관계자와 사이에 피고인 소유의 무대차량을 1일 30만 원에 임대하기로 하는 계약을 체결하고, 2008. 6. 21. 19:25경부터 20:50경 사이에 덕수궁 대한문 앞 차로에서 9,000여 명이 참석한 촛불집회 및 2008. 6. 26. 19:25경부터 20:10경까지 사이에 위와 같은 장소에서 3,000여 명이 참석한 촛불집회를 위하여 위 무대차량을 대한문과 시청 앞 광장 사이의 태평로를 가로질러 광화문을 바라보게 설치해 주고 이를 사용하게 함으로써 교통을 방해한 행위,[57] ④ 집시법에 따른 신고 없이 서울광장에서 개최된 '세월호 1주기 범국민행동' 추모제에 참석한 뒤 다른 집회 참가자들과 함께 질서유지선을 넘어 방송차량을 따라 도로 전 차로를 점거하면서 행진하고, 행진을 제지하는 경찰과 대치하면서 도로에서 머무른 행위[58]에 대하여 본죄가 성립한다고 보았다.

22 그리고 집시법 제12조 제1항에서 정한 교통질서 유지를 위한 조건의 통보는 집시법 제8조에서 정한 집회 또는 시위의 금지·제한 통고와는 다른 것으로서, 그 구체적인 통보 방법이나 경위, 수령인과 주최자와의 관계 등에 비추어 집시법 제12조에 따른 교통조건 통보서가 상당한 방법으로 주최자나 연락책임자에게 도달하여 주최자가 그 내용을 알 수 있는 객관적 상태에 이르렀다면, 비록 집시법 제8조에 따른 금지·제한 통고서의 송달 방법을 갖추지 못하였다 하더라도, 적법한 교통조건 통보로서 유효하다고 본다.[59]

55 대판 2008. 11. 13, 2006도755.
56 대판 2011. 4. 28, 2008도9645.
57 대판 2012. 3. 29, 2010도7086.
58 대판 2018. 5. 11, 2017도9146.
59 대판 2013. 12. 26, 2013도4485; 대판 2015. 8. 27, 2012도14625; 대판 2015. 8. 27, 2013도10659.

그러나 당초 신고된 범위를 현저히 일탈하거나 집시법 제12조에 의한 조건을 중대하게 위반하여 도로교통을 방해함으로써 통행을 불가능하게 하거나 현저하게 곤란하게 하는 집회 및 시위에 참가하였다고 하여, 그러한 참가자 모두에게 당연히 본죄가 성립하는 것은 아니고, 실제로 참가자가 위와 같이 신고범위를 현저하게 벗어나거나 조건을 중대하게 위반하는 데 가담하여 교통방해를 유발하는 직접적인 행위를 하였거나, 참가자의 참가 경위나 관여 정도 등에 비추어 그 참가자에게 공모공동정범의 죄책을 물을 수 있는 경우라야 본죄가 성립한다.[60] 이에 따라 판례는 ① 집회참가자들의 도로점거 이후 시위에 합류한 피고인에게 차벽 설치 전 다른 집회참가자들이 한 도로점거에 대한 책임을 물을 수 없으며, 피고인이 다른 집회참가자들과 도로점거를 사전에 공모하였다는 증거가 없는 이상 공모공동정범의 죄책을 물을 수도 없다고 판시하였고,[61] ② 집회의 단순 참여인으로서 도로를 점거한 시위에 참여하고 있는 채증사진만으로는 집회가 경찰과의 물리적 충돌이 없는 상태에서 비교적 평화롭게 진행되었던 점에 비추어 볼 때, 피고인이 집회의 신고 범위를 현저히 일탈하거나 조건을 중대하게 위반하는 데에 가담하여 교통방해를 유발하는 직접적인 행위를 하였다거나 피고인에게 본죄의 공모공동정범으로서의 죄책을 물을 수 있는 경우에 해당한다고 보기 어렵다고 판시하였다.[62] 또한, ③ 2015. 3. 28.자 공무원연금 개악저지투쟁 시위에 참석한 피고인(전국공무원노조 조합원)이 참가자들과 공동하여 사전 신고된 경로를 이탈한 채 약 30여 분가량 여의대로 모든 차로를 행진하고 연좌하는 등의 방법으로 육로의 교통을 방해하였다는 이유로 본죄 등으로 기소된 사안에서, 집회가 경찰과의 물리적 충돌이 없는 상태에서 비교적 평화롭게 진행되었고, 여의대로는 왕복 10차로의 넓은 도로이며, 당시 5,000여 명의 집회 참가자들이 외치는 구호나 집회 주최 측의 방송 등으로 인하여 현장이 매우 소란스러웠을 것으로 보이므로 당시 피고인이 교통방해 상황이나 경찰 측의 경고방송의 내용을 정확히 파악하여 사전신고내용에 배치되는 행진을 하고 있 23

60 대판 2016. 11. 10, 2016도4921; 대판 2018. 1. 24, 2017도11408; 대판 2018. 5. 11, 2017도9146; 대판 2019. 1. 17, 2017도8847; 대판 2021. 7. 15, 2018도11349.

61 대판 2018. 1. 24, 2017도11408.

62 대판 2019. 1. 17, 2017도8847.

다는 사정을 인식하였을 것이라는 점이 합리적 의심 없이 증명되었다고 보기도 어렵다는 등의 이유로, 피고인이 집회에 단순 참가한 것으로 보일 뿐, 집회의 신고 범위를 현저히 일탈하거나 조건을 중대하게 위반하는 데에 가담하여 교통방해를 유발하는 직접적인 행위를 하였다거나 본죄의 공모공동정범으로서의 죄책을 물을 수 있는 경우에 해당한다고 보기 어렵다고 판시하였다.[63]

5. 교통의 방해

24 '교통을 방해한다'라 함은 교통을 불가능하게 하거나 현저하게 곤란하게 하는 것을 말한다. 여기서 교통을 현저하게 곤란하게 하는 경우에 해당하는지 여부는 교통방해행위가 이루어진 장소의 특수성과 본래적 용도, 일반적인 교통의 흐름과 왕래인의 수인가능성 등 제반 상황을 종합하여 합리적으로 판단하여야 한다.[64] 그러나 단순히 교통에 불편을 주는 정도만으로는 본죄가 성립하지 않는다.

25 판례는 ① 야간에 2, 3대의 차량과 간이테이블 수십 개를 이용하여 편도 3개 차로 중 길가 쪽 2개 차로를 차지하는 포장마차를 설치하고 영업을 한 경우[65]와 ② 자동차의 교행이 가능한 아파트 후문 입구 도로 중앙에 피고인의 차량을 주차해 놓음으로 인해 차량 한 대가 겨우 빠져나갈 수 있게 한 경우[66]에는 차량 통행이 현저히 곤란한 상태가 발생하였다고 보았다.

26 그러나 ① 편도 1차선 도로의 노상주차장에 주차된 차량들 옆에 트럭을 주차하여 다른 차량들의 통행에 불편을 준 행위,[67] ② 도로를 가로막고 앉아서 위 차량의 통행을 일시적으로 방해한 행위,[68] ③ 공항 여객터미널 버스정류장 앞 도로 중 공항리무진 버스 외의 다른 차의 주차가 금지된 구역에서 밴 차량을 40분간 불법주차하고 호객행위를 한 행위,[69] ④ 교통의 흐름이 완전히 차단된 상

63 대판 2021. 7. 15, 2018도11349. 원심은 집회에 참여한 피고인의 채증사진과 시위 대열의 선두 쪽에 있었다는 피고인의 진술만으로 피고인이 집회의 다른 참가자들과 암묵적·순차적으로 공모하여 신고된 범위의 현저한 일탈 또는 조건의 중대한 위반에 가담하여 도로교통을 방해하였다고 보아 본죄를 유죄로 인정하였다.

64 헌재 2010. 3. 25, 2009헌가2.

65 대판 2007. 12. 14, 2006도4662.

66 대판 2012. 9. 13, 2010도1654.

67 대판 2003. 10. 10, 2003도4485.

68 대판 2009. 1. 30, 2008도10560.

69 대판 2009. 7. 9, 2009도4266.

태에서 도로에 걸어 나간 행위,[70] ⑤ 피고인 등 약 600명의 노동조합원들이 보도가 따로 마련되어 있지 아니한 도로 우측의 편도 2차선의 대부분을 차지하면서 행진하는 방법으로 시위를 함으로써 나머지 편도 2차선으로 상, 하행차량이 통행하느라 차량의 소통이 방해된 시위행위[71] 등은 교통을 방해하여 통행을 불가능하게 하거나 현저하게 곤란하게 하는 행위라고 보기 어렵다고 판단하였다.

Ⅳ. 기수 및 종료시기

본죄는 추상적 위험범이므로,[72] 본죄가 성립하기 위하여 교통방해의 결과가 현실적으로 발생해야 하는 것은 아니고, 구체적으로 공공의 위험이 발생할 것을 필요로 하지도 않는다. 판례도 본죄를 추상적 위험범으로 본다.[73] 따라서 교통이 불가능하거나 현저히 곤란한 상태가 발생하면 바로 기수가 된다.[74] 그러나 이에 대하여 구체적 위험범으로 보는 견해[75]와 침해범처럼 규정되어 있다는 견해[76]가 있다.[77] 27

그리고 본죄의 미수범은 처벌한다(§ 190). 28

본죄에서 교통방해행위는 계속범의 성질을 가지는 것이어서[78] 교통방해의 29

70 대판 2018. 1. 24, 2017도11408.

71 대판 1992. 8. 18, 91도2771.

72 김성돈, 570; 김일수·서보학, 480; 박상기, 489; 박상기·전지연, 755; 손동권·김재윤, § 34/7; 신동운, 330; 이재상·장영민·강동범, § 29/14; 임웅, 671; 정성근·박광민, 551; 정영일, 305; 주석형법 [각칙(2)](5판), 293(김상준).

73 대판 2005. 10. 28, 2004도7545; 대판 2007. 12. 14, 2006도4662; 대판 2018. 5. 11, 2017도9146; 대판 2019. 1. 10, 2016도19464; 대판 2019. 4. 23, 2017도1056.

74 대판 2019. 1. 10, 2016도19464; 대판 2019. 4. 23, 2017도1056.

75 배종대, § 104/6.

76 오영근, 500.

77 독일형법 제315조가 규정하고 있는 '철도·선박·항공교통위태화(Gefährliche Eingriffe in den Bahn-, Schiffs-und Luftverkehr)죄' 및 제315조의b가 규정하고 있는 '도로교통위태화(Gefährdung des Straßenverkehrs)죄'는 대체로는 제185조 내지 제186조의 죄와 유사한 것인데, 보호의 정도에 관해서는 구체적 위험범으로 해석된다. 그 구성요건적 결과로서의 교통방해는 교통 '안전'의 방해로 이해되는데, 판례에 따르면 그와 같은 의미에서의 교통방해는 당해 교통수단의 정상적인 운행에 수반되는 통상의 위험을 증가시킨 때에 인정된다(Entscheidungen des Bundesgerichtshofs in Strafsachen, Band 13, p.69; Band 22, p.8). 따라서 가령 차량을 손괴시키는 등 소정의 교통수단을 손상시킨 것만으로는 기수에 이른 것으로 볼 수 없게 된다.

78 원혜욱, 형법각론, 384; 이형국·김혜경, 형법각론(2판), 605; 정성근·정준섭, 412; 최호진, 형법각

상태가 계속되는 한 가벌적인 위법상태는 계속 존재한다.[79] 따라서 교통방해 상태가 계속되는 동안에 범행에 관여한 사람은 공범으로 처벌될 수 있다.

30 판례에 의하면, 신고 범위를 현저히 벗어나거나 집시법 제12조에 따른 조건을 중대하게 위반함으로써 교통방해를 유발한 집회에 참가한 경우, 참가 당시 이미 다른 참가자들에 의해 교통의 흐름이 차단된 상태였더라도 교통방해를 유발한 다른 참가자들과 암묵적·순차적으로 공모하여 교통방해의 위법상태를 지속시켰다고 평가할 수 있다면 본죄가 성립한다.[80]

V. 고 의

31 본죄가 성립하기 위하여는 자기의 행위가 교통을 방해할 수 있는 정도의 것이라는 사실을 인식하고 교통을 방해한다는 고의가 있어야 한다. 미필적 고의로서 충분하다. 그러나 본죄는 추상적 위험범이므로 공공의 위험에 대한 인식은 고의의 내용이 아니다.

VI. 위법성조각사유

32 통행로의 소유권 변동 등으로 인하여 분쟁이 발생하여 교통을 차단하는 경우에 형법상의 자구행위(§23)나 정당행위(§20)에 해당하는지 여부가 문제된다.

1. 자구행위

33 자구행위란 법정절차에 의하여 청구권을 보전하기 불능한 경우에 그 청구권의 실행불능 또는 현저한 실행곤란을 피하기 위한 상당한 행위를 말한다.[81] 판례에 의하면, ① 학교법인 소유 토지를 무단출입하여 불법통행했다던가 소수인의 통행에 불과했다는 사실만으로서는 육로의 인정을 좌우할 수 없다 할 것

론, 718.

79 대판 2018. 1. 24, 2017도11408; 대판 2018. 5. 11, 2017도9146; 대판 2019. 4. 23, 2017도1056.

80 대판 2018. 1. 24, 2017도11408; 대판 2018. 5. 11, 2017도9146; 대판 2019. 4. 23, 2017도1056.

81 대판 2006. 3. 24, 2005도8081; 2007. 3. 15, 2006도9418; 대판 2007. 5. 11, 2006도4328; 대판 2007. 12. 28, 2007도7717.

이고, 이 통행로를 차단한 행위는 자구행위나 정당행위로 볼 수 없고,[82] ② 문제된 도로가 피고인 소유 토지상에 무단으로 확장 개설되어 그대로 방치할 경우 불특정 다수인이 통행할 우려가 있다는 사정만으로는 피고인이 법정절차에 의하여 자신의 청구권을 보전하는 것이 불가능한 경우에 해당한다고 볼 수 없을 뿐 아니라, 이미 불특정 다수인이 통행하고 있는 육상의 통로에 구덩이를 판 행위가 피고인의 청구권의 실행불능이나 현저한 실행곤란을 피하기 위한 상당한 이유가 있는 행위라고도 할 수 없으며,[83] ③ 인접 토지의 건물에 건축법상 위법요소가 존재하고 그 소유자가 그와 같은 위법요소를 방치 내지 조장하고 있다거나, 위 건물의 건축허가 또는 토지상의 가설건축물 허가 여부에 관한 관할관청의 행정행위에 하자가 존재한다고 가정하더라도, 그러한 사정만으로 피고인이 법정절차에 의하여 방해배제 등 청구권을 보전하는 것이 불가능하였거나 현저하게 곤란하였다고 볼 수 없을 뿐만 아니라, 철주를 세우고 철망을 설치하고 포장된 아스팔트를 걷어내는 행위는 그 청구권의 실행불능 또는 현저한 실행곤란을 피하기 위한 상당한 행위라고 볼 수도 없다.[84] 그리고 ④ 피고인의 처와 고소인 사이의 민사소송에서 고소인 및 그 가족들이 피고인의 처 소유인 이 사건 도로부분을 통행하지 아니하기로 하는 내용의 조정이 성립되었다고 하더라도 그 조정조항을 강제로 실현하기 위하여는 간접강제신청 등 법이 정한 절차를 밟아야 하는 것이고, 도로에 쇠파이프 구조물을 설치하거나 화물차로 도로를 가로막아 차량의 통행을 제한할 수 있는 것은 아니다.[85]

2. 정당행위

어떠한 행위가 정당행위로 인정되려면 첫째 행위의 동기나 목적의 정당성, 둘째 행위의 수단이나 방법의 상당성, 셋째 보호법익과 침해법익의 권형성, 넷째 긴급성, 다섯째 그 행위 이외의 다른 수단이나 방법이 없다는 보충성의 요건을 모두 갖추어야 한다.[86] 34

82 대판 1979. 9. 11, 79도1761.
83 대판 2007. 3. 15, 2006도9418.
84 대판 2007. 12. 28, 2007도7717.
85 대판 2005. 10. 28, 2004도7545.
86 대판 2000. 3. 10, 99도4273; 대판 2001. 9. 28, 2001도3923; 대판 2005. 2. 25, 2004도8530.

35 판례에 의하면 시위 방법의 하나로 행한 '삼보일배 행진'은 사회상규에 반하지 아니하는 정당행위에 해당한다.[87] 그러나 ① 통행로의 현황, 개설시기 및 이용상황 등 제반 사정에 비추어 보면, 통행로 중 폭 100m 길이 부분을 포크레인으로 폭 2m 정도로 굴착하고, 돌덩이까지 쌓아 놓은 행위가 정당행위나 정당방위에 해당한다고 보기는 어렵고,[88] ② 도로에 구덩이를 파는 등으로 공중의 통행을 저지한 행위는 도로가 피고인의 소유라고 하더라도 정당행위에 해당하지 않으며,[89] ③ 차량들의 통행으로 인하여 피고인의 가옥에 균열이 발생한 사정 등이 있다고 하더라도, 피고인이 위 차량들의 통행을 금지하는 가처분 등의 방법을 이용하지 아니한 채 도로에 트랙터를 세워두거나 철책 펜스를 설치함으로써 위 차량의 통행을 불가능하게 하는 행위에 이른 점에 비추어 그 행위의 수단이나 방법에 상당성이 있다고 보기 어렵고 긴급성이나 보충성의 요건을 갖추었다고 보기도 어려우므로 위 통행방해행위는 정당행위에 해당하지 않는다.[90]

Ⅶ. 다른 죄와의 관계

1. 업무방해죄와의 관계

36 말뚝을 박고 철조망을 쳐서 차량이 통행하지 못하도록 도로의 통행을 방해함과 동시에 여관 신축업무를 방해한 경우와 같이 일반교통방해행위가 제314조 제1항의 업무방해행위에 해당한다면 본죄와 제314조 제1항의 업무방해죄가 모두 성립하고, 두 죄는 상상적 경합범의 관계에 있다.[91]

2. 도로교통법위반죄와의 관계

37 도로교통법 제152조 제4호, 제68조 제2항은 교통에 방해가 될 만한 물건을 함부로 도로에 내버려둔 사람을 처벌하도록 규정하고 있는바, 포장마차를 도로

87 대판 2009. 7. 23, 2009도840; 대판 2010. 4. 8, 2009도11395.
88 대판 2007. 2. 22, 2006도8750.
89 대판 2007. 3. 15, 2006도9418.
90 대판 2009. 1. 30, 2008도10560.
91 대판 1989. 6. 27, 88도2264; 대판 2007. 12. 28, 2007도7717.

에 설치하여 교통에 방해가 될 만한 물건을 함부로 도로에 방치한 행위와 그로 인하여 성립하는 본죄는 1개의 행위가 수개의 죄에 해당하는 상상적 경합관계이다.[92]

Ⅷ. 처 벌

10년 이하의 징역 또는 1천500만 원 이하의 벌금에 처한다. 38

미수범은 처벌한다(§ 190). 39

〔전 승 수〕

92 대판 2007. 12. 14, 2006도4662.

제186조(기차, 선박 등의 교통방해)

궤도, 등대 또는 표지를 손괴하거나 기타 방법으로 기차, 전차, 자동차, 선박 또는 항공기의 교통을 방해한 자는 1년 이상의 유기징역에 처한다.

Ⅰ. 취 지

1 본죄[(기차·전차·자동차·선박·항공기교통)방해죄]는 현대의 주요교통기관인 기차, 전차, 자동차, 선박 또는 항공기의 교통이 안전하고 원활하게 이루어지도록 하기 위하여 그 교통의 방해행위를 일반교통방해죄보다 더 무겁게 처벌하고 있다. 일반교통방해죄에 비하여 교통방해의 대상이 기차, 전차, 자동차, 선박 또는 항공기라는 주요 교통기관에 제한되어 있다는 점에서 불법이나 위법성이 크기 때문에 형이 가중된 구성요건이다.[1] 이러한 교통기관은 현대 교통의 근간을 이루는 것으로서 많은 사람과 물건을 빈번하게 수송하고 있기 때문에 이를 침해한 때에는 인명과 물건의 피해가 중대할 수 있고, 공중의 교통안전에 대한 신뢰가 크게 침해될 수 있다는 점을 고려한 것이다. 이에 대하여 그 가중의 근거가 행위의 대상이나 방해방법의 특수성도 고려된 것이라고 설명하는 견해[2]도 있다.

2 본죄는 교통방해라는 침해나 구체적인 공공의 위험이 발생하는 것을 요하지 않는다는 점에서 추상적 위험범이다.[3] 이에 대하여는 추상적 위험범으로 해

---

1 박상기·전지연, 형법학(총론·각론)(5판), 755; 오영근, 형법각론(5판), 504; 이재상·장영민·강동범, 형법각론(12판), §29/16; 임웅, 형법각론(9정판), 672; 정영일, 형법강의 각론(3판), 305; 한상훈·안성조, 형법개론(3판), 625; 주석형법 [각칙(2)](5판), 303(김상준).

2 손동권·김재윤, 새로운 형법각론, §34/9; 정성근·박광민, 형법각론(전정3판), 552.

3 김성돈, 형법각론(5판), 571; 김일수·서보학, 새로쓴 형법각론(9판), 481; 박상기·전지연, 755; 박찬걸, 형법각론(2판), 680; 손동권·김재윤, §34/12; 이재상·장영민·강동범, 543; 임웅, 673; 정성근·박광민, 552; 정성근·정준섭, 형법강의 각론(2판), 415; 정영일, 306; 주석형법 [각칙

석하면 그 처벌범위가 너무 넓어진다는 이유로 구체적 위험범이라고 주장하는 견해[4]와 침해범으로 보는 견해[5]가 있다.

Ⅱ. 객체 및 교통방해의 대상

1. 객 체

본죄의 객체는 궤도, 등대, 표지이다. 3

(1) 궤도

'궤도'는 공공의 교통에 사용하기 위해 지하, 지표 또는 지상에 설치한 선로 4
(궤조, 레일)를 말한다.[6] 철도산업발전기본법의 철도의 선로(§ 3(v)),[7] 도시철도법의 도시철도의 선로(§ 2(iii) 가목)와 궤도운송법의 선로(§ 2(iv))[8]뿐만 아니라 선로와 구조상 불가분의 관계에 있는 것은 궤도에 포함한다.[9] 예를 들어, 침목, 궤도의 이음쇠판, 철교나 터널은 이에 해당한다. 그러나 일반 교통에 제공하기 위하여 설치된 것이어야 하므로, 관광용 또는 산업용의 소규모 궤도시설은 이에 포함되지 않는다.[10] 이에 대하여 여기의 '궤도'가 궤도운송법 제2조 제1호의 궤도 중 삭도를 제외한 사람이나 화물을 운송하는 데에 필요한 궤도시설과 궤도차량 및 이와 관련된 운영·지원 체계가 유기적으로 구성된 운송 체계를 의미한다고 보는 견해[11]가 있다. 궤도운송법 제2조 제1호의 궤도는 선로 외에도 전력설비, 정보통신설비, 신호설비 및 제어설비와 정비·보수기지 등의 궤도시설 전반과 운영·지원 체계를 포함하고 있어 견해에 따라 궤도의 인정범위가 달라질 수 있다.

---

(2)](5판), 303(김상준).

4 배종대, 형법각론(13판), § 105/4.

5 오영근, 504.

6 오영근, 504; 주석형법 [각칙(2)](5판), 303(김상준).

7 철도산업발전기본법 제3조(정의) 5. "선로"라 함은 철도차량을 운행하기 위한 궤도와 이를 받치는 노반 또는 공작물로 구성된 시설을 말한다.

8 도시철도법 제2조(정의) 4. "선로"란 와이어로프, 레일 또는 콘크리트 구조물 등으로 이루어진 주행로[선로를 받치는 노반이나 지주, 그 밖의 인공 구조물 등의 부대시설을 포함한다]로서 궤도차량의 독립된 주행로를 말한다.

9 김성돈, 571; 정성근·박광민, 605; 주석형법 [각칙(2)](5판), 303(김상준).

10 정영일, 306.

11 신동운, 형법각론(2판), 333.

(2) 등대

5 '등대'는 선박운항의 안전을 도모하고 선박에게 항행의 목표를 제시하기 위하여 등화를 밝히도록 만든 시설을 말한다. 그 소유관계는 묻지 아니한다. 항공용 등대도 포함한다.[12]

(3) 표지

6 '표지'라 함은 교통의 신호관계나 안전교통을 위해 설치한 교통시설물을 의미한다. 공설과 사설을 모두 포함한다. 도로표지, 궤도표지, 항공표지, 항해표지 등을 모두 포함한다.[13] 교통신호등이나 건널목차단기 등이 그 예이다.

2. 교통방해의 대상

7 본죄에서 교통방해의 대상이 되는 교통기관은 기차, 전차, 자동차, 선박 또는 항공기이다.

8 기차와 전차는 궤도 위를 운행하는 교통기관으로서 자체 동력을 지닌 것을 말한다.[14] 기차는 증기를 동력으로, 전차는 전기를 동력으로 하는 점에서 구별되는 개념이나, 현재 철도의 동력에 비추어 디젤기관차나 가솔린기관차에 의하여 견인되는 열차도 여기에 해당한다. 기차와 전차의 경우 열차를 구성하고 있는지 여부는 문제되지 않고, 기관차나 객차 1량도 이에 해당한다.[15] 궤도가 모노레일인 경우를 포함하므로, 도시철도법의 모노레일카도 이에 포함된다.[16] 그러나 케이블카와 같이 삭도를 운행하는 차량은 제외된다.[17] 삭도란 공중에 설치한 와이어로프에 궤도차량을 매달아 운행하여 사람이나 화물을 운송하는 것을 말하고(궤도운송법 § 2(v)), 본조에서 궤도를 이용하는 교통수단으로 기차, 전차, 자동차만을 규정하고 있기 때문이다. 이에 대하여 케이블카도 전차, 자동차의 대용교통으로서 여기의 교통기관에 포함된다고 보는 견해[18]가 있다.

12 주석형법 [각칙(2)](5판), 304(김상준).
13 오영근, 504; 주석형법 [각칙(2)](5판), 304(김상준).
14 임웅, 673.
15 주석형법 [각칙(2)](5판), 305(김상준).
16 김일수·서보학, 481; 배종대, § 105/4; 손동권·김재윤, § 34/10; 이재상·장영민·강동범, § 29/20; 임웅, 673; 정성근·박광민, 553; 정영일, 306.
17 신동운, 333; 임웅, 673.
18 김일수·서보학, 481; 배종대, § 105/4; 손동권·김재윤, § 34/10; 오영근, 505; 이재상·장영민·강

'자동차'는 철길이나 가설된 선을 이용하지 아니하고 원동기를 사용하여 운전 9
되는 차로서 자동차관리법 제3조의 자동차 중 원동기장치자전거를 제외한 자동차와 건설기계관리법 제26조 제1항 단서에 따른 건설기계를 말한다(도교 § 2(xviii)). 따라서 보행자, 원동기장치자전거, 우마, 자전거 등은 여기서 제외되고, 보행자, 자전거 등에 대한 교통방해는 일반교통방해죄의 성립이 문제될 뿐이다.

'선박'은 수상 또는 수중에서 항행용으로 사용하거나 사용할 수 있는 배를 10
말한다(선박법 § 2①). 교통의 안전을 보호할 필요가 있으므로 선박의 규모에 제한을 두지 않고 소규모의 선박도 포함한다.[19] 그 선적이나 용도, 그리고 대소와 형상을 묻지 않는다.

'항공기'는 공기의 반작용으로 뜰 수 있는 기기로서 항공안전법 제2조 제1 11
호의 항공기, 제2호의 경량항공기, 제3호의 초경량비행장치를 말한다.

여기의 기차, 전차, 자동차, 선박 또는 항공기는 공유 또는 사유인지, 공영 12
또는 사영인지 여부 등 그 소유관계나 용도, 규모와 형상을 묻지 않는다.

III. 행 위

본죄의 행위는 기차, 전차, 자동차, 선박 또는 항공기를 손괴하거나 기타 방 13
법으로 그 교통을 방해하는[20] 것이다.

'손괴'는 본죄의 객체를 물리적으로 훼손하여 그 효용을 상실하게 하는 것 14
을 말한다. 예를 들어 교통신호등이나 건널목 차단기를 손괴하는 것이다.[21] 여기서 '손괴'의 의미는 '**제185조 III. 행위 1. 손괴**'의 해당 부분과 동일하므로, 그 의미에 관하여는 '**제185조 III. 행위 1. 손괴**' 참조.

'기타 방법'이란 손괴 이외의 방법으로 기차 등 교통기관의 교통에 장해를 발 15
생시키거나 교통의 안전을 위협하는 행위를 하여 교통을 방해하는 행위를 말한

동범, § 29/20; 임웅, 673; 정성근·박광민, 553; 정영일, 306.

19 이재상·장영민·강동범, § 29/20; 정성근·박광민, 553; 정영일, 306; 주석형법 〔각칙(2)〕(5판), 305 (김상준).

20 제185조와 제186조는 모두 '교통을 방해한' 경우에 성립하는 데에 비하여, 일본에서는 왕래방해죄(§ 124①)는 '왕래의 방해를 생기게 한' 경우에, 왕래위험죄(§ 125①, ②)는 '왕래의 위험을 생기게 한' 경우에 각 성립한다고 규정하고 있다.

21 박상기, 490.

다. 예를 들어 궤도 위에 장애물을 놓아두는 행위, 등대의 등화를 끄는 행위, 신호표지를 옮기거나 제거하는 행위, 교통신호를 가리거나 거짓등대를 만드는 행위 등이다.[22] 일본 판례는 ① 전차 선로 위에 장해물을 놓아두는 행위,[23] ② 열차에 부착되어 있는 필요 기구를 파괴하는 행위,[24] ③ 무인전차를 폭주시키는 행위,[25] ④ 일부 종업원이 업무명령에 위반하여 정해진 운전계획에 따르지 않고 전차를 주행시킨 행위,[26] ⑤ 선로 변 토지를 굴삭하는 행위[27] 등이 '기타 방법'에 해당한다고 판시하였다. 여기서 '기타 방법'의 의미는 '**제185조 III. 행위 3. 기타 방법**'의 해당 부분과 기본적으로 동일하다(그 의미에 관하여는 위 해당 부분 참조).

16 여기서 '교통을 방해한다'의 의미는 '**제185조 III. 행위 5. 교통의 방해**'의 해당 부분과 동일하다(그 의미에 관하여는 위 해당 부분 참조). 따라서 기차, 전차, 자동차, 선박 또는 항공기의 교통을 불가능하게 하는 경우뿐만 아니라 그 교통을 현저하게 곤란하게 하는 경우를 포함한다.

17 본죄는 추상적 위험범이다.[28] 본죄가 성립하기 위하여 기차, 전차, 자동차, 선박 또는 항공기의 교통에 대한 방해의 결과가 현실적으로 발생해야 하는 것은 아니고, 구체적으로 공공의 위험이 발생할 것을 필요로 하지도 않는다. 따라서 그 교통이 불가능하거나 또는 현저히 곤란한 상태가 발생하면 바로 기수가 된다. 이에 대하여는 구체적 위험범이라고 주장하는 견해[29]와 침해범으로 보는 견해[30]가 있다.

---

22 김일수·서보학, 481; 배종대, § 105/3; 손동권·김재윤, § 34/11; 신동운, 334; 오영근, 505; 이재상·장영민·강동범, § 29/19; 임웅, 673; 정성근·박광민, 552; 정영일, 306; 주석형법 〔각칙(2)〕(5판), 305(김상준).

23 大判 大正 9(1920). 2. 2. 刑錄 26·17; 大判 昭和 4(1929). 10. 18. 刑集 8·496.

24 大判 大正 11(1922). 4. 10. 刑集 1·216.

25 最判 昭和 30(1955). 6. 22. 刑集 9·8·1189.

26 最判 昭和 36(1961). 12. 1. 刑集 15·11·1807.

27 最決 平成 15(2003). 6. 2. 刑集 57·6·749,

28 김성돈, 571; 김일수·서보학, 481; 박상기·전지연, 758; 손동권·김재윤, § 34/12; 이재상·장영민·강동범, § 29/20; 임웅, 673; 정성근·박광민, 552; 정영일, 306; 주석형법 〔각칙(2)〕(5판), 303(김상준).

29 배종대, § 105/4.

30 오영근, 504.

Ⅳ. 고 의

본죄가 성립하기 위하여는 궤도, 등대, 또는 표지를 손괴하거나 기타 방법으로 기차, 전차 등의 교통을 방해한다는 사실을 인식할 것을 요한다. 미필적 고의로서 충분하다. 그러나 교통방해의 결과발생에 대한 인식이나 공공의 위험에 대한 인식을 요하지는 않는다. 18

Ⅴ. 교통 관련 법률의 벌칙규정

교통로 내지 교통기관에 따라 별도의 법률에서 교통의 안전에 위협을 가하는 행위를 처벌하는 규정을 두고 있다. 19

(1) 도로교통법 제68조는 도로에서의 금지행위 등을 규정하고, 도로교통법 제149조 제1항은 제68조 제1항을 위반하여 함부로 신호기를 조작하거나 교통안전시설을 철거·이전하거나 손괴한 사람을, 같은 조 제2항은 제1항에 따른 행위로 인하여 도로에서 교통위험을 일으키게 한 사람을, 같은 법 제152조 제4호는 제68조 제2항을 위반하여 교통에 방해가 될 만한 물건을 함부로 도로에 내버려 둔 사람을, 같은 법 제153조 제6호는 제68조 제1항을 위반하여 함부로 교통안전시설이나 그 밖에 그와 비슷한 인공구조물을 설치한 사람을, 같은 법 제157조 제4호는 제68조 제3항을 위반하여 도로에서의 금지행위를 한 사람을 각각 처벌하도록 규정하고 있다. 20

(2) 철도안전법 제48조에서 제1호 철도시설 또는 철도차량을 파손하여 철도차량 운행에 위험을 발생하게 하는 행위, 제2호 철도차량을 향하여 돌이나 그 밖의 위험한 물건을 던져 철도차량 운행에 위험을 발생하게 하는 행위, 제3호 궤도의 중심으로부터 양측으로 폭 3미터 이내의 장소에 철도차량의 안전 운행에 지장을 주는 물건을 방치하는 행위, 제4호 철도교량 등 국토교통부령으로 정하는 시설 또는 구역에 국토교통부령으로 정하는 폭발물 또는 인화성이 높은 물건 등을 쌓아 놓는 행위 등 철도 보호 및 질서유지를 위한 금지행위를 규정하고, 같은 법 제78조 제2항은 제48조 제1호를 위반하여 철도시설 또는 철도차량을 파손하여 철도차량 운행에 위험을 발생하게 한 사람을, 같은 법 제79조 제7 21

호는 제48조 제2호부터 제4호까지의 규정에 따른 금지행위를 한 자를 처벌하도록 규정하고 있다.

22 (3) 선박 및 해상구조물에 대한 위해행위의 처벌 등에 관한 법률은 제7조에서 선박 등의 손괴죄를, 제8조에서 선박 운항 관련 기기·시설의 손괴죄 등을, 제9조에서 위험 물건 설치·탑재죄를, 제10조에서 거짓 정보 전달죄를, 제11조에서 제7조부터 제10조까지에 규정된 죄의 미수범을, 제12조에서 선박 납치 등 살인·치사죄, 상해·치상죄와 그 미수범을 처벌하도록 규정하고 있다.

23 (4) 항공안전법 제140조는 비행장, 이착륙장, 공항시설 또는 항행안전시설을 파손하거나 그 밖의 방법으로 항공상의 위험을 발생시킨 사람을 처벌하고, 같은 법 제141조에서 그 미수범도 처벌하고 있다.

Ⅵ. 처 벌

24 1년 이상의 유기징역에 처한다.

25 본죄의 미수범은 처벌하고(§ 190), 본죄를 범할 목적으로 예비 또는 음모한 자는 3년 이하의 징역에 처한다(§ 191).

〔전 승 수〕

第187條(기차 등의 전복 등)

사람의 현존하는 기차, 전차, 자동차, 선박 또는 항공기를 전복, 매몰, 추락 또는 파괴한 자는 무기 또는 3년 이상의 징역에 처한다.

Ⅰ. 취 지

본죄[(기차·전차·자동차·선박·항공기)(전복·매몰·추락·파괴)죄]는 사람이 현존하는 기차, 전차, 자동차, 선박 또는 항공기(이하, '기차 등'이라 한다.)를 전복, 매몰, 추락 또는 파괴함으로써 성립하는 범죄이다. 본죄의 객체가 사람이 현존하는 기차 등 주요 교통기관으로 한정되어 있고, 행위태양이 전복 등으로 교통의 안전이나 사람의 생명·신체에 대한 침해의 위험성이 중대한 점에 비추어 일반교통방해죄와 기차 등 교통방해죄에 대하여 형이 가중된 구성요건이다. 1

본죄는 구체적인 공공의 위험이 발생하는 것을 요하지 않으므로, 추상적 위험범이다.[1] 2

Ⅱ. 객 체

본죄의 객체는 사람이 현존하는 기차, 전차, 자동차, 선박 또는 항공기이다. 3

여기에서 '사람'이라 함은 범인 이외의 모든 자연인을 말한다.[2] 인원의 다수 4

1 김성돈, 형법각론(5판), 572; 김신규, 형법각론 강의, 621; 김일수·서보학, 새로쓴 형법각론(9판), 482; 박상기, 형법각론(8판), 490; 박찬걸, 형법각론(2판), 682; 손동권·김재윤, 새로운 형법각론, § 34/17; 오영근, 형법각론(5판), 506; 이재상·장영민·강동범, 형법각론(12판), § 29/22; 정성근·박광민, 형법각론(전정3판), 554; 주석형법 [각칙(2)](5판), 307(김상준).

2 대판 1970. 9. 17, 70도1665.

와 사람이 현존하게 된 이유는 묻지 않는다. 따라서 현존하는 사람이 승객이나 승무원일 필요가 없다. 그리고 기관차에 기관사만 타고 있는 경우에도 사람이 현존하는 기차, 전차에 해당하고, 열차의 1량에 사람이 현존하는 때에는 그 열차 전체가 사람이 현존하는 기차, 전차에 해당한다.[3]

5 '사람이 현존하는'이라 함은 행위 당시에 범인 이외의 사람이 기차 등의 내부에 소재하는 것을 말한다. 사람이 현존하는 시기에 관하여 실행행위를 개시할 때에 사람이 현존하는 것으로 충분하고, 전복 등의 결과 발생 시에는 사람이 현존하고 있지 않아도 상관없다는 것이 통설[4]과 판례[5]이다.

6 여기서 '기차, 전차, 자동차, 선박 또는 항공기'의 의미는 '**제186조 II. 객체 및 교통방해의 대상 2. 교통방해의 대상**'의 해당 부분과 동일하다(그 의미에 관하여는 위 해당 부분 참조).

7 본죄의 객체가 되는 기차 등은 반드시 운행 중에 있는 것이어야 할 필요는 없고, 역에 정차 중인 것이나 항에 정박 중이거나 계류 중인 것도 상관없으며, 교통기관으로서 기능이 유지되는 이상 일시적으로 그 기능이 정지된 경우에도 본죄의 객체에 해당한다.[6] 그리고 사람이 타고 있으면 무인자동차나 무인전차도 이에 포함된다.[7] 또한, 여기의 기차 등은 그 소유관계나 용도, 규모와 형상을 묻지 않는다. 따라서 여기의 자동차는 피고인 외의 사람이 현존하는 교통수단으로서의 자동차이면 충분하고, 반드시 일반 공중이 이용하는 대중 교통수단일 필요는 없다.[8]

---

3 김성돈, 572; 김일수·서보학, 482; 배종대, 형법각론(13판), § 105/6; 오영근, 506; 이재상·장영민·강동범, § 29/23; 정성근·박광민, 554; 주석형법 [각칙(2)](5판), 308(김상준).

4 김성돈, 572; 김일수·서보학, 482; 배종대, § 105/6; 손동권·김재윤, § 34/15; 신동운, 335; 오영근, 506; 이재상·장영민·강동범, § 29/23; 임웅, 형법각론(9정판), 674; 정성근·박광민, 554; 정영일, 형법강의 각론(3판), 306; 한상훈·안성조, 형법개론(3판), 626; 홍영기, 형법(총론과 각론), § 97/8; 주석형법 [각칙(2)](5판), 308(김상준).

5 대판 2000. 6. 23, 99도4688. 일본 판례도 같다[大判 大正 12(1923). 3. 15. 刑集 2·210].

6 김성돈, 572; 박상기, 490; 배종대, § 105/6; 손동권·김재윤, § 34/15; 오영근, 506; 이재상·장영민·강동범, § 29/23; 임웅, 674; 정성근·박광민, 554; 정영일, 306; 주석형법 [각칙(2)](5판), 308(김상준).

7 박상기·전지연, 형법학(총론·각론)(5판), 758.

8 부산고판 2014. 3. 9, 2013노460.

Ⅲ. 행위 및 기수시기

1. 행 위

본죄의 행위는 전복, 매몰, 추락 또는 파괴이다. 8

(1) 전복

'전복'이란 기차 등의 전부 또는 일부를 뒤집어엎거나 넘어가게 하는 것을 말한다. 반드시 완전히 엎어져서 넘어져야만 하는 것은 아니고, 그에 가까운 상태에 이르면 충분하다.[9] 기차의 탈선이 이에 해당한다는 견해[10]가 있으나, 단순히 탈선한 것만으로는 전복이라고 할 수 없다.[11] 여러 차량으로 연결된 열차 가운데 1량만을 전복하더라도 그 1량도 기차 또는 전차에 해당하기 때문에 본죄가 성립한다. 열차 중 어느 하나의 차량에 사람이 현존하고 있다면 사람이 현존하는 기차 또는 전차에 해당하므로, 전체 열차 가운데 사람이 현존하지 않는 차량만을 전복하였다고 하더라도 본죄가 성립한다. 9

(2) 매몰

'매몰'은 자동차 등을 흙더미에 묻히게 하거나 선박을 수중에 침몰시키는 것을 말한다. 반드시 선체의 전부가 수중에 잠길 필요는 없다. 그러나 좌초한 것만으로는 매몰이라고 할 수 없다.[12] 다만 매몰의 의사로 실행에 착수하였으나 좌초만 한 때에는 본죄의 미수범이 되고,[13] 좌초로 인하여 선박이 파괴된 때에는 본죄의 '파괴'로 기수가 된다.[14] 그리고 선착장에서 승용차를 후진하여 바다로 추락하게 하여 침몰시킨 경우에도 자동차매몰죄가 성립한다.[15] 10

---

9 신동운, 형법각론(2판), 355; 오영근, 506; 주석형법 〔각칙(2)〕(5판), 308(김상준).

10 박상기, 490.

11 김일수·서보학, 482; 손동권·김재윤, § 34/16; 신동운, 355; 오영근, 506; 이재상·장영민·강동범, § 29/24; 정성근·박광민, 554; 정영일, 306; 주석형법 〔각칙(2)〕(5판), 308(김상준).

12 김성돈, 572; 배종대, § 105/7; 손동권·김재윤, § 34/16; 신동운, 335; 오영근, 506; 이재상·장영민·강동범, § 29/24; 임웅, 674; 정성근·박광민, 554; 주석형법 〔각칙(2)〕(5판), 309(김상준).

13 김성돈, 572; 배종대, § 105/7; 손동권·김재윤, § 34/16; 이재상·장영민·강동범, § 29/24; 임웅, 674; 정성근·박광민, 554; 주석형법 〔각칙(2)〕(5판), 309(김상준).

14 김성돈, 572; 이재상·장영민·강동범, § 29/24; 정성근·박광민, 554; 주석형법 〔각칙(2)〕(5판), 309(김상준).

15 부산고판 2014. 3. 9, 2013노460.

(3) 추락

11 '추락'은 높은 곳에서 아래로 떨어뜨리는 것을 말한다. 주로 항공기에 해당하는 행위태양이나, 기차, 전차, 자동차의 교량, 절벽 등에서의 추락도 포함한다.[16] 여기서 항공기의 '추락'이라 함은 공중에 떠 있는 항공기를 정상 시 또는 긴급 시의 정해진 항법에 따라 지표 또는 수면에 착륙 또는 착수시키지 못하고, 그 이외의 상태로 지표 또는 수면에 낙하시키는 것을 말한다.[17] 추락으로 인하여 파괴되는 경우가 보통이겠지만, 파괴될 것을 요하지 않고 추락만으로 본죄의 기수가 된다.

(4) 파괴

12 '파괴'는 교통기관으로서의 기능이나 용법의 전부 또는 일부를 불가능하게 할 정도의 파손을 의미한다.[18] 이에 대하여는 본죄가 공공위험죄인 본질에 비추어 불특정 다수인의 생명, 신체에 위험을 생기게 할 정도의 손괴임을 요한다는 견해가 있으나, 반드시 불특정 다수인의 생명, 신체에 위험을 생기게 할 정도의 손괴임을 요하지 않는다.[19]

13 판례도 본조에서 정한 '파괴'의 뜻은 기차, 전차, 자동차, 선박 또는 항공기의 교통기관으로서의 용법의 전부 또는 일부를 불가능하게 할 정도의 파손을 의미하고, 이 정도에 이르지 아니하는 단순하고 경미한 손괴를 포함하지 않는다고 보았다.[20] 예를 들어 기능의 손상이 없는 유리창이 깨지는 경우[21]나 자동차의 도장이 일부 벗겨진 경우는 본조의 파괴에 해당하지 않는다. 판례에 의하면 자동차 충돌로 전면 펜더와 범퍼가 일부 우그러지고 앞문의 철판이 찌그러진 정도는 본죄의 파괴에 해당하지 않고,[22] 총 길이 338m, 갑판 높이 28.9m, 총 톤수 146,848톤, 유류탱크 13개, 평형수탱크 4개인 대형 유조선의 유류탱크 일부

---

16 정영일, 307.

17 대판 1990. 9. 11, 90도1486.

18 김성돈, 572; 김일수·서보학, 482; 박상기·전지연, 759; 배종대, § 105/7; 손동권·김재윤, § 34/16; 신동운, 336; 오영근, 507; 이재상·장영민·강동범, § 29/24; 임웅, 675; 정성근·박광민, 554; 정영일, 307; 주석형법 〔각칙(2)〕(5판), 309(김상준).

19 손동권·김재윤, 590; 이재상·장영민·강동범, § 29/24; 정성근·박광민, 554.

20 대판 1970. 10. 23, 70도1611; 대판 2009. 4. 23, 2008도11921. 일본 판례도 마찬가지이다〔最判 昭和 46(1971). 4. 22. 刑集 25·3·530〕.

21 大判 明治 44(1911). 11. 10. 刑錄 17·1868.

22 대판 1970. 10. 23, 70도1611.

에 구멍이 생기고 선수마스트, 위성통신 안테나, 항해등 등이 파손된 정도에 불과한 것은 본조에서 정한 선박의 '파괴'에 해당하지 않는다.[23]

2. 기수시기

14 본죄는 추상적 위험범이므로 전복, 매몰, 추락 또는 파괴의 행위를 종료하여 전복 등의 상태가 발생하면 기수에 이르고, 반드시 그로 인해 공공의 교통안전에 대한 침해나 공공의 위험이 발생해야 하는 것은 아니다.[24] 그리고 실행행위를 개시할 때에 사람이 현존하는 것으로 충분하고, 전복, 매몰 등 결과의 발생 시에는 사람이 현존하고 있지 않았거나 범인이 선박에 있는 사람을 안전하게 대피시켰다고 하더라도 기수가 된다.[25]

Ⅳ. 고 의

15 본죄의 고의가 성립하기 위하여는 행위 시에 사람이 현존하는 것이라는 점에 대한 인식과 함께 객체인 교통기관을 전복, 매몰, 추락 또는 파괴한다는 결과발생에 대한 인식이 필요하다. 미필적 고의로 충분하다.

16 그러나 본죄는 추상적 위험범이므로 현존하는 사람을 사상에 이르게 한다는 등 공공의 위험에 대한 인식까지는 필요하지 않다. 판례[26]도 선박매몰죄의 고의가 성립하기 위하여는 행위 시에 사람이 현존하는 것이라는 점에 대한 인식과 함께 이를 매몰한다는 결과발생에 대한 인식이 필요하며, 현존하는 사람을 사상에 이르게 한다는 등 공공의 위험에 대한 인식까지는 필요하지 않다고 보았다.

23 대판 2009. 4. 23, 2008도11921.
24 김성돈, 572; 김일수·서보학, 482; 손동권·김재윤, § 34/17.
25 대판 2000. 6. 23, 99도4688.
26 대판 2000. 6. 23, 99도4688.

V. 다른 죄와의 관계

1. 보험사기죄와의 관계

17 선박을 고의로 전복·매몰시켜 가입된 보험금을 편취한 경우, 선박의 전복·매몰행위가 사기의 수단은 아니므로 본죄 외에 보험사기방지 특별법상의 보험사기죄(§ 8)가 성립하고, 두 죄는 실체적 경합관계이다.[27]

2. 항공안전법위반죄와의 관계

18 항공안전법은 제138조 제1항에서 사람이 현존하는 항공기, 경량항공기 또는 초경량비행장치를 항행 중에 추락 또는 전복시키거나 파괴한 사람을, 같은 조 제2항에서 비행장, 이착륙장, 공항시설 또는 항행안전시설을 파손하거나 그 밖의 방법으로 항공상의 위험을 발생시켜 사람이 현존하는 항공기, 경량항공기 또는 초경량비행장치를 항행 중에 추락 또는 전복시키거나 파괴한 사람을(사형, 무기징역 또는 5년 이상의 징역), 같은 법 제139조에서 위 제138조의 죄를 지어 사람을 사상에 이르게 한 사람을(사형, 무기징역 또는 7년 이상의 징역), 같은 법 제141조에서 위 제138조 제1항의 미수범을 각각 처벌하는 규정을 두고 있다. 어느 행위가 본죄와 위 항공안전법위반죄에 모두 해당하는 경우, 본죄는 특별법인 항공안전법위반죄에 흡수되어 항공안전법위반죄만이 성립한다.

VI. 처 벌

19 무기 또는 3년 이상의 징역에 처한다.

20 본죄의 미수범은 처벌하고(§ 190), 본죄를 범할 목적으로 예비 또는 음모한 자는 3년 이하의 징역에 처한다(§ 191).

〔전 승 수〕

27 大判 大正 12(1923). 3. 15. 刑集 2·210(사기죄).

제188조(교통방해치사상)

제185조 내지 제187조의 죄를 범하여 사람을 상해에 이르게 한 때에는 무기 또는 3년 이상의 징역에 처한다. 사망에 이르게 한 때에는 무기 또는 5년 이상의 징역에 처한다.

[전문개정 1995. 12. 29.]

Ⅰ. 취 지

본죄는 일반교통방해죄(§ 185), 기차등의 교통방해죄(§ 186), 기차등의 전복등죄(§ 187)를 범하여 사람을 상해 또는 사망에 이르게 함으로써 성립하는 범죄이다. 1995년 형법 개정 시 치상죄와 치사죄를 구분하여 법정형에 차등을 두고, 법정형 중 사형을 없앴다. 본죄는 일반교통방해죄(§ 185), 기차등의 교통방해죄(§ 186), 기차등의 전복등죄(§ 187)의 결과적 가중범이다. 1

한편, 항공안전법 제139조는 사람이 현존하는 항공기, 경량항공기 또는 초경량비행장치를 항행 중에 추락 또는 전복시키거나 파괴하여 사람을 사상에 이르게 한 자를 처벌하는 규정을 두고 있다. 2

Ⅱ. 결과적 가중범

본죄의 성격에 대하여는 ① 치사죄의 경우는 진정결과적 가중범이지만 치상죄의 경우는 부진정결과적 가중범으로 보아야 한다는 견해(통설),[1] ② 사람의 3

1 김성돈, 형법각론(5판), 574; 김신규, 형법각론 강의, 623; 김일수·서보학, 새로쓴 형법각론(9판), 483; 박상기, 형법각론(8판), 491; 박찬걸, 형법각론(2판), 683; 배종대, 형법각론(13판), § 105/9; 손동권·김재윤, 새로운 형법각론, § 34/20; 오영근, 형법각론(5판), 507; 이재상·장영민·강동범, 형법각론(12판), § 29/27; 임웅, 형법각론(9정판), 675; 정성근·박광민, 형법각론(전정3판), 555;

사상이라는 결과발생에 대한 과실이 있는 때에 성립하는 결과적 가중범이라는 견해,[2] ③ 살인의 고의가 있는 경우에 그 결과가 발생하면 제185조 내지 제187조의 죄와 살인죄의 상상적 경합이 인정되고, 미수에 그쳤을 때에는 제185조 내지 제187조의 죄와 살인미수죄의 상상적 경합을 인정하는 견해[3]가 대립하고 있다.

4 치사죄의 경우는 진정결과적 가중범이지만, 치상죄의 경우는 부진정결과적 가중범이라는 ①설이 타당하다. 따라서 살인의 고의가 있는 경우는, 살인죄(§ 250①. 사형, 무기 또는 5년 이상의 징역)의 법정형이 진정결과적 가중범인 교통방해치사죄보다 무거우므로 살인죄와 일반교통방해죄 등(§ 185 내지 § 187)이 각 성립하고, 두 죄는 상상적 경합이 된다.

5 이와는 달리, 상해의 고의가 있는 경우는 견해가 대립된다. 즉, 통설은 상해죄(§ 257①. 7년 이하의 징역, 10년 이하의 자격정지 또는 1천만 원 이하의 벌금)나 특수상해죄(§ 258의2①. 1년 이상 10년 이하의 징역)의 법정형이 부진정결과적 가중범인 교통방해치상죄보다 가벼우므로 상해죄(또는 특수상해죄)와 교통방해치상죄가 각 성립하고, 두 죄는 상상적 경합관계라고 한다.[4] 그러나 부진정결과적 가중범에 있어서 "고의로 중한 결과를 발생하게 한 행위가 별도의 구성요건에 해당하고 그 고의범에 대하여 결과적 가중범에 정한 형보다 더 무겁게 처벌하는 규정이 있는 경우에는, 그 고의범과 결과적 가중범이 상상적 경합관계에 있다고 보아야 할 것이지만, 고의범에 대하여 더 무겁게 처벌하는 규정이 없는 경우에는, 결과적 가중범이 고의범에 대하여 특별관계에 있다고 해석되므로 결과적 가중범만 성립하고 이와 법조경합의 관계에 있는 고의범에 대하여는 별도로 죄를 구성한다고 볼 수 없다."는 판례[5]의 입장에 의하면, 교통방해치상죄만 성립하고 상해죄(또는 특수상해죄)는 별도로 성립하지 않는다고 할 것이다.

정성근·정준섭, 형법강의 각론(2판), 416; 최호진, 형법각론, 721; 한상훈·안성조, 형법개론(3판), 627.

2 백형구, 형법각론, 465; 정영석, 형법각론(5전정판), 142.

3 황산덕, 형법각론(6정판), 118.

4 김일수·서보학, 483; 이재상·장영민·강동범, § 29/27; 정성근·박광민, 555.

5 대판 2008. 11. 27, 2008도7311(부진정결과적 가중범인 특수공무집행방해치상).

Ⅲ. 주체 및 결과

1. 주 체

본죄의 주체는 제185조 내지 제187조의 죄를 범한 사람이다. 6

2. 결 과

본죄가 성립하기 위하여는 사람을 상해 또는 사망에 이르게 하여야 한다. 7
여기서 피해자인 '사람'은 법인 이외의 자연인을 말하고, 교통기관 내에 현존하는 사람뿐만 아니라 보행자나 부근에서 일하던 사람[6] 또는 협의의 공범자도 포함한다.[7]

본죄는 결과적 가중범이므로, 본죄가 성립하려면 교통방해 행위와 사상의 8
결과 사이에 상당인과관계가 있어야 하고, 행위 시에 결과의 발생을 예견할 수 있어야 한다. 그리고 교통방해행위가 피해자의 사상이라는 결과를 발생하게 한 유일하거나 직접적인 원인이 된 경우만이 아니라, 그 행위와 결과 사이에 피해자나 제3자의 과실 등 다른 사실이 개재된 때에도 그와 같은 사실이 통상 예견될 수 있는 것이라면 상당인과관계를 인정할 수 있다.[8] 따라서 판례는 보복운전을 위하여 고속도로 2차로를 따라 자동차를 운전하다가 1차로를 진행하던 차량 앞에 급하게 끼어든 후 곧바로 정차하여, 그 차량 및 이를 뒤따르던 차량 두 대는 연이어 급제동하여 정차하였으나, 그 뒤를 따라오던 다른 차량이 앞의 차량들을 연쇄적으로 추돌케 하여 1명을 사망에 이르게 하고 다른 운전자들에게 상해를 입힌 사안에서, 사상의 결과 발생에 피해자의 과실이 어느 정도 개재되었다 하더라도, 피고인의 정차 행위와 그와 같은 결과 발생 사이에 상당인과관계가 있고, 사상의 결과 발생에 대한 예견가능성도 인정된다고 보았다.[9]

---

6 일본 판례도 사람이 현존하는 기차 등을 전복·파괴하여 사람을 사망케 하는 행위를 처벌하는 제126조 제3항에서의 '사람'은 반드시 기차 등에 현존한 사람에 한정되지 않고 그로 인하여 사망에 이른 모든 사람을 포함한다고 판시하고 있다[最判 昭和 30(1955). 6. 22. 刑集 9·8·1189].

7 김성돈, 574; 이재상·장영민·강동범, § 29/27; 임웅, 676; 정성근·박광민, 556; 정영일, 307; 주석형법 [각칙(2)](5판), 313(김상준).

8 대판 2014. 7. 24, 2014도6206.

9 대판 2014. 7. 24, 2014도6206.

9 상해 또는 사망의 결과가 발생하면 기본범죄인 일반교통방해죄 등(§ 185 내지 § 187)이 기수이건 미수이건 상관없이 본죄가 성립한다.[10] 이에 대하여는 기본범죄의 기수범에 한하여 본죄가 성립한다고 보는 반대설이 있다.[11]

Ⅳ. 처 벌

10 상해에 이르게 한 때에는 무기 또는 3년 이상의 징역에 처하고, 사망에 이르게 한 때에는 무기 또는 5년 이상의 징역에 처한다.[12]

〔전 승 수〕

10 손동권·김재윤, § 34/20; 이재상·장영민·강동범, § 29/26; 임웅, 676; 정성근·박광민, 556; 정영일, 형법강의 각론(3판), 307.

11 오영근, 507.

12 일본형법은 제126조 제1항 및 제2항의 기차 등의 전복 등의 죄를 범하여 사람을 사망케 한 자는 사형 또는 무기징역에 처한다고 규정하고 있다(§ 126③). 한편 일본형법 제127조(왕래위험에 의한 기차전복 등)의 경우 제126조의 예에 의하도록 규정하고 있는데, 일본 판례는 치사에 관한 제126조 제3항도 적용된다고 한다[最判 昭和 30(1955). 6. 22. 刑集 9·8·1189]. 참고로 2022년 6월 17일 일본형법 개정(법률 제67호)으로 징역형과 금고형이 '구금형'으로 단일화되어 형법전의 '징역', '구금', '징역 또는 구금'은 모두 '구금형'으로 개정되었고, 부칙에 의하여 공포일로부터 3년 이내에 정령으로 정하는 날에 시행 예정이다. 그러나 현재 정령이 제정되지 않아 시행일은 미정이므로, 본장에서 일본형법 조문을 인용할 때는 현행 조문의 '징역' 등의 용어를 그대로 사용한다.

제189조(과실, 업무상과실, 중과실)

① 과실로 인하여 제185조 내지 제187조의 죄를 범한 자는 1천만원 이하의 벌금에 처한다. 〈개정 1995. 12. 29.〉

② 업무상과실 또는 중대한 과실로 인하여 제185조 내지 제187조의 죄를 범한 자는 3년 이하의 금고 또는 2천만원 이하의 벌금에 처한다. 〈개정 1995. 12. 29.〉

Ⅰ. 취 지

1 본조는 과실, 업무상과실 또는 중과실로 인하여 일반교통방해죄(§ 185), 기차등의 교통방해죄(§ 186), 기차등의 전복등 죄(§ 187)를 범한 경우를 처벌하고 있다. 제1항은 통상의 과실범을 규정하고, 제2항은 업무상과실범 또는 중과실범을 가중처벌하고 있다. 교통기관 등에 대한 교통방해행위는 교통의 안전과 불특정다수인의 생명, 신체에 대한 피해와 위험이 중대하고 행위자의 주의의무 위반으로 빈번하게 발생하는 경향이 있으므로, 형법은 예외적으로 과실범 처벌규정을 두고 있다.

2 한편 항공안전법 제149조 제1항과 제2항은 과실, 업무상과실 또는 중대한 과실로 항공기·경량항공기·초경량비행장치·비행장·이착륙장·공항시설 또는 항행안전시설을 파손하거나, 그 밖의 방법으로 항공상의 위험을 발생시키거나 항행 중인 항공기를 추락 또는 전복시키거나 파괴한 자를 처벌하는 규정을 두고 있다.

II. 과실·업무상과실·중과실

1. 과 실

3 '과실'은 정상의 주의를 태만함으로 인하여 죄의 성립요소인 사실을 인식하지 못하는 것을 말한다(§14).

4 과실의 유무는 구체적인 경우에 개별적으로 고찰하여야 한다. 피해자 또는 다른 관여자에게 과실이 있다고 하여 피고인의 과실이 부정되는 것은 아니다. 따라서 3등 항해사인 피고인의 업무상과실이 인정되는 이상 해사법규상 선장의 지휘권 유무는 과실에 의한 범죄의 성립에 영향이 없다.[1] 선박충돌사고에 있어서 한쪽에 과실이 있다고 하여 반드시 다른 쪽에는 과실이 없다고 단정할 수 없다.[2] 그리고 공동의 과실이 경합한다고 하더라도 그 공동의 원인을 제공한 각자에게 대하여 자기의 주의의무 해태에 의한 책임을 면하지 못한다. 판례는 성수대교 붕괴사고에 있어서 교량의 유지·관리 책임을 맡고 있던 서울시 도로국 및 산하 동부건설사업소 소속 공무원들에게 교량 제작 시공자들과의 공동과실 책임을 인정하였다.[3]

5 그리고 공동정범은 고의범이나 과실범을 불문하고 의사의 연락이 있는 경우이면 그 성립을 인정할 수 있으므로, 정기관사의 지휘감독을 받는 부기관사이기는 하나 사고열차의 퇴행에 관하여 서로 의논하고 동의한 이상 퇴행에 과실이 있다면 과실책임을 면할 수 없다.[4]

2. 업무상과실

6 업무상과실의 '업무'란 사회생활상의 지위에서 계속·반복적으로 행하는 사무를 수행하는 지위를 말한다. 본래 업무와 겸무를 묻지 않는다. 다만, 여기에서 말하는 '업무상과실'의 주체는 기차, 전차, 자동차, 선박, 항공기나 기타 일반의 '교통왕래에 관여하는 사무'에 직접·간접으로 종사하는 사람이어야 한다. 예

---

1 대판 1955. 4. 22, 4288형상46.
2 대판 1972. 2. 22, 71도2386.
3 대판 1997. 11. 28, 97도1741.
4 대판 1982. 6. 8, 82도781.

를 들면, 열차의 기관사와 부기관사,[5] 역무원,[6] 선장,[7] 항해사,[8] 자동차 운전자, 운전조수, 등대감수자 등이다. 그리고 판례에 의하면, 교량(성수대교)은 차량 등의 통행을 주된 목적으로 하여 건설된 시설이므로, 그 건설 당시 제작, 시공을 담당한 사람도 '교통왕래에 관여하는 사무'에 간접적으로 관련이 있는 사람에 해당한다.[9] 그러나 왕복 8차로의 지하철 공사구간이 함몰되어 그곳 도로상을 진행 중이던 시내버스로 하여금 깊이 약 25m 밑으로 떨어지게 하여 피해자들이 현존하는 버스를 추락하게 한 사안에서, 지하철 공사구간이 자동차의 통행을 주된 목적으로 하여 건설되던 것이 아니므로, 그 공사의 현장소장 또는 감리원으로서 공사를 담당하던 피고인들의 과실로 그곳 도로상을 진행하던 자동차가 추락하는 사고가 발생하였다고 하여, 이를 '교통왕래에 관여하는 사무'에 종사하는 사람의 업무상 과실로 인하여 자동차가 추락하였다고 보기는 어렵다고 판시하였다.[10]

(1) 업무상과실이 인정된 사례

① 농무(濃霧)로 인한 암야(暗夜)에 태풍으로 풍랑이 심한 해상을 항해하는 선박의 선장은, 완전한 항로를 유지하기 위하여 선장 자신이 항시 조타운항하여야 하고, 부득이한 사정으로 인하여 조타실을 이거하려 할 때에는 항로에 경험이 있고 또 조타술이 능숙한 사람으로 하여금 대신 조타운항케 하는 조치를 강구하여야 하고, 이러한 조치가 불가능할 때에는 일시항해를 정지하는 등 적절한 조치를 취하여 선박으로 하여금 암초에 충돌하여 침몰케 하는 사고가 발생하지 아니하도록 미연에 이를 방지할 것을 업무상 주의의무가 있고, 선장이 용변차 선장실을 이거함에 있어서 불과 15일 전에 채용된 갑판원으로서 항해 경험이 부족하고 조타술이 능숙치 못한 사람에게 조타를 부탁한 조치는 선장으로서의 업무상 주의의무를 다하였다고는 볼 수 없다.[11] 7

② 열차의 발착감시, 신호, 다른 역과의 운전연락업무, 전철기 조작에 관한 업무에 종사하던 역무원은, 다음 역의 역무원과 두 개의 열차를 해당 역에서 교 8

5 대판 1982. 6. 8, 82도781.
6 대판 1968. 9. 17, 68도747.
7 대판 1960. 2. 29, 4292형상894; 대판 1973. 9. 29, 73도2037; 대판 2009. 6. 11, 2008도11784.
8 대판 1955. 4. 22, 4288형상46.
9 대판 1997. 11. 28, 97도1740.
10 대판 2003. 11. 28, 2002도6836.
11 대판 1960. 2. 29, 4292형상894.

행하게 하는 운전협의를 하였으면 역에서 입환(入換)작업 중인 열차의 차장 또는 동 열차의 기관사와 기관조사에게 위와 같은 협의내용을 통고할 뿐 아니라 다른 열차의 동태를 감시하여 입환작업 완료를 확인한 후 전철기의 조작에 의하여 역에서 출발할 수 없도록 조치하여야 할 업무상 주의의무가 있다.[12]

9 ③ 선장은 선박이 항구를 출입할 때, 선박이 협소한 수로를 통과할 때, 그 밖에 위험성이 있을 때에는 갑판상에서 직접 선박을 지휘하여 사고를 미연에 방지할 업무상의 주의의무가 있다.[13]

10 ④ 헬리콥터에 승객 3명을 태우고 운항하던 조종사가 엔진 고장이 발생한 경우에 위 항공기를 긴급 시의 항법으로서 정해진 절차에 따라 운항하지 못한 과실로 말미암아 사람이 현존하는 위 항공기를 안전하게 비상착수시키지 못하고 해상에 추락시켰다면 업무상과실항공기추락죄에 해당하고, 위와 같은 비상시의 항공기운항절차 등을 이행하지 아니한 과실로 위 헬리콥터를 해상에 추락케 하고, 또한 승객들에게 위난방지에 필요한 제반수단을 강구하지 아니한 과실로 인하여 승객이 죽거나 다친 사실이 인정되고, 항공기추락 이후 부유기가 제대로 펴지지 않아 피해가 확대되었다는 사정만으로 승객들의 사상에 대하여 피고인에게 업무상과실이 없다 할 수 없다.[14]

11 ⑤ 열차 기관사는 운전개시 전 차장으로부터 차장실의 공기압력계 점검결과 등을 무전으로 수신하는 등으로 열차의 제동장치 이상 유무를 확인하여야 할 업무상 주의의무가 있음에도 불구하고 이를 게을리하였다면, 업무상과실이 인정된다.[15]

12 ⑥ 성수대교와 같은 교량이 그 수명을 유지하기 위하여는 건설업자의 완벽한 시공, 감독공무원들의 철저한 제작, 시공상의 감독 및 유지·관리를 담당하고 있는 공무원들의 철저한 유지·관리라는 조건이 합치되어야 하는 것이므로, 위 각 단계에서의 과실 그것만으로 붕괴원인이 되지 못한다고 하더라도 그것이 합쳐지면 교량이 붕괴될 수 있다는 점은 쉽게 예상할 수 있고, 위 각 단계에 관여한 사

12 대판 1968. 9. 17, 68도747.
13 대판 1973. 9. 29, 73도2037.
14 대판 1990. 9. 11, 90도1486.
15 대판 1991. 11. 12, 91도1278.

람은 전혀 과실이 없다거나 과실이 있다고 하여도 교량붕괴의 원인이 되지 않았다는 등의 특별한 사정이 있는 경우를 제외하고는 붕괴에 대한 공동책임을 면할 수 없으며, 교량 제작 시공자들과 교량의 유지·관리 책임을 맡고 있던 서울시 도로국 및 산하 동부건설사업소 소속 공무원들의 공동과실 책임이 인정된다.[16]

⑦ 예인선 정기용선자의 현장소장은 사고의 위험성이 높은 해상에서 철골 구조물 및 해상크레인 운반작업을 함에 있어 선적작업이 지연되어 정조(靜潮)시점에 맞추어 출항할 수 없게 되었음에도, 출항을 연기하거나 대책을 강구하지 않고 예인선 선장의 출항연기 건의를 묵살한 채 출항을 강행하도록 지시하였고, 예인선 선장은 현장소장의 지시에 따라 사고의 위험이 큰 시점에 출항하였고 해상에 강조류가 흐르고 있었음에도 무리하게 예인선을 운항한 결과 무동력 부선에 적재된 철골 구조물이 해상에 추락하여 해상의 선박교통을 방해한 사안에서, 현장소장과 예인선 선장을 업무상과실일반교통방해죄의 공동정범으로 처벌하였다.[17] 13

⑧ 평형수 감축 적재, 화물과적 및 고박(固縛) 불량 등으로 선박이 좌현으로 기울어지면서 전복되어 승객이 현존하는 선박을 매몰하게 한 사안에서, 선장과 1등 항해사에게 선박이 안전한 상태에서 운항할 수 있도록 화물적재량과 고박상태 등을 확인하여 사고 발생을 방지하여야 할 업무상 주의의무를 인정하고 선장과 1등 항해사는 업무상과실선박매몰죄의 공동정범에 해당한다고 보았다.[18] 14

(2) 업무상과실이나 인과관계가 부정된 사례

① 어로작업 중인 항행유지선과 이를 피할 의무가 있는 피항선이 서로 충돌한 경우에, 피항선이 위 항행유지선의 존재나 위치를 정확히 알지 못하고 운행하다가 충돌한 것이라면 항행유지선을 조선(操船)하던 피고인에게도 적절한 위험신호를 미리 발하여 그 위치를 상대방 선박에게 알림으로써 피항하도록 하지 못한 과실이 있으나, 피항선이 항행유지선의 존재와 위치를 정확히 알고 있으면서 이를 피항하려다가 조선상의 과실로 충돌한 것이라면 항행유지선이 위 15

16 대판 1997. 11. 28, 97도1740; 대판 1997. 11. 28, 97도1741. 위 97도1740 판결의 평석은 이용식, "과실범의 공동정범", 형사판례연구 [7], 한국형사판례연구회, 박영사(1999), 81-108.

17 대판 2009. 6. 11, 2008도11784.

18 대판 2015. 11. 12, 2015도6809(전)(세월호 사건). 본 판결 평석은 이정원, "항해안전과 선박직원의 상호관계에 관한 검토 - 대법원 2015. 11. 12. 선고 2015도6809 전원합의체판결을 중심으로 -", 저스티스 165, 한국법학원(2018), 321-347.

험신호를 미리 발하여 그 위치를 알림으로써 피항하게 하지 못한 잘못이 사고 발생의 원인이 되었다고 보기는 어렵다.[19]

16 ② 어로작업 중인 항행유지선이라고 할지라도 피항선이 피항하지 않음으로써 충돌의 위험이 닥친 경우에 스스로 방향을 바꾸거나 감속 또는 정선함으로써 사고를 미연에 방지할 수 있다면 그 같은 조치를 취할 주의의무가 있으나, 만일 항행유지선 조선자가 견시(見視)의무를 다하여 미리 피항선의 근접을 발견하였더라도 충돌의 위험이 닥친 단계에서 스스로 방향변경 등의 방법으로 위험을 피할 도리가 없는 이상 항행유지선 조선자의 견시의무를 소홀히 한 과실은 사고발생과 상당인과관계가 있다고 볼 수 없다.[20]

17 ③ 풍랑 중에 선단의 종선(從船)의 업무상과실선박매몰사건에서, 선단의 책임선의 선장은 종선의 선장에게 조업상의 지시만 할 수 있을 뿐 선박의 안전관리는 각 선박의 선장이 책임지도록 되어 있었다면, 그 같은 상황에서 선단의 책임선의 선장이 풍랑 중에 종선에 조업지시를 하였다는 것만으로는 종선의 풍랑으로 인한 매몰사고와의 사이에 인과관계를 인정할 수 없다.[21]

18 ④ 피고인이 버스를 운전하여 시속 50킬로미터의 속도로 10도 정도의 좌곡각 길을 돌아 나오면서 비로소 전방 100미터 거리에서 두 버스가 약간의 간격을 두고 중앙선을 조금 침범한 채 과속으로 경쟁하면서 마주오는 것을 보았는데, 곧 뒤에 오던 버스가 추월을 포기하고 자기 차선으로 들어가자 별일 없으리라 생각하고 계속 같은 속도로 운행하였다면, 피고인으로서는 추월을 포기하고 자기 차선으로 들어가던 뒤의 버스가 앞차의 갑작스러운 급제동조치로 앞차를 충격한 반동으로 반대차선을 완전히 가로막을 것임을 예견할 수 있었다고 인정하기 어렵고, 또 이러한 거리와 속도 그리고 도로사정하에서 피고인이 사고를 회피할 수 있었다는 사실이 인정되지 아니하는 한 피고인에게 과실이 있다고 인정하기 어렵다.[22]

19 ⑤ 기온의 급상승으로 인한 철로 장출(張出)이 직접적인 원인이 되어 열차

---

19 대판 1984. 1. 17, 83도2746.
20 대판 1984. 1. 17, 83도2746.
21 대판 1989. 9. 12, 89도1084.
22 대판 1984. 3. 13, 83도3006.

가 일부 탈선한 경우에, 기관사에게 위 사고를 예상하고 충분히 감속하여 즉시 정차해야 할 주의의무가 있다고 할 수 없다.[23]

3. 중과실

중대한 과실은 행위자가 극히 근소한 주의를 함으로써 결과발생을 인식할 수 있었음에도 불구하고 부주의로써 이를 인식하지 못한 경우를 말한다. 중과실과 경과실의 구별은 구체적인 경우에 사회통념을 고려하여 결정하여야 한다.[24] 20

판례상 사고건널목에 진입할 때 우선 멈춤을 아니하고 기차의 동행 여부를 살피지 아니한 경우와 열차의 통행이 빈번하고 그 부근이 곡각지점으로 우측 방면은 시야가 산에 가리어져 있어 잘못 통과하다가는 열차와의 충돌사고가 예측되는 건널목에서 세심한 주의를 기울여야 할 것임에도 불구하고 이를 태만히 한 경우에 중대한 과실을 인정하였다.[25] 21

23 대판 1991. 12. 10, 91도2044. 「원심판결은 그 이유에서 피고인이 열차의 기관사로서 판시 열차를 운전하여 김천과 직지사 간의 철로를 시속 약 100킬로미터로 운행하던 중 직지사역으로부터 무선으로 두 차례에 걸쳐 태평터널 전방 200미터 지점을 통과할 때 좌우진동이 심하다고 하니 주의운전을 바란다는 통보를 받고 그곳을 지날 때까지의 타력에 의하여 시속 약 85킬로미터로 감속을 하였으나 상용제동을 걸지는 않았고 사고지점 약 50미터에 이르러 사고지점에 철로가 장출되어 굽어 있는 것을 발견하고서야 비상제동을 걸었으나 미치지 못하여 열차가 일부 탈선함으로써 이 사건 사고가 발생한 사실은 인정되나 열차는 다른 교통수단과는 달리 미리 짜여진 운행방법에 따라 지정된 속도로 진행하는 것이고 앞, 뒤의 운행열차 때문에 특별한 사정이 없는 한 마음대로 속력을 가감할 수 없는 터에 직지사역에서 받은 무전에 따르더라도 사고지점 부근이 좌우진동이 심하다는 다른 열차로부터의 연락이 있으니 주의운전을 바란다는 것일 뿐 궤도장출 등의 위험이나 그에 따른 감속서행조치를 구체적으로 지시받지 아니하였고 철도청의 운전관계 규정상의 주의운전도 특수한 사유 때문에 특별히 주의를 하여 운전하는 경우를 일컫는 것에 불과한 점 및 육안으로 궤도가 장출된 것을 발견하려면 상당히 가까이 가야만 가능하며 그 지점에 이르기 전에 시속 약 20 내지 30킬로미터로 감속하여야만 열차를 정지시킬 수 있었던 점 및 이 사건 사고는 사고지점의 노반이 약화된 상태에서 기온이 갑자기 올라감으로 말미암아 궤도가 팽창하여 장출된 것이 그 직접적인 원인이 된 점에 비추어 보면 이와 같은 상황에서 피고인에게 이 사건 사고를 예상하고 충분히 감속하여 즉시 정차해야 할 주의의무가 있다고 할 수 없다고 판단하였는바, 기록에 비추어 원심의 판단은 수긍이 되고 거기에 지적하는 바와 같은 기관사의 업무상주의의무에 관한 법리의 오해나 채증법칙을 어긴 위법이 없다.」

24 대판 1980. 10. 14, 79도305; 대판 1988. 8. 23, 88도855; 대판 1989. 1. 17, 88도643.

25 대판 1982. 6. 8, 82도781.

Ⅲ. 다른 죄와의 관계

22 업무상과실로 인하여 교량을 손괴하여 자동차의 교통을 방해하고 그 결과 자동차를 추락시킨 경우에는, 제189조 제2항, 제185조 소정의 업무상과실일반교통방해죄와 제189조 제2항, 제187조 소정의 업무상과실자동차추락죄가 성립하고, 위 각 죄는 제40조 소정의 상상적 경합관계에 있다.[26]

23 그리고 판례는 ① 제189조 제2항, 제187조 소정의 업무상과실자동차파괴등죄와 도로교통법 제151조의 업무상과실손괴죄는 그 보호법익을 달리하고 그 행위의 객체와 행위의 태양의 측면에서 본조의 구성요건이 도로교통법의 구성요건보다 축소 한정되는 관계인 점 등에 비추어, 위 양 법규는 일반법과 특별법관계가 아닌 별개의 독립된 구성요건으로 해석함이 상당하다고 보았고,[27] ② 업무상과실자동차전복의 죄와 그로 인하여 사람을 사망에 이르게 한 교통사고처리특례법위반죄는 상상적 경합관계에 있으며, 무면허 음주운전행위는 그와 별개의 범죄구성요건을 충족하는 독립한 행위이어서 도로교통법위반죄는 업무상과실자동차전복죄와 교통사고처리특례법위반죄 중 형이 무거운 교통사고처리특례법위반죄와 사이에 경합범관계에 있다고 판단하였다.[28]

Ⅳ. 처 벌

24 과실로 인하여 제185조 내지 제187조의 죄를 범한 자는 1천만 원 이하의 벌금에 처한다(제1항).

25 업무상과실 또는 중대한 과실로 인하여 제185조 내지 제187조의 죄를 범한 자는 3년 이하의 금고 또는 2천만 원 이하의 벌금에 처한다(제2항).

〔전 승 수〕

26 대판 1997. 11. 28, 97도1740(성수대교 붕괴 사건).
27 대판 1983. 9. 27, 82도671.
28 대판 2001. 10. 12, 2001도3221.

제190조(미수범)
제185조 내지 제187조의 미수범은 처벌한다.

Ⅰ. 취 지

본조는 일반교통방해죄(§ 185), 기차, 선박 등의 교통방해죄(§ 186), 또는 기차 등의 전복 등 죄(§ 187)의 미수범을 처벌하는 규정이다. 1

본조에서 정하고 있는 위 3가지의 범죄들은 모두 추상적 위험범이므로, 해당 범죄의 기수가 되기 위하여 교통방해의 결과 또는 구체적인 공공의 위험이 발생할 것을 필요로 하지 않는다. 2

Ⅱ. 일반교통방해죄의 미수

일반교통방해죄는 교통이 불가능하거나 또는 현저히 곤란한 상태가 발생하면 바로 기수가 된다. 따라서 그러한 상태를 만들어내는 행위에 착수하여 이를 종료하지 못한 경우에 미수가 된다. 3

Ⅲ. 기차 등의 교통방해죄의 미수

기차 등의 교통방해죄는 기차, 전차, 자동차, 선박 또는 항공기의 교통이 불가능하거나 또는 현저히 곤란한 상태가 발생하면 바로 기수가 된다. 따라서 손괴 기타의 방법으로 교통방해행위에 착수하였으나 이를 종료하지 못한 경우에 미수로 처벌된다. 4

Ⅳ. 기차 등의 전복 등 죄의 미수

5 기차 등의 전복 등 죄는 전복, 매몰, 추락 또는 파괴의 행위를 종료하여 전복 등의 상태가 발생하면 기수에 이르고 반드시 그로 인해 공공의 교통안전에 대한 침해나 공공의 위험이 발생해야 하는 것은 아니다.[1] 따라서 전복, 매몰, 추락 또는 파괴행위의 실행에 착수하여 행위를 종료하지 못하였거나 전복 등의 상태가 발생하지 아니한 경우에 미수가 성립한다.

6 그리고 실행행위를 개시할 때에 사람이 현존하는 것으로 충분하고, 전복, 매몰 등 결과 발생 시에는 사람이 현존하고 있지 않았거나 범인이 선박에 있는 사람을 안전하게 대피시켰다고 하더라도 기수가 된다.[2]

〔전 승 수〕

1 김성돈, 형법각론(5판), 572; 김일수·서보학, 새로쓴 형법각론(9판), 482; 손동권·김재윤, 새로운 형법각론, § 34/17.

2 대판 2000. 6. 23, 99도4688.

제191조(예비, 음모)
제186조 또는 제187조의 죄를 범할 목적으로 예비 또는 음모한 자는 3년 이하의 징역에 처한다.

I. 취 지

본조는 본장의 죄 중에서 기차, 선박 등의 교통방해죄(§ 186) 또는 기차 등의 1
전복 등 죄(§ 187)를 범할 목적으로 예비, 음모한 자를 처벌하는 근거규정이다. 가중적 구성요건인 위 범죄들은 공공의 교통안전과 불특정 다수인의 생명, 신체 또는 재산의 안전에 대한 위험성이 크다고 보아 위 범죄들을 범할 목적의 예비, 음모를 처벌하도록 규정하고 있다.

본조는 제13장 방화와 실화의 죄에서의 예비·음모에 관한 규정인 제175조 2
와는 달리 그 목적한 죄의 실행에 이르기 전에 자수한 경우에 대한 형의 필요적 감면규정을 두지 아니하고 있다.

II. 처 벌

3년 이하의 징역에 처한다. 3

〔전 승 수〕

제16장 먹는 물에 관한 죄 〈개정 2020. 12. 8.〉

〔총 설〕

Ⅰ. 규 정

1 본장은 먹는 물에 관한 죄에 대하여 규정하고 있다. 구체적으로는 먹는 물의 사용방해(§ 192①), 먹는 물의 독물혼입(§ 192②), 수돗물의 사용방해(§ 193①), 수돗물의 독물혼입(§ 193②), 먹는 물 혼독치사상(§ 194), 수도불통(§ 195), 먹는 물의 독물혼입등의 미수(§ 196), 먹는 물의 독물혼입등의 예비·음모(§ 197)가 규정되어 있다.

2 본장의 죄는 객체에 따라 먹는 물에 관한 제192조의 죄와 수돗물에 관한 제193조 및 수도에 관한 제195조의 죄로 나누어 볼 수 있다. 그리고 행위의 방법에 따라 먹는 물, 수돗물 또는 수원에 오물을 넣어 먹는 물로 쓰지 못하게 한 먹는 물의 사용방해죄(§ 192①)와 수돗물의 사용방해죄(§ 193①), 먹는 물, 수돗물 또는 수원에 독물 그 밖에 건강을 해하는 물질을 넣은 먹는 물의 독물혼입죄(§ 192②)와 수돗물의 독물혼입죄(§ 193②), 그리고 수도를 불통하게 한 죄(§ 195)로 나누어 볼 수 있다.

3 그리고 먹는 물, 수돗물 또는 수원에 독물 그 밖에 건강을 해하는 물질을 넣는 범죄(§ 192②, § 193②)를 범한 경우는 그 결과에 따라 상해에 이르게 한 경우와 사망에 이르게 한 때에는 결과적 가중범(§ 194 전문, 후문)으로 처벌된다. 또

한, 먹는 물, 수돗물 또는 수원에 독물 그 밖에 건강을 해하는 물질을 넣는 범죄(§ 192②, § 193②)와 수도불통죄(§ 195)의 경우 미수범(§ 196)과 예비·음모(§ 197)도 처벌한다.

4 본장의 조문 구성은 아래 [표 1]과 같다.

[표 1] 제16장 조문 구성

조 문		제 목	구성요건	죄 명[1]	공소시효
§ 192	①	먹는 물의 사용방해	ⓐ 일상생활에서 먹는 물로 사용되는 물에 ⓑ 오물을 넣어 ⓒ 먹는 물로 쓰지 못하게 함	음용수사용방해	5년
	②		ⓐ ①의 먹는 물에 ⓑ 독물이나 그 밖에 건강을 해하는 물질을 넣음	음용수(독물, 유해물) 혼입	10년
§ 193	①	수돗물의 사용방해	ⓐ 수도를 통해 공중이 먹는 물로 사용하는 물 또는 그 수원에 ⓑ 오물을 넣어 ⓒ 먹는 물로 쓰지 못하게 함	수도음용수사용방해	10년
	②		ⓐ ①의 먹는 물 또는 수원에 ⓑ 독물 그 밖에 건강을 해하는 물질을 넣음	수도음용수 (독물, 유해물)혼입	10년
§ 194		먹는 물 혼독치사상	ⓐ § 192②, § 193②를 범하여 ⓑ 사람을 상해 또는 사망에 이르게 함	(§ 192②, § 193② 각 죄명)(치상, 치사)	15년
§ 195		수도불통	ⓐ 공중이 먹는 물을 공급하는 수도 그 밖의 시설을 ⓑ 손괴하거나 그 밖의 방법으로 불통하게 함	수도불통	10년
§ 196		미수범	§ 192②, § 193②, § 195의 미수	(§ 192②, § 193②, § 195 각 죄명)미수	
§ 197		예비, 음모	ⓐ § 192②, § 193②, § 195를 범할 목적으로 ⓑ 예비, 음모	(§ 192②, § 193②, § 195 각 죄명)(예비, 음모)	5년

1 2020년 12월 8일 형법개정으로 본장의 표제명이 '음용수에 관한 죄'에서 '먹는 물에 관한 죄'로 바뀌고, 본장 각 조문의 '음용수'가 '먹는 물'로, '수도음용수'가 '수돗물'로 바뀌었으나, 대검찰청의 현행 「공소장 및 불기소장에 기재할 죄명에 관한 예규」(개정 대검예규 제1264호, 2022. 1. 27.)는 이전의 죄명(예컨대, 음용수사용방해 등) 그대로이다.

Ⅱ. 연 혁

5 1953년 9월 18일 형법을 제정하면서 독립된 조문으로 규정되어 있던 정수오예죄(구 § 142)와 정수독물혼입죄(구 § 144) 및 수도오예죄(구 § 143)와 수도독물혼입죄(구 § 146 전단)를 객체인 정수와 수도별로 통합하여 음용수의 사용방해죄(§ 192①, ②)와 수도음용수의 사용방해죄(§ 193①, ②)로 규정하고, 정수 및 수도의 오예로 인한 치사상죄(구 § 145의 일부)를 삭제하였으며, 수도불통죄의 객체에 '기타 시설'을 추가하고 그 행위에 관하여 '손괴 또는 옹새(壅塞)'를 '손괴 기타 방법'으로 수정하였고, 미수죄 및 예비·음모죄를 신설하였으며, 일부 범죄에 대한 법정형을 상향 조정하였다.[2]

6 그리고 1995년 12월 29일 형법을 개정하면서, 치상죄와 치사죄에 대하여 하나의 법정형을 규정하였던 제194조의 음용수혼독치사·상죄에 대하여 치상죄와 치사죄를 전문과 후문으로 구분하여 법정형에 차등을 두고, 법정형 중 사형을 없앴다. 또한 제192조 제1항의 벌금 단위를 '환'에서 '원'으로 고치고 그 액수를 높였다.

7 그리고 2020년 12월 8일 알기 쉬운 법령 문장으로 개정하면서(2021. 12. 9. 시행), 형법 전체적으로 변경한 용어(전항, 범한, 기타 등) 외에, ① 본장의 표제를 '먹는 물에 관한 '죄로 바꾸고, ② 제192조, 제193조, 제194조, 제195조의 '음용수'를 '먹는 물'로 고치면서 제192조의 표제를 '음용수의 사용방해'에서 '먹는 물의 사용방해'로 고치고, ③ 제194조의 표제를 '음용수혼독치사상'에서 '먹는 물 혼독치사상'으로 고치며, ④ 제192조 제1항의 '일상 음용에 공하는 정수'를 '일상생활에서 먹는 물로 사용되는 물'로 고치고, ⑤ 제193조의 '수도음용수'를 '수돗

---

2 구 형법과 유사한 일본형법 각칙 제15장 음료수에 관한 죄의 조문 구성은 다음과 같다.

조문	표제	법정형
§ 142	정수오염	6월 이하 징역 또는 10만 엔 이하 벌금
§ 143	수도오염	6월 이상 7년 이하 징역
§ 144	정수독물등혼입	3년 이하 징역
§ 145	정수오염등치사상	상회의 죄와 비교하여 중한 형
§ 146	수도독물등혼입 및 동치사	2년 이상 치사는 사형, 무기 또는 5년 이상 징역
§ 147	수도손괴 및 폐색	1년 이상 10년 이하

물'로 고치면서 제193조의 표제를 '수돗물의 사용방해'로 고치며, ⑥ 제193조 제1항의 '수도에 의하여 공중의 음용에 공하는 정수'를 '수도를 통해 공중이 먹는 물로 사용하는 물'로 고치고, ⑦ 제192조 제2항과 제193조 제2항의 '건강을 해할 물건'을 '건강을 해하는 물질'로 고쳤다.

Ⅲ. 보호법익

8 먹는 물에 관한 죄의 보호법익은 공중의 건강과 위생이다.[3] 먹는 물은 사람의 생명과 건강을 유지하기 위한 필수 불가결한 요소이다. 특히 먹는 물의 이용과 공급을 방해하는 행위는 공중의 건강과 위생에 위협을 가하는 것이므로, 형법은 먹는 물에 관한 죄를 처벌함으로써 이를 특별히 보호하고 있다. 결과적 가중범인 먹는 물 혼독치사·상죄를 제외하고, 보호법익이 보호받는 정도는 추상적 위험범[4]이다.

9 물은 사람의 생활뿐만 아니라 생물의 생육과 환경에 미치는 영향이 중대하므로 수질오염으로 인한 국민건강 및 환경상의 위해를 예방하고 하천 등 공공수역의 물환경을 적정하게 보전할 필요가 있다. 그러나 이러한 수질보전의 문제는 물환경보전법, 환경범죄 등의 단속 및 가중처벌에 관한 법률, 수도법 등 특별형법인 환경형법의 규제영역에 해당하고, 형법은 먹는 물에 관한 죄를 별도의 장으로 규정하여 공공위생의 견지에서 공중의 먹는 물 이용과 안전을 위태롭게 하는 행위를 처벌하고 있다.

〔전 승 수〕

3 김성돈, 형법각론(5판), 578; 김일수·서보학, 새로쓴 형법각론(9판), § 118/1; 배종대, 형법각론(13판), 549; 손동권·김재윤, 새로운 형법각론, § 35/1; 신동운, 형법각론(2판), 340; 오영근, 형법각론(5판), 511; 이재상·장영민·강동범, 형법각론(11판), § 34/1; 임웅, 형법각론(9정판), 782; 정성근·박광민, 형법각론(전정3판), 660; 정영일, 형법강의 각론(3판), 308; 주석형법 〔각칙(2)〕(5판), 322(김상준).

4 김성돈, 578; 김신규, 형법각론 강의, 738; 김일수·서보학, 485; 박상기·전지연, 형법학(총론·각론)(5판), 810; 박찬걸, 형법각론(2판), 687; 배종대, § 118/1; 손동권·김재윤, § 35/1; 신동운, 340; 오영근, 511; 이재상·장영민·강동범, § 34/1; 임웅, 782; 정성근·박광민, 660; 정영일, 308.

제192조(먹는 물의 사용방해)
① 일상생활에서 먹는 물로 사용되는 물에 오물을 넣어 먹는 물로 쓰지 못하게 한 자는 1년 이하의 징역 또는 500만원 이하의 벌금에 처한다.
② 제1항의 먹는 물에 독물(毒物)이나 그 밖에 건강을 해하는 물질을 넣은 사람은 10년 이하의 징역에 처한다.
[전문개정 2020. 12. 8.]

구 조문
제192조(음용수의 사용방해) ① 일상음용에 공하는 정수에 오물을 혼입하여 음용하지 못하게 한 자는 1년 이하의 징역 또는 500만원 이하의 벌금에 처한다.
② 전항의 음용수에 독물 기타 건강을 해할 물건을 혼입한 자는 10년 이하의 징역에 처한다.

Ⅰ. 취 지

본조는 일상생활에서 먹는 물(음용수)로 사용되는 물에 오물을 넣어 먹는 물로 쓰지 못하게 하는 음용수사용방해죄(§ 192①)와 일상생활에서 먹는 물로 사용되는 물에 독물이나 그 밖에 건강을 해하는 물질을 넣은 먹는 물의 음용수독물·유해물혼입죄(§ 192②)에 관하여 규정하고 있다. 1

제1항의 음용수사용방해죄는 먹는 물에 오물을 넣는 것만으로는 부족하고 먹는 물로 쓰지 못하는 상태를 야기할 것을 요하며, 먹는 물을 먹는 물로 쓰지 못하게 하는 것으로 충분하고 그 이상의 어떤 결과발생을 요건으로 하는 것은 아니다. 먹는 물에 관한 죄의 기본적 구성요건에 해당한다. 제2항의 음용수독 2

물·유해물혼입죄는 일상생활에서 먹는 물로 사용되는 물에 독물이나 그 밖에 건강을 해하는 물질을 넣는 범죄이다. 독물 등 건강을 해하는 물질을 넣는다는 행위 수단의 위험성 때문에 형이 가중되는 가중적 구성요건이고, 그 위험성에 큰 차이가 있어 법정형도 현저히 높다. 두 죄는 일반법과 특별법의 관계에 있다.

3 두 죄는 모두 공중의 건강을 보호하기 위한 범죄이고, 그 보호의 정도는 추상적 위험범이다.

Ⅱ. 음용수사용방해죄(제1항)

1. 객 체

4 본죄의 객체는 일상생활에서 먹는 물로 사용되는 물이다.

5 여기서 '일상생활에서 먹는 물로 사용된다'라 함은 불특정 또는 다수인이 어느 정도 계속·반복하여 먹는 물로 사용하는 것을 의미한다.[1] 그러므로 특정인의 먹는 물로 사용하기 위하여 컵이나 찻잔에 담아 놓은 정수는 여기에 해당하지 않는다.[2] 그리고 여기서 다수인은 수돗물의 사용방해죄(§ 193)의 공중에서 말하는 상당한 다수를 요하는 것이 아니고, 어느 정도의 다수인이면 충분하다.[3] 따라서 일가족이 마시기 위하여 물통에 담아 놓은 정수,[4] 일가족이 마시는 우물물,[5] 마을 공동우물,[6] 그리고 구치소 호실 내 수용자 5명이 공동으로 마시기 위한 식수 물병[7]도 본조의 객체에 해당한다. 그리고 산속의 계곡물이나 옹달샘은

1 김성돈, 형법각론(5판), 579; 박상기, 형법각론(8판), 559; 신동운, 형법각론(2판), 341; 오영근, 형법각론(5판), 513; 이재상·장영민·강동범, 형법각론(11판), § 34/7; 임웅, 형법각론(9정판), 784; 정성근·박광민, 형법각론(전정3판), 662; 주석형법 〔각칙(2)〕(5판), 323(김상준).

2 大判 昭和 8(1933). 6. 5. 刑集 12·736.

3 배종대, 형법각론(11전정판), § 119/2; 신동운, 341; 오영근, 513; 이재상·장영민·강동범, § 34/7; 임웅, 784; 정성근·박광민, 662; 주석형법 〔각칙(2)〕(5판), 324(김상준).

4 김성돈, 579; 김일수·서보학, 새로쓴 형법각론(9판), 486; 박상기, 559; 배종대, § 119/2; 손동권·김재윤, 새로운 형법각론, § 35/5; 신동운, 341; 이재상·장영민·강동범,§ 34/7; 임웅, 784; 정성근·박광민, 662; 주석형법 〔각칙(2)〕(5판), 324(김상준).

5 신동운, 342; 주석형법 〔각칙(2)〕(5판), 324(김상준). 일본 판례도 같은 취지이다[最判 昭和 36(1961). 9. 8. 刑集 155·8·1309].

6 목포지판 1996. 12. 30, 96고단1021.

7 수원지판 2017. 12. 21, 2017고단1026.

불특정 또는 다수인이 사용하기는 하지만 일시적으로 사용하는 것이고 계속적으로 반복하여 사용되는 것이 아니므로 본죄의 객체에 포함되지 않는다.[8]

'먹는 물로 사용되는' 물이라 함은 반드시 먹는 물로만 사용되는 물에 제한되 6
지 아니하고 먹는 물로서의 용도 이외에 다른 용도를 겸하는 것도 포함한다.[9] 그러나 관개용수나 공업용수와 같이 먹는 물로서의 용도 이외의 다른 용도로만 쓰이는 경우에는 먹는 물로 사용되는 것이 아니므로 본죄의 객체에서 제외된다.[10]

먹는 물로 사용되는 '물'은 일반적으로 사람이 먹기에 적합할 정도로 청결 7
한 물을 말한다.[11] 수질검사 등에 의하여 수질의 음용적합성 여부를 판정받을 필요는 없다. 물은 자연수인지와 인공수인지 여부 및 유수인지와 저수인지 여부를 불문한다. 즉 자연적으로 용출되는 것인지와 인위적으로 정제·저장되는 것인지는 문제되지 않고, 그 관리 내지 소유관계는 본죄의 객체에 해당하는지 여부와 무관하다.[12] 다만 청량음료수나 과즙음료는 식품위생법의 적용대상에 해당하고, 여기의 물에 해당하지 않는다.[13]

2. 행 위

본죄의 실행행위는 먹는 물에 오물을 넣어 먹는 물로 쓰지 못하게 하는 것 8
이다.

'오물'이란 먹는 물을 더럽혀 사람이 먹기에 지장을 줄 수 있는 일체의 물질 9
을 말한다. 다만, 본조 제2항과의 관계에 비추어 그 수단인 독물이나 그 밖에

---

8 김성돈, 579; 김일수·서보학, 486; 박상기, 559; 배종대, § 119/2; 손동권·김재윤, § 35/5; 신동운, 341; 이재상·장영민·강동범, § 34/7; 임웅, 784; 정성근·박광민, 662; 정영일, 형법강의 각론(3판), 309; 홍영기, 형법(총론과 각론), § 98/1; 주석형법 〔각칙(2)〕(5판), 324(김상준).

9 김일수·서보학, 486; 박상기, 560; 배종대, § 119/2; 손동권·김재윤, § 35/5; 신동운, 341; 이재상·장영민·강동범, § 34/8; 정영일, 309; 주석형법 〔각칙(2)〕(5판), 324(김상준).

10 김성돈, 579; 김일수·서보학, 486; 신동운, 341; 오영근, 514; 정성근·박광민, 662; 주석형법 〔각칙(2)〕(5판), 324(김상준).

11 김일수·서보학, 486; 박상기, 560; 배종대, § 119/2; 손동권·김재윤, § 35/5; 신동운, 341; 오영근, 514; 이재상·장영민·강동범, § 34/9; 임웅, 783; 정성근·박광민, 661; 정영일, 309; 주석형법 〔각칙(2)〕(5판), 324(김상준).

12 김성돈, 579; 김일수·서보학, 486; 박상기, 560; 배종대, § 119/2; 손동권·김재윤, § 35/5; 신동운, 341; 오영근, 514; 이재상·장영민·강동범, § 34/8; 임웅, 783; 정성근·박광민, 662; 정영일, 309; 주석형법 〔각칙(2)〕(5판), 324(김상준).

13 정성근·박광민, 662; 주석형법 〔각칙(2)〕(5판), 324(김상준).

건강을 해하는 물질은 여기에서 제외된다. 대소변[14]이나 동물의 배설물, 쓰레기, 흙탕물, 비누[15] 등이 그 예이고, 식용색소[16]도 경우에 따라서는 오물이 될 수 있다.

10 '넣는다'란 먹는 물에 오물을 섞어 넣는 것을 의미한다. 적극적으로 이물질을 외부에서 섞어 넣는 것뿐만 아니라 우물 바닥의 흙을 들추어 물을 흐리게 하는 것도 '넣는다'에 해당한다.[17] 그리고 오물을 용기에 완전 밀봉하여 투입하는 것은 섞이지 아니하므로 여기에 해당하지 아니한다.

11 '먹는 물로 쓰지 못하게 한다'라 함은 먹는 물로서 쓸 수 없을 정도에 이르게 하는 것을 말한다. 사용불능 상태의 시간적 장단은 묻지 않는다.[18] 먹는 물로 쓸 수 없게 된 이유에는 물리적·화학적인 사유뿐만 아니라 감정적·심리적인 사유도 포함한다.[19] 사용불능에 대한 판단 기준은 일반인의 감정이고, 일반인의 감정에 비추어 먹는 물로 쓰기에 장애를 받을 정도로서 충분하다. 따라서 식용색소를 우물물에 풀어 불쾌한 색으로 만드는 경우도 먹는 물로 쓰는 것을 심리적으로 불가능하게 하는 사례에 해당한다.[20]

12 본죄는 추상적 위험범이므로, 본죄가 성립하기 위하여 공중의 건강이 침해되거나 침해될 구체적 위험의 발생을 요건으로 하지 않는다. 그러나 법의 명문에서 먹는 물로 쓰지 못하게 하는 것을 요건으로 규정하고 있으므로 넣는 행위 이외에 먹는 물로 쓰지 못하게 되는 상태가 발생하여야 한다고 본다.[21] 이에 대하여 본죄는 거동범의 성격을 가진다는 반대설[22]이 있다. 반대설은 오물을 넣는

---

14 목포지판 1996. 12. 30, 96고단1021.

15 수원지판 2017. 12. 21, 2017고단1026.

16 신동운, 342; 주석형법 〔각칙(2)〕(5판), 324(김상준). 일본 판례도 같은 취지이다〔最判 昭和 36(1961). 9. 8. 刑集 155·8·1309〕.

17 김성돈, 579; 김일수·서보학, 486; 손동권·김재윤, § 35/6; 신동운, 342; 오영근, 514; 이재상·장영민·강동범, § 34/9; 임웅, 784; 정성근·박광민, 662; 정영일, 309; 주석형법 〔각칙(2)〕(5판), 325 (김상준).

18 신동운, 342; 주석형법 〔각칙(2)〕(5판), 325(김상준).

19 最判 昭和 36(1961). 9. 8. 刑集 155·8·1309.

20 김성돈, 579; 김일수·서보학, 487; 정성근·박광민, 662; 정영일, 309; 주석형법 〔각칙(2)〕(5판), 325(김상준). 일본 판례도 같은 취지이다[最判 昭和 36(1961). 9. 8. 刑集 155·8·1309].

21 손동권·김재윤, § 35/7; 신동운, 342; 오영근, 514; 임웅, 784.

22 김성돈, 579; 김일수·서보학, 487; 박찬걸, 형법각론(2판), 687; 이정원·류석준, 형법각론, 635; 정성근·박광민, 662.

행위의 종료로써 기수에 이르고, 먹는 물로 쓰지 못하게 된 상태의 발생을 필요로 하지 않는다고 본다.

3. 고 의

본조의 고의는 일상생활에서 먹는 물로 사용되는 물이라는 점과 이에 오물 13
을 넣어 먹는 물로 쓰지 못하게 한 것에 대한 인식과 의사이다.[23] 미필적 고의로도 충분하다. 이에 대하여 먹는 물로 쓰지 못하게 한 상태에 대한 인식은 요하지 않는다고 보는 견해[24]가 있다.

4. 다른 죄와의 관계

사람이 마시는 물을 더럽히거나 사용하는 것을 방해한 경우에는 경범죄처 14
벌법위반죄(§ 3①(X))[25]가 성립한다. 사람이 마시는 물에 오물을 넣거나 그 사용을 방해한 것만으로 경범죄처벌법위반죄가 성립하므로 이는 본죄의 객체와 행위가 다르고, 먹는 물로 쓰지 못하게 된 상태라는 결과의 발생을 요하지 않는다. 즉, 마시는 물에 오물을 넣었으나 먹는 물로 쓸 수 없는 정도에 이르지 않은 때에는 경범죄처벌법위반죄에만 해당할 뿐이다.[26] 그러나 먹는 물로 쓸 수 없는 정도에 이르면 본죄와 경범죄처벌법위반죄와는 법조경합의 관계가 되므로 본죄만 성립한다.

5. 처 벌

1년 이하의 징역 또는 500만 원 이하의 벌금에 처한다. 15

---

23 김신규, 형법강의 각론, 741; 손동권·김재윤, 596; 오영근, 514; 이재상·장영민·강동범, § 34/10; 이형국·김혜경, 형법각론(2판), 784; 임웅, 784; 정성근·박광민, 662.

24 김일수·서보학, 487; 박상기, 560.

25 경범죄 처벌법 제3조(경범죄의 종류) ① 다음 각 호의 어느 하나에 해당하는 사람은 10만원 이하의 벌금, 구류 또는 과료(科料)의 형으로 처벌한다.

10. (마시는 물 사용방해) 사람이 마시는 물을 더럽히거나 사용하는 것을 방해한 사람

26 김성돈, 579; 김일수·서보학, 487; 배종대, § 119/3; 손동권·김재윤, § 35/7; 이재상·장영민·강동범, § 34/9; 임웅, 784; 정성근·박광민, 662.

III. 음용수독물 · 유해물혼입죄(제2항)

1. 객 체

16 본죄의 객체는 일상생활에서 먹는 물로 사용되는 물이다. 제192조 제1항의 객체와 동일하다(그 의미에 관하여는 **제192조 제1항 II. 1. 객체** 참조).

2. 행 위

17 행위는 '독물이나 그 밖에 건강을 해하는 물질을 혼입'하는 것이다.

18 '독물'이란 체내에 소량이 흡수되더라도 화학작용에 의하여 사람의 건강을 해할 수 있는 물질을 말한다.[27] 예를 들면, 청산가리,[28] 황산니코틴,[29] 염산, 농약 등이다. 독물은 당연히 건강에 해를 끼치므로 건강을 해하는 물건의 예시이다.

19 '건강을 해하는 물질'이란 먹음으로써 사람의 건강에 장애를 줄 수 있는 유해물을 총칭한다.[30] 예를 들면, 방사능, 산업폐기물, 석유화학물질, 병균 등이다. 무기물이든 유기물이든 가리지 않는다. 다만 어떠한 물질이라도 과도히 흡수하면 건강을 해하게 될 염려가 있으므로, 여기에서 말하는 건강을 해하는 물질은 성질상 소량의 흡수만으로도 유해한 물질로 한정된다고 할 것이다.[31] 그리고 건강에 유해한가의 여부는 유해물질의 성질에 따라 판단해야 하며, 분량의 다소는 불문한다.[32] 본죄는 추상적 위험범이고, 건강을 해하는 물질을 넣는 것만으로 본죄가 성립하며, 공중의 건강을 해하는 결과를 요하지 아니하기 때문이다. 이에 대하여 건강유해물에 속하는 물질이라 하더라도 혼입 양이 매우 적어 음용하여도 건강상 아무런 해가 없을 정도인 경우에는, 죄의 성립을 인정하기

---

27 김성돈, 580; 김일수·서보학, 487; 손동권·김재윤, § 35/9; 신동운, 342; 오영근, 515; 이재상·장영민·강동범, § 34/12; 임웅, 785; 정성근·박광민, 663; 정영일, 310; 주석형법 [각칙(2)](5판), 325(김상준).

28 大判 昭和 3(1928). 10. 15. 刑集 7·655.

29 大判 昭和 8(1933). 6. 5. 刑集 12·736.

30 김성돈, 580; 김일수·서보학, 487; 배종대, § 120/2; 손동권·김재윤, § 35/9; 신동운, 342; 오영근, 515; 이재상·장영민·강동범, § 34/12; 임웅, 785; 정성근·박광민, 663; 정영일, 310; 주석형법 [각칙(2)](5판), 325(김상준).

31 신동운, 342; 주석형법 [각칙(2)](5판), 325(김상준).

32 김일수·서보학, 487.

어렵다고 보는 견해[33]가 있다.

여기서 '넣는다'라 함은 먹는 물에 독물이나 그 밖에 건강을 해하는 물질을 섞어 넣는 것을 의미한다. 20

본죄는 추상적 위험범이다. 독물이나 그 밖에 건강을 해하는 물질을 넣는 것만으로 기수에 이르고, 먹는 물로 쓰지 못하게 되었다든가 공중의 건강에 대한 위험이 발생할 필요는 없다. 이에 대하여 먹는 물의 사용방해죄(§ 192①)와의 균형상 공중이 먹는 물로 쓰지 못하게 되었을 것은 요한다고 보는 학설이 있다.[34] 넣는 행위에 착수하였으나 실제로 넣지 못한 경우에는 미수에 해당한다.[35] 21

3. 처 벌

10년 이하의 징역에 처한다. 22

본죄의 미수범은 처벌하고(§ 196), 본죄를 범할 목적으로 예비 또는 음모한 자는 2년 이하의 징역에 처한다(§ 197). 23

〔전 승 수〕

33 주석형법 [각칙(2)](5판), 326(김상준).
34 정영일, 310.
35 김성돈, 580.

제193조(수돗물의 사용방해)
① 수도(水道)를 통해 공중이 먹는 물로 사용하는 물 또는 그 수원(水原)에 오물을 넣어 먹는 물로 쓰지 못하게 한 자는 1년 이상 10년 이하의 징역에 처한다.
② 제1항의 먹는 물 또는 수원에 독물 그 밖에 건강을 해하는 물질을 넣은 자는 2년 이상의 유기징역에 처한다.
[전문개정 2020. 12. 8.]

구 조문
제193조(수도음용수의 사용방해) ① 수도에 의하여 공중의 음용에 공하는 정수 또는 그 수원에 오물을 혼입하여 음용하지 못하게 한 자는 1년 이상 10년 이하의 징역에 처한다.
② 전항의 음용수 또는 수원에 독물 기타 건강을 해할 물건을 혼입한 자는 2년 이상의 유기징역에 처한다.

Ⅰ. 취 지

1 본조는 수도(水道)를 통해 공중이 먹는 물로 사용하는 물(수돗물·수도음용수) 또는 그 수원(水原)에 오물을 넣어 먹는 물로 쓰지 못하게 하는 수도음용수사용방해죄(§ 193①)와 수도를 통해 공중이 먹는 물로 사용하는 물 또는 수원에 독물 그 밖에 건강을 해하는 물질을 넣은 수도음용수독물·유해물혼입죄(§ 193②)에 관하여 규정하고 있다.

2 제1항의 죄는 먹는 물의 사용방해죄(§ 192①)와 기본적인 구조가 동일하나, 그 객체의 특수성에 따라 불법과 형이 가중된 구성요건이다. 수돗물과 그 수원

은 오늘날 공중이 사용하는 먹는 물 체계의 근간을 이루고 있어 공급범위가 넓고 음용성에 대한 일반의 신뢰가 크기 때문에 그 사용방해행위는 공중의 건강에 미치는 위험도 크다는 점을 고려한 것이다.

제2항의 죄는 기본적 구성요건인 먹는 물의 사용방해죄에 비하여 객체의 특수성에 따라 형이 가중되었을 뿐 아니라, 제1항의 수돗물의 사용방해죄에 비하여 행위수단의 위험성에 따라 형이 가중된 가중적 구성요건이다. 3

Ⅱ. 수도음용수사용방해죄(제1항)

1. 객 체

본죄의 객체는 수도를 통해 공중이 먹는 물로 사용하는 물 또는 그 수원이다. 4

'수도'는 음용의 정수를 공급하기 위한 인공적 설비를 말한다.[1] 공적 설비인지 사적 설비인지는 묻지 않는다. 적법절차를 거쳐 가설된 것임을 요하지 않고,[2] 법령이나 관습에 의하여 수도로 용인되어 있어야 하는 것도 아니다.[3] 또한 영구적인 설비일 것을 요하지 않고 일시적 목적으로 시설된 것도 수도로 인정될 수 있으며,[4] 수도법의 수도[5]와 일치하지 아니한다. 반드시 설비 모두가 인공적이어야 하는 것은 아니다. 다만 시설이 다소 불완전하더라도 관계없으나,[6] 정수의 청정을 유지하면서 일정한 수로를 따라 흐르게 하는 데 필요한 5

1 김성돈, 형법각론(5판), 581; 김일수·서보학, 새로쓴 형법각론(9판), 488; 박상기, 형법각론(8판), 561; 배종대, 형법각론(13판), § 120/4; 손동권·김재윤, 새로운 형법각론, § 35/10; 신동운, 형법각론(2판), 343; 오영근, 형법각론(5판), 515; 이재상·장영민·강동범, 형법각론(12판), § 34/14; 임웅, 형법각론(9정판), 786; 정성근·박광민, 형법각론(전정3판), 664; 정영일, 형법강의 각론(3판), 311; 홍영기, 형법(총론과 각론), § 98/2; 주석형법 [각칙(2)](5판), 327(김상준).

2 대판 1957. 2. 1, 4289형상317.

3 大判 昭和 7(1932). 3. 31. 刑集 11·311.

4 김성돈, 581; 배종대, § 120/4; 손동권·김재윤, § 35/10; 오영근, 516; 이재상·장영민·강동범, § 34/14; 정성근·박광민, 664; 정영일, 311.

5 수도법 제3조(정의) 이 법에서 사용하는 용어의 뜻은 다음과 같다.
  5. "수도"란 관로(管路), 그 밖의 공작물을 사용하여 원수나 정수를 공급하는 시설의 전부를 말하며, 일반수도·공업용수도 및 전용수도로 구분한다. 다만, 일시적인 목적으로 설치된 시설과 「농어촌정비법」 제2조제6호에 따른 농업생산기반시설은 제외한다.

6 대판 1957. 2. 1, 4289형상317.

최소한의 설비는 갖추어야 한다.[7] 따라서 단순한 천연유수는 공중이 먹는 물로 사용되고 있다 하더라도 수도라고 할 수는 없다.[8] 그리고 수도는 물의 유통로를 말하는 것이므로 정화 또는 저수[9]를 주목적으로 하고 간접적으로 유통을 돕는 데 그치는 설비는 수도라고 할 수 없다.[10] 또한 정수지 또는 저수지에 흘러 들어가는 수로도 수도에 해당하지 아니하며 수원에 해당한다고 보는 것이 다수설이나,[11] 이에 대하여는 정수지 또는 저수지에 근접해 있는 일정 범위의 수로는 수원에 해당하나 이들과 멀리 떨어져 있는 수로는 수도로 보는 견해가 있다.[12]

6 '공중'이란 불특정 또는 다수의 사람을 말한다. 여기에서 다수는 먹는 물의 사용방해죄에서 말하는 어느 정도의 다수가 아니라 상당한 다수임을 요한다.[13] 인원을 수량적으로 단정할 수는 없으나, 그 인원과 공급대상의 다양성, 향후 확장가능성 등을 함께 고려하여 판단할 필요가 있다. 따라서 한 가족만이 이용하는 전용수도는 본죄의 객체에 해당하지 않는다.[14]

7 '공중이 먹는 물로 사용하는 물'이란 불특정 또는 다수의 사람이 먹을 수 있도록 공급하는 도중에 있는 먹는 물을 말한다. 이미 공급이 끝나서 개인에게 도달하여 보관된 물은 여기에 포함되지 아니한다.[15]

8 '수원'은 수도에 들어오기 전 단계의 물을 의미한다.[16] 예를 들면, 취수장으로부터 저수지, 정수장에 이르는 수로와 저수지, 정수장의 물 등을 말한다. 한

---

7 신동운, 343. 일본 판례도 같은 취지이다[大判 昭和 7(1932). 3. 31. 刑集 11·311].
8 大判 昭和 7(1932). 3. 31. 刑集 11·311.
9 강물을 저수지로 끌어들이는 인수로(引水路)는 '수도'가 아니다〔大判 昭和 12(1937). 12. 24. 刑集 16·1635〕.
10 주석형법 〔각칙(2)〕(5판), 327(김상준).
11 김일수·서보학, 489; 배종대, § 120/4; 손동권·김재윤, § 35/10; 이재상·장영민·강동범, § 34/14; 임웅, 786; 정성근·박광민, 664; 정영일, 311; 주석형법 〔각칙(2)〕(5판), 328(김상준).
12 오영근, 516.
13 김성돈, 581; 김일수·서보학, 489; 배종대, § 120/4; 이재상·장영민·강동범, § 34/14; 임웅, 786; 정성근·박광민, 664; 주석형법 〔각칙(2)〕(5판), 328(김상준).
14 김성돈, 581; 김일수·서보학, 489; 손동권·김재윤, § 35/10; 이재상·장영민·강동범, § 34/14; 임웅, 786; 정성근·박광민, 664; 주석형법 〔각칙(2)〕(5판), 328(김상준).
15 김성돈, 581; 배종대, § 120/4; 손동권·김재윤, § 35/10; 이재상·장영민·강동범, § 34/15; 임웅, 786; 정성근·박광민, 664; 주석형법 〔각칙(2)〕(5판), 328(김상준).
16 수도법에서는 '상수원'이라는 용어를 사용하는데, 이는 음용·공업용 등으로 제공하기 위하여 취수시설(取水施設)을 설치한 지역의 하천·호소(湖沼)·지하수·해수(海水) 등을 말한다(§ 3(ii)).

편, 취수장에 이르는 물과 상수원보호구역의 물에 대하여 본죄의 객체임을 부정하는 학설[17]과 이를 긍정하는 학설[18]이 있다.

2. 행 위

본죄의 행위는 '오물을 넣어 먹는 물로 쓰지 못하게 하는 것'이다. 여기서 '오물', '넣는다', '먹는 물로 쓰지 못하게 한다'의 의미는 '**제192조 제1항 II. 음용수사용방해죄 2. 행위**'의 해당 부분과 같다(그 의미에 관하여는 위 해당 부분 참조). 9

3. 처 벌

1년 이상 10년 이하의 징역에 처한다. 10

III. 수도음용수독물·유해물혼입죄(제2항)

1. 객 체

본죄의 객체는 수도를 통해 공중이 먹는 물로 사용하는 물 또는 수원이고, 그 의미는 '**제193조 제1항 II. 수도음용수사용방해죄 1. 객체**'의 해당 부분과 동일하다(그 의미에 관하여는 위 해당 부분 참조). 11

2. 행 위

행위는 '독물 그 밖에 건강을 해하는 물질을 넣는' 것이다. 그 의미는 '**제192조 제2항 III. 음용수독물·유해물혼입죄 2. 행위**'의 해당 부분과 같다. 12

본죄는 추상적 위험범이고, 본죄의 미수범과 예비·음모는 처벌한다(§ 196, § 197). 혼입에 착수하였으나 실제로 혼입하지 못한 경우에는 미수에 해당한다.[19] 13

3. 처 벌

2년 이상의 유기징역에 처한다. 14

---

17 김성돈, 581; 김일수·서보학, 489; 정성근·박광민, 664; 정영일, 311.
18 박상기, 561.
19 김성돈, 582.

15 본죄의 미수범은 처벌하고(§ 196), 본죄를 범할 목적으로 예비 또는 음모한 자는 2년 이하의 징역에 처한다(§ 197).

〔전 승 수〕

제194조(먹는 물 혼독치사상)
제192조 제2항 또는 제193조 제2항의 죄를 지어 사람을 상해에 이르게 한 경우에는 무기 또는 3년 이상의 징역에 처한다. 사망에 이르게 한 경우에는 무기 또는 5년 이상의 징역에 처한다.
[전문개정 2020. 12. 8.]

구 조문
제194조(음용수혼독치사상) 제192조 제2항 또는 제193조 제2항의 죄를 범하여 사람을 상해에 이르게 한 때에는 무기 또는 3년 이상의 징역에 처한다. 사망에 이르게 한 때에는 무기 또는 5년 이상의 징역에 처한다.

Ⅰ. 취 지

1 본조는 먹는 물의 독물·유해물혼입죄(§ 192②)와 수돗물의 독물·유해물혼입죄(§ 193②)를 범하여 사람을 상해에 이르게 하거나 사망에 이르게 한 때에 성립하는 범죄이다. 본죄는 결과적 가중범이다.

Ⅱ. 결과적 가중범

2 본죄의 성격에 대하여는 ① 먹는 물(수돗물)의 독물·유해물혼입치사죄의 경우는 진정결과적 가중범이지만 먹는 물(수돗물)의 독물·유해물혼입치상죄의 경우는 부진정결과적 가중범으로 보아야 한다는 견해(통설)[1]와 ② 치사·상죄 모두

1 김성돈, 형법각론(5판), 582; 김일수·서보학, 새로쓴 형법각론(9판), 488; 박상기, 형법각론(8판), 562; 배종대, 형법각론(13판), § 120/7; 손동권·김재윤, 새로운 형법각론, § 35/12; 신동운, 형법각론(2판), 344; 오영근, 형법각론(5판), 517; 이재상·장영민·강동범, 형법각론(12판), § 34/18; 임웅, 형법각론(9정판), 787; 정성근·박광민, 형법각론(전정3판), 665; 정영일, 형법강의 각론(3판), 311;

무거운 결과에 대해서 과실이 있는 경우에만 성립하는 진정결과적 가중범이라는 견해[2]가 대립하고 있다.

3 위 ①의 견해는 사망의 결과에 대한 고의가 있는 살인죄는 위 치사죄보다 법정형이 무거워 부진정결과적 가중범을 인정할 이유가 없고,[3] 상해의 결과에 대한 고의가 있는 상해죄는 법정형이 위 치상죄보다 가벼워 양형상의 불균형을 초래하므로 상해의 결과에 대해 고의가 있든 과실이 있든 치상죄가 성립한다고 한다. 이때 상해의 고의가 있는 경우, 치상죄와 상해죄의 상상적 경합이 된다는 견해가 다수설이나,[4] 판례의 취지에 의하면 법정형이 무거운 치상죄만 성립한다고 할 것이다.[5]

4 위 ②의 견해는 사상의 결과에 대한 고의가 있으면 본죄는 성립하지 않고, 태양에 따라서 살인죄, 살인미수죄, 상해죄 또는 상해치사죄 등이 성립할 것이라고 한다.[6]

5 상해 또는 사망의 결과가 발생하면 기본범죄인 먹는 물의 독물·유해물혼입죄나 수돗물의 독물·유해물혼입죄가 기수이건 미수이건 상관없이 본죄가 성립한다.[7] 이에 대하여는 기본범죄가 기수인 경우에만 본죄가 성립한다고 보는 반대설이 있다.[8]

홍영기, 형법(총론과 각론), § 98/3.

2 주석형법 〔각칙(2)〕(5판), 331(김상준).

3 살인죄와 먹는 물(수돗물)의 독물·유해물혼입죄와의 상상적 경합이 될 것이다(김일수·서보학, 490).

4 김일수·서보학, 490; 이재상·장영민·강동범, § 34/18.

5 대판 2008. 11. 27, 2008도7311(부진정결과적 가중범인 특수공무집행방해치상죄). 「고의로 중한 결과를 발생하게 한 행위가 별도의 구성요건에 해당하고 그 고의범에 대하여 결과적 가중범에 정한 형보다 더 무겁게 처벌하는 규정이 있는 경우에는, 그 고의범과 결과적 가중범이 상상적 경합관계에 있다고 보아야 할 것이지만, 고의범에 대하여 더 무겁게 처벌하는 규정이 없는 경우에는, 결과적 가중범이 고의범에 대하여 특별관계에 있다고 해석되므로 결과적 가중범만 성립하고 이와 법조경합의 관계에 있는 고의범에 대하여는 별도로 죄를 구성한다고 볼 수 없다.」

6 주석형법 〔각칙(2)〕(5판), 331(김상준). 치사죄에 대해서만 현행법상 살인죄의 형이 본죄의 형보다 무겁다는 것을 이유로 들고 있고, 치상죄에 대해서는 언급이 없다.

7 김성돈, 582; 손동권·김재윤, § 35/12; 이재상·장영민·강동범, § 34/18; 정성근·박광민, 665; 정영일, 311.

8 김일수·서보학, 490; 배종대, § 120/7; 오영근, 517.

Ⅲ. 처 벌

상해에 이르게 한 때에는 무기 또는 3년 이상의 징역에, 사망에 이르게 한 6
때에는 무기 또는 5년 이상의 징역에 처한다.

〔전 승 수〕

第195條(수도불통)
공중이 먹는 물을 공급하는 수도 그 밖의 시설을 손괴하거나 그 밖의 방법으로 불통(不通)하게 한 자는 1년 이상 10년 이하의 징역에 처한다.
[전문개정 2020. 12. 8.]

구 조문
第195條(수도불통) **공중의 음용수를 공급하는 수도 기타 시설을 손괴 기타 방법으로 불통하게 한 자는 1년 이상 10년 이하의 징역에 처한다.**

Ⅰ. 취 지

1 본죄(수도불통죄)는 공중이 먹는 물을 공급하는 수도 그 밖의 시설을 손괴하거나 그 밖의 방법으로 불통하게 함으로써 성립하는 범죄로서, 공중의 건강 또는 보건을 보호법익으로 한다.[1]

2 본죄는 공중의 먹는 물 사용을 방해한다는 점에서 먹는 물의 사용방해죄(§ 192)와 유사한 죄질을 가지고 있다. 그러나 먹는 물의 사용방해죄는 먹는 물 자체에 대한 오염 내지 유해화하는 행위임에 반하여, 본죄는 먹는 물 공급시설의 효용을 해하여 간접적으로 그 사용을 방해하는 것이라는 점에 특색이 있다. 다수설은 객체와 행위방법의 특수성으로 인하여 형이 가중된 가중적 구성요건으로 본다.[2] 이에 대하여 먹는 물의 사용방해죄와 독립된 범죄로 보는 견해가 있다.[3]

---

1 대판 2022. 6. 9, 2022도2817.
2 김성돈, 형법각론(5판), 583; 김신규, 형법각론 강의, 744; 배종대, 형법각론(13판), § 120/8; 손동권·김재윤, 새로운 형법각론, § 35/13; 이재상·장영민·강동범, 형법각론(12판), § 34/19; 이정원·류석준, 형법각론, 636; 이형국·김혜경, 형법각론(2판), 708; 임웅, 형법각론(9정판), 787; 정성근·박광민, 형법각론(전정3판), 666; 정성근·정준섭, 형법강의 각론(2판), 497; 최호진, 형법각론, 728.
3 김일수·서보학, 새로쓴 형법각론(9판), 490; 오영근, 형법각론(5판), 517.

Ⅱ. 객 체

본죄의 객체는 공중이 먹는 물을 공급하는 수도 그 밖의 시설이다. 여기에서 '공중', '공중이 먹는 물', '수도'의 의미는 '**제193조 제1항 II. 수도음용수사용방해죄 1. 객체**'의 해당 부분과 동일하다(그 의미에 관하여는 위 해당 부분 참조). 3

공설수도인지 사설수도인지를 묻지 않는다.[4] 비록 사인이 적법한 절차를 밟지 아니한 수도라 할지라도 공중생활에 필요한 먹는 물을 공급하고 있는 시설로 되어 있다면 본죄의 객체에 해당한다.[5] 그리고 사설 특수가압수도시설과 이에 연결된 급수관[6]은 본죄의 객체에 해당할 수 있다. 4

'그 밖의 시설'은 수도 이외에 공중이 먹는 물을 공급하는 시설을 말한다. 판례도 "수도불통죄의 대상이 되는 '수도 기타 시설'이란 공중의 음용수 공급을 주된 목적으로 설치된 것에 한정되는 것은 아니고, 설령 다른 목적으로 설치된 것이더라도 불특정 또는 다수인에게 현실적으로 음용수를 공급하고 있는 것이면 충분하며, 소유관계에 따라 달리 볼 것도 아니다."고 판시하고 있다.[7] 공중이 먹을 수 있게 하는 양수용 펌프,[8] 주상복합아파트에서 원래 화장실 용수 공급용으로 설치되었으나 현실적으로 불특정 또는 다수인이 음용수 공급용으로도 이용 중인 수도배관[9]이 그 예이다. 우물도 불특정 또는 다수인이 이용하는 것이면 여기에 해당한다.[10] 5

Ⅲ. 행 위

본죄의 행위는 손괴하거나 그 밖의 방법으로 불통하게 하는 것이다. 6

'손괴'는 물리적으로 훼손하여 그 효용을 해하는 것을 말한다.[11] 손괴는 불 7

4 대판 1977. 11. 22, 77도103; 서울고판 1977. 5. 27, 76노1703.

5 대판 1957. 2. 1, 4289형상317.

6 대판 1971. 1. 26, 70도2654.

7 대판 2022. 6. 9, 2022도2817.

8 오영근, 517; 임웅, 787; 정영일, 형법강의 각론(3판), 312. 일본 판례도 같은 취지이다[福岡高判 昭和 28(1953). 4. 17. 判特 26·12(양수기)].

9 대판 2022. 6. 9, 2022도2817.

10 김성돈, 583; 신동운, 형법각론(2판), 346; 이재상·장영민·강동범, § 34/20; 정성근·박광민, 666; 정영일, 312; 주석형법 [각칙(상)], 316(김석휘); 주석형법 [각칙(2)](5판), 332(김상준).

11 배종대, § 120/8; 손동권·김재윤, § 35/14; 신동운, 346; 이재상·장영민·강동범, § 34/21; 임웅,

통방법의 예시이다. '그 밖의 방법'은 손괴 이외에 수도 그 밖의 시설을 불통하게 할 일체의 방법을 말한다. 유형의 장애물에 의한 수도관 폐쇄, 급수관 절단, 수도시설 자체에 의한 급수차단,[12] 전원차단 등이 해당할 수 있다. 그리고 '불통하게 한다'는 공중에 대한 먹는 물의 공급을 불가능하게 하는 것을 말한다. 본죄는 추상적 위험범이지만 일시적이라도 수도 그 밖의 시설에 의한 급수의 불통이라는 상태가 발생하여야 한다.[13] 공급이 불가능하게 될 정도에 이르지 않은 때에는 미수가 된다.

8 본죄의 구성요건에 해당하는 행위도 위법성이 조각될 수 있다. 사설 특수가압시설의 불법이용자에 대한 시설자의 정당한 단수조치[14]와 사설수도의 관리책임자의 요금체납자에 대한 정당한 단수조치[15]는 위법성이 조각된다.

Ⅳ. 다른 죄와의 관계

9 (1) 본죄가 성립하는 때에는 재물손괴죄(§ 366)는 본죄에 흡수된다.

10 (2) 수도관을 절취함으로써 본죄가 성립하는 경우에는 본죄와 절도죄의 상상적 경합이 된다.[16]

11 (3) 본죄와 경범죄 처벌법 제3조 제1항 제17호[17] 위반의 죄(물길의 흐름 방해)와는 법조경합의 관계로서 전자가 성립하면 후자는 성립하지 않는다.

787; 정영일, 312; 주석형법 〔각칙(2)〕(5판), 333(김상준).

12 대판 2022. 6. 9, 2022도2817. 주상복합아파트 입주자대표회의 회장인 피고인이 상가입주자들과의 수도 관리비 인상 협상이 결렬되자 상가입주자들이 상가 2층 화장실에 연결하여 이용 중인 수도배관을 분리하여 불통하게 하고 즉각 단수조치를 취한 사안에서, 본죄의 성립을 인정하였다.

13 김성돈, 583; 오영근, 518; 임웅, 788.

14 대판 1971. 1. 26, 70도2654.

15 대판 1977. 11. 22, 77도103.

16 김성돈, 583; 배종대, § 120/8; 정성근·박광민, 666; 주석형법 〔각칙(상)〕, 317(김석휘); 주석형법 〔각칙(2)〕(5판), 333(김상준). 일본 판례도 같은 취지이다〔福岡高判 昭和 26(1951). 12. 12. 高刑集 4·14·2092〕.

17 경범죄 처벌법 제3조(경범죄의 종류) ① 다음 각 호의 어느 하나에 해당하는 사람은 10만원 이하의 벌금, 구류 또는 과료(科料)의 형으로 처벌한다.
  17. (물길의 흐름 방해) 개천·도랑이나 그 밖의 물길의 흐름에 방해될 행위를 한 사람

V. 처 벌

1년 이상 10년 이하의 징역에 처한다. 12

본죄의 미수범은 처벌하고(§ 196), 본죄를 범할 목적으로 예비 또는 음모한 13
자는 2년 이하의 징역에 처한다(§ 197).

〔전 승 수〕

제196조(미수범)

제192조 제2항, 제193조 제2항과 전조의 미수범은 처벌한다.

1 일상생활에서 먹는 물로 사용되는 물이나 수도를 통해 공중이 먹는 물로 사용하는 물 또는 그 수원에 독물 그 밖에 건강을 해하는 물질을 넣는 죄와 수도불통죄의 미수범을 처벌하는 규정이다. 범행수단의 위험성과 객체 및 범행방법의 특수성에 비추어 먹는 물의 독물·유해물혼입죄(§ 192②), 수돗물의 독물·유해물혼입죄(§ 193②) 또는 수도불통죄(§ 195)의 미수범을 처벌하고 있다.

〔전 승 수〕

제197조(예비, 음모)
제192조 제2항, 제193조 제2항 또는 제195조의 죄를 범할 목적으로 예비 또는 음모한 자는 2년 이하의 징역에 처한다.

Ⅰ. 취 지

먹는 물의 독물·유해물혼입죄(§ 192②), 수돗물의 독물·유해물혼입죄(§ 193②) 1
또는 수도불통죄(§ 195)를 범할 목적으로 예비, 음모한 자는 그 예비, 음모죄로 처벌된다. 공공위생의 견지에서 공중의 건강을 위태롭게 하는 죄질이 무겁다고 보아 위 범죄를 범할 목적의 예비, 음모를 처벌하도록 규정하고 있다.

Ⅱ. 처 벌

2년 이하의 징역에 처한다. 2

〔전 승 수〕

제17장 아편에 관한 죄

〔총 설〕

Ⅰ. 규 정

1. 의 의

1 아편에 관한 죄는 아편을 흡식하거나, 아편 또는 아편흡식기구를 제조·수입·판매·소지하는 것을 내용으로 하는 범죄이다.[1] 아편을 비롯한 마약은 인간의 중추신경계에 작용하여 흡식자에게 마비적 쾌감을 주기 때문에 습벽화되는 것이 쉽고, 중독되면 개인의 신체적·정신적 건강을 해할 뿐만 아니라 사회적으로도 국민의 건강한 생활을 황폐하게 만들거나 바람직하지 못한 결과를 초래하는 등의 폐단이 있다.[2]

2 최근 마약류범죄는 국제화 추세를 보이고 있고, 공항 및 항만뿐만 아니라 국제우편 등을 통하여 외국으로부터 대량으로 밀반입되고 있으며, 인터넷과 SNS을 이용하는 등 유통 방법이 급격하게 변화하고 있다. 세계 각국에서는 마

1 오영근, 형법각론(5판), 519; 이재상·장영민·강동범, 형법각론(12판), § 35/1
2 정웅석·최창호, 형법각론, 175; 이은모, "약물범죄에 관한 연구", 연세대학교 박사학위논문(1991), 2.

약류를 남용하는 사람들이 연소화되는 등 마약류를 남용하는 사회계층의 범위가 점차 확대되고 있어 심각한 사회문제가 되고 있다. 이에 따라 마약류의 규제는 오늘날 모든 국가가 당면하고 있는 중요한 문제 중의 하나이다.

3 일반적으로 마약류는 ① 약물 사용에 대한 욕구가 강제적일 정도로 강하고(의존성 dependence), ② 사용 약물의 양이 증가하는 현상이 있고(내성 tolerance), ③ 이를 중단할 경우 신체적으로 고통과 부작용이 있을 뿐만 아니라(금단증상 withdrawl), ④ 개인에 한정되지 않고 사회에도 해를 끼치는 약물을 말한다.

4 이에 따라 형법은 국민의 건강 유지와 국민 생활의 퇴폐 방지를 위하여 아편의 흡식 및 이에 관련된 행위를 처벌하고 있다.

2. 체 계

5 아편에 관한 죄의 기본적 구성요건은 아편흡식죄(§ 201①)이다. 아편흡식장소제공죄(§ 201②)는 아편흡식죄의 방조에 해당하는 것이지만, 이를 특별히 범죄로 규정하고 있다.

6 형법은 아편의 제조·수입·판매·판매목적소지(§ 198) 및 아편흡식기의 제조·수입·판매·판매목적소지(§ 199)를 불법의 가중유형으로 규정하고 있다. 아편이나 아편흡식기의 제조죄는 아편흡식기의 예비나 방조에 해당하는 것이지만, 마약류범죄에서는 마약류의 최종 소비보다는 공급행위를 차단하는 것이 마약류범죄를 방지하는 데 효과적이라는 정책적 고려에서 이를 독립된 구성요건으로 규정하고 있다.

7 세관공무원의 아편수입죄(§ 200)는 세관공무원이라는 신분으로 인하여 책임이 가중되는 구성요건이다. 상습범(§ 203)은 상습성이라는 요소로 인하여 책임이 가중되는 구성요건이다. 또한, 아편흡식죄의 예비행위에 해당하는 단순아편소지죄(§ 205)를 독립된 범죄유형으로 규정하고 있다.

8 이와 같은 일반적인 체계와는 달리 각 구성요건의 행위태양을 분석하여 '기본행위와 가중행위 체계'로 구성하는 견해[3]가 있다.

---

3 김일수·서보학, 새로쓴 형법각론(9판), 491. 이에 따르면 소지행위에 관하여는 제205조의 단순소지죄가 기본적 구성요건, 제198조와 제199조의 판매목적소지죄가 불법가중요건이 된다. 수입행위에 관하여는 제198조와 제199조의 수입죄가 기본적 구성요건, 제200조의 세관공무원수입·

본장의 조문 구성은 아래 [표 1]과 같다. 9

[표 1] 제17장 조문 구성

조문		제목	구성요건	죄명	공소시효
§ 198		아편 등의 제조 등	ⓐ 아편, 몰핀, 그 화합물을 ⓑ 제조, 수입, 판매, 판매목적 소지	(아편, 몰핀) (제조, 수입, 판매, 소지)	10년
§ 199		아편흡식기의 제조 등	ⓐ 아편흡식기구를 ⓑ 제조, 수입, 판매, 판매목적 소지	아편흡식기 (제조, 수입, 판매, 소지)	7년
§ 200		세관공무원의 아편 등의 수입	ⓐ 세관공무원이 ⓑ 아편, 몰핀, 그 화합물, 아편흡식기구를 ⓒ 수입, 수입 허용	세관공무원 (아편, 몰핀, 아편흡식기) (수입, 수입허용)	10년
§ 201	①	아편흡식 등, 동장소제공	ⓐ 아편, 몰핀을 ⓑ 흡식, 주사	아편흡식, 몰핀주사	7년
	②		ⓐ 아편흡식, 몰핀주사의 장소를 제공하여 ⓑ 이익을 취함	(아편흡식, 몰핀주사) 장소제공	
§ 202		미수범	§ 198 내지 § 201의 미수	(§ 198 내지 § 201 각 죄명) 미수	
§ 203		상습범	상습으로 § 198 내지 § 202를 범함	상습(§ 198 내지 § 202 각 죄명)	
§ 204		자격정지 또는 벌금의 병과	§ 198 내지 § 203에 대한 자격정지, 벌금 병과		
§ 205		아편 등의 소지	ⓐ 아편, 몰핀, 그 화합물, 아편흡식기구를 ⓑ 소지	단순(아편, 몰핀, 아편흡식기)소지	5년
§ 206		몰수, 추징	ⓐ 아편, 몰핀, 그 화합물, 아편흡식기구의 몰수 ⓑ 몰수 불능 시 추징		

수입허용죄가 불법가중요건이 된다. 제198조와 제199조의 제조·판매죄와 제201조의 아편흡식등죄와 동 장소제공죄는 독자적인 불법유형으로 각각 독립된 범죄를 구성한다. 그리고 이들 범죄의 책임가중적 구성요건으로 제203조의 상습범이 있다.

Ⅱ. 보호법익과 보호의 정도

10 아편에 관한 죄는 중독성이 심한 아편이나 몰핀을 남용할 위험성이 있는 행위들을 금지함으로써 아편이나 몰핀의 남용으로부터 국민의 건강을 보호하기 위한 것이다. 신체에 유해하고 의존성이 있는 마약류의 남용 및 이에 대한 조장 행위와 관련된 행위는 심각한 사회문제가 아닐 수 없다.

11 보호법익은 공중보건 또는 공중의 건강이고, 보호의 정도는 추상적 위험범이다.[4]

Ⅲ. 관련 특별법

1. 마약류 관리에 관한 법률

12 종래 마약법, 대마관리법, 향정신성의약품관리법을 통합한 마약류 관리에 관한 법률(이하, 마약류관리법이라 한다.)이 2000년 1월 12일 제정되어 2000년 7월 1일부터 시행되고 있다. 특별법 우선의 원칙에 따라 형법상 아편에 관한 죄의 상당수는 마약류관리법이 우선 적용된다.

13 마약류관리법에 의하여 형량이 대폭 강화되었다. 실무에서는 특별법인 마약류관리법이 우선 적용되므로 형법 본장의 적용은 거의 없는 실정이다.[5]

14 마약류관리법에서는 절대적 금지(§ 3), 상대적 금지(§ 4), 임시마약류 지정(§ 5의2) 등에 대하여 규정한 후, 제8장 제58조 이하에서 벌칙을 규정하고 있다. 상세한 내용은 후술한다([**특별법**] 부분 참조).

---

4 김성돈, 형법각론(6판), 600; 김신규, 형법각론 강의, 746; 박찬걸, 형법각론(2판), 692; 배종대, 형법각론(13판), § 121/1; 오영근, 519; 이재상·장영민·강동범, § 35/1; 이정원·류석준, 형법각론, 637; 이형국·김혜경, 형법각론(2판), 711; 임웅, 형법각론(10정판), 796; 정성근·정준섭, 형법강의 각론(2판), 499; 주석형법 [각칙(2)](5판), 366(신현일).

5 판례는 구 마약법과 형법의 관계에 대하여 마약법은 업자의 단속 등 약무행정의 체계화·효율화를 기함에 목적이 있으므로 일반인의 마약범죄는 형법의 아편에 관한 죄로 처단하여야 한다고 판시한 바 있으나(대판 1961. 2. 24, 4293형상937), 그 후 태도를 변경하여 마약법이 마약을 계속적·영업적으로 다루는 업자에게만 적용되는 것은 아니라는 취지로 판시한 바 있다(대판 1963. 8. 31, 63도204)[이재상, 형법신강(각론Ⅱ), 박영사(1988), 168].

2. 특정범죄 가중처벌 등에 관한 법률

특정범죄 가중처벌 등에 관한 법률(이하, 특정범죄가중법이라 한다.) 제11조(마약사범 등의 가중처벌)[6]는 마약류관리법 제58조 제1항 제1호부터 제5호까지 및 제6·7호, 제59조 제1항부터 3항까지 및 제60조를 위반한 마약사범에 대하여 마약 등의 가액을 500만 원 이상 5천만 원 미만과 5천만 원 이상을 나누어 가중처벌[7]하고 있다.[8] 15

특정범죄가중법 제11조에 규정되어 있는 행위, 법정형 및 공소시효는 아래 [표 2]와 같다. 16

---

6 특정범죄가중법 제11조(마약사범 등의 가중처벌) ①「마약류관리에 관한 법률」 제58조제1항제1호부터 제4호까지 및 제6호·제7호에 규정된 죄(매매, 수수 및 제공에 관한 죄와 매매목적, 매매 알선목적 또는 수수목적의 소지·소유에 관한 죄는 제외한다) 또는 그 미수죄를 범한 사람은 다음 각 호의 구분에 따라 가중처벌한다.

1. 수출입·제조·소지·소유 등을 한 마약이나 향정신성의약품 등의 가액이 5천만원 이상인 경우에는 무기 또는 10년 이상의 징역에 처한다.
2. 수출입·제조·소지·소유 등을 한 마약이나 향정신성의약품 등의 가액이 500만원 이상 5천만원 미만인 경우에는 무기 또는 7년 이상의 징역에 처한다.

②「마약류관리에 관한 법률」 제59조제1항부터 제3항까지 및 제60조에 규정된 죄(마약 및 향정신성의약품에 관한 죄만 해당한다)를 범한 사람은 다음 각 호의 구분에 따라 가중처벌한다.

1. 소지·소유·재배·사용·수출입·제조 등을 한 마약 및 향정신성의약품의 가액이 5천만원 이상인 경우에는 무기 또는 7년 이상의 징역에 처한다.
2. 소지·소유·재배·사용·수출입·제조 등을 한 마약 및 향정신성의약품의 가액이 500만원 이상 5천만원 미만인 경우에는 무기 또는 3년 이상의 징역에 처한다.

7 헌법재판소는 ① 특정범죄가중법 제11조가 소비를 위한 마약매수행위를 다른 매매행위와 특별히 구별하지 아니한 채 동일한 법정형으로 처벌하도록 규정하고 있고, 그 법정형의 하한이 살인죄에 비하여 무거워 위헌이라는 주장에 대하여, "그러한 사유만으로 곧 전체 형벌체계상 현저히 균형을 잃게 되어 평등의 원리에 반한다거나, 그러한 유형의 범죄에 대한 형벌 본래의 기능과 목적을 달성함에 있어 필요한 정도를 일탈함으로써 헌법상의 비례의 원칙이나 과잉금지의 원칙에 반하는 등 입법재량권이 자의적으로 행사된 경우에 해당한다고 할 수 없을 뿐 아니라, 그 법정형이 지나치게 가혹하여 인간으로서의 존엄과 가치를 보장한 헌법 제10조에 위반한 것이라고도 볼 수 없다."고 합헌결정을 하였고(헌재 1995. 4. 29, 91헌바11), ② 마약 등의 '가액'에 따라 가중처벌하는 것은 위헌이라는 주장에 대하여, "'가액'은 그 문언상 의미에 비추어 '시장에서의 통상 거래가액'을 의미하는 점은 건전한 상식과 통상적인 법감정을 가진 사람이라면 쉽게 예측가능하다. 대법원도 마약류 가액은 '시장에서의 통상 거래가액'을 의미하고, 통상 거래가액이 형성되어 있지 아니한 경우 '실지 거래된 가액'에 의한다고 판시하여 마약류 가액산정에 대한 합리적 해석기준을 제시해오고 있다. 마약류가 거래금지품목으로 시장거래가액을 쉽게 파악할 수 없으나, 현실적으로 암거래 시장 등을 통해 거래가 이루어지는 이상 파악이 불가능하지 않고, 법원의 사실인정의 문제일 뿐이다. 따라서 심판대상조항은 죄형법정주의의 명확성 원칙에 반한다고 볼 수 없다."고 합헌결정을 하였다(헌재 2021. 4. 29, 2019헌바83).

8 이에 대해서는 김정환·김슬기, 형사특별법(2판), 394-400; 이주원, 특별형법(7판), 342-352 참조.

[표 2] 특정범죄가중법 제11조 조문 구성

조문 (처벌규정)	구성요건(행 위)	법정형	공소시효
§11①	마약류관리법 §58 ① (i)-(iv)·(vi)·(vii)(매매·수수·제공 및 매매목적·매매알선목적·수수목적 소지·소유 제외) 또는 그 미수죄를 범한 경우		
(i)	수출입·제조·소지 등 마약·향정 가액 5천만 원 이상	무기, 10년↑	15년
(ii)	수출입·제조·소지 등 마약·향정 가액 500만 원 이상 5천만 원 미만	무기, 7년↑	15년
§11②	마약류관리법 §59 (i)-(iii), §60 규정된 죄(마약 및 향정에 한정)를 범한 경우		
(i)	소지·소유·재배·사용·수출입·제조 등을 한 마약·향정 가액 5천만 원 이상	무기, 7년↑	15년
(ii)	소지·소유·재배·사용·수출입·제조 등 마약·향정 가액 500만 원 이상 5천만 원 미만	무기, 3년↑	15년

3. 마약류 불법거래 방지에 관한 특례법

17 마약류 불법거래 방지에 관한 특례법(이하, 마약거래방지법이라 한다.)은 불법수익 등에 대한 몰수 또는 추징을 비롯하여 마약류관리법의 특례를 규정하고 있다.[9]

18 마약거래방지법 제6조 및 제7조에 규정되어 있는 행위, 법정형 및 공소시효는 아래 [표 3]과 같다.

[표 3] 마약거래방지법 제6조 및 제7조 조문 구성

조문 (처벌규정)		구성요건(행 위)	법정형	공소시효
§6	①	마약류관리법 §58(④ 예비·음모 제외), §59 ①-③(① (i)-(iv) 및 (ix), 다만 (iv) 중 향정은 제외), §60 ① (iv) 행위(상습 및 미수 포함)를 업으로 한 경우	사형, 무기, 10년↑ ※ 1억↓ 벌금 필요적 병과	25년
	②	마약류관리법 §59 ①-③(① (iv)-(vii), (x)-(xiii), 다만 (iv) 중 마약은 제외), §60 ① (ii)·(iii) 행위(상습 및 미수 포함)를 업으로 한 경우	3년↑ ※ 3천만원↓ 벌금 필요적 병과	10년

9 마약거래방지법 제1조(목적) 이 법은 국제적으로 협력하여 마약류와 관련된 불법행위를 조장하는 행위 등을 방지함으로써 마약류범죄의 진압과 예방을 도모하고, 이에 관한 국제협약을 효율적으로 시행하기 위하여 「마약류관리에 관한 법률」과 그 밖의 관계 법률에 대한 특례 등을 규정함을 목적으로 한다.

조문 (처벌규정)		구성요건(행 위)	법정형	공소시효
§9	①	마약류의 수출입 관련 범죄를 범할 목적으로 마약류로 인식하고 교부받거나 취득한 약물, 그 밖의 물품을 수입·수출	3년↑	10년
	②	마약류 양도·양수·소지 관련 범죄를 범할 목적으로 약물, 그 밖의 물품을 마약류로 인식하고 양도·양수·소지	5년↓, 500만원↓	7년

4. 화학물질관리법

화학물질관리법(구 유해화학물질관리법)은 마약류관리법 제1조에 따른 마약류를 제외한 화학물질로 인한 국민건강 및 환경상의 위해(危害)를 예방하고 화학물질을 적절하게 관리하는 한편, 화학물질로 인하여 발생하는 사고에 신속히 대응함으로써 화학물질로부터 모든 국민의 생명과 재산 또는 환경을 보호하기 위하여 제정·시행되고 있다.[10] 19

Ⅳ. 입법론

1. 각국의 태도

아편에 관한 죄는 우리나라와 중국[11]·일본(제2편 제14장)[12]에만 형법전에 규정되어 있다. 이는 아편전쟁 이후 아편에 대한 해독이 동양에서 큰 문제로 제기 20

10 한편, 특정범죄신고자 등 보호법에서는 마약류범죄에 관한 형사절차에서 국민이 안심하고 자발적으로 협조할 수 있도록 그 범죄신고자 등을 실질적으로 보호함으로써 범죄로부터 사회를 방위하기 위하여 불이익처우의 금지(§5), 인적사항의 기재생략(§7), 증인 소환 및 신분의 특례 등(§11), 신변안전조치(§13), 범죄신고자등 구조금(§14) 등을 규정하고 있다.

11 영국과 아편전쟁(1840 - 1842)을 경험한 중국(당시 淸國)은 1906년부터 아편의 재료가 되는 양귀비의 재배를 전면 금지하였다. 중국 마약류 관련 법규에 대하여는 최성국, "중국 마약류 관계법규에 대한 연구", 국외훈련검사 연구논문집 28, 법무연수원(2013) 참조.

12 제136조(아편연수입등), 제137조(아편연흡식기구수입등), 제138조(세관직원에 의한 아편연수입등), 제139조(아편연흡식 및 장소제공), 제140조(아편연등소지), 제141조(미수)로 구성되어 있다. 참고로 2022년 6월 17일 일본형법 개정(법률 제67호)으로 징역형과 금고형이 '구금형'으로 단일화되어 형법전의 '징역', '구금', '징역 또는 구금'은 모두 '구금형'으로 개정되었고, 부칙에 의하여 공포일로부터 3년 이내에 정령으로 정하는 날에 시행 예정이다. 그러나 현재 정령이 제정되지 않아 시행일은 미정이므로, 본장에서 일본형법 조문을 인용할 때는 현행 조문의 '징역' 등의 용어를 그대로 사용한다.

되었기 때문이라고 설명되고 있다.[13] 이에 반하여 독일·프랑스·오스트리아의 형법이나 미국의 모범형법전에는 아편에 관한 죄가 규정되어 있지 않고 특별법에 의하여 규율되고 있다.

2. 규정의 위치

21 마약류범죄를 형법전과 특별법 중 어디에 규정할 것인가 하는 문제에 대하여 견해가 대립하고 있다.[14]

(1) 특별법으로 규율하자는 견해

22 아편이 개인 또는 사회에 미치는 해악이 중대한 점에 비추어 이를 통제하기 위한 국내외 노력이 필요하다는 점에는 이론이 없다. 그러나 아편에 관한 죄는 행정단속적인 성격이 강할 뿐만 아니라, 마약과 향정신성의약품의 종류가 격증하고 있는 현실에 비추어 아편에 관한 죄만 형법에 규정하고 있다는 것은 적절하지 못하다. 따라서 입법론상으로는 아편에 관한 죄를 형법에서 삭제하고 특별법에 의하여 규율함이 상당하다.[15]

23 또한 신종마약이 급속하게 등장하고 있고, 성분과 효과에 관한 전문적인 지식과 상세한 규율이 필요한 마약류 관련 범죄를 특별법으로 규율하는 것이 오히려 범죄예방 및 치료에 더 효과적이라 할 수 있다.

(2) 형법전에서 규율하자는 견해

24 향후 마약류중독 등 중독범죄들이 증가할 가능성이 높고, 이러한 종류의 범죄들은 특수 계층에 한정된 문제라기보다는 일반인들도 용이하게 범할 수 있는 범죄라 할 것이므로, 일반예방효과를 위하여는 특별법보다는 형법전에 규정하는 것이 타당하다.[16]

25 특히 형법은 한 사회공동체 내에서 금지규범과 허용규범을 설정하는 역할을 담당하는 터이므로 실무상 빈번한 적용이 없다고 하더라도 형법상 규정을 통하여 사회가 허용 또는 금지하는 최소한의 경계를 상징적으로 드러내주는 역

13 유기천, 형법학(각론강의 하)(전정신판)), 73(주 2088).

14 우리나라의 일반적인 특별법 과잉 현상에 대한 비판적 논의로는 허일태·윤동호, "형사특별법의 형법편입방향", 형사법 개정 연구 자료집, 법무부(2008), 719 이하 참조.

15 이재상·장영민·강동범, § 35/5.

16 배종대, § 121/2(형법과 행정법 분리 규정).

할을 담당한다.[17]

다만, 특별법에 규정하더라도 경미범죄를 비범죄화하고 형벌도 완화할 필요가 있다.[18] 26

3. 마약류범죄에 대한 대처

(1) 마약류 공급범죄

마약류 공급범죄에 대하여는 처벌주의를 취하여야 한다는 점에는 이견이 존재하지 않는 것으로 보인다. 27

(2) 마약류 소비범죄

마약류 소비범죄에 대하여는 처벌주의와 치료주의 중 어느 정책이 효과적인가에 대하여 논란이 있다. 현행 마약류관리법은 마약류 소비행위에 대하여 엄격한 처벌주의를 채택하고 있다. 28

그러나 마약류 소비행위 그 자체만으로는 타인에게 직접 손해를 입게 하는 행위가 아니므로 자신의 행위를 합리화하는 경향이 나타나고 있으며, 처벌주의를 고수하는 경우 마약류중독의 치료를 원하는 사람들이 처벌에 대한 두려움으로 인하여 효과적으로 치료를 받지 못하는 문제점이 발생할 수 있다는 지적이 있다. 29

이러한 추세에 따라 마약류 소비범죄는 비범죄화하고 치료주의로 전환할 필요성이 있다는 견해[19]가 있다.[20] 30

〔최 창 호〕

---

17 최성국, "우리나라 마약류범죄에 관한 고찰", 청연논총 10, 사법연수원(2013), 379.

18 오영근, 520.

19 오영근, 521.

20 치료감호 등에 관한 법률은 마약·향정신성의약품·대마, 그 밖에 대통령령으로 정하는 남용되거나 해독을 끼칠 우려가 있는 물질을 식음·섭취·흡입·흡연 또는 주입받는 습벽이 있거나 그에 중독된 자로서 금고 이상의 형에 해당하는 죄를 지은 자(§ 2의3(iii)의 치료명령대상자)에 대하여, 형의 선고 또는 집행을 유예하는 경우에는 치료기간을 정하여 치료를 받을 것을 명할 수 있으며(§ 44의2①), 치료명령은 치료명령은 검사의 지휘를 받아 보호관찰관이 집행하는데(§ 44의6①), 정신건강의학과 전문의의 진단과 약물 투여, 상담 등 치료 및 「정신건강증진 및 정신질환자 복지서비스 지원에 관한 법률」에 따른 정신건강전문요원 등 전문가에 의한 인지행동 치료 등 심리치료 프로그램의 실시 등의 방법으로 집행한다(§ 44의6②).

제198조(아편 등의 제조 등)

아편, 몰핀 또는 그 화합물을 제조, 수입 또는 판매하거나 판매할 목적으로 소지한 자는 10년 이하의 징역에 처한다.

Ⅰ. 취 지

1 본죄[(아편·몰핀)(제조·수입·판매·소지)죄]는[1] 아편흡식·몰핀주사의 근원행위가 되는 죄이므로 불법이 가중된 가중적 구성요건이다.[2] 추상적 위험범이고 결과범이며,[3] 판매목적소지죄는 목적범이다.

Ⅱ. 구성요건

1. 객관적 구성요건

(1) 객체

2 아편, 몰핀 또는 그 화합물(이하, '아편 등'이라 한다.)이다.

3 '아편'[4]은 양귀비의 액즙이 응결된 것과 흡식할 수 있도록 가공된 제조아편

1 마약류 관리에 관한 법률은 제3조(일반행위의 금지), 제4조(마약류취급자가 아닌 자의 마약류 취급 금지)를 규정하고, 제58조에서 벌칙을 규정하고 있다. 본장의 설명 중 관련이 있는 규정을 함께 살펴보기로 한다.

2 이재상·장영민·강동범, 형법각론(12판), § 35/10; 정웅석·최창호, 형법각론, 176.

3 김성돈, 형법각론(6판), 601.

4 아편(opium)은 설익은 양귀비의 열매에 상처를 내어 흘러내리는 우윳빛 추출액을 60°C 이하에

인 아편연(阿片煙)[5]과 그 원료인 생아편을 포함한 것으로 의약품 이외의 것을 말한다.[6] '몰핀(모르핀)'은 아편으로부터 불순물을 제거하고 일정한 화학반응을 거쳐 추출한 진통성이 강한 알칼로이드 계통의 합성물을 말한다.[7] '그 화합물'이란 아편, 몰핀 이외의 모든 화학적 합성물인 마약류를 의미한다. 헤로인도 그 화합물에 포함된다.

아편, 몰핀은 마약류 관리에 관한 법률(이하, 마약류관리법이라 한다.)의 규제대상인 '마약'에 해당하는데, 동법 2조 제2호 나목은 아편을 "양귀비의 액즙이 응결된 것과 이를 가공한 것. 다만, 의약품으로 가공한 것은 제외한다."라고 정의하고 있다. 몰핀은 마약류관리법 제2조 제2호 라목에 해당한다(동법 시행령 § 2① 별표 1). 4

(2) 행위

(가) 제조

(a) 의의

제조란 일반적으로 원료로부터 그 이외의 다른 물질을 만들어 내는 것을 말하는데, 아편 등을 만드는 것을 의미한다. 아편 등을 작출하였을 것을 요한다.[8] 5

판례[9]는 "의약품의 제조란 의약품의 원료를 화학적 방법에 의하여 변형 또는 정제하는 것은 물론 화학적 변화를 가져오지 아니하는 가공도 포함한다고 보아야 할 것"인바, 메스암페타민 성분을 함유하고 있는 미황색 액체 히로뽕을 "법랑대야에 담고 수일간 알코올 등을 사용하여 일정한 온도로 가열하는 방법 등에 의한 이른바 제3차 공정을 거쳐 백색 고체상태의 히로뽕 완제품을 추출하는 행위는 그와 같이 가열 등을 하는 방법에는 어느 정도의 기술이 소요되며, 그 추출 전에 비하여 물질의 성상은 물론 성분구성비율 등도 같지 않다고 보여지므로, 역시 의약품의 정제가공행위로서 구 향정신성의약품관리법에 정한 향 6

서 건조시킨 암갈색의 덩어리를 말한다.

5 아편연은 바로 흡식할 수 있도록 조정된 아편인 아편고(阿片膏)를 말한다. 일본형법 제2편 제14장은 '아편연에 관한 죄'에 관하여 규정하고 있는데, 여기의 아편연에는 생아편은 포함되지 않는다는 것이 통설과 판례[大判 大正 8(1919). 3. 11. 刑錄 25·314]이다.

6 이재상·장영민·강동범, § 35/6.

7 대검찰청, 2021년 마약약류 범죄백서(2022), 8 참조.

8 이재상·장영민·강동범, § 35/13.

9 대판 1991. 2. 26, 90도2900.

정신성의약품의 제조행위에 해당한다."고 판시하고 있다.

7 제조는 정제(精製), 화학적 변형, 제제(製劑), 소분(小分)을 포함하는 개념이나,[10] 조제(調製)[11]와는 구별된다.

8 '정제'란 약물의 불순물을 제거하여 순수한 형태로 만드는 것을 말한다. 화학적 변형이란 약물에 화학적 변화를 가하여 다른 약물로 만드는 것을 말한다.

9 '제제'란 약물에 화학적 변화를 가하지 않고 다른 약물로 만드는 것을 말한다. 화학적 변화를 수반하지 않는 가공으로서 정제에 해당하지 않는 것을 의미한다. 마약류 분말을 증류수에 녹여서 주사액을 만드는 것, 분말에 약품 처리를 하여 정제를 만드는 것 등을 말한다.

10 '소분'이란 약물을 분할하여 용기에 나누어 넣는 것을 비롯하여 사용에 적당한 상태로 만드는 것을 말한다. 병에 들어 있는 주사액을 부피가 작은 앰플로 만드는 것 등을 말한다.

11 제조 외에 제제, 소분 등을 처벌하는 것은 이러한 행위를 통하여 마약류가 유통에 더 적합한 형태로 변경됨으로써 마약류 남용의 위험을 증대시키기 때문이다.[12]

(b) 실행의 착수시기

12 제조죄의 실행의 착수는 최소한 아편 등의 재료를 입수하여 이를 합성하는 등의 방법으로 그 제조를 시도한 때로 보아야 한다. 제조는 원료 기타의 재료를 이용하여 화학반응을 일으키는 등의 방법을 통하여 아편 등을 제조하는 공정을 시작한 때부터 이를 완료한 때까지의 일련의 행위가 포함되어 있다. 이 경우 제조의 공정을 개시한 때에 실행의 착수가 있다고 할 수 있고, 그 이전 단계라고 할 수 있는 원료의 조달, 촉매 등 약품의 준비, 기계 또는 기구의 배치 등은 예

---

10 마약류관리법 제2조 제5호 나목에서는 제조에 제제 및 소분(小分)을 포함한다고 규정하고 있다. 제제나 소분을 제조에 포함시키는 이유는 이러한 행위를 통하여 마약류 유통에 적합한 형태로 만들어짐으로써 남용의 위험을 증대시키고, 단순 소지의 위험을 넘어 제조에 준하는 새로운 위험을 창출하기 때문이다.

11 대판 1991. 12. 10, 91도2348. 「약사법 제21조 제1항 소정의 의약품의 "조제"라고 함은 일정한 처방에 따라서 두 가지 이상의 의약품을 배합하거나 한 가지의 의약품을 그대로 일정한 분량으로 나누어 특정한 용법에 따라 특정인의 특정된 질병을 치료하거나 예방하는 것 등을 목적으로 사용되도록 약제를 만드는 것을 말한다.」

12 이은모, "약물의 제조·수출입 및 양도·양수행위에 대한 현행법상의 규제에 대하여", 석우 차용석 박사 화갑기념논문집(상권), 법문사(1994), 751.

비에 해당할 뿐이다.

판례는 향정신성의약품의 제조와 관련하여, 실행의 착수는 최소한 향정신성의약품의 재료를 입수하여 이를 합성하는 등의 방법으로 향정신성의약품의 제조를 시도한 때로 보아야 할 것인바,[13] 피고인들이 비록 염산날부핀을 제조할 수 있는 기구 등을 갖추기는 하였지만, 염산날부핀의 재료를 구입하려고 물색하던 중 적발되었다면, 피고인들의 행위는 염산날부핀 제조를 예비한 것일 뿐, 그 실행에 착수하였다고 볼 수는 없다고 판시하고 있다.[14] 13

일반적으로 마약류 원료의 제조에서 시작하여 약물의 제조에 이르기까지 공정을 일관하여 행하는 경우를 살펴보면, 원료의 조달에 착수하였을 뿐인 경우에 실행의 착수에 해당할 것인가에 대하여는 견해가 대립한다. 이러한 경우 ① 원료의 조달에 착수한 것일 뿐 마약류를 제조하는 공정에 착수하지 못하였으므로 실행의 착수에 이르지 못하였다는 부정설과 ② 마약류 원료의 제조행위는 마약류 제조의 한 공정이므로 원료의 제조에 착수한 이상 마약류제조죄의 실행의 착수에 해당한다는 긍정설이 대립한다. 14

제제의 경우에는 조합 또는 혼합행위를 개시한 때에 실행의 착수가 있다고 본다. 15

소분의 경우에는 사용 등의 편리를 위하여 아편 등을 잘게 나누는 행위 또는 이를 용기에 넣는 행위를 개시한 때에 실행의 착수가 있다고 본다. 예컨대, 필로폰 제조를 공모하고 그 제조원료인 염산에페트린과 파라디움, 에테르 등 수종의 화공약품을 사용하여 필로폰 제조를 시도하였으나 그 제조기술의 부족으로 완제품을 제조하지 못하였다면 비록 미완성품에서 그 성분이 검출되지 아니하였다고 하여도 제조미수죄는 성립한다.[15] 16

그러나 아편 등을 제조하기 위하여 공범에게 제조원료 구입비를 제공하였는데, 공범이 구입할 원료를 물색 중 적발되었다면 제조에 착수하였다고 볼 수 없다.[16] 17

---

13 대판 1983. 11. 22, 83도2590; 대판 2022. 5. 24, 2002도1622.

14 대판 2002. 5. 24, 2002도1622.

15 대판 1984. 10. 10, 84도1793. 「제조기술의 부족으로 완성하지 못한 미완성품에서 히로뽕성분이 검출되지 않아도 향정신성의약품제조미수죄가 성립한다.」

16 대판 1983. 11. 22, 83도2590. 「피고인이 히로뽕 제조원료 구입비로 금 3,000,000원을 제1심 공

(c) 기수시기

18 제조행위의 기수시기는 법규에서 규정하는 약물이 만들어졌을 때를 말하고, 반드시 정제될 것까지 필요한 것은 아니다.[17]

19 제제는 조합 또는 혼합행위가 이루어진 때에 기수가 된다. 따라서 아편 등 원료를 증류수에 일정한 비율로 혼합한 때에 기수가 되고, 반드시 이를 앰플로 만드는 것까지 요구되는 것은 아니다.

20 소분은 판매 또는 양도에 적합한 상태에 이르렀을 때 기수가 된다. 따라서 양도에 적합한 앰플에 넣었으나 뚜껑을 닫지 못한 상태는 미수에 그친다고 본다.

21 제조, 제제 및 소분이 일련의 행위로 연속된 경우에 협의의 포괄일죄로 판단할 수도 있을 것이다.

(나) 수입

(a) 의의

22 수입[18]이란 국외로부터 국내에 반입하는 것이다.[19] 국외란 외국의 영해, 영공 내의 지역 및 우리나라의 영해, 영공 내에 있는 외국 국적의 선박, 항공기 내

동피고인에게 제공하였는데 공동피고인이 그로써 구입할 원료를 물색 중 적발되었다면 피고인의 소위는 히로뽕제조에 착수하였다고 볼 수 없다.」

17 이은모(주 12), 753.

18 본조 외에도 '수입'을 규정하고 있는 조항이 다수 있다. 제121조 전시폭발물수입죄, 제244조 음화등수입죄, 약사법 제2조, 마약류관리법 제3조, 마약류 불법거래 방지에 관한 특별법 제6조, 제9조, 외국환거래법 제17조, 총포·도검·화약류 등의 안전관리에 관한 법률 제9조 등. 특정 물품이나 물질의 수입을 규제하여 그 위반행위에 대한 벌칙을 규정하고 있는 다양한 법령에 있어서 '수입'의 개념은 반드시 같다고 보기 어렵다. 그 물질 등을 수입하는 법률의 목적, 취지에 따라 상대적으로 파악하는 것이 타당하다.

19 관세법 제2조 제1호는 "'수입'이란 외국물품을 우리나라에 반입(보세구역을 경유하는 것은 보세구역으로부터 반입하는 것을 말한다)하거나 우리나라에서 소비 또는 사용하는 것(우리나라의 운송수단 안에서의 소비 또는 사용을 포함하며, 제239조 각 호의 어느 하나에 해당하는 소비 또는 사용은 제외한다)을 말한다."고 정의하고 있다.

【참고조항】 관세법 제239조 (수입으로 보지 아니하는 소비 또는 사용) 외국물품의 소비나 사용이 다음 각 호의 어느 하나에 해당하는 경우에는 이를 수입으로 보지 아니한다.

1. 선용품·항공기용품 또는 차량용품을 운송수단 안에서 그 용도에 따라 소비하거나 사용하는 경우
2. 선용품·항공기용품 또는 차량용품을 관세청장이 정하는 지정보세구역에서 「출입국관리법」에 따라 출국심사를 마치거나 우리나라에 입국하지 아니하고 우리나라를 경유하여 제3국으로 출발하려는 자에게 제공하여 그 용도에 따라 소비하거나 사용하는 경우
3. 여행자가 휴대품을 운송수단 또는 관세통로에서 소비하거나 사용하는 경우
4. 이 법에서 인정하는 바에 따라 소비하거나 사용하는 경우

의 장소를 말하고, 우리나라의 통치권 내에 있는 지역이라 하더라도 그것이 현실적으로 행사되지 아니하는 지역을 포함한다.[20]

수입을 처벌하는 것은 수입을 통하여 아편 등의 남용 위험이 발생하고, 보건위생상 위험이 발생하기 때문이다. 23

(b) 실행의 착수시기

수입죄의 실행의 착수에 관하여는, ① 우리나라로 향하는 수송수단에 적재하거나 휴대하여 탑승한 때라는 견해, ② 우리나라의 영토에 들어온 때라는 견해, ③ 양륙(揚陸)을 하기 위한 밀접행위를 시작한 때라는 견해 등이 있다. 일본 판례는 양륙될 객관적인 위험성이 발생한 때에 실행의 착수가 인정된다고 한다.[21] 24

해로(海路)에 의하는 경우에는, 양륙하기 위하여 선박으로부터 운반하는 행위를 개시하면 실행의 착수를 인정할 수 있다고 본다. 공로(空路)의 경우에는, 외부와 차단되어 정해진 항로를 따라 비교적 단시간 내에 목적지에 도달하는 특성을 가지고 있어 외국공항에서 적재한 상태로 출발하면 특별한 사정이 없는 한 우리나라의 영토에 착륙하게 되므로, 외국의 최종출발지를 이륙한 시점에 실행의 착수가 있다고 본다.[22] 25

(c) 기수시기

수입의 기수시기[23]에 관하여는, ① 선박이나 항공기가 우리나라의 영해(영공)에 들어온 시점으로 보는 영역설(영해설), ② 우리나라 영토에 반입(양륙)되는 것이 필요하다는 양륙설(영토설), ③ 세관의 지배·관리가 현실적으로 미치는 보세구역을 경유하는 경우에는 운반수단의 도착 내지 양륙만으로는 충분하지 않고 관세선을 통과하는 것을 수입으로 보고 그 지역을 돌파하는 시점에 기수에 달한다는 관세선설(통관설),[24] ④ 항공기를 이용한 경우에는 착륙 시, 선박을 이용하는 경우에는 영해로 들어온 시점이라고 하는 견해,[25] ⑤ 양륙설을 취하면서도 사람의 승강, 화물의 하선, 하기가 개시되어 지상으로 반출할 수 있는 상태 26

20 유기천, 형법학(각론강의 하)(전정신판), 77.
21 最判 平成 20(2008). 3. 4. 刑集 62·3·123.
22 이은모(주 12), 760.
23 김동윤, "향정신성의약품의 수입의 의의 및 기수시기", 형사재판의 제문제(2권), 박영사(2000), 312 참조; 이은모(주 12), 58.
24 유기천, 78.
25 김성천·김형준, 형법각론(4판), 646.

가 되는 시점을 기수시기로 보는 반출가능성설 등이 있다.

27 단순히 보세구역 등을 경유만 하였기 때문에 적발이 이루어지지 못하여 수입이라고 보기 어려운 경우도 있고,[26] 보세구역에 물건을 양륙한 경우에는 세관의 적법한 통관절차를 거쳐서 물건을 인수할 수 있는 시기에 이르렀을 때 기수에 이른다고 보아야 할 경우가 있다. 영해설은 기수의 범위가 너무 넓고, 관세선설은 너무 범위가 좁다는 비판을 받고 있다.

28 일반적으로 육로수입의 경우에는 국경선을 넘은 때, 해로의 경우에는 육지에 양륙되었을 때, 항공기에 의한 경우에는 지상에 운반된 때에 기수가 된다고 본다.[27] 다만, 아편 등이 밀수되는 경우 또는 세관의 통관절차를 정상적으로 거치지 아니하고 반입되는 경우를 상정한다면 양륙설에 따라 판단함이 상당하다.[28]

29 판례는 마약류를 선박이나 항공기로부터 양륙하거나 지상에 반출한 경우에 기수가 되는 것으로[29] 보고 있다.[30] 또한, 국제우편으로 우송받은 행위[31]도 수입에 해당한다. 대마가 들어 있는 지갑을 휴대하고 운동화를 신은 채 항공기에서

---

26 중간경유를 위하여 양륙이 되었으나 수입에 해당하지 않는다고 해석하는 경우, 항공기가 외국국적의 비행기라고 한다면 제5조 소정의 외국인의 국외범에 해당하지 않게 되어 처벌이 곤란한 경우가 발생한다.

27 김성돈, 603; 배종대, 형법각론(13판), § 123/2; 이재상·장영민·강동범, § 35/13; 임웅, 형법각론(10정판), 800; 정성근·박광민, 형법각론(전정3판), 671; 주석형법 [각칙(2)](4판), 334(김명수).

28 일본 판례도 양륙설에 입각하여, ① 해로의 경우 영해에 들어온 것만으로는 수입이라고 할 수 없고[大判 明治 37(1904). 1. 18. 刑錄 10·19], ② 각성제단속법상의 각성세 수입과 관련하여 영토에 양륙된 시점에 기수에 이르며[最決 平成 13(2001). 11. 14. 刑集 55·6·763], ③ 공로의 경우 공항에 착륙한 항공기로부터 내림으로써 기수에 이른다[最判 昭和 58(1983). 9. 29. 刑集 37·7·1110]고 판시하였다.

29 대판 1998. 11. 27, 98도2734. 필로폰을 홍콩에서 매수하여 서울로 수입한 후 괌으로 수출하기 위하여 김포공항에 도착하는 방법으로 수입한 사안으로, 원심에서는 국내반입이란 통관절차를 거쳐야 하는 상태를 전제로 한 것이고, 피고인의 행위가 통관절차를 거치거나 그 절차를 회피한 채로 국내로 반입하는 행위가 아니고 단지 제3국 간의 운송과정에서 항공편의 사정에 의하여 일시적으로 지상에 반출된 것으로서 국내 반입이 아니라고 판시하였다.

30 대판 2003. 9. 23, 2003도3311. 「피고인이 소지한 가방 속에 향정신성의약품인 엠디엠에이(MDMA, 일명 엑스터시)가 들어 있다는 사실을 피고인이 알고 있었다고 인정한 다음, 피고인이 모스크바 출발 항공기에 탑승하여 인천국제공항에 도착한 다음 오클랜드행 항공기로 갈아타기 위한 과정에서 위 향정신성의약품이 들어 있는 피고인의 가방이 일시적으로 지상에 반출된 이상 향정신성의약품의 오용 또는 남용으로 인한 보건상의 위해발생의 위험성이 이미 발생하였으므로 위 향정신성의약품은 국내에 반입한 것으로 보아야 한다.」

31 대판 1997. 7. 11, 97도1271. 산업연수생인 피고인이 헤로인을 국제우편으로 소량 우송받은 사안으로, 판례는 '수입'이라 함은 그 양과 목적에 관계없이 국외로부터 국내로 반입하는 일체의 행위를 의미한다고 판시하였다.

내려 지상에 반입하는 경우라 하더라도 수입에 해당하고, 기수에 이른 것이다.[32]

(다) 판매

판매란 계속 반복의 의사로 유상양도하는 것을 말하는데, 이로 인하여 현실적으로 수익이 발생하였을 것을 요하지 아니하며, 단 1회의 행위라도 판매에 해당할 수 있다.[33] 30

마약류관리법에서는 매매를 처벌하고 있다(§ 58① 등).[34] 판매는 계속 반복의 의사에 기한 유상양도를 의미하지만, 매도는 계속 반복의 의사가 필요없다는 견해[35]도 있다. 마약류관리법에서는 매도뿐만 아니라 매수도 처벌되는데, 매수도 매도와 동일한 형으로 처벌되는 것은 비례의 원칙에 반하는 것이 아닌가 하는 지적이 있다. 그러나 매수행위는 매수자금의 제공을 통하여 마약류의 공급원을 새로이 창출하거나, 기존의 제조 및 판매조직을 확대시키고 마약류의 확산을 촉진함으로써 공중의 건강까지 직접적으로 위협하는 행위라 할 것이므로, 비례의 원칙에 반하지 않는다고 본다. 31

(라) 소지

소지란 사실상 자기의 지배 아래에 두는 것을 말하는데, 소지의 원인은 불문한다. 사실상의 지배 아래에 있는지 여부는 사회통념에 따라 결정하는데, 사실상의 지배관계가 지속하는 한 소지는 존속한다.[36] 따라서 자기 자신뿐만 아니라 타인을 위하여 소지하는 경우도 이에 포함되고, 취득의 원인이 불법인 경우, 특히 절취, 갈취, 강취하여 소지하더라도 본죄의 소지에 해당한다. 32

---

32 대판 1999. 4. 13, 98도4560.

33 이재상·장영민·강동범, § 35/14. 이에 대하여 특정인에 대한 1회의 유상양도도 판매에 해당한다고 하면서도, 판매에 계속·반복의사가 필요하다는 사족은 붙일 이유가 없다는 견해도 있다[이정원·류석준, 형법각론, 640].

34 마약류관리법에 의한 매매, 수수의 개념을 합하여 양도·양수라고 이해하는 견해가 있다[이은모(주 12), 764]. 이에 의하면 양도란 상대방에 대하여 마약류에 대한 법률상 또는 사실상의 처분권한을 부여함과 동시에 그 소지를 이전하는 것을 내용으로 하는 행위를 말하는데, 상대방이 처분권한과 소지를 취득하였을 때 기수에 이른다고 본다. 상대방에게 부여하는 처분권한은 적법할 것을 요하지 아니하므로 마약류의 절취범이 이를 양도한 경우에도 양도에 해당한다고 본다. 또한 처분권한을 부여한다는 것은 한정적인 처분권한, 즉 직접적인 처분권한을 부여하면 충분하다고 보고, 대가의 수수 여부를 불문한다. 따라서 증여도 포함한다.

35 최성국, "우리나라 마약류범죄에 관한 고찰", 청연논총 10, 사법연수원(2013), 346.

36 이은모, "약물의 소지 및 사용행위에 대한 현행법상의 규제에 관한 연구", 형사법학의 과제와 전망, 계산 성시탁 교수 화갑기념논문집(1993), 845.

33 소지의 개념은 민법상 점유의 개념보다 넓게 해석하는 것이 타당하다. 반드시 자기 스스로 현실적으로 가지고 있을 필요는 없고, 저장, 은닉, 진열 등 어떠한 형태로든 그 존재를 인식하고 관리할 수 있는 상태에 있으면 충분하다.[37] 소유권의 유무도 문제되지 않는다.

34 마약류관리법에서는 소지 이외에도 소유, 보관, 관리[38] 등의 용어를 사용하고 있다. 실무상으로는 소유 등의 행위보다는 소지로 의율되는 경우가 많다.

2. 주관적 구성요건

35 아편 등인 사실을 인식하고 이를 제조, 수입, 판매 또는 소지한다는 점에 대한 고의가 있어야 한다. 고의는 미필적 고의로 충분하다.[39]

36 소지의 경우에는 고의 이외에 초과주관적 구성요건요소로서 '판매할 목적'이 있어야 한다. 판매의 목적이 없는 경우에는 제205조(아편 등의 소지)에 해당한다.[40]

Ⅲ. 죄수 및 다른 죄와의 관계

1. 일반론

37 본죄의 소지는 판매할 목적이 있어야 하고, 판매할 목적이 없으면 단순소지죄(§ 205)로 처벌된다. 제조, 수입, 판매 등이 순차로 이루어진 경우에는 포괄일

---

37 最判 昭和 30(1955). 12. 21. 刑集 9·14·2946(각성제단속법상의 각성제수입죄). 소지의 '성립'이 아니라 이후의 소지의 '계속'과 관련해서는 주관적인 인식이 엄격하게 요구된다기보다 오히려 객관적인 관리가능성이 중시된다는 견해도 있다[西田 外, 注釈刑法(2), 329(深町晋也)]. 일본 하급심 판례 중에도 소지관계의 계속에는 지배의사의 계속을 요하지 않는다고 판시한 것[大阪高判 昭和 29(1954). 10. 25. 裁特 1·9·402]이 있다.

38 입법론적으로 본조의 '소지하는 자'를 '소지하거나 이를 관리하는 자'로 개정하여 현실에 부합하게 법문을 개정하고 문언에 충실하게 해석해야 지나친 확장해석 또는 유추해석이라는 비판을 면할 수 있다는 견해도 있다(김신규, 형법각론 강의, 750).

39 일본에서는 아편연일지도 모르고 그 외의 신체에 유해한 위법한 약물일지도 모른다고 인식하는 미필적·개괄적 고의로도 충분하다는 견해[大塚 外, 大コン(3版)(7), 394(河村 博)]가 있고, 같은 취지의 판례[最決 平成 2(1990). 2. 9. 判時 1341·157(각성제); 最判 平成 24(2012). 2. 1. 判時 2145·9(위법약물이라는 인식을 흠결하였다고 판단한 사례)]도 있다.

40 '소지'는 마약류관리법 제59조 제1항 제9호, 제4조 제1항 제1호로 처벌된다. 따라서 형법이 적용될 여지가 없다.

죄로 보아야 한다는 견해[41]가 있다. 그러나 소지가 제조, 수입 및 판매에 불가분적으로 수반되는 필연적 결과로서 일시적으로 소지하고 있는 것으로 판단되는 경우를 제외하고는 실체적 경합범으로 처리하는 것이 타당하다.[42]

동일한 시기에 자신의 집 및 친구의 집에 마약류를 따로 보관한 경우, 자신의 집에서 보관하다가 친구의 집에 보관한 경우에는 경합범으로 보아 별개의 소지죄가 성립한다고 본다. 38

한편 아편을 절취하여 판매할 목적으로 소지한 경우에는, 절도죄와 판매목적소지죄의 실체적 경합범이 된다.[43] 39

필로폰 소지와 관련하여 판례는, 피고인이 자신의 집에 메스암페타민 0.8g을 숨겨두어 소지하다가(이하, '1차 소지행위'라 한다.), 그 후 수 차에 걸쳐 투약하고 남은 0.38g을 평소 자신의 지배·관리 아래에 있지 않을 뿐 아니라 일반 투숙객들의 사용에 제공되는 모텔 화장실 천장에 숨겨두어 소지한(이하, '2차 소지행위'라 한다.) 사안에서, 1차 소지행위와 2차 소지행위는 소지의 장소와 태양 등에 현저한 차이와 변화가 존재하고, 2차 소지행위는 1차 소지행위보다 수사기관의 압수·수색 등에 의하여 발각될 위험성이 훨씬 낮은 것이며 비록 1차 소지행위와 2차 소지행위가 시간적으로 하나의 계속성을 가지는 소지행위에 포섭되는 것이긴 하지만, 피고인은 2차 소지행위를 통하여 1차 소지행위와는 별개의 실력적 지배관계를 객관적으로 드러냈다고 평가하기에 충분하므로 2차 소지행위를 1차 소지행위와 별개의 독립한 범죄로 보고 있다.[44] 40

2. 마약류범죄에 대한 죄수 관련 판례의 태도

(1) 제조 후 매도

판매의 목적으로 필로폰을 제조하였다 하더라도 제조한 필로폰의 매매행위는 그 제조행위에 흡수되는 관계에 있는 것이 아니고 그 처벌규정을 달리하고 41

41 김성돈, 588; 김일수·서보학, 새로쓴 형법각론(9판), 494; 이재상·장영민·강동범, § 35/18; 이형국·김혜경, 형법각론(2판), 713.

42 最判 昭和 30(1955). 1. 14. 刑集 9·1·45(각성제단속법위반).

43 김일수·서보학, 494.

44 대판 2011. 2. 10, 2010도16742(피고인이 '자신의 집에 메스암페타민을 숨겨두어 소지한 행위'와 그 후 '투약하고 남은 것을 일반 투숙객들의 사용에 제공되는 모텔 화장실 천장에 숨겨두어 소지한 행위'를 별개의 독립한 범죄로 파악한 사례).

있는 별개의 구성요건을 충족하므로, 필로폰 제조행위와 제조된 필로폰의 매매행위는 실체적 경합범으로 처단하여야 한다.[45]

(2) 제조와 판매

42 판매 목적으로 향정신성의약품(필로폰)을 제조하여 이를 판매한 경우에 그 제조행위와 제조품의 판매행위는 각각 독립된 가벌적 행위로서 별개의 죄를 구성한다고 봄이 상당하고, 판매행위가 판매 목적의 제조행위에 흡수되는 불가벌적 사후행위라고 볼 수 없으므로 실체적 경합범으로 처단하여야 한다.[46]

(3) 매매 후 소지한 경우

43 향정신성의약품 수수의 죄가 성립되는 경우에는 그 수수행위의 결과로서 그에 당연히 수반되는 향정신성의약품의 소지행위는 수수죄의 불가벌적 수반행위로서 수수죄에 흡수되고 별도로 범죄를 구성하지 아니한다고 보아, 향정신성의약품을 수수한 후 다음 날까지 소지한 행위에 대하여 수수죄가 성립한 이상 별도로 소지죄를 구성하지 않는다는 판례가 있다.[47]

44 그러나 매입한 대마를 처분함이 없이 계속 소지하고 있는 경우에 그 소지행위가 매매행위와 불가분의 관계에 있는 것이라거나, 매매행위에 수반되는 필연적 결과로서 일시적으로 행하여진 것에 지나지 않는다고 평가되지 않는 한, 그 소지행위는 매매행위에 포괄 흡수되지 아니하고, 대마매매죄와는 별도로 대마소지죄가 성립한다.

45 따라서 흡연할 목적으로 대마를 매입한 후 흡연할 기회를 포착하기 위하여 이틀 이상 하의주머니에 넣고 다님으로써 소지한 행위는 매매행위의 불가분의 필연적 결과라고 평가될 수 없다.[48]

(4) 매입 후 계속 소유

46 매입한 향정신성의약품을 처분함이 없이 계속 소유하고 있는 경우, 그 소유행위와 매매행위가 불가분의 관계에 있는 것이라거나 매매행위에 수반되는 필연적 결과로서 일시적으로 행하여진 것에 지나지 않는다고 평가되지 않는 한,

45 대판 1982. 12. 28, 82도2380.
46 대판 1983. 11. 8, 83도2031.
47 대판 1990. 1. 25, 89도1211(매수한 후 다음 날까지 소지한 사안).
48 대판 1990. 7. 27, 90도543(흡연을 목적으로 매입한 대마를 흡연할 기회를 포착하기 위하여 2일 이상 하의주머니에 넣고 다닌 사안).

그 소유행위는 매매행위에 포괄 흡수되지 아니하고, 향정신성의약품의 매매죄와는 별도로 향정신성의약품의 소유죄가 성립한다.[49]

(5) 수수 후의 소지행위

구 향정신성의약품관리법 제42조 제1항 제1호가 규정하는 향정신성의약품 47
수수의 죄가 성립되는 경우에는 그 수수행위의 결과로서 그에 당연히 수반되는 향정신성의약품의 소지행위는 수수죄의 불가벌적 수반행위로서 수수죄에 흡수되고, 별도의 범죄를 구성하지 않는다고 볼 것이다.[50] 그러나 수수행위에 당연히 수반되지 않고 사회통념상 수수행위와 별개의 독립된 소지행위로 평가되는 소지행위에 대하여도 수수행위와 별도로 소지죄가 성립하지 않는다는 취지는 아니다. 따라서 수수한 메스암페타민을 장소를 이동하여 투약하고서 잔량을 은닉하는 방법으로 소지한 행위는, 그 소지의 경위나 태양에 비추어 볼 때 당초의 수수행위에 수반되는 필연적 결과로 볼 수는 없고, 사회통념상 수수행위와는 독립한 별개의 행위를 구성한다고 보아야 한다.[51]

(6) 매수 후 숨겨 둔 행위

매입한 향정신성의약품을 처분함이 없이 계속 소지하고 있는 경우, 그 소지 48
행위가 매매행위와 불가분의 관계에 있는 것이라거나 매매행위에 수반되는 필연적 결과로서 일시적으로 행하여진 것에 지나지 않는다고 평가되지 않는 한 그 소지행위는 매매행위에 포괄 흡수되지 아니하고, 향정신성의약품의 매매죄와는 별도로 향정신성의약품의 소지죄가 성립한다고 보아야 한다.[52]

(7) 절취한 대마를 소지한 경우

대마취급자가 아닌 사람이 절취한 대마를 흡입할 목적으로 소지하는 행위 49
는 절도죄의 보호법익과는 다른 새로운 법익을 침해하는 행위이므로, 절도죄의 불가벌적 사후행위로서 절도죄에 포괄 흡수된다고 할 수 없고, 절도죄 외에 별개의 죄를 구성한다고 할 것이며, 절도죄와 무허가대마소지죄는 실체적 경합범의 관계에 있다.[53]

---

49 대판 1997. 2. 28, 96도2839.
50 대판 1990. 1. 25, 89도1211.
51 대판 1999. 8. 20, 99도1744.
52 대판 1995. 7. 28, 95도869.
53 대판 1999. 4. 13, 98도3619.

(8) 공동매수 후 공범 간 수수

50 수인이 공모공동하여 향정신성의약품을 매수한 후 그 공범자 사이에 그중 일부를 수수하는 경우에, 그 매수의 범행 당시 공범들이 각자 그 구입자금을 갹출하여 그 금액에 상응하는 분량을 분배하기로 약정하고, 그 약정에 따라 이를 수수하는 경우와 같이 그 수수행위와 매매행위가 불가분의 관계에 있는 것이라거나 매매행위에 수반되는 필연적 결과로서 일시적으로 행하여진 것에 지나지 않는다고 평가되지 아니하는 한, 그 수수행위는 매매행위에 포괄 흡수되지 아니하고, 향정신성의약품매매죄와는 별도로 향정신성의약품수수죄가 성립하고, 두 죄는 실체적 경합관계에 있다.[54]

Ⅳ. 처 벌

1. 법률의 규정

51 10년 이하의 징역에 처한다. 아편흡식이 5년 이하의 징역으로 규정되어 있음에도 본죄는 위험성이 크다고 보아 10년 이하의 징역으로 규정하고 있다.

52 10년 이하의 자격정지 또는 2천만 원 이하의 벌금을 병과할 수 있고(§ 204), 미수범은 처벌한다(§ 202). 그리고 본죄에 제공한 아편, 몰핀이나 그 화합물은 몰수하고(필요적 몰수), 몰수가 불가능한 때에는 그 가액을 추징한다(§ 206).

2. 법정형에 하한이 설정된 후단 경합범에 관한 감경을 할 때에 형기의 2분의 1 미만으로도 감경할 수 있는지 여부

53 피고인이 마약류관리법위반(향정)죄의 범죄사실로 징역 4년을 선고받아 그 판결이 확정되었는데, 위 판결확정 전에 향정신성의약품을 1회 판매하고 1회 판매하려다 미수에 그쳤다는 내용의 마약류관리법위반(향정) 공소사실로 기소된 사안에서, 원심이 법정형인 무기 또는 5년 이상의 징역 중에서 유기징역을 선택하고 제37조 후단 경합범에 대한 감경과 작량감경을 하면서, 제37조 후단 경합

54 대판 1998. 10. 13, 98도2584. 본 판결 평석은 이원일, "향정신성의약품의 매매죄와 수수죄의 관계", 형사재판의 제문제(2권), 박영사(2000), 297.

범에 대하여 제39조 제1항에서 정한 감경을 할 때에는 제55조 제1항[55]이 적용되지 않는다는 전제에서 징역 6개월을 선고하였다.

이에 대하여 대법원은, 제37조 후단 경합범에 대하여 제39조 제1항에 의하여 형을 감경할 때에도 법률상 감경에 관한 제55조 제1항이 적용되어 유기징역을 감경할 때에는 그 형기의 2분의 1 미만으로는 감경할 수 없으므로, 제56조 제4호, 제5호, 제6호 및 제55조 제1항 제3호에 따른 처단형인 징역 1년 3개월부터 11년 3개월까지의 범위 내에서 형을 정했어야 하는데도, 징역 6개월을 선고한 원심의 판단은 잘못이라고 판시하였다.[56] 54

V. 소송법상 문제

마약류사범에 대한 재판 과정에서 마주치는 보강증거 등 소송법상 문제에 대하여 판례의 태도를 살펴보기로 한다. 55

1. 보강증거

일반적으로 자백에 대한 보강증거는 범죄사실의 전부 또는 중요 부분을 인정할 수 있는 정도가 되지 않더라도, 피고인의 자백이 가공적인 것이 아닌 진실한 것임을 인정할 수 있는 정도만 되면 충분하다. 또한 직접증거가 아닌 간접증거나 정황증거도 보강증거가 될 수 있고, 자백과 보강증거가 서로 어울려서 전체로서 범죄사실을 인정할 수 있으면 유죄의 증거로 충분하다.[57] 56

---

55 제55조(법률상의 감경) ① 법률상의 감경은 다음과 같다.
3. 유기징역 또는 유기금고를 감경할 때에는 그 형기의 2분의 1로 한다.

56 대판 2019. 4. 18, 2017도14609(전). 본 판결 해설은 홍은표, "후단 경합범에 대하여 형법 제39조 제1항에 따라 형을 감경함에 있어 제55조 제1항의 감경한도 이하로 감경할 수 있는지 여부", 해설 120, 법원도서관(2019), 549-577.

57 대판 2018. 3. 15, 2017도20247[피고인이 마약류취급자가 아님에도 향정신성의약품인 러미라를 甲에게 제공하고, 스스로 투약하였다고 하여 마약류관리법위반(향정)으로 기소된 사안에서, 피고인이 乙로부터 수수한 러미라를 투약하고 甲에게 제공하였다는 자백의 임의성이 인정되고, 乙에 대한 검찰 진술조서 등은 자백의 진실성을 담보하기에 충분하다는 이유로, 이와 달리 보아 공소사실을 무죄로 판단한 원심판결에 자백의 보강증거에 관한 법리오해 등의 위법이 있다고 한 사례].

(1) 소변검사 결과가 검사 이전의 2차에 걸친 향정신성의약품 투약행위 모두에 대한 보강증거가 될 수 있다고 한 사례[58]

57 2000. 10. 19. 채취한 소변에 대한 검사결과 메스암페타민 성분이 검출된 경우, 위 소변검사결과는 2000. 10. 17. 메스암페타민을 투약하였다는 자백에 대한 보강증거가 될 수 있음은 물론, 2000. 10. 13. 메스암페타민을 투약하였다는 자백에 대한 보강증거도 될 수 있다.

(2) 흡연일자로부터 약 1달 후 압수된 대마(긍정)[59]

58 마약류취급자가 아닌 피고인이 2006. 3. 초순 일자미상경 피고인의 주거지 옥탑방에서 말린 대마 잎 약 0.5g을 놋쇠로 된 담배파이프에 집어넣은 다음 불을 피움으로써 이를 흡연하였다는 공소사실에 대하여, 2006. 4. 6. 피고인의 주거지에서 압수된 대마 잎 약 14.32g은 그 한 달 전 범행인 위 공소사실에 대한 보강증거가 될 수 있다.

(3) 소변검사 결과와 압수된 약물의 투약행위에 대한 보강증거(부정)[60]

59 소변검사 결과는 1995. 1. 17.자 투약행위로 인한 것일 뿐 그 이전의 4회에 걸친 투약행위와는 무관하고, 압수된 약물도 이전의 투약행위에 사용되고 남은 것이 아니므로, 위 소변검사 결과와 압수된 약물은 결국 피고인이 투약습성이 있다는 점에 관한 정황증거에 불과하다 할 것이다. 피고인의 습벽을 범죄구성요건으로 하며 포괄일죄인 상습범에 있어서도 이를 구성하는 각 행위에 관하여 개별적으로 보강증거를 요구하고 있는 점에 비추어 보면, 투약습성에 관한 정황증거만으로 향정신성의약품관리법위반죄의 객관적 구성요건인 각 투약행위가 있었다는 점에 관한 보강증거로 삼을 수는 없다.

(4) 송금 관련 증거와 투약행위에 대한 보강증거(부정)[61]

60 필로폰 매수 대금을 송금한 사실에 대한 증거는 필로폰 매수죄와 실체적 경합범 관계에 있는 필로폰 투약행위에 대한 보강증거가 될 수 없다.

---

58 대판 2002. 1. 8, 2001도1897.
59 대판 2007. 9. 20, 2007도5845.
60 대판 1996. 2. 13, 95도1794.
61 대판 2008. 2. 14, 2007도10937.

2. 사실인정

일반적으로 형사재판에서의 유죄의 인정은 법관으로 하여금 합리적인 의심을 할 여지가 없을 정도로 공소사실이 진정하다는 확신을 가지게 할 수 있는 증명력을 가진 증거에 의하여야 하고, 이와 같은 증명이 부족하다면 설사 피고인에게 유죄의 의심이 간다고 하더라도 유죄로 판단할 수 없다.[62] 61

(1) 주사기에서 혈흔이 발견된 경우[63]

유전자검사 결과 주사기에서 마약성분과 함께 피고인의 혈흔이 확인됨으로써 피고인이 필로폰을 투약한 사정이 적극적으로 증명되는 경우, 반증의 여지가 있는 소변 및 모발검사에서 마약성분이 검출되지 않았다는 소극적 사정에 관한 증거만으로 이를 쉽사리 뒤집을 수 없다. 62

(2) 마약류 매매 여부가 쟁점인 사건에서 매도인으로 지목된 사람이 수수사실을 부인하고 이를 뒷받침할 객관적 물증이 없는 경우, 마약류를 매수하였다는 사람의 진술만으로 유죄를 인정하기 위한 요건[64]

마약류 매매 여부가 쟁점이 된 사건에서, 매도인으로 지목된 피고인이 수수사실을 부인하고 있고 이를 뒷받침할 금융자료 등 객관적 물증이 없는 경우, 마약류를 매수하였다는 사람의 진술만으로 유죄를 인정하기 위해서는, 그 사람의 진술이 증거능력이 있어야 함은 물론, 합리적인 의심을 배제할 만한 신빙성이 있어야 한다. 신빙성 유무를 판단할 때에는 그 진술 내용 자체의 합리성, 객관적 상당성, 전후의 일관성뿐만 아니라 그의 인간됨, 그 진술로 얻게 되는 이해관계 유무 등을 아울러 살펴보아야 한다. 특히, 그에게 어떤 범죄의 혐의가 있고 그 혐의에 대하여 수사가 개시될 가능성이 있거나 수사가 진행 중인 경우에는, 이를 이용한 협박이나 회유 등의 의심이 있어 그 진술의 증거능력이 부정되는 정도에까지 이르지 않는 경우에도, 그로 인한 궁박한 처지에서 벗어나려는 63

62 대판 2001. 8. 21, 2001도2823; 대판 2006. 3. 9, 2005도8675.

63 대판 2009. 3. 12, 2008도8486. 「과학적 증거방법이 당해 범죄에 관한 적극적 사실과 이에 반하는 소극적 사실 모두에 존재하는 경우에는 각 증거방법에 의한 분석결과에 발생할 수 있는 오류가능성 및 그 정도, 그 증거방법에 의하여 증명되는 사실의 내용 등을 종합적으로 고려하여 범죄의 유무 등을 판단하여야 하고, 여러 가지 변수로 인하여 반증의 여지가 있는 소극적 사실에 관한 증거로써 과학적 증거방법에 의하여 증명되는 적극적 사실을 쉽사리 뒤집어서는 안 된다.」

64 대판 2018. 7. 11, 2018도6352.

노력이 진술에 영향을 미칠 수 있는지 여부 등을 살펴보아야 한다.[65]

〔최 창 호〕

65 대판 2014. 4. 10, 2014도1779

제199조(아편흡식기의 제조 등)

아편을 흡식하는 기구를 제조, 수입 또는 판매하거나 판매할 목적으로 소지한 자는 5년 이하의 징역에 처한다.

Ⅰ. 취 지

본죄[아편흡식기(제조·수입·판매·소지)죄]는 아편흡식을 조장하는 방조행위라고 할 1
수 있을 것이나, 이러한 방조행위에 대하여 형을 가중하는 가중적 구성요건이다.[1]

추상적 위험범이고[2] 결과범이며, 판매 목적 아편흡식기소지죄는 목적범이다. 2

Ⅱ. 구성요건

객체는 아편을 흡식하는 기구(아편흡식기)이다. 3

아편흡식기란 특별히 아편흡식에 사용하기 위하여 제작된 기구를 말한다.[3] 비 4
록 아편의 흡식에 이용된다고 하더라도 아편흡식을 위하여 만들어진 것이 아닌 경우에는 이에 포함되지 않는다. 따라서 일반 주사기는 비록 아편흡식에 사용되더라도 아편흡식기가 아니다.[4] 생아편을 흡식할 수 있는 기계도 이에 해당할 수 있다.[5]

행위는 제조, 수입, 판매 또는 판매 목적으로 소지하는 것이다.[6] 5

1 김성돈, 형법각론(6판), 604; 배종대, 형법각론(13판), § 123/3; 정성근·박광민, 형법각론(전정3판), 672; 홍영기, 형법(총론과 각론), § 99/2.

2 김성돈, 604; 정성근·정준섭, 형법강의 각론(2판), 501.

3 정웅석·최창호, 형법각론, 177; 주석형법 [각칙(2)](4판), 335(김명수). 아편은 파이프에 의한 흡연방법에 의한 사용이 가장 일반적이다[이은모, "약물범죄에 관한 연구", 연세대학교 박사학위논문(1991), 23].

4 김신규, 형법각론 강의, 751; 이정원·류석준, 형법각론, 640; 정성근·정준섭, 501.

5 이재상·장영민·강동범, 형법각론(12판), § 35/17; 주석형법 [각칙(2)](5판), 345(신현일).

6 제198조(아편 등의 제조 등)의 행위태양과 동일하다.

Ⅲ. 다른 죄와의 관계 등

1. 다른 죄와의 관계

6 본죄의 소지는 판매할 목적이 있어야 하고, 판매할 목적이 없으면 단순소지죄(§ 205)로 처벌된다.[7] 제조, 수입, 판매 등이 순차로 이루어진 경우에는 포괄일죄로 보아야 한다는 견해[8]가 있다. 그러나 하나의 행위가 다른 행위의 필연적 결과로서 일시적으로 이루어진 경우를 제외하고는 원칙적으로 실체적 경합범으로 보는 것이 타당하다.

2. 비례의 원칙 위배 여부

7 제205조에서 단순소지죄가 1년 이하의 징역 또는 500만 원 이하의 벌금에 처하게 규정되어 있는 것과 비교하여 본조의 형량이 지나치게 과중하다는 의견이 있을 수 있다.

8 그러나 판매할 목적이라는 불법성, 비난가능성, 국민의 법감정 및 형사정책적 목적 등을 종합적으로 고려하면, 본죄의 법정형이 형벌 본래의 목적과 기능을 달성함에 있어 필요한 정도를 일탈하여 지나치게 과중한 형벌이라거나 책임과 형벌 간의 비례의 원칙에 위배된다고 보이지 않는다.

Ⅳ. 처 벌

9 5년 이하의 징역에 처한다.

10 10년 이하의 자격정지 또는 2천만 원 이하의 벌금을 병과할 수 있고(§ 204), 미수범은 처벌한다(§ 202). 그리고 본죄에 제공한 아편흡식기구는 몰수하고(필요적 몰수), 이를 몰수하기 불능한 때에는 그 가액을 추징한다(§ 206).

〔최 창 호〕

7 제205조에 의하여 1년 이하의 징역 또는 500만 원 이하의 벌금에 처한다.
8 김성돈, 588; 김신규, 751.

제200조(세관 공무원의 아편 등의 수입)

세관의 공무원이 아편, 몰핀이나 그 화합물 또는 아편흡식기구를 수입하거나 그 수입을 허용한 때에는 1년 이상의 유기징역에 처한다.

Ⅰ. 취 지

본죄[세관공무원(아편·몰핀·아편흡식기)(수입·수입허용)죄]는 일반인의 수입죄에 대하여 세관공무원이라는 신분으로 인하여 책임이 가중되는 신분범이다. 추상적 위험범이고 결과범이다.[1] 1

본조의 전단이 부진정신분범이라는 점에는 견해가 일치하는 것으로 보이는데, 후단의 성격에 대하여는 견해가 대립한다. 2

1. 후단도 부진정신분범이라는 견해

세관공무원의 수입 '허용'행위는 비공무원의 수입행위에 대한 공범형태인데, 본조에 의하여 가중처벌되고 있으므로 이 역시 부진정신분범으로 새겨야 한다는 입장이다(통설).[2] 3

1 김성돈, 형법각론(6판), 605

2 김성돈, 605; 김신규, 형법각론 강의, 752; 김일수·서보학, 새로쓴 형법각론(9판), 495; 박찬걸, 형법각론(2판), 694; 배종대, 형법각론(13판), § 123/5; 이재상·장영민·강동범, 형법각론(12판), § 35/19; 이형국·김혜경, 형법각론(2판), 714; 임웅, 형법각론(10정판), 802; 최호진, 형법각론, 731; 홍영기, 형법(총론과 각론), § 99/6.

2. 후단은 진정신분범이라는 견해[3]

4 그 근거는 다양한데, ① 전단의 수입죄는 세관공무원이 아닌 자로 수입의 죄를 범할 수 있음에 반하여, 후단의 수입허용죄는 세관공무원만 범할 수 있고,[4] ② 비세관공무원의 수입허용행위가 반드시 범죄가 된다고 할 수 없고,[5] ③ 세관공무원이 직권을 이용한 직무위배의 의무범이기 때문에 특별히 불법이 가중된 것이라고 한다.[6]

II. 구성요건

1. 주 체

5 주체는 세관공무원이다. 본조에서의 세관공무원은 세관에서 근무하는 공무원 중 수입에 관한 사무에 종사하는 공무원을 의미한다.

2. 객 체

6 객체는 아편, 몰핀이나 그 화합물이다.

3. 행 위

7 행위는 수입 또는 수입을 허용하는 것이다. '수입을 허용'한다는 것은 명시적 또는 묵시적으로 수입을 허가, 승인, 묵인하는 것을 의미한다. 작위 또는 부작위에 의하여 행할 수 있다. 수입이 기수가 되면 수입허용도 기수가 된다.[7]

---

3 일본에서는 일본형법 제139조 후단의 세관 직원의 수입허가죄는 수입죄의 공범형태의 일부를 독립하여 처벌하는 진정신분범이라는 견해가 통설이라고 한다[西田 外, 注釈刑法(2), 330(深町晋也)]. 그러나 진정신분범이라고 할 경우, 공범의 처리에 있어서 전단의 세관 직원의 수입죄와의 사이에 균형을 잃게 된다는 비판이 있다[大塚 外, 大コン(3版)(7), 398(河村 博)].

4 신동운, 형법각론(2판), 353; 이정원·류석준, 형법각론, 641; 정성근·정준섭, 형법강의 각론(2판), 502.

5 오영근, 형법각론(5판), 525.

6 정성근·박광민, 형법각론(전정3판), 673.

7 김성돈, 605.

Ⅲ. 공범과 신분

1. 수입죄

신분 없는 사람이 세관 공무원의 본죄에 가담한 경우에는, 제33조 본문이 적용되어 본죄의 공동정범, 교사범, 종범이 성립하지만, 제33조 단서에 따라 가벼운 형인 제198조, 제199조의 정한 형으로 처벌된다.[8] 8

2. 수입허용죄

수입허용의 경우에는 신분 없는 수입자와 신분 있는 수입허용자는 필요적 공범(대향범)에 해당한다. 따라서 세관공무원의 허용을 받아 수입한 사람은 수입죄로 처벌될(§ 198, § 199) 뿐, 본죄의 공범은 되지 않는다.[9] 9

Ⅳ. 처 벌

1년 이상의 유기징역에 처한다. 10

10년 이하의 자격정지 또는 2천만 원 이하의 벌금을 병과할 수 있고(§ 204), 미수범은 처벌한다(§ 202). 그리고 본죄에 제공한 아편, 몰핀이나 그 화합물 또는 아편흡식기구는 몰수하고, 이를 몰수하기 불능한 때에는 그 가액을 추징한다(§ 206). 11

〔최 창 호〕

8 배종대, § 123/5; 이재상·장영민·강동범, § 35/22; 주석형법 〔각칙(2)〕(5판), 347(신현일).
9 김성돈, 605; 배종대, § 123/5; 이재상·장영민·강동범, § 35/22; 임웅, 803; 주석형법 〔각칙(2)〕(5판), 347(신현일).

제201조(아편흡식 등, 동장소제공)

① 아편을 흡식하거나 몰핀을 주사한 자는 5년 이하의 징역에 처한다.

② 아편흡식 또는 몰핀 주사의 장소를 제공하여 이익을 취한 자도 전항의 형과 같다.

Ⅰ. 아편흡식 등 죄(제1항)

1. 취 지

1 본죄[(아편흡식·몰핀주사)죄]는 아편을 흡식하거나 몰핀을 주사함으로써 성립하는 범죄이다. 아편에 관한 죄의 기본구성요건이다.[1]

2 아편 흡식이나 몰핀 주사행위를 처벌하는 것은 흡식자나 주사자 스스로의 심신을 해할 뿐만 아니라, 다른 범죄를 유발할 우려가 있고 사회를 퇴폐케 할 위험이 있으므로 처벌하는 것이다.[2]

2. 구성요건

(1) 객체

3 '아편'은 양귀비의 액즙이 응결된 것과 흡식할 수 있도록 가공된 제조아편(아연편)과 그 원료인 생아편을 포함한 것으로 의약품 이외의 것을 말하고, '몰핀'은 양귀비·아편 또는 코카인에서 추출되는 알칼로이드 계통의 합성물을 말한다.

(2) 행위

4 흡식이란 아편을 호흡기 또는 소화기에 의하여 소비하는 것을 말하고, 주사

1 김성돈, 형법각론(6판), 601; 임웅, 형법각론(10정판), 798; 정웅석·최창호, 형법각론, 176.
2 이재상·장영민·강동범, 형법각론(12판), §35/6; 주석형법 [각칙(상)], 323(김석휘).

란 주사기에 의하여 신체에 주입하는 것을 말한다.[3] 흡식 또는 주사의 목적이 쾌락을 위한 것인가 여부는 묻지 않는다. 의학적인 약품으로 흡식 또는 주사한 때에도 의사 등의 적법한 처방에 의한 것이 아니면 본죄가 성립한다.[4]

3. 죄수 및 다른 죄와의 관계

(1) 죄수

아편을 흡식하거나 몰핀을 주사하기 위하여 일시적으로 이를 소지한 경우 5
에 어떠한 범죄가 성립하는지 문제된다. 흡식 또는 주사를 위하여 일시적으로 소지하는 행위는 본죄에 흡수된다고 본다.[5] 그러나 아편·몰핀 또는 아편흡식기구를 소지하고 있던 사람이 그 후에 흡식하거나 주사한 때에는 본죄와 소지죄의 실체적 경합범이 된다.[6]

수수한 아편과 몰핀을 장소를 이동하여 흡식 또는 주사하고서 잔량을 은닉 6
하는 방법으로 소지한 행위는 그 소지의 경위나 태양에 비추어 볼 때 당초의 수수행위에 수반되는 필연적 결과로 볼 수는 없고, 사회통념상 수수행위와는 독립한 별개의 행위를 구성한다고 보아야 한다.[7]

(2) 도로교통법위반과의 관계 - 약물투여 후 운전[8]

아편을 흡식하거나 몰핀을 주사하는 등 약물을 투약한 후 그 영향으로 정 7
상적으로 운전하지 못할 우려가 있는 상태에서 자동차를 운전한 경우 도로교통법위반죄로 처벌될 수 있다.[9] 판례는 피고인이 필로폰 약 0.03g을 커피에 타 마

---

3 주석형법 〔각칙(상)〕, 323(김석휘).

4 김성돈, 612; 김신규, 형법각론 강의, 748; 이형국·김혜경, 형법각론(2판), 711; 정성근·정준섭, 형법강의 각론(2판), 499.

5 大判 大正 6(1917). 10. 27. 刑錄 23·1103.

6 정웅석·최창호, 형법각론, 176. 일본 판례로는 大判 大正 9(1920). 3. 5. 刑錄 26·139.

7 대판 1999. 8. 20, 99도1744(메스암페타민).

8 이주원, 특별형법(7판), 81-82 참조.

9 도로교통법 제148조의2(벌칙) ④ 제45조를 위반하여 약물로 인하여 정상적으로 운전하지 못할 우려가 있는 상태에서 자동차등 또는 노면전차를 운전한 사람은 3년 이하의 징역이나 1천만원 이하의 벌금에 처한다.
제45조(과로한 때 등의 운전 금지) 자동차등(개인형 이동장치는 제외한다) 또는 노면전차의 운전자는 제44조에 따른 술에 취한 상태 외에 과로, 질병 또는 약물(마약, 대마 및 향정신성의약품과 그 밖에 행정안전부령으로 정하는 것을 말한다. 이하 같다)의 영향과 그 밖의 사유로 정상적으로 운전하지 못할 우려가 있는 상태에서 자동차등 또는 노면전차를 운전하여서는 아니 된다.

신 후 그 영향으로 정상적으로 운전하지 못할 우려가 있는 상태에서 자동차를 1킬로미터 가량 운전하였다는 공소사실에 대하여, "피고인이 필로폰 투약의 증상이 나타나는 통상적인 수량을 투약하고 근접한 시간 내에 운전을 하였다면 위태범인 도로교통법위반죄가 성립하고, 피고인이 현실적으로 필로폰 투약의 영향으로 인하여 정상적으로 운전하지 못하는 상태에 이르러야 하는 것은 아니므로, 필로폰 투약 후 자동차를 운전할 당시 아무런 증상이 없었다는 피고인의 진술만으로 위 죄의 성립을 방해할 수 없다."고 판시하였다.[10]

4. 처 벌

8 5년 이하의 징역에 처한다.

9 10년 이하의 자격정지 또는 2천만 원 이하의 벌금을 병과할 수 있고(§204), 미수범은 처벌한다(§202). 그리고 본죄에 제공한 아편, 몰핀이나 그 화합물 또는 아편흡식기구는 몰수하고, 이를 몰수하기 불능한 때에는 그 가액을 추징한다(§206).

Ⅱ. 아편흡식 등 장소제공죄(제2항)

1. 취 지

10 본죄[(아편흡식·몰핀주사)장소제공죄]는 아편 등의 유통과 흡식의 장소적 거점을 제공하는 행위를 처벌함으로써 아편흡식 등을 미리 막고 나아가 아편굴이 생기는 것을 방지하기 위하여 아편흡식죄의 방조에 해당하는 행위를 독립된 구성요건으로 규정한 것이다. 아편흡식죄의 방조에 해당한다 하더라도 아편의 흡식이나 주사에 못지않게 위험성이 있다는 점을 고려하여 정범의 실행 여부와 관계없이 그 행위 자체를 처벌하기 위하여 독립된 형태의 범죄로 규정한 것이다.[11] 아편흡식에 대한 방조행위를 독립된 구성요건으로 처벌하는 점에서 제199조와 동일하다.

---

10 대판 2010. 12. 23, 2010도11272.

11 이재상·장영민·강동범, §35/9; 최호진, 형법각론, 729; 주석형법 [각칙(상)], 323(김석휘).

2. 구성요건

(1) 객관적 구성요건

11 장소를 제공[12]한다는 것은 자신의 소유, 지배, 관리, 경영하는 장소 등을 타인에게 금지된 행위의 장소로 사용을 허락하는 행위를 의미하는데, 반드시 소유권이 가지고 있을 필요가 없다.

12 일반적으로 제공이란 대상물을 사실상 상대방이 이용할 수 있는 상태에 두는 모든 행위를 의미한다. 이에는 법률행위와 사실행위가 모두 포함되는데, 영리의 목적 유무도 상관없다. 따라서 소비대차, 임대차뿐만 아니라 증여, 사용대차도 포함된다.[13] 장소의 제공에는 이들의 일부를 제공하는 것도 포함된다. 선박, 항공기나 운송수단의 일부만을 사용하게 한 경우에도 제공에 포함된다.

13 행위의 태양으로는 적극적으로 사용을 유도하거나 소극적으로 묵인한 경우를 모두 포함한다.

14 '이익 취득'[14]이란 장소제공의 대가를 얻는 것으로, 단순히 이득의 제공을 약속하는 것만으로는 부족하고 현실적인 이익의 취득이 요구된다.[15] 이익은 재산상의 이익에 한하지 아니하고,[16] 적극적·소극적 이익을 불문한다. 현실적인 이익취득에 있을 때에 기수에 해당한다.[17] 장소를 제공받은 사람이 실제로 그곳에서 흡식·주사하는 것이 기수처벌의 요건은 아니다.[18]

15 마약류 관리에 관한 법률(이하, 마약류관리법이라 한다.)에서는 마약과 관련된 금지된 행위를 하기 위한 장소·시설·장비·자금 또는 운반 수단을 타인에게 제공한 자를 처벌하고 있는데(§ 60①(i), § 61①(i)), 이익의 취득 여부와 관련 없이 처벌하고 있으므로 본조는 사실상 적용되지 않고 있다.

---

12 본조 외에도 장소를 제공하는 법규로는 성매매알선 등 행위의 처벌에 관한 법률 제2조 제1항 제2호가 있다.

13 이인모, "약물범죄에 관한 연구", 연세대학교 법학박사 학위논문(1991), 181.

14 입법론적으로 공공위험죄인 본죄가 이익의 취득을 요건으로 하고 있는 것은 의문이라는 견해도 있다(이정원·류석준, 형법각론, 639). 참고로 일본형법 제139조 제2항은 "아편연의 흡식을 위하여 건물 또는 방실을 제공하여 이익을 도모한 자는 6월 이상 7년 이하의 징역에 처한다."라고 규정하고 있어, 현실적으로 이익을 취할 것을 요건으로 하고 있지 않다.

15 김성돈, 602; 배종대, § 122/3; 이재상·장영민·강동범, § 35/9; 임웅, 800.

16 대판 1960. 4. 6, 4292형상844.

17 김성돈, 602; 임웅, 800.

18 大塚 外, 大コン(3版)(7), 402(河村 博); 西田 外, 注釈刑法(2), 332(深町晋也).

(2) 주관적 구성요건

16 본죄가 성립하기 위하여는 제공행위 당시에 자기가 제공하는 장소가 아편을 흡식하거나 몰핀을 주사하는 데 이용된다는 사실을 알면서 제공이 이루어져야 한다. 건물의 임대인이 임차인이 위 행위를 한다는 사실을 알면서 임대기간을 연장하거나, 이러한 사실을 알고 있음을 기화로 임대료를 올려받는 경우에는 제공죄에 해당한다.[19]

17 참고로 성매매알선 등 행위의 처벌에 관한 법률에서도 본조와 같은 취지로 성매매에 장소를 제공하거나 성매매에 제공되는 사실을 알면서 토지 또는 건물을 제공하는 행위를 처벌하고 있는데(§ 19①(i), § 2①(ii)), 판례는 "'성매매에 제공되는 사실을 알면서 건물을 제공하는 행위'에는 건물을 임대한 자가 임대 당시에는 성매매에 제공되는 사실을 알지 못하였으나 이후에 수사기관의 단속 결과 통지 등으로 이를 알게 되었는데도, 건물의 임대차계약을 해지하여 임대차관계를 종료시키고 점유 반환을 요구하는 의사를 표시함으로써 제공행위를 중단하지 아니한 채 성매매에 제공되는 상황이 종료되었음을 확인하지 못한 상태로 계속 임대하는 경우도 포함한다고 보아야 한다."고 판시하였다.[20]

3. 다른 죄와의 관계

18 흡식의 공동정범이 되는 경우에는 방조행위인 본죄는 흡식죄에 흡수된다.

---

19 최성국, "우리나라 마약류범죄에 관한 고찰", 청연논총 10, 사법연수원(2013), 374.

20 대판 2011. 8. 25, 2010도6297(건물 소유자인 피고인이 A에게 건물을 임대한 후 경찰청으로부터 성매매 장소로 제공된다는 통지를 받아 위 건물에서 성매매가 이루어진다는 사실을 알았는데도 이를 계속 임대하는 방법으로 제공하였다고 하여 구 성매매알선 등 행위의 처벌에 관한 법률 위반으로 기소된 사안에서, 피고인이 A에게 "향후 건물에서 성매매를 하지 말고 만약 불법영업을 할 경우 건물을 명도하라."는 취지의 내용증명 우편을 보낸 적이 있고, A를 만나 불법영업을 하지 않겠다는 각서를 요구하였는데 A가 이를 거부한 사정이 있더라도 위와 같은 조치는 임대차계약을 확정적으로 종료시키는 것이 아니어서 건물의 제공행위를 중단하였다고 할 수 없다고 한 사례). 본 판결 해설은 심담, "건물 임대인이 건물을 임대한 후, 경찰청으로부터 통지를 받아 그 건물이 성매매에 제공되는 사실을 알았으면서도 그 건물의 제공행위를 중단하지 아니하고 그대로 임차인으로 하여금 계속하여 사용하게 하는 행위가 성매매알선 등 행위의 처벌에 관한 법률 제2조 제1항 제2호 (다)목의 "성매매에 제공되는 사실을 알면서 자금·토지 또는 건물을 제공하는 행위"에 해당하는지 여부 및 임대인의 건물 제공행위 중단의 방법", 해설 90, 법원도서관(2012), 910-927.

4. 처 벌

5년 이하의 징역에 처한다. 19

10년 이하의 자격정지 또는 2천만 원 이하의 벌금을 병과할 수 있고(§ 204), 20
미수범은 처벌한다(§ 202). 그리고 본죄에 제공한 아편, 몰핀이나 그 화합물 또는 아편흡식기구는 몰수하고, 이를 몰수하기 불능한 때에는 그 가액을 추징한다(§ 206).

〔최 창 호〕

제202조(미수범)
전4조의 미수범은 처벌한다.

Ⅰ. 취 지

1 제198조 내지 제201조의 미수범은 이를 처벌한다. 위와 같은 죄의 죄악성이 가볍지 아니할 뿐만 아니라, 단속의 철저함을 기하기 위함이다.[1]

2 미수범으로 처벌할 경우, 10년 이하의 자격정지 또는 2천만 원 이하의 벌금을 병과할 수 있다(§ 204).

Ⅱ. 다른 죄와의 관계

3 마약류관리에 관한 법률(이하, 마약류관리법이라 한다.)에 의하면 제58조 제3항에서 "제1항과 제2항에 규정된 죄의 미수범은 처벌한다."라고 규정하고, 제4항에서는 "제1항(제7호는 제외한다) 및 제2항에 규정된 죄를 범할 목적으로 예비 또는 음모한 자는 10년 이하의 징역에 처한다."라고 규정함으로써 예비 또는 음모한 경우에도 처벌하고 있다. 또한 마약류관리법은 제59조 제3항에서 "제1항(제5호 및 제13호는 제외한다) 및 제2항에 규정된 죄의 미수범은 처벌한다."라고 규정하고, 제4항에서는 "제1항 제7호의 죄를 범할 목적으로 예비 또는 음모한 자는 10년 이하의 징역에 처한다."라고 규정하고 있다.

4 그 밖에 마약류관리법 제60조 제3항, 제61조 제3항, 제62조 제3항, 제63조 제3항에서도 미수범을 처벌하는 내용을 규정하고 있다.

〔최 창 호〕

1 주석형법 〔각칙(상)〕, 324(김석휘).

제203조(상습범)

상습으로 전5조의 죄를 범한 때에는 각조에 정한 형의 2분의 1까지 가중한다.

Ⅰ. 취 지

1 상습으로 아편에 관한 죄와 그 미수범(§ 198 내지 § 202)을 범함으로써 성립하는 가중적 구성요건이다.

2 범죄에 있어서의 상습이란 범죄자의 어떤 버릇, 범죄의 경향을 의미하는 것으로서 행위의 본질을 이루는 성질이 아니고, 행위자의 특성을 이루는 성질을 의미하는 것이다.[1]

3 이와 같이 상습범이란 어느 기본적 구성요건에 해당하는 행위를 한 사람이 범죄행위를 반복하여 저지르는 습벽, 즉 상습성이라는 행위자적 속성을 갖추었다고 인정되는 경우에 이를 가중처벌 사유로 삼고 있는 범죄유형을 가리키므로, 상습성이 있는 사람이 같은 종류의 죄를 반복하여 저질렀다 하더라도 상습범을 별도의 범죄유형으로 처벌하는 규정이 없는 한 각 죄는 원칙적으로 별개의 범죄로서 경합범으로 처단된다.[2]

Ⅱ. 마약류관리에 관한 법률

4 마약류관리에 관한 법률(이하, 마약류관리법이라 한다.) 제58조 제2항, 제59조 제2항, 제60조 제2항, 제61조 제2항, 제62조 제2항, 제63조 제2항에서는 상습범을 가중처벌하고 있다.

1 대판 2006. 5. 11, 2004도6176.
2 대판 2012. 5. 10, 2011도12131.

5 판례는 마약류관리법 제60조 제2항에서 말하는 상습성이라 함은 같은 조 제1항에 규정되어 있는 동일한 범죄행위의 상습성만을 의미하는 것이 아니고 다른 형태의 범죄행위를 포괄하여 마약을 최종적으로 소비하는 습벽을 포함하는 것이라고 해석되므로, 마약을 상습으로 사용하거나 투약하는 사람이 마약을 매수하거나 수수·소지·소유·관리·조제·교부 등의 범행을 저지른 경우에도, 그것이 마약소비습벽의 발현이라고 보여지는 경우에는 이를 포괄하여 하나의 상습범으로 인정 처벌할 수 있다고 판시하고 있다.[3]

Ⅲ. 처 벌

6 전 5조(§§198-202)에서 정한 형의 2분의 1까지 가중한다.

7 10년 이하의 자격정지 또는 2천만 원 이하의 벌금을 병과할 수 있다(§204).

〔최 창 호〕

3 대판 2003. 9. 5, 2003도2668; 대판 1990. 4. 24, 90도653.

제204조(자격정지 또는 벌금의 병과)

제198조 내지 제203조의 경우에는 10년 이하의 자격정지 또는 2천만원 이하의 벌금을 병과할 수 있다. 〈개정 1995. 12. 29.〉

자격정지란 일정한 기간 동안 일정한 자격의 전부 또는 일부를 정지시키는 것을 말한다.[1] 자격정지에는 다른 법률에 특별한 규정이 없는 한 유기징역 또는 유기금고의 판결을 선고받은 사람에게 그 형의 집행이 종료되거나 면제될 때까지 제43조 제1항 제1호 내지 제3호의 자격을 정지시키는 당연정지(§ 43②)와 판결선고에 의하여 제43조 제1항 제1호 내지 제4호 자격의 전부 또는 일부를 정지시키는 선고정지(§ 44)가 있다. 1

형의 실효에 관한 법률 제7조[2]에서는 수형인이 자격정지 이상의 형을 받지 아니하고 형의 집행을 종료하거나 그 집행이 면제된 날부터 일정한 기간이 경과한 때에 그 형은 실효되도록 규정하고 있다. 2

선고유예의 요건으로 규정된 제59조 제1항 단서에서 정한 "자격정지 이상의 형을 받은 전과"라 함은 자격정지 이상의 형을 선고받은 범죄경력 자체를 의미하는 것이고, 그 형의 효력이 상실된 여부는 묻지 않는 것으로 해석함이 상당하다.[3] 3

1 정웅석 · 최창호, 형법총론, 66.

2 형의 실효에 관한 법률 제7조(형의 실효) ① 수형인이 자격정지 이상의 형을 받지 아니하고 형의 집행을 종료하거나 그 집행이 면제된 날부터 다음 각 호의 구분에 따른 기간이 경과한 때에 그 형은 실효된다. 다만, 구류(拘留)와 과료(科料)는 형의 집행을 종료하거나 그 집행이 면제된 때에 그 형이 실효된다.

1. 3년을 초과하는 징역 · 금고: 10년
2. 3년 이하의 징역 · 금고: 5년
3. 벌금: 2년

② 하나의 판결로 여러 개의 형이 선고된 경우에는 각 형의 집행을 종료하거나 그 집행이 면제된 날부터 가장 무거운 형에 대한 제1항의 기간이 경과한 때에 형의 선고는 효력을 잃는다. 다만, 제1항제1호 및 제2호를 적용할 때 징역과 금고는 같은 종류의 형으로 보고 각 형기(刑期)를 합산한다.

3 대판 2003. 12. 26, 2003도3768.

4 한편 마약류관리에 관한 법률 제66조에서도 자격정지 및 벌금의 병과에 대하여 규정하고 있다.[4]

〔최 창 호〕

4 마약류관리에 관한 법률 제66조(자격정지 또는 벌금의 병과) ① 제58조 및 제59조에서 정한 죄에 대하여는 10년 이하의 자격정지 또는 1억원 이하의 벌금을 병과할 수 있다.
② 제60조부터 제64조까지의 규정에서 정한 죄를 범한 자에 대하여는 5년 이하의 자격정지 또는 각 해당 조문의 벌금(징역에 처하는 경우만 해당한다)을 병과할 수 있다.

제205조(아편 등의 소지)
아편, 몰핀이나 그 화합물 또는 아편흡식기구를 소지한 자는 1년 이하의 징역 또는 500만원 이하의 벌금에 처한다. 〈개정 1995. 12. 29.〉

Ⅰ. 취 지

본죄[단순(아편·몰핀·아편흡식기)소지죄]는 아편흡식·몰핀주사를 위한 예비행위를 독립된 구성요건으로 규정하여 처벌하는 범죄이다. 1

본죄는 추상적 위험범, 즉시범, 거동범이다.[1] 2

Ⅱ. 구성요건

본죄에서의 '소지'는 판매할 목적이 없는 경우를 의미한다. 판매 목적이 있는 경우에는 아편 등 판매목적소지죄(§ 198) 및 아편흡식기 등 판매목적소지죄(§ 199)가 성립한다.[2] 3

지인의 마약류를 그 사정을 알면서 자신의 집에 보관한 경우에도 소지에 해당한다. 일단 소지가 개시된 후 자신이 소지하고 있다는 사실을 잊어버렸다고 하더라도 사실상 지배관계가 지속되는 한 소지에 해당한다. 비록 양이 적다 하더라도 본죄의 성립에 영향이 없으며, 시간이 짧다고 하더라도 마찬가지이다. 4

소지는 사실상 지배 아래에 두면 성립하는 것이므로, 타인의 부탁을 받아 5

1 김일수·서보학, 새로쓴 형법각론(9판), 499. 이에 더하여 본죄는 '지배범'이라는 견해도 있다(김일수·서보학, 499). 신분범이나 의무범 또는 자수범과는 달리 정범의 범위와 자격이 제한되어 있지 아니한 일반범에서는 누구나 금지된 행위 및 결과를 지배함으로써 정범이 될 수 있는데, 이를 특별히 지배범이라고 한다[김일수·서보학, 새로쓴 형법총론(13판), 428].

2 정웅석·최창호, 형법각론, 177.

마약류를 휴대하고 함께 가는 경우에도 단순 방조범이 아닌 소지죄의 죄책을 지게 된다.

Ⅲ. 법률의 착오

6 아편 등은 물론 신종 마약류를 소지하다가 적발된 경우, 사용하기 위하여 소량 소지하는 것은 허용되는 것으로 알았다거나, 마약류관리에 관한 법률상 마약류로 지정되어 있는지 몰랐다거나, 인터넷을 통하여 주문할 당시 합법적인 대용품이거나 방향제 등으로 알고 구입하였다는 취지의 주장[3]을 하는 경우가 있다. 그러나 이는 단순한 법률의 부지에 해당하는 것으로 제16조 소정의 법률의 착오에 해당되지 아니하고, 고의 또는 책임을 조각하지 않는다.[4]

Ⅳ. 처 벌

7 1년 이하의 징역 또는 500만 원 이하의 벌금에 처한다.

8 본죄에 대해서는 미수범 처벌규정이 없다. 본죄에 제공한 아편, 몰핀이나 그 화합물 또는 아편흡식기구는 몰수하고, 이를 몰수하기 불능한 때에는 그 가액을 추징한다(§ 206).

〔최 창 호〕

3 고의를 부인하거나 제16조 소정의 법률의 착오를 주장하는 경우이다. 수사대상자의 모국에서는 해당 물질을 성인용품점에서 처방전 없이 합법적으로 구입할 수 있어서 자신의 행위가 정당하다고 믿었고, 이에 대한 정당한 사유가 있어 제16조에 의하여 죄가 되지 아니한다는 주장이다.

4 제16조에 자기가 행한 행위가 법령에 의하여 죄가 되지 아니한 것으로 오인한 행위는 그 오인에 정당한 이유가 있는 때에 한하여 벌하지 아니한다고 규정하고 있는 것은 단순한 법률의 부지를 말하는 것이 아니고 일반적으로 범죄가 되는 경우이지만 자기의 특수한 경우에는 법령에 의하여 허용된 행위로서 죄가 되지 아니한다고 그릇 인식하고 그와 같이 그릇 인식함에 정당한 이유가 있는 경우에는 벌하지 않는다는 취지이다(대판 2001. 6. 29, 99도5026)

제206조(몰수, 추징)

본장의 죄에 제공한 아편, 몰핀이나 그 화합물 또는 아편흡식기구는 몰수한다. 그를 몰수하기 불능한 때에는 그 가액을 추징한다.

Ⅰ. 취 지

제48조는 임의적 몰수·추징을 규정하고 있으나, 아편에 관한 죄에 관한 본장의 경우에는 필요적 몰수·추징을 규정하고 있다. 1

Ⅱ. 다른 죄와의 관계

본조와 마찬가지로 마약류관리에 관한 법률(이하, 마약류관리법이라 한다.)에서는 마약류, 임시마약류뿐만 아니라 시설, 장비, 자금 또는 운반 수단과 그로 인한 수익금에 대한 필요적 몰수·추징(§ 67)을 규정하고 있다. 2

또한, 마약류 불법거래 방지에 관한 법률에서는 불법수익등의 몰수(§ 13), 불법수익 등이 합하여진 재산의 몰수(§ 14), 몰수의 요건 등(§ 15), 추징(§ 16), 불법수익의 추징(§ 17)에 관하여 규정하고 있다. 3

몰수 및 추징에 관한 내용은 **[특별법] 마약류관리법 주해** 부분에서 상술한다. 4

〔최 창 호〕

[특별법] 마약류관리에 관한 법률

Ⅰ. 서

1. 총 설

1 마약(narcotics)이란 용어는 무감각을 의미하는 그리스어 'narkotikos'에서 유래하는데, 수면 및 혼미를 야기하여 통증을 완화시키는 물질을 의미한다. 그 동안 마약이라는 용어는 협의의 마약, 향정신성의약품, 대마를 통칭하는 의미로 사용되기도 하였으나, 최근에는 이들을 총칭하여 '마약류'라는 용어가 사용되고 있다.

2. 마약류범죄의 특성[1]

(1) 상습성

2 마약류를 남용하는 행위는 정신적, 육체적 의존성과 쾌락 추구 등으로 인하여 그 범행을 반복하는 성향을 보인다. 또한, 금단 현상을 극복하지 못하고 습관적으로 마약을 투약하거나 출소 후에도 수감 중 알게 된 사람들 간에 연락·재회하여 투약·밀매 등 다른 차원의 범죄에 이르러 재범률이 높고 누범화되는 경향이 있다.

1 최성국, "우리나라 마약류범죄에 관한 고찰", 청연논총 10, 사법연수원(2013), 322 참조.

한편, 마약류 제조·판매 등 공급행위는 막대한 불법수익의 유혹으로 인하 3
여 범행을 반복하게 되므로 일반적으로 마약류범죄는 상습성을 가지게 된다.

(2) 밀행성

마약류범죄는 투약 등 남용행위뿐만 아니라 매매·밀수 등 거래행위가 매우 4
은밀히 이루어지는 밀행성을 지니고 있다. 투약자에서 밀매자에 이르기까지 대부분 직접 대면거래를 하지 않고 간접적인 방법으로 거래를 하고, 신분을 노출시키지 않고 철저한 익명성으로 점조직화되어 있다.

(3) 점조직성

마약류 공급자들은 제조 및 유통과 관련하여 수직적이거나 수평적인 점조 5
직 체계를 구비하거나 음성적으로 활동하는 조직범죄의 특성을 갖추고 있다. 또한, 제조, 운송, 배포, 소비 등 과정에 각 분야의 전문가들이 개입하는 등 기술적이고 전문적인 특성을 지니고 있다.

(4) 국제성

마약류는 생산과 소비가 한 국가 내에서 이루어지는 것이 아니라 생산지와 6
소비지가 다른 경우가 많고, 마약류 원료나 완제품의 수입, 제조, 판매, 사용 등이 대부분 국제적인 거래를 통해 이루어진다.

Ⅱ. 마약류관리에 관한 법률 개관

1. 제1장 총칙

마약류관리에 관한 법률(법률 제18443호, 시행 2021. 8. 17.)(이하, 마약류관리법이 7
라 한다.)은 제1조에서 마약·향정신성의약품·대마 및 원료물질의 취급·관리를 적정하게 함으로써 그 오용 또는 남용으로 인한 보건상의 위해를 방지하여 국민보건 향상에 이바지함을 목적으로 한다고 규정하고 있다. 제2조에서는 마약류, 마약, 향정신성의약품, 대마, 마약류취급자, 원료물질, 원료물질취급자, 치료보호 등의 용어를 정의하고 있다. 제3조에서는 일반 행위의 금지, 제4조에서 마약류취급자가 아닌 자의 마약류 취급 금지, 제5조에서 마약류 등의 취급제한, 제5조의2에서 임시마약류 지정 등에 대하여 규정하고 있다.

2. 제2장 내지 제7장

8 마약류취급자의 허가, 관리, 마약류취급자, 마약류중독자, 감독과 감독, 한국마약퇴치본부 등에 관하여 규정하고 있다.

3. 제8장

9 제1장에서 규정한 금지행위에 대한 벌칙을 규정하고 있는데, 아래 [표 1]과 같다.

[표 1] 마약류관리법 중 처벌규정

<table>
<tr><th colspan="2">처벌규정</th><th>행 위</th><th>부수규정</th><th>법정형</th><th>시효</th></tr>
<tr><td rowspan="7">§58
①</td><td>1호</td><td>마약 수출입·제조·매매·매매알선 및 그 목적 소지·소유</td><td>§3 2호·3호,
§4① 1호,
§18①, §21①</td><td rowspan="7">무기,
5년↑

※ 영리목적·상습 가중
(2항, 사형, 무기, 10년↑)

※ 미수(3항)
※ 예비·음모
(4항, 10년↓.
7호 제외)</td><td rowspan="7">15년</td></tr>
<tr><td>2호</td><td>마약·향정 제조 목적 원료물질 제조·수출입 및 그 목적 소지·소유
※ 헤로인 원료물질 무수초산, 필로폰 원료물질 에페드린 밀수</td><td>§3 4호</td></tr>
<tr><td>3호</td><td>향정(가목) 제조·수출입·매매·매매알선·수수 및 그 목적 소유·소지</td><td>§3 5호,
§2 3호 가목</td></tr>
<tr><td>5호</td><td>대마 수입·수출 및 그 목적 소지·소유
※ 대마 밀수</td><td>§3 7호</td></tr>
<tr><td>6호</td><td>향정(나목) 제조·수출입 및 그 목적 소지·소유
※ 필로폰, 엑스터시 등 밀수</td><td>§4① 1호,
§2 3호 나목</td></tr>
<tr><td>7호</td><td>미성년자에게 마약·향정·임시마약류 수수·조제·투약·제공 및 향정·임시마약류 매매</td><td>§4① 1호,
§5의2⑤</td></tr>
<tr><td>8호</td><td>1군 임시마약류를 재배·추출·제조·수출입하거나 그 목적 소지·소유, 매매·매매알선·수수·제공 및 그 목적 소지·소유</td><td>§5조의2⑤ 1호·2호, §5의2① 1호</td></tr>
<tr><td rowspan="2">§59
①</td><td>1호</td><td>수출입·매매·제조 목적 마약원료 식물 재배 및 그 성분 함유원료·종자·종묘의 소지·소유
※ 모르핀, 헤로인 등 제조 목적 양귀비 재배 등</td><td>§3 2호</td><td rowspan="2">1년↑

※ 상습가중
(2항, 3년 ↑)</td><td rowspan="2">10년</td></tr>
<tr><td>2호</td><td>마약 성분 함유원료·종자·종묘의 관리·수수 및 성분추출</td><td>§3 2호</td></tr>
</table>

처벌규정		행 위	부수규정	법정형	시효
	4호	마약·향정 제조 목적 원료물질 매매·알선·수수 및 그 목적 소지·소유·사용	§3 4호	※ 미수(3항) ※ 7호 예비·음모 (4항, 10년↓)	
	5호	향정(가목) 소지·소유·사용·관리	§3 5호, §2 3호 가목		
	7호	대마 제조·매매·알선 및 그 목적 대마 소지·소유 ※ 대마 매수 벌금형 불가	§3 7호		
	8호	미성년자에게 대마 수수·제공, 대마·대마초 종자껍질 흡연·섭취하게 하는 행위	§3 10호, §4① 2호		
	10호	향정(다목) 제조·수출입 및 그 목적 소지·소유	§4① 1호, §2 3호 다목		
	11호	대마 수출·매매·제조 목적 대마 재배	§4조① 2호		
	13호	1군 임시마약류를 소지·소유·사용·운반·관리·투약·보관	§5의2⑤ 3호		
§60 ①	1호	마약·향정(가목) 사용, 그와 관련된 금지행위를 하기 위한 장소·시설·장비·자금 또는 운반수단 제공	§3 1호, §2 3호 가목, §3 11호	10년↓, 1억↓ ※ 상습가중 (2항, 1/2 가중) ※ 미수(3항)	10년
	2호	향정(나목·다목) 매매·알선·수수·소지·소유·사용·관리·조제·투약·제공	§4① 1호, §2 3호 나목·다목		
	3호	향정(라목) 제조·수출입 및 그 목적 소지·소유	§4① 1호, §2 3호 라목		
	5호	1군 임시마약류와 관련된 금지행위를 하기 위한 장소·시설·장비·자금 또는 운반 수단을 타인에게 제공	§5의2⑤ 4호, §5의2 1항 1호		
	6호	2군 임시마약류를 재배·추출·제조·수출입하거나 그 목적 소지·소유	§5의2⑤ 1호, §5의2① 2호		
§61 ①	1호	향정(가목 제외)·대마 사용, 그와 관련된 금지행위 하기 위한 장소·시설 등 제공	§3 1호, §2 3호 나·다·라목, §3 11호	5년↓, 5천만원↓ ※ 상습가중 (2항, 1/2 가중) ※ 미수 (3항, 일부)	7년
	2호	마약 원료식물 재배, 그 성분 함유하는 원료·종자·종묘 소지·소유	§3 2호		
	4호 가	대마·대마초 종자껍질 흡연·섭취	§3 10호 가목		
	4호 나	가목 목적 대마·대마초 종자 또는 껍질 소지	§3 10호 나목		
	4호 다	가목, 나목 행위 정을 알면서 대마초 종자 또는 껍질 매매·매매 알선	§3 10호 다목		
	5호	향정(라목) 매매·알선·수수·소지·소유·사용·관리·조제·투약·제공	§4① 1호, §2 3호 라목		
	6호	대마 재배·소지·소유·수수·운반·보관·사용	§4① 2호		

처벌규정		행 위	부수규정	법정형	시효
§62 ①	4호	금지행위에 관한 정보를 타인에게 널리 알리거나 제시 ※ 마약류 투약, 매매 등 금지행위에 대한 광고행위 처벌 규정(예고임시마약류 제외)	§3 12호	3년↓, 3천만원↓ ※ 미수(3항)	5년
§67		특별 몰수·추징 규정 ※ 이 법에 규정된 죄에 제공한 마약류·임시마약류 및 시설·장비·자금 또는 운반 수단과 그로 인한 수익금은 몰수. 몰수할 수 없는 경우에는 그 가액 추징 →압수 마약류, 주사기·프리베이스 등 투약도구, 자금, 수익금 등			

Ⅲ. 마약류의 종류[2]

10 마약류는 중추신경계에 작용하여 중추신경 작용을 앙양하거나 억제하는 물질 중 신체적 의존성이나 정신적 의존성이 있는 것으로 관련 법규에 의하여 규제대상으로 지정된 물질을 의미한다. 일반적으로 약리작용에 따라 흥분제와 억제제로, 의존성 면에서 중독성 약물과 습관성 약물로, 생성원에 따라 천연마약과 합성 및 반합성 마약으로, 제조원에 따라 마약, 향정신성의약품, 대마로 분류하기도 한다. 한편, 기타 약물로는 톨루엔, 초산에틸 등 화학물질관리법상의 환각물질[3] 등이 있다.

11 마약류관리법 제2조(정의)에서는 마약류 등에 관하여 정의하면서 오용하거나 남용할 우려의 심각성 여부, 의료용으로의 사용 여부, 안전성의 결여 여부, 신체적 또는 정신적 의존성의 발생 여부에 따라 분류하고 있는데, 그 내용은 다음과 같다.

2 대검찰청, 2021 마약류 범죄백서(2022) 참조.

3 마약류관리법 제22조(환각물질의 흡입 등의 금지) ① 누구든지 흥분·환각 또는 마취의 작용을 일으키는 화학물질로서 대통령령으로 정하는 물질(이하 "환각물질"이라 한다)을 섭취 또는 흡입하거나 이러한 목적으로 소지하여서는 아니 된다.
② 누구든지 환각물질을 섭취하거나 흡입하려는 사람에게 그 사실을 알면서도 이를 판매하거나 제공하여서는 아니 된다.

제2조(정의) 이 법에서 사용하는 용어의 뜻은 다음과 같다.

1. "마약류"란 마약·향정신성의약품 및 대마를 말한다.
2. "마약[4]"이란 다음 각 목의 어느 하나에 해당하는 것을 말한다.
   가. 양귀비[5]: 양귀비과의 파파베르 솜니페룸 엘(Papaver somniferum L.), 파파베르 세티게룸 디시(Papaver setigerum DC.) 또는 파파베르 브락테아툼(Papaver bracteatum)
   나. 아편[6]: 양귀비의 액즙이 응결된 것과 이를 가공한 것. 다만, 의약품으로 가공한 것은 제외한다.
   다. 코카 잎(엽): 코카 관목(에리드록시론속(屬)의 모든 식물을 말한다)의 잎. 다만, 엑고닌·코카인 및 엑고닌 알칼로이드 성분이 모두 제거된 잎은 제외한다.
   라. 양귀비, 아편 또는 코카 잎에서 추출되는 모든 알카로이드[7] 및 그와

---

4 【마약의 분류】(마약류 범죄백서, 4).

분류	목록	지정성분수	비고
천연마약	양귀비, 아편, 코카 잎(엽)	3	
추출 알카로이드	모르핀, 코데인, 헤로인, 코카인 등	35	일부 의료용 사용
합성마약	페티딘, 메타돈, 펜타닐 등	91	일부 의료용 사용

5 일명 '앵속'(opium poppy, 罌粟)이라 불린다. 기원전 5,000년경 현재의 이라크 지역에 거주한 사람들이 돌에 아편 관련 지식을 새겨놓았던 것이 아편에 관한 인류 최초의 기록이다. 그리스 의학자 히포크라테스는 4세기경 양귀비로부터 추출한 액체를 질병치료제의 용도로 사용하도록 권장하였다. 양귀비라는 명칭은 당나라 현종의 아내이고, 그 시대 최고의 미인이었다는 양귀비에 비견할 정도로 꽃이 예쁘다고 하여 명명된 것이다. 국내에서 양귀비는 아편 추출의 용도보다는 대부분 농어촌, 산간지역에서 가정상비약이나 동물 치료약 또는 관상용으로 재배되고 있다.

6 민간에서는 아편의 탁월한 진통효과를 이용하기 위하여 열매와 식물체를 분리 보관하면서 응급질환에 사용하기도 하였다. 최초에는 몽롱한 상태의 황홀감을 경험할 수도 있으나, 지속적 사용의 경우에는 최초의 효과를 얻기 위하여 보다 많은 분량의 아편을 사용하여야 하므로 심각한 중독증상에 이르게 된다.

7 알카로이드에는 모르핀, 코데인, 헤로인, 코카인 등이 있다. ① 모르핀(morphine)은 아편으로부터 불순물을 제거하고 일정한 화학반응을 거쳐 추출한 진통성이 강한 알카로이드(alkaloid)이다. ② 코데인(codeine)은 '메틸 모르핀(Methyl Morphine)'이라고 불리는 알카로이드의 일종으로 의학적 진통 효과는 모르핀의 1/6 정도에 불과하지만, 수면을 촉진하고 기침을 완화하며 통증을 억제하는 진해 및 진정작용이 탁월하고 신체적 의존성이 비교적 적은 편이나 남용 시에는 정신적·신체적 의존성과 금단증상을 유발한다. ③ 헤로인(heroin), 즉 디아세틸모르핀(diacetylmorphine)은 양귀비의 열매에서 채취한 생아편에 소석회, 물, 염화암모니아 등을 첨가하여 혼합, 침전, 여과, 가열의 과정을 거친 후 모르핀염기에 무수초산, 활성탄, 염산, 에테르 등을 화학 처리하여 제조한다. 긴장, 분노, 공포를 억제하여 행복감과 도취감을 주는 중추신경 억제제의 일종이다. ④ 코

동일한 화학적 합성품으로서 대통령령으로 정하는 것
마. 가목부터 라목까지에 규정된 것 외에 그와 동일하게 남용되거나 해독 작용을 일으킬 우려가 있는 화학적 합성품으로서 대통령령으로 정하는 것
바. 가목부터 마목까지에 열거된 것을 함유하는 혼합물질 또는 혼합제제. 다만, 다른 약물이나 물질과 혼합되어 가목부터 마목까지에 열거된 것으로 다시 제조하거나 제제할 수 없고, 그것에 의하여 신체적 또는 정신적 의존성을 일으키지 아니하는 것으로서 총리령으로 정하는 것(이하 "한외마약"이라 한다)은 제외한다.

3. "향정신성의약품"이란 인간의 중추신경계에 작용하는 것으로서 이를 오용하거나 남용할 경우 인체에 심각한 위해가 있다고 인정되는 다음 각 목의 어느 하나에 해당하는 것으로서 대통령령으로 정하는 것을 말한다.[8]
가. 오용하거나 남용할 우려가 심하고 의료용으로 쓰이지 아니하며 안전성이 결여되어 있는 것으로서 이를 오용하거나 남용할 경우 심한 신체적 또는 정신적 의존성을 일으키는 약물 또는 이를 함유하는 물질[9]
나. 오용하거나 남용할 우려가 심하고 매우 제한된 의료용으로만 쓰이

카인(cocain)은 볼리비아, 페루, 콜롬비아 등지의 안데스산맥 고지대에서 자생하는 코카나무의 잎에서 추출한 알카로이드로서 중추신경을 자극하여 쾌감을 야기하는 천연 마약이다. 한편 크랙(crack)은 코카인과 탄산나트륨 등을 물에 희석하여 불로 가열한 후 냉각시켜 추출한 백색 결정체로서 코카인보다 약효가 몇 배 강하고 중독성이 높다.

8 마약류관리법 제2조 제3호 각 목 주요 향정신성의약품

처벌규정	목록
가목	LSD, 메스케치논 및 그 유사체, JWH-018(스파이스) 및 그 유사체, 4-플루오로암페타민
나목	암페타민, 메트암페타민, 메틸페니데이트, 펜메트라진, MDMA(엑스터시), 졸라제팜, 케타민
다목	플루니트라제팜
라목	펜디메트라진, 펜터민, 졸피뎀, GHB, 프로포폴, 알프라졸람, 디아제팜, 로라제팜, 미다졸람, 니트라제팜, 옥사졸람

9 마약류관리법 시행령 [별표 3]에 메톡시브로모암페타민(Dimethoxybromoamphetamine) 등 83개 품명을 열거하고 있다. 일반적으로 엘에스디로 알려져 있는 리서직산 디에틸아마이드(Lisergic acid diethylamide, LSD, LSD-25)는 1938년 스위스 화학자 Albert Hofmann에 의하여 최초로 합성된 무미, 무취, 무색의 환각제로 일반적으로 종이 또는 정제에 LSD 용액을 합착하여 사용한다. 제이더블유에이치(JWH)-018은 일명 '스컹크' 또는 '스파이스' 등올 불리는데, 건조도니 식물에 합성물질을 흡착시켜 식물성 제품으로 유통되고, 이를 태운 연기를 흡입하는 방식으로 남용되고 있다.

는 것으로서 이를 오용하거나 남용할 경우 심한 신체적 또는 정신적 의존성을 일으키는 약물 또는 이를 함유하는 물질[10]

다. 가목과 나목에 규정된 것보다 오용하거나 남용할 우려가 상대적으로 적고 의료용으로 쓰이는 것으로서 이를 오용하거나 남용할 경우 그리 심하지 아니한 신체적 의존성을 일으키거나 심한 정신적 의존성을 일으키는 약물 또는 이를 함유하는 물질[11]

라. 다목에 규정된 것보다 오용하거나 남용할 우려가 상대적으로 적고 의료용으로 쓰이는 것으로서 이를 오용하거나 남용할 경우 다목에 규정된 것보다 신체적 또는 정신적 의존성을 일으킬 우려가 적은 약물 또는 이를 함유하는 물질[12]

마. 가목부터 라목까지에 열거된 것을 함유하는 혼합물질 또는 혼합제제. 다만, 다른 약물 또는 물질과 혼합되어 가목부터 라목까지에 열거된 것으로 다시 제조하거나 제제할 수 없고, 그것에 의하여 신체적 또는 정신적 의존성을 일으키지 아니하는 것으로서 총리령으로 정하는 것은 제외한다.

4. "대마[13]"란 다음 각 목의 어느 하나에 해당하는 것을 말한다. 다만, 대마

---

10 마약류관리법 시행령 [별표 4]〈개정 2021. 1. 5.〉에 암페타민(Amphetamine) 등 44개 품명을 열거하고 있다. 일반적으로 필로폰으로 알려져 있는 메트암페타민(Methamphetamine)은 우리나라에서 가장 많이 남용되는 흥분제(각성제)이다. 히로뽕, 필로폰, 백색의 유혹, 백색가루로 불리고, 뽕, 가루, 술, 크리스탈, 물건, 총 등의 은어로 불리기도 한다. 강력한 중추신경 흥분제로 정신적 의존성 또한 매우 강하다. MDMA(3,4-메틸렌디옥시-엔-메틸암페타민, 3,4-Methylenedioxy-N-methylamphetamine)는 우리나라에서 '엑스터시, 도리도리' 등으로 통칭되는데, 'Ecstacy, XTC, Adam, Eve, Clarity, Decadence, M&M'으로도 불린다. MDMA를 복용하면 신체 접촉 욕구가 강하게 일어나기 때문에 포옹마약(hug drug)으로도 불린다.

11 마약류관리법 시행령 [별표 5]〈개정 2021. 12. 14.〉에 알로바르비탈(Allobarbital) 등 61개 품명을 열거하고 있다.

12 마약류관리법 시행령 [별표 6]〈개정 2021. 12. 14.〉에 알프라졸람(Alprazolam) 등 75개 품명을 열거하고 있다. 날부핀(Nalbuphine)은 일명 '누바인'이라고도 불리는데, 응급환자의 진통제로 사용되는 약물이었으나 환각성이 있어 필로폰 대용 약물로 남용되기도 한다. 덱스트로메토르판(Dextromethorphan)은 진해거담제로 일명 '러미나'로 불리는 약물로서 살 빼는 약으로 알려져 남용되고 있다. 카리소프로돌(Carisoprodol)은 근육이완제로 일명 'S정'이라고 불리는데 살 빼는 약으로 남용되고 있다. 펜플루라민(Fenfluramine)은 살 빼는 약물로 유통되고 있다.

13 대마초의 원료가 되는 대마는 '삼(hemp)'이라고 하는데, 재배 역사가 오랜 식물로서, 대마 줄기의 섬유는 삼베나 그물을 짜는 원료로, 열매는 향신료나 한방 약재로, 종자는 조미료용이나 채유용으로, 잎과 꽃은 흡연용, 즉 대마초로 사용되어 왔다. 우리나라에서는 월남전이 한창이던

초(칸나비스 사티바 엘(Cannabis sativa L) 말한다. 이하 같다)의 종자·뿌리 및 성숙한 대마초의 줄기와 그 제품은 제외한다.

가. 대마초[14]와 그 수지

나. 대마초 또는 그 수지를 원료로 하여 제조된 모든 제품

다. 가목 또는 나목에 규정된 것과 동일한 화학적 합성품으로서 대통령령으로 정하는 것

라. 가목부터 다목까지에 규정된 것을 함유하는 혼합물질 또는 혼합제제

5. "마약류취급자"란 다음 가목부터 사목까지의 어느 하나에 해당하는 자로서 이 법에 따라 허가 또는 지정을 받은 자와 아목 및 자목에 해당하는 자를 말한다.

가. 마약류수출입업자: 마약 또는 향정신성의약품의 수출입을 업으로 하는 자

나. 마약류제조업자: 마약 또는 향정신성의약품의 제조(제제 및 소분을 포함한다. 이하 같다)를 업으로 하는 자

다. 마약류원료사용자: 한외마약 또는 의약품을 제조할 때 마약 또는 향정신성의약품을 원료로 사용하는 자

라. 대마재배자: 섬유 또는 종자를 채취할 목적으로 대마초를 재배하는 자

마. 마약류도매업자: 마약류소매업자, 마약류취급의료업자, 마약류관리자 또는 마약류취급학술연구자에게 마약 또는 향정신성의약품을 판매하는 것을 업으로 하는 자

바. 마약류관리자: 「의료법」에 따른 의료기관(이하 "의료기관"이라 한다)에 종사하는 약사로서 그 의료기관에서 환자에게 투약하거나 투약하기 위하여 제공하는 마약 또는 향정신성의약품을 조제·수수하고 관리하는 책임을 진 자

사. 마약류취급학술연구자: 학술연구를 위하여 마약 또는 향정신성의약품

1960년대 이후 흡연용 대마초가 널리 전파되었다.

14 대마의 잎과 꽃대 윗부분을 건조하여 담배형태로 만든 것을 말하는데, 북남미에서는 마리화나(Marijuana)라고 불린다. 흥분과 억제 작용을 동시에 지니고 있고, 일반적으로 환각제로 분류된다. 한편, 해시시(Hashish)는 대마초로부터 채취된 대마수지를 건조 후 압착시켜 여러 가지 형태로 제조한 것으로 갈색, 연갈색, 암갈색, 흑색 등 덩어리의 형태이다.

을 사용하거나, 대마초를 재배하거나 대마를 수입하여 사용하는 자

아. 마약류소매업자: 「약사법」에 따라 등록한 약국개설자로서 마약류취급의료업자의 처방전에 따라 마약 또는 향정신성의약품을 조제하여 판매하는 것을 업으로 하는 자

자. 마약류취급의료업자: 의료기관에서 의료에 종사하는 의사·치과의사·한의사 또는 「수의사법」에 따라 동물 진료에 종사하는 수의사로서 의료나 동물 진료를 목적으로 마약 또는 향정신성의약품을 투약하거나 투약하기 위하여 제공하거나 마약 또는 향정신성의약품을 기재한 처방전을 발급하는 자

6. "원료물질"이란 마약류가 아닌 물질 중 마약 또는 향정신성의약품의 제조에 사용되는 물질로서 대통령령으로 정하는 것을 말한다.
7. "원료물질취급자"란 원료물질의 제조·수출입·매매에 종사하거나 이를 사용하는 자를 말한다.
8. "군수용마약류"란 국방부 및 그 직할 기관과 육군·해군·공군에서 관리하는 마약류를 말한다.[15]
9. "치료보호"란 마약류 중독자의 마약류에 대한 정신적·신체적 의존성을 극복시키고 재발을 예방하여 건강한 사회인으로 복귀시키기 위한 입원 치료와 통원 치료를 말한다.
10. 임시마약류[16]

---

15 이와 관련 군수용마약류의 취급에 관한 규칙(국방부령 제1068호, 시행 2021. 10. 25.)이 제정되어, 마약류관리에 관한 법률 제56조의2에 따른 국방부 및 그 직할기관과 육·해·공군에서 관리하는 군수용 마약류의 소지·관리·조제·투약·수수, 학술연구를 위한 사용 또는 마약류를 기재한 처방전의 발부 등 군수용 마약류의 취급에 관하여 규정하고 있다.

16 임시마약류 '이소부틸 니트리트'와 관련하여, 서울고등법원에서는 중추신경계에 작용하여 의존성을 일으키는 물질인지 여부 등 마약류관리법위반 제2조 제3호 가목의 물질에 준할 정도의 물질임이 입증되지 않아, 임시마약류 지정은 모법의 위임 범위를 일탈한 것이라는 취지로 무효이므로 무죄라고 판시한 바 있고(서울고판 2015. 4. 7, 14노1971), 대법원에서도 알킬 니트리트(alkyl nitrite)[그 공고의 '화학물질'란에 열거된 이소부틸 니트리트(isobutyl nitrite), 일명 '러쉬']가 중추신경계에 작용하여 의존성을 일으키는 물질이라거나 의료용으로 쓰이지 아니하고 안전성이 결여된 물질이라고 단정하기 어렵고 오남용의 우려 및 신체적·정신적 의존성이 심하다고 보기도 어렵다는 원심의 사실인정을 수긍하고 있다(대판 2016. 8. 30, 2015도5608).

1. 제도의 도입

12 마약류관리법 제5조의2는 임시마약류 지정 등에 관하여 규정하고 있다.

13 종전의 마약류 관리 제도가 신종 마약류로 인한 폐해 발생 시에 이를 마약류로 등록하기 위한 지정 절차가 복잡하고 신체적·정신적 의존성 및 그 오·남용의 위해성을 규명하여 이를 마약류로 지정하기까지 상당 기간이 소요되어 신종 마약류가 이미 유통이 확산된 다음에 단속 근거가 마련되는 문제점이 있으므로, 마약류 대용으로서 그 오·남용으로 인한 보건상 위해가 우려되는 물질에 대하여는 그 정신적·신체적 의존성 등이 규명되기 이전이라도 이를 신속히 차단하여 국민보건상의 안전을 강화할 수 있도록 하는 임시마약류 지정 제도가 신설되었다.

14 이에 따라 식품의약품안전처장은 약사법에 따라 의약품 품목허가를 받거나 품목신고를 한 의약품 및 승인을 받은 임상시험용 의약품이 아니면서 마약류가 아닌 물질·약물·제제·제품 등 중 오용 또는 남용으로 인한 보건상의 위해가 우려되어 긴급히 마약류에 준하여 취급·관리할 필요가 있다고 인정하는 물질 등을 임시마약류로 지정할 수 있는데, 이때는 임시마약, 임시향정신성의약품 또는 임시대마로 구분하여 지정하여야 하고, 지정사유와 효력 기간 등을 공고하여야 한다(§5의2).

15 그리고 임시마약류로 지정되면 누구든지 이를 소지·소유·사용·운반·관리·투약·보관 등의 행위가 금지된다(§5의2⑤).

2. 위임형식의 위헌성 여부

(1) 문제의 제기

16 마약류관리법 제5조의2는 임시마약류로 지정된 물질 등을 마약류와 동일하게 처벌하면서, 위와 같은 임시마약류 지정을 대통령령 등 법규명령이 아니라 식품의약품안전처장에게 직접 위임하고 있다. 이처럼 처벌법규 구성요건의 일부인 임시마약류 지정 권한을 식품의약품안전처장에게 직접 위임하는 형식이 헌법에 위배되는지 문제된다.

(2) 관련 법리

17 오늘날 의회의 입법독점주의에서 입법중심주의로 전환하여 일정한 범위 내

에서 행정입법을 허용하게 된 동기는 사회적 변화에 대응한 입법수요의 급증 및 종래의 형식적 권력분립주의로는 현대사회에 대응할 수 없다는 기능적 권력분립론에 있다고 할 수 있다. 이를 감안하여 헌법 제40조와 헌법 제75조, 제95조의 의미를 살펴보면, 입법자는 규율의 형식을 선택할 수 있고, 입법기관이 아닌 행정기관은 국회에서 법률 등으로 구체적인 범위를 정하여 위임한 사항에 관하여 법 정립의 권한을 갖게 된다 할 것이다. 따라서 헌법이 인정하고 있는 위임입법의 형식은 예시적인 것으로 보아야 할 것이고, 법률이 어떤 사항을 행정규칙에 위임하더라도 그 행정규칙은 위임된 사항만을 규율할 수 있는 것이므로, 국회입법의 원칙과 상치되지 않는다. 다만, 행정규칙은 법규명령과 같은 엄격한 제정 및 개정절차를 요하지 아니하므로, 기본권을 제한하는 작용을 하는 법률이 입법위임을 할 때에는 대통령령, 총리령, 부령 등 법규명령에 위임함이 바람직하고, 고시와 같은 형식으로 입법위임을 할 때에는 적어도 행정규제기본법 제4조 제2항 단서에서 정한 바와 같이 법령이 전문적·기술적 사항이나 경미한 사항으로서 업무의 성질상 위임이 불가피한 사항에 한정된다고 할 것이고, 그러한 사항이라 하더라도 포괄위임금지의 원칙상 법률의 위임은 반드시 구체적·개별적으로 한정된 사항에 대하여 행하여져야 한다.[17]

또한 현대국가의 사회기능 증대와 사회현상의 복잡화에 비추어 볼 때 처벌 18 법규를 모두 입법부에서 제정한 법률만으로 정할 수는 없다고 할 것이므로, 이를 행정부에 위임하는 것도 허용된다고 할 것이다.

범죄와 형벌에 관한 사항에 있어서도 위임입법의 근거와 한계에 관하여 정 19 하고 있는 헌법 제75조가 적용되기 때문에, 처벌법규가 구성요건 일부를 하위법령에 위임하고 있고 이러한 위임형식의 위헌성이 문제 되는 경우에는, 포괄위임입법 금지원칙 역시 문제가 된다. 따라서 그러한 경우에는 처벌법규에 대한 포괄위임입법 금지원칙의 심사를 통해 그 위헌성을 판단하되, 헌법상 죄형법정주의의 명확성 원칙을 고려하여 위임의 필요성과 예측가능성이라는 기준을 보다 엄격하게 해석·적용하여야 한다.

이와 관련하여 법률에 의한 처벌법규의 위임은 죄형법정주의와 적법절차, 20

17 헌재 2012. 2. 23, 2009헌마318.

기본권보장 우위 사상에 비추어 바람직하지 못하므로, 처벌법규의 위임은 ① 특히 긴급한 필요가 있거나 미리 법률로써 자세히 정할 수 없는 부득이한 사정이 있는 경우에 한정되어야 하고, ② 이러한 경우일지라도 법률에서 범죄의 구성요건은 처벌 대상인 행위가 어떠한 것일 거라고 이를 예측할 수 있을 정도로 구체적으로 정하고, ③ 형벌의 종류 및 그 상한과 폭을 명백히 규정하여야 한다.[18]

(3) 죄형법정주의 위배 여부

21 ① 임시마약류 지정 제도는 신종 환각물질이 인터넷이나 외국인을 통해서 국내로 지속적으로 반입되어 빈번하게 오·남용되고 있었으나 이에 대한 규제수단이 없어 적시 차단·단속에 상당한 어려움을 겪고 있었고, 신종 유사 마약류가 급증하는 반면 신규 마약류로 지정하기 위한 법령의 개정을 위해서는 상당한 기간이 소요되는 등 신속한 대응이 어려워서 그 기간 동안 유사 마약류가 국내에 급속도로 널리 퍼져 국민의 건강과 보건에 심각한 악영향을 끼쳐왔던 문제를 해결하기 위하여 새로 도입된 제도인 점, ② 법에서는 임시마약류 지정권한을 법규명령이 아닌 식품의약품안전처장의 공고에 직접 위임하고 있는데, 이는 법규명령인 법 시행령 개정에 상당한 시간이 소요되어 그러한 개정과정에서 유사 마약류가 급증하여 국민의 건강과 보건에 심각한 위해를 가하는 것을 막기 위함이라는 긴급한 필요성 때문에 위와 같이 식품의약품안전처장의 공고라는 행정규칙에 직접 위임한 것으로 보이는 점, ③ 임시마약류는 비록 법에서 금지하는 마약류는 아니지만 오용 또는 남용으로 인하여 보건상의 위해가 우려되어 긴급히 마약류에 준하여 취급·관리될 필요성이 있는 물질등으로, 그 범위는 마약류인 마약, 향정신성의약품 및 대마에 준하는 것으로 한정될 정도로 위임의 범위가 명확하고, 건전한 상식과 통상적인 법 감정을 가진 수범자라면 금지되는 행위가 무엇인지 충분히 예상할 수 있을 것으로 보이는 점, ④ 임시마약류 지정행위는 신종 환각물질 또는 향정신성물질의 구조적 성분, 약리효과(중추신경계 자극, 흥분, 억제 등), 부작용 및 유해사례, 국내 반입·유통 여부, 국외 유통 및 규제현황 등을 고려하여 식품의약품안전처장에 의하여 이루어지는 것으로 전문적·기술적 사항으로 봄이 상당한 점, ⑤ 임시마약류 지정은 관계기관의 협의를 거

18 헌재 2014. 3. 27, 2011헌바42.

쳐 일정한 기간을 정하여 지정하도록 되어 있는 등 임시적·잠정적 조치인 점 등에 비추어 보면, 처벌법규의 구성요건의 일부인 임시마약류 지정을 법규명령에 위임하지 않고 행정규칙인 식품의약품안전처장 공고에 직접 위임한 형식 자체는 헌법상 죄형법정주의 또는 포괄위임입법 금지원칙에 위배된다고 볼 수는 없다.[19]

Ⅳ. 마약류범죄의 행위태양

1. 개 관

마약이란 마취나 환각 등의 작용을 하는 약물을 말하는데, 최근에는 좁은 22
의미의 마약, 향정신성의약품, 대마를 총괄하는 의미로 '마약류'라는 용어가 사용되고 있다.

마약류관리법은 금지행위를 마약류 등의 종류에 따라 조항별로 세분하고 23
있다.

2. 구체적 검토

마약류관리법에서는 마약류의 사용, 재배, 소지, 소유, 관리, 수출, 수입, 제 24
조, 매매, 매매의 알선, 수수, 운반, 사용, 투약, 보관 등 행위를 금지하고 있다.

현행법은 일반적으로 밝혀진 마약류의 위험성뿐만 아니라 마약류 관련 행 25
위유형들을 고려하여 형벌체계를 세우고 있다. 즉, 금지행위의 유형을 크게 ① 유통에 관련된 행위와 ② 사용에 관련된 행위로 나누고 있고, 기본적으로 강한 마약류로 알려지고 있는 마약과 향정신성의약품의 법정형을 약한 마약류로 분류되는 대마에 비해 같은 유형의 행위에서 높게 정하고 있으며, 유통 관련 행위의 법정형을 사용 관련 행위에 비하여 상대적으로 높게 정하고 있다.

마약류 관련 행위 유형들은 그 차이가 확연히 드러나고 그 행위 유형들이 26
사회에 끼칠 수 있는 영향도 어느 정도 예상 가능하다는 점에서 위와 같은 방법은 마약류 자체가 가진 위험성만을 가지고 법정형을 정하는 경우보다 합리성을

19 대판 2015. 1. 15, 2014도14928.

확보할 수 있다고 할 것이다.

27 다만, 이렇게 법정형을 정한다고 하더라도 각 마약류의 행위 유형들은 일정하게 범주화될 수밖에 없다는 한계 때문에 여전히 불법과 책임 사이에 완전한 비례관계를 달성하기는 어려운 경우가 발생할 수 있다. 이러한 문제는 적정한 법정형의 범위를 정하여 양형을 통하여 해결하여야 한다.[20]

28 아래에서는 제17장 아편에 관한 죄에서 설명한 내용과 중복되지 않는 한도에서 살펴보기로 한다.[21]

(1) 사용, 흡연, 섭취, 투약 등 소비행위[22]

(가) 사용

29 마약류 등의 사용이란 마약류 등을 그 용법에 따라 이용하는 일체의 행위를 말한다. 즉, 마약류를 폐기하는 경우를 제외한 모든 소비행위를 통칭한다고 본다. 사용의 대상이나 방법이나 동기 등은 문제가 되지 않는다. 주사, 음용, 도포(塗布) 등 어떠한 방법이라도 가능하다. 따라서 여성이 마약류를 질내에 도포하여 사용한 경우라도 마약류가 체내에 흡수되는 것을 추인할 수 있으므로 본죄가 성립한다.[23] 사용의 동기도 문제되지 않으므로 쾌락을 얻기 위한 것이든, 은닉을 위한 것이든, 학술연구를 위한 것이든 상관없다.

30 사용금지의 취지가 보건위생상의 위해를 방지하기 위한 것이라는 점을 참작할 때, 마약류를 인체에 사용하는 것은 물론 동물에 사용하는 경우도 이에 해당한다.[24] 인체에 사용하는 경우는 자신의 신체이든 타인의 신체이든 불문한다.

31 사용은 투약으로 보기 어렵고, 다른 구성요건으로 의율하기 어려운 경우를 대비하여 마련한 보충적 구성요건이다. 다만, 자살을 하기 위한 목적 내지 필로폰을 은닉하기 위하여 다량의 향정신성의약품을 복용한 행위는 투약에 해당하지 않는다.[25]

---

20 헌재 1995. 4. 20, 93헌바40.

21 형법에는 아편, 몰핀 또는 그 화합물에 관한 흡식, 소지, 제조, 수입, 판매, 판매목적 소지 등과 아편흡식기구의 제조, 수입, 판매 및 판매목적 소지를 처벌하고 있다.

22 형법 제201조에서는 아편흡식, 몰핀주사의 형태로 규정되어 있다.

23 이은모, "약물의 소지 및 사용행위에 대한 현행법상의 규제에 관한 연구", 형사법학의 과제와 전망, 계산 성시탁 교수 화갑기념논문집(1993), 852.

24 이은모(주 23), 851.

25 대판 2008. 7. 24, 2008도5328; 서울고판 2017. 4. 6, 2016노4052. 향정신성의약품의 오용 또는

(나) 흡연

흡연이란 담배의 형태로 만들어 피우는 것과 같이 연기의 상태로 호흡기를 통하여 소비하는 것을 말한다. 32

(다) 섭취

섭취는 씹어 먹는 것과 같이 흡연 이외의 방법으로 소비하는 행위를 말한다. 흡연이나 섭취는 대마나 대마초 종자의 사용방법으로 규정되어 있으나 다른 마약류의 사용방법으로도 가능하다. 33

(라) 투약

투약이란 일반적으로 의료기관에서 종사하는 의사, 수의사 등이 사람 또는 가축에 대하여 약물을 사용하는 것을 말한다. 마약류관리법 제2조 제5호 자목에서는 마약류취급의료업자를 규정하고 있다. 이러한 마약류취급의료업자 이외의 투약행위는 금지된다. 34

본죄에서는 자기 몸속에 스스로 주입하는 경우와 타인의 몸속에 주입하는 것을 포함한다. 35

마약류취급자인 의사라고 하더라도 의학적인 판단에 따라 질병에 대한 치료 기타 의료 목적으로 그에 필요한 범위 내에서 마약 또는 향정신성의약품(이하, '마약 등'이라 한다.)을 투약하는 것은 허용된다고 할 것이나,[26] 질병에 대한 치료 기타 의료 목적을 위하여 통상적으로 필요한 범위를 넘어서서 의료행위 등을 빙자하여 마약 등을 투약하는 행위는 '업무 외의 목적'을 위하여 마약 등을 투약하는 경우에 해당한다.[27] 36

본죄는 마약류를 그 용법에 따라 사용하는 행위를 개시한 때에 실행의 착수가 있다고 본다. 마약류를 준비한 것만으로는 실행에 착수한 것이라 볼 수 없을 수 있으나, 인체에 마약류를 주사하기 위하여 주사약병을 개봉하거나, 주사 37

남용으로 인한 위해를 저지하려고 하는 마약류관리법의 입법목적 등에 비추어, 법에서 금지 또는 제한하고 있는 향정신성의약품의 오용 또는 남용으로 인한 신체적 또는 정신적 의존성을 불러일으킬 목적으로 이용·사용하는 경우만이 '투약'에 해당한다는 취지이다.

26 대판 2013. 4. 26, 2011도10797. 「의사 자신에 대한 마약 등의 투약이 의료 목적으로 그에 필요한 범위 내에서 이루어지는 것이라면 그 처방전이 의사 자신이 아니라 제3자에 대한 것으로 발부되었다고 하더라도 그러한 처방전 발부에 대한 법적 책임은 별론으로 하고 그러한 사정만으로 이를 '업무 외의 목적'을 위한 투약이라고 할 수는 없다.」

27 대판 2016. 6. 23, 2014도8514.

기에 마약류를 넣거나, 주사기에 넣기 위하여 마약류를 액체상태로 만드는 등의 행위가 있으면 실행의 착수가 있다고 본다.

38 마약류를 용법에 따라 사용한 이상 준비한 마약류를 전액 사용하지 못하였다고 하더라도 기수에 해당한다. 마약류를 소지한 사람이 이를 사용한 경우는 불가벌적 수반행위로 평가되지 않는 한 경합범에 해당한다.

39 마약류를 사용하거나 투약하면 투약할 때마다 일죄가 성립한다. 다만, 단일한 기회에 여러 차례에 걸쳐 사용 또는 투약을 하는 경우에는 포괄일죄에 해당할 수도 있다.

(2) 소지, 소유, 관리, 보관

(가) 소지

40 마약류 등의 소지[28]란 목적물을 사실상 자기의 지배 아래에 두는 것을 의미한다.

(나) 소유

41 마약류 등의 소유란 자기의 것으로 가지는 것, 즉 마약류에 대한 소유권을 가지는 것을 말한다. 소지와는 구별된다. 마약류 취급자격이 있는 사람 등은 마약류의 정당한 소유권을 취득할 수 있으나, 그 외의 사람은 소유권 취득행위 자체로 처벌될 수 있다.

(다) 관리

42 마약류 등의 관리는 마약류를 자기의 지배 아래에 두고 본래의 목적 외에 사용되지 않도록 마약류의 취득에서 사용, 교부에 이르기까지 전반적인 사무를 책임지고 행하는 것을 말한다.

43 마약류관리법 제2조 제5호 바목에서는 마약류관리자를 규정하고 있다. 이는 마약류관리자가 관리하고 있는 마약류에 한하여 투약 또는 투약을 위한 교부행위를 허용함으로써 불법유통되는 마약류의 사용을 방지하고 마약류 관리와 행정상 감독을 가능하게 하기 위한 것이다.[29]

44 마약류관리법에서는 소지 이외에 소유와 관리라는 구성요건을 규정하고 있으나, 실무상으로는 소유와 관리보다는 소지로 의율되는 경우가 많다.

28 형법 제198조(아편 등의 제조 등) 해설 참조.
29 이은모(주 23), 847.

마약류를 '소유'하는 사람에게는 최소한 간접적인 형태의 소지가 인정되는 45
것이 일반적이고, 마약류를 소유하게 된 원인관계를 이유로 처벌하는 것이 가능하기 때문에 소유를 특별히 소지와 구별하여야 할 실익이 없고, '관리' 또한 소지를 인정하기 위한 개념이므로 별도로 문제삼을 필요가 없다는 견해[30]가 있다.

(라) 보관

마약류 등의 보관이란 위탁을 받아 마약류를 자기의 점유하에 두고 간수하 46
는 것을 말하는데, 대가의 유무, 보관의 방법이나 장소를 불문한다.

(마) 다른 죄와의 관계

마약류가 아닌 약품 등을 마약류로 오인하고 소지한 경우에는 마약류 불법 47
거래방지에 관한 특례법(이하, 마약거래방지법이라 한다.) 제9조 제2항에 의하여 처벌된다.[31]

소지·소유 등을 한 마약이나 향정신성의약품 등의 가액이 500만 원 이상인 48
경우에는 특정범죄 가중처벌 등에 관한 법률(이하, 특정범죄가중법이라 한다.) 제11조에 의하여 가중처벌된다.

매매 목적 소지의 공동정범으로 기소된 경우, 피고인에게 생아편을 끓이 49
고 발효시킨 숙아편(熟鴉片 또는 熟阿片)을 실력적으로 지배할 의사가 없고 숙아편에 대한 실력적 지배를 용이하게 할 의사로써 그를 도와준 것에 불과하다면, 매매 목적 소지의 공동정범사실은 인정할 수 없고 방조한 사실만 인정된다고 할 것이다.[32]

소지한 마약 자체가 반드시 매매의 목적이 되는 경우에만 성립하는 것은 50
아니고, 비록 매매를 알선키 위한 견본용 마약을 소지한 경우에도 매매알선목적 소지죄에 해당한다.[33]

마약류를 소지하다가 투약 또는 사용한 경우에 소지행위가 투약이나 사용행위 51
의 일부로 인정되지 않는 이상 소지죄와 사용죄 등의 실체적 경합범에 해당한다.

---

30 이은모(주 23), 847.

31 대판 2007. 6. 15, 2007도2386. 「마약류 불법거래방지에 관한 특례법 제9조 제2항은 마약류에 해당하지 않는 약물 기타 물품을 마약류로 인식하고 양도, 양수, 소지한 자를 처벌하도록 규정하고 있으므로 이 사건 물건이 메칠에페드린으로 마약류에 해당하지 않는다고 하더라도 피고인이 이를 마약류인 필로폰으로 인식하여 양수한 이상에는 위 법 규정에 의한 처벌을 면할 수 없다.」

32 대판 1977. 12. 13, 77도1380.

33 대판 1994. 5. 13, 94도802.

(3) 매매, 매매알선, 수수, 운반, 제공, 광고

(가) 매매

52 형법에서는 판매[34]를 규정하고 있는데, 마약류관리법에서는 매매를 처벌하고 있다. 매매[35]란 사고 파는 것, 즉 매수[36]와 매도를 의미하는데, 민법상의 매매개념과 달리 형법 독자적인 견지에서 매매계약과 매매계약에 따른 사실상의 인도, 인수행위를 포함하는 개념으로 파악할 필요가 있다. 따라서 매도는 매매계약의 이행으로 매수인에게 마약류에 대한 법률상 또는 사실상 처분권한을 부여하고 마약류의 소지를 이전하는 것을 의미하고, 매수는 대가를 지급하고 매도인으로부터 마약류에 대한 법률상 또는 사실상의 처분권한을 부여받음과 동시에 소지를 이전받는 것을 의미한다. 이 경우의 처분권한은 법률상 적법한 처분권한임을 요하지 아니하고, 사실상의 처분권한이면 충분하다. 그러므로 불법한

---

34 형법 제198조(아편 등의 제조 등)에서는 판매를 규정하고 있다.

35 민법상 매매(§ 563)는 당사자 일방이 재산권을 상대방에게 이전할 것을 약정하고 상대방이 그 대금을 지급할 것을 약정함으로써 그 효력이 생기는데, 일반적으로 낙성, 쌍무, 유상, 불요식의 계약으로 파악되고 있다. 그러나 본법에서는 오히려 양도의 개념과 유사하다. 양도란 상대방에게 마약류에 대한 법률상 사실상 처분권한을 부여함과 동시에 그 소지를 이전하는 것을 내용으로 한다. 상대방이 처분권한과 소지를 취득하였을 때 행위가 완료된다고 본다[이은모, "약물의 제조·수출입 및 양도·양수행위에 대한 현행법상의 규제에 대하여", 석우 차용석 박사 화갑기념 논문집(상), 법문사(1994), 764 이하 참조].

36 마약류관리법 가운데 매매 중 매수 부분이 헌법에 위배되는지 여부에 대하여 논란이 있다(헌재 2019. 2. 28, 2016헌바382). 마약류의 공급과 사용은 마약확산에의 기여도 및 보호법익에 대한 위협의 정도라는 관점에서 구별되므로, 마약류의 유통에 적극적으로 기여하는 행위와 그렇지 않은 행위를 구별하여 책임에 따라 비례적으로 처벌할 필요가 있다. 향정신성의약품의 단순 사용목적 매수행위는 향정신성의약품의 공급범죄가 아니라 사용범죄의 성격을 가지고 있고, 향정신성의약품의 확산에 기여하는 불법이나 행위자의 책임에 있어 사용행위와 본질적인 차이가 없다. 또한 향정신성의약품의 사용매수는 논리적으로 '사용'의 예비단계에 해당하고, 그 자체로 독자적인 보호법익 침해를 가져오는 행위라고 보기 어렵다고 보아야 하므로 '자신이 투약하기 위해 향정신성의약품을 매수하는 경우'를 제조 또는 수출입행위와 동일하게 처벌하는 것은 책임과 형벌 사이의 비례원칙에 반한다는 견해가 있다(위 2016헌바382 결정의 반대의견). 그러나 '자신이 투약하기 위해 향정신성의약품을 매수하는 경우'에도 매수자금의 제공을 통해 향정신성의약품의 확산을 촉진하게 되므로 무겁게 처벌할 필요성이 있고, 이를 '매도행위'와 동일한 법정형으로 규정하였다고 하더라도 그것이 현저히 자의적인 입법으로서 평등원칙에 위반된다고 할 수 없다. 향정신성의약품 매수행위는 매수자금의 제공을 통해 제조·수출입 조직을 새로이 창출하거나, 기존의 제조·수출입 조직을 확대시켜 향정신성의약품의 확산을 촉진하는 역할을 하므로 향정신성의약품 유통과 관련된 사회적 위험발생의 예방을 도모하기 위하여 무겁게 처벌할 필요성이 있다. 따라서 이를 '제조·수출입행위'와 동일한 법정형으로 규정하였다고 하더라도 그것이 현저히 자의적인 입법으로서 평등원칙에 위반된다고 할 수 없다(위 2016헌바382의 합헌결정 이유).

방법으로 마약류를 취득(예를 들어, 절취, 강취 또는 횡령)한 사람이 이를 매도하는 경우에도 이에 포함된다. 대금의 지급 여부가 반드시 필요한 것은 아니라는 견해도 있으나, 대가의 수수가 없으면 매매라고 보기 어렵고 오히려 수수나 제공에 해당한다고 본다.

매매의 실행의 착수는 마약류 등의 처분권한을 수반한 소지의 이전행위가 53
개시된 때, 또는 준비행위가 개시된 때로 본다.[37]

판례는 매도·매수에 근접·밀착하는 행위가 행하여진 때를 실행의 착수시 54
기로 보고 있다.[38] 따라서 비록 피고인이 마약류 매수의 명목으로 금원을 교부받기는 하였으나, 마약류를 소지 또는 입수하였거나 곧바로 입수 가능한 상태에 있었다고 볼 수 없는 경우에는, 실행의 착수에 이른 것이라고 보기 어렵다고 판시[39]하고 있다.[40]

판례의 입장에 따른다면, 마약류 관련 매매계약이 성립하고 대금의 수수가 55
있었다고 하더라도 실행의 착수로 인정되지 않을 수도 있는데,[41] 이 경우 예비, 음모에 대한 처벌규정이 마련되어 있지 않은 경우에는 처벌의 공백이 발생할

---

37 주석형법 [각칙(2)](5판), 365(신현일); 최성국(주 1), 346.

38 대판 2020. 7. 9, 2020도2893.

39 대판 2008. 5. 29, 2008도2392; 대판 2015. 3. 20, 2014도16920 (제1심인 부산동부지판 2014. 9. 17, 2013고단2513은 피고인에게 유죄를 선고하였고, 2심인 부산지판 2014. 11. 28, 2014노3353은 피고인의 항소를 기각하였다)(필로폰을 매수하려는 자로부터 필로폰을 구해 달라는 부탁과 함께 금전을 지급받았다고 하더라도, 당시 피고인이 필로폰을 소지 또는 입수한 상태에 있었거나 그것이 가능하였다는 등 매매행위에 근접·밀착한 상태에서 그 대금을 지급받은 것이 아니라 단순히 필로폰을 구해 달라는 부탁과 함께 대금 명목으로 금전을 지급받은 것에 불과한 경우에는 필로폰 매매행위의 실행의 착수에 이른 것이라고 볼 수 없다).

40 형법상 매매를 규정하고 있는 조항으로는 제289조(인신매매)가 있다. 본죄의 매매는 민법상의 매매와 동일한 의미를 가지는 것이 아니라 사람의 신체에 대한 사실상의 지배의 이전이 있어야 기수로 된다고 한다[이재상·장영민·강동범, 형법각론(12판), § 9/30]. 한편, 매매를 처벌하는 법률로는 성매매알선 등 행위의 처벌에 관한 법률이 있다. 동법에서는 성매매를 불특정인을 상대로 금품이나 그 밖의 재산상의 이익을 수수하거나 수수하기로 약속하고 성교행위 또는 유사성교행위를 하거나 그 상대방이 되는 것으로 정의하고 있다. 위와 같은 정의에 의하면, 금품 등의 수수나 수수의 약속만으로는 기수에 이르지 아니하고, 성교행위 등이 있어야 기수에 이르게 된다. 동법 제21조에서 성매매는 처벌하고 있으나, 동법 미수범 처벌 규정에서는 제18조에서 제20조까지의 행위만을 규정하고 있을 뿐, 제21조에 대한 미수범은 처벌할 수 없다. 따라서 성매매를 위한 금품이나 그 밖의 재산상의 이익의 수수 또는 수수의 약속이 있었다고 하더라도 성교행위 등이 있는 경우에는 미수에 해당할 뿐이고, 처벌규정이 없어서 처벌할 수 없다.

41 인터넷·SNS 등을 이용한 마약류 매매에 있어서 대금을 송금하였으나 마약류 배달이 이루어지지 않은 경우 등을 말한다.

수 있다.[42]

56 매매계약의 성립 또는 대금의 송금만으로는 실행에 착수에 이르지 못하였다는 판례의 태도는 형법상 인신매매죄에 있어서 사실상 지배 이전설과 궤를 같이 하고 있다고 볼 수도 있다.

57 그러나 매매란 단독행위가 아니라 계약이고, 쌍무계약인 매매계약을 체결한 단계로부터 그 계약내용을 이행하기까지의 일련의 과정을 의미한다고 할 것이므로, 매매계약 체결 이전의 계약체결을 준비하는 행위는 매매의 예비라 할 것이나, 매매계약을 체결한 것은 범의의 비약적 표동이 있은 것으로 보아 범죄의 실행행위에 착수한 것으로 보아야 할 것이고, 타인의 권리매매도 가능하므로 이행불능이라고 볼 것은 아니며, 불능미수에 관한 제27조의 태도를 고려하더라도 실행의 착수는 있었다고 보는 것이 타당하다는 견해[43]가 있다.

58 독일에서는 마약류 등의 매매를 마약류 거래를 통하여 이윤을 추구하는 행위로서, 불법적인 거래를 통하여 이익을 얻지 못하거나 거래 대상인 마약류를 소지하거나 보관하지 않더라도 마약류 거래에 합의한 것만으로 기수를 인정하고 있다.[44]

59 매매의 기수시기는 ① 매매계약시설, ② 교부단계진입시설, ③ 이전시설, ④ 처분시설 등으로 견해가 나뉠 수 있다. 일반적으로 마약류에 대한 소지의 이전이 완료된 때에 기수에 이른다고 본다.

60 매도, 매수와 같이 2인 이상의 서로 대향된 행위의 존재를 필요로 하는 관계에 있어서는 공범이나 방조범에 관한 형법총칙 규정의 적용이 있을 수 없고, 따라서 매도인에게 따로 처벌규정이 없는 이상 매도인의 매도행위는 그와 대향적 행위의 존재를 필요로 하는 상대방의 매수범행에 대하여 공범이나 방조범관계가 성립되지 아니한다.[45]

---

42 마약류관리법 제58조 제4항, 제59조 제4항에서는 예비 또는 음모를 처벌하고 있다.

43 강해룡, "마약 매매행위 미수범과 실행의 착수", 법률신문 제4315호(2015. 5); 안경옥, "실행의 착수와 구성요건 실현을 위한 직접적인 전 단계 행위", 형사판례연구 〔24〕, 한국형사판례연구회, 박영사(2016), 199.

44 안경옥(주 43), 213. 이와 같이 매매의 개념을 넓게 해석하는 것은 전 유럽 차원에서 마약범죄에 강력하게 대응할 필요성이 있기 때문이고, 피고인이 마약류를 소지하지 않아 매매계약에 따른 이전이 이루어지지 못하였던 경우에도 기수 성립에는 영향이 없고, 이익을 얻지 않았다는 사정 등은 양형에서의 고려대상에 불과하다고 한다.

45 대판 2001. 12. 28, 2001도5158.

마약류제조업자는 제조한 마약을 마약류도매업자 외의 자에게 판매하거나, 제조한 향정신성의약품은 마약류수출입업자, 마약류도매업자, 마약류소매업자 또는 마약류취급의료업자 외의 자에게 판매하여서는 아니 된다(§ 22). 마약류제조업자가 애초부터 업무 외의 용도에 사용할 목적, 즉 일반인에게 판매할 목적으로 향정신성의약품을 제조하거나, 제조 후 판매한 경우에는 마약류관리법 제5조 제1항[46]에 해당한다.[47] 61

(나) 매매알선

매매알선이란 매도인과 매수인을 연결하여 매매가 이루어지도록 주선[48] 또는 중개[49]하는 것을 말한다. 매도자, 매수자의 연락처를 상대방에 알려주어 매도자와 매수자가 서로 만나 매매를 하도록 해 주는 행위, 매수자의 부탁을 받고 돈을 받아 매도자로부터 마약류 등을 구해 매수자에게 전달해 주는 행위 등이 이에 해당한다. 알선의 대가를 수수하였는지 여부는 불문한다. 매매가 이루어지도록 중개행위를 하면 충분하고 양자 간에 실제로 매매가 이루어질 필요는 없다. 다만 알선이 이루어지기 위하여는 매도인과 매수인 쌍방으로부터 알선의 의뢰 또는 승낙이 있어야 할 것이고, 일방으로부터 의뢰를 받아 상대방과 교섭하는 것만으로는 본죄가 성립하지 않는다. 상대방이 알선에 응하는 의사표시를 한 때에 알선죄가 성립한다. 마약류 거래에 있어서 제3자가 개입하는 경우 교사범 또는 방조범으로 처벌되는 것이 통상적이라 할 것이지만, 독립된 구성요건으로 규정함으로써 알선행위 자체를 처벌하고 있는 것이다. 62

(다) 수수

수수[50]란 주거나 받는 것을 말한다. 다만, 매매에 대응하여 사용하는 용어이 63

---

46 마약류관리법 제5조(마약류 등의 취급 제한) ① 마약류취급자는 그 업무 외의 목적을 위하여 제4조제1항 각 호에 규정된 행위를 하여서는 아니 된다.

47 박재필, "사례를 통하여 본 약사법 및 마약류관리에 관한 법률의 해석에 관한 약간의 고찰", 사법연수원논문집 2, 사법연수원(2004), 303.

48 일반적으로 주선이란 자기의 명의로 타인의 계산으로 거래하는 것을 말한다. 상법 제114조 이하에서는 운송주선업을 규정하고 있는바, 통상 운송주선업은 위탁매매인(상 § 101)과 같은 법구조를 가지게 된다.

49 일반적으로 중개란 체결하고자 하는 계약의 당사자 쌍방과 교섭하여 그들 간에 계약이 체결되도록 조력하는 행위를 말한다. 상법 제93조 이하에서는 중개업에 관하여 규정하고 있다. 한편 공인중개사법 제2조 제1호에서는 '중개'란 중개대상물에 대하여 거래당사자간의 매매, 교환, 임대차 그 밖의 권리의 득실변경에 관한 행위를 알선하는 것이라고 규정하고 있다.

50 헌재 2019. 2. 28, 2017헌바229(마약류관리법 가운데 수수 중 교부 부분이 헌법에 위배되는지

므로 대가 없이 무상으로 주고 받는 것을 의미한다. 교부란 주는 것을 말한다. 대가관계를 필요로 하지 아니하고, 사실상 주고받는 행위가 있으면 교부가 된다.

(라) 운반

64 운반이란 옮겨 나르는 것, 즉 장소적 이동을 말한다. 마약류를 휴대, 우송, 타인을 이용하는 등의 방법으로 운송하는 것을 말하는데, 대가의 지급 여부 및 방법의 여하를 불문한다. 사정을 모르는 제3자를 이용하는 경우에는 간접정범으로 처벌이 가능하다.

65 운반의 기수시기와 관련하여 ① 운송을 시작하면 기수에 이른다는 견해와 ② 목적지에 도달하여야 기수에 이른다는 견해가 있을 수 있다. 운송이 시작되면 기수에 이르고, 목적지의 도달 여부는 불문하고 위법상태가 지속되는 것으로 보는 것이 타당하다.[51]

66 마약류의 수출입 또는 매매의 행위에 운반이 포섭되는 경우가 있을 수 있다. 이러한 경우에는 형이 무거운 행위인 수출입이나 매매 목적 소지로 처벌할 수 있다. 운반은 국경을 넘지 않는 점에서 수출입과 구별되고, 처분권을 가지지 아니한다는 점에서 매매와 구별된다.

(마) 제공

67 제공[52]이란 상대방이 이용할 수 있는 상태에 두는 모든 행위를 말한다. 이전에는 교부라고 규정하였으나, 제공으로 변경하였다.[53] 매매나 소지의 경우 상

여부). 「마약류의 소량 교부행위를 제조 내지 수출입과 동일하게 처벌하는 것은 책임과 형벌간의 비례원칙에 어긋난다는 견해가 있다. 그러나 마약류관리법 제2조 제3호 가목 향정신성의약품(이하 '가목 향정신성의약품'이라 한다)은 오남용가능성과 의존성이 매우 높고, 의료용으로 전혀 사용할 수 없으며, 공중 보건에 미치는 해악도 심각하므로, 이에 대한 접근을 원천적으로 차단하기 위해서 제조·수출입·매매·수수 등 유통에 관련된 행위를 엄격하게 통제할 필요가 있다. 또한 향정신성의약품을 상대방이 단순히 사용한다는 것을 알면서 대가 없이 소량으로 교부하는 경우에도, 그 수요를 창출할 목적으로 상대방에게 사용을 권유하면서 이루어지는 사례가 적지 않으므로, 제조·수출입 등에 비하여 죄질이나 보호법익의 침해가 낮다고 단정할 수 없다. 또한 본조의 법정형 하한이 5년이어서 법률상 감경이나 작량감경을 하게 되면 집행유예가 가능하므로, 죄질이 경미하고 비난가능성이 적은 구체적인 사안의 경우 법관의 양형 단계에서 그 책임에 상응하는 형벌이 부과될 수 있다. 따라서 심판대상조항이 죄질과 책임에 비해 형벌이 지나치게 무거워 비례원칙에 위반하였다고 볼 수 없다.」

51 주석형법 〔각칙(2)〕(5판), 367(신현일); 최성국(주 1), 342.

52 형법 제201(아편흡식 등, 동장소제공) 부분 참조.

53 최성국(주 1), 345.

대방이 특정되는 경우가 많지만 제공의 경우에는 불특정 다수를 대상으로 하는 경우가 많고, 마약류 등을 무상 제공한 경우도 포함한다. 유상 제공은 매도가 된다. 제공의 방법은 불문한다. 증여, 전달, 필요량을 초과하는 처방전의 발급, 자신이 보관하는 마약류를 투약자로 하여금 절취할 기회를 부여하는 것도 이에 해당한다.[54] 기수시기는 이전설이 타당하다.

(바) 광고

광고[55]란 널리 알리거나 제시하는 것을 말한다. 실제로 마약류를 판매할 의 68
사나 능력이 없으면서 이를 판매하겠다고 허위 판매광고를 게재한 행위도 처벌이 가능하다.[56]

54 대판 2022. 3. 17, 2021도16232, 2021전도156. 「마약류취급의료업자로부터 마약류관리법에 따라 자신에 대한 투약 용도로 제공받아 소지하게 된 마약류를 수출하거나 매매하는 경우는 물론 이를 자신이 아닌 다른 사람 등에게 투약하거나 다른 사람 등의 투약을 위하여 제공하는 행위는 제4조 제2항 제1호에 의하여 허용되는 '취급'에 포함되지 아니하고, 제4조 제1항에 의하여 금지된 것으로서 제61조 제1항 제5호의 처벌대상에 해당한다. 이는 제61조 제1항 제7호가 '제5조 제2항을 위반하여 향정신성의약품, 대마 또는 임시마약류를 취급한 자'를 제61조 제1항 제5호 위반자와 같은 형으로 처벌하도록 규정하고 있다고 하여 달리 볼 수 없다.」

55 마약류관리법 제62조 제1항 제3호는 누구든지 마약류 등의 제조·매매 등 금지되는 행위에 관한 정보를 타인에게 널리 알리거나 제시한 자를 처벌하도록 규정하고 있다. 위 법률조항은 '마약류관리법의 일부 규정에서 금지하는 행위에 관한 정보를 타인에게 널리 알리거나 제시하는 행위'를 대상으로 하고, 행위자에게 실제로 당해 금지행위를 할 의사 및 능력이 있을 것을 요건으로 하지 않는바, 피고인이 인터넷 사이트 게시판에 마약류 판매 광고글을 게시한 것은, 비록 피고인이 실제로 마약류를 판매할 의사와 능력을 가지고 있지 않았다고 하더라도, 문언상 마약류관리법 제4조 제1항 제1호에서 금지하는 행위(필로폰 매매) 및 같은 법률 제3조 제7호에서 금지하는 행위(대마 매매)에 관한 정보를 널리 알리거나 제시하는 행위로서 위 법률조항에 해당한다. 또한 2016. 12. 2. 법률 제14353호로 위 법률조항을 신설한 이유는 '최근 인터넷에 게시된 제조방법을 이용해 마약류를 밀조하는 등 마약류 오남용을 유도하는 불법적인 광고행위가 지속되고 있으나, 현재는 해당 게시물이나 광고를 삭제·차단한 후 수사를 통해 마약류 판매, 판매미수 또는 사기죄 등으로 확정해야만 처벌이 가능하며, 광고나 게시글 차단 이외에 처벌 등 제재 수단이 부재하므로, 마약류 판매광고나 제조방법 유포 등을 금지하여 오남용을 유도하는 광고나 게시물에 대한 대응 강화 필요성이 대두'되었기 때문이다. 이와 같은 입법취지에 비추어 보더라도, 위와 같이 마약류 판매광고를 게시한 행위는, 나아가서 실제로 마약류 판매 또는 사기 범행의 실행에까지 이르지 아니하여 마약류관리법위반죄 또는 사기죄로는 처벌할 수 없는 경우에도, 그 자체만으로 마약류 오남용을 유도할 우려가 있는 행위로서, 신설된 위 법률조항에 의해 처벌할 필요성이 있다.

56 대판 2018. 6. 15, 2018도4991; 서울중앙지판 2017. 11. 30, 2017고단4982; 서울중앙지판 2018. 3. 15, 2017노4648.

(4) 수입 및 수출

(가) 개설

69 수입[57]이란 국외로부터 국내에 반입하는 것을 말한다. 수출이란 국내에서 국외로 반출하는 것을 의미한다. 국외란 대한민국의 통치권이 미치지 않는 곳을 말한다. 수출을 처벌하는 것은 마약류의 반출을 통하여 그 지역에 마약류 남용의 위험을 발생시키기 때문이다.[58]

(나) 실행의 착수

70 수송기관에 마약류를 반입하는 행위가 개시된 때에 실행의 착수가 있다고 본다.[59] 그 이전의 준비행위는 예비, 음모에 해당한다.[60]

71 연락선을 이용하여 외국으로 갈 선박에 마약류를 수송하는 경우에는, 마약류를 적재한 연락선이 목표선박을 향하여 운항하기 시작하면 실행의 착수를 인정할 수 있다.[61]

---

57 형법 제198조(아편 등의 제조 등) 해설 참조.

58 헌재 2022. 3. 31, 2019헌바242. 「가. 관련 조항의 내용과 대마 수입의 규제 필요성 등을 종합하면, 심판대상조항에서 처벌대상으로 규정한 대마의 '수입'은 국외에서 대마를 소지하게 된 경위와 관계없이 국외로부터 국내로 대마를 반입하는 행위를 의미함이 명확하므로 죄형법정주의의 명확성원칙에 반하지 아니한다.

나. 대마의 '유통' 행위는 불특정 다수를 범죄행위에 끌어들여 범죄자를 양성할 수 있고, 유통행위 중에서도 '수출입' 행위는 대마를 국제적으로 확산시켜 대마의 국내 공급 및 유통을 더욱 증가시킨다는 점에서 가벌성이 매우 크다. 이러한 대마 수입죄에 대한 처벌 필요성은 대마의 반입 경위나 동기, 대마의 직접 구매 여부 등에 따라 달라진다고 볼 수 없다. 대마성분 의약품을 수입하는 것이 일부 환자들에게 허용되었으나, 한국희귀·필수의약품센터에서만 치료용으로 허가된 대마를 수입·판매할 수 있도록 함으로써 여전히 대마의 수입 및 사용을 엄격히 통제하고 있다. 또한 죄질이 경미한 경우에는 법률상 감경이나 작량감경을 통한 집행유예도 가능하다. 그러므로 심판대상조항이 규정한 법정형이 지나치게 과중한 형벌로서 책임과 형벌 간의 비례원칙에 위반된다고 볼 수 없다.

다. '마약류 관리에 관한 법률'은 대마를 '수입하는 행위'와 '소지하는 행위' 모두 그 목적이 무엇인지에 따라 달리 처벌하고 있다. 형법상 대마 수입죄와 법정형이 동일한 범죄들은 대마 수입죄와 보호법익이 달라 법정형을 단순히 평면적으로 비교하여 그 경중을 논할 수 없고, 대마 수입행위가 위형법상 범죄들에 비하여 반드시 죄질이 가볍다거나 비난가능성이 약하다고 단정할 수도 없다. '대마를 구입하여 국내로 반입'한 경우에는 수입죄 외에 매수죄가 별도로 성립하므로 '대마의 구입 없이 국내로 반입'만 한 경우와 동일하게 처벌되는 것은 아니다. 그러므로 심판대상조항은 형벌 체계상의 균형을 현저히 잃어 평등원칙에 위반된다고 보기 어렵다.」

59 마약류관리법 제58조 내지 제63조의 각 제3항에서는 미수범을 처벌하고 있다.

60 마약류관리법 제58조 제4항, 제59조 제4항에서는 예비, 음모를 처벌하고 있다.

61 이은모(주 35), 760.

(다) 기수시기

마약류 등 수출의 기수시기에 관하여는 논의가 많지 아니하나, 위조통화 수출과 관련된 논의를 기초로 마약류 수출의 기수시기를 살펴본다. ① 외국으로 마약류를 반출할 의도를 가지고 외국으로 가는 선박이나 항공기에 마약류를 적재하거나 마약류를 휴대하고 이러한 소송기관에 탑승한 때에 기수가 된다는 견해,[62] ② 항공기의 경우에는 이륙하였을 때(이륙시설), 선박의 경우에는 육지에서 이탈하였을 때(이탈시설)라는 견해, ③ 항공기의 경우에는 이륙하였을 때이지만, 선박의 경우에는 우리나라의 영해를 이탈한 때가 기수라는 견해, ④ 수송수단이 우리나라 영공이나 영해를 벗어났을 때를 기수시기로 보아야 한다는 견해, ⑤ 수송수단의 국적 여부를 따져 외국 수송수단인 경우에는 항공기 이륙시설, 선박 이탈시설에 의하고, 국내 수송수단인 경우에는 영공이탈시점 또는 외국상륙시점을 기수시기로 보아야 한다는 견해가 있다. 72

이륙시설 및 이탈시설이 다수설인 것으로 보인다. 73

(5) **제조, 조제, 추출, 재배**

(가) 제조

제조[63]는 원료로부터 다른 물질을 만들어내는 것을 말한다. 74

(나) 조제

조제[64]란 특별한 질병을 치료하기 위하여 여러 약물을 적절히 조합하여 한 가지 약재를 만드는 것을 말한다. 75

(다) 추출

추출이란 약물의 성분을 함유하는 물질로부터 그 성분을 뽑아내는 것을 말한다. 76

(라) 재배

재배란 파종에서 수확까지 이르는 일련의 육성행위를 말한다. 재배의 장소 77

---

62 최성국(주 1), 356. 수송수단이 영공이나 영해 밖으로 나갔는지 여부, 목적지에의 도달여부는 문제가 되지 아니하는데, 이는 단속의 실효성을 위하여 불가피한 해석이라는 취지이다.

63 형법 제198조(아편 등의 제조 등) 해설 참조.

64 약사법 제2조 제11호에서는 조제를 다음과 같이 정의하고 있다. "조제"란 일정한 처방에 따라서 두 가지 이상의 의약품을 배합하거나 한 가지 의약품을 그대로 일정한 분량으로 나누어서 특정한 용법에 따라 특정인의 특정된 질병을 치료하거나 예방하는 등의 목적으로 사용하도록 약제를 만드는 것을 말한다.

를 불문하므로 농장, 정원, 화분에 재배하는 것을 포함한다.[65] 재배의 목적은 관상용, 식용, 치료용 또는 호기심에 기한 재배 등을 불문한다. 파종부터 관리 수확에 이르기까지 전체행위를 끝낸 것만을 말하는 것이 아니고 파종만으로도 재배행위라고 할 것이다.[66]

78 재배는 계속범의 성질을 가지므로, 기수에 달한 경우라 하더라도 재배행위가 계속되는 한 위법상태가 지속된다.

79 한편 국민학교 교장인 피고인이 6학년 자연교과서에 꽃 양귀비가 교과 내용으로 되어 있고 경남교육위원회에서 꽃 양귀비를 포함한 194종의 교재식물을 식재 또는 표본으로 비치하여 산 교재로 활용하라는 지시에 의하여 교과식물로 비치하기 위하여 양귀비 종자를 구입하여 교무실 앞 화단에 심은 사안에 대하여, 판례[67]는 피고인이 양귀비 종자를 매수하여 학교 교무실 앞 화단에 식재한 행위는 죄가 되지 아니하는 것으로 믿었다고 할 것이고, 이러한 오인에는 정당한 이유가 있다고 할 것이며, 본건의 경우 누구에게도 위법의 인식을 기대할 수 없다 할 것이므로 이는 제16조(법률의 착오)에 해당한다고 판시한 바 있다.

(마) 영리 목적 제조행위의 가중처벌

80 마약류관리법 제58조 제2항은 영리 목적 또는 상습적 행위에 대하여 형을 가중하여 처벌하고 있다. 그러나 이러한 형의 가중에 대하여 영리 목적의 마약류 제조범죄의 무거운 불법성과 비난가능성 및 국민의 법감정, 형사정책적 목적 등을 종합적으로 고려할 때, 마약류관리법 제58조 제2항이 규정한 법정형이 형벌 본래의 목적과 기능을 달성함에 있어 필요한 정도를 일탈한 지나치게 과중한 형벌이라고 보기는 어려우므로, 책임과 형벌 간 비례의 원칙에 위반된다고 보기 어렵다.[68]

---

65 최성국(주 1), 369.

66 대판 1964. 5. 5, 64도80. 피고인이 파종만하고 초기에 적발되어 뽑아버렸다면 재배는 그 중도에서 목적을 이루지 못하여 미수에 불과하다고 주장하였으나, 판례는 파종만으로도 재배행위라고 할 것이라고 판시하였다.

67 대판 1972. 3. 31, 72도64.

68 헌재 2011. 12. 29, 2011헌바122.

V. 몰수 및 추징

형법 제206조에서와 마찬가지로 마약류관리법 제67조는 필요적 몰수·추징을 규정하고 있다. 즉, "이 법에 규정된 죄에 제공한 마약류·임시마약류 및 시설·장비·자금 또는 운반 수단과 그로 인한 수익금은 몰수한다. 다만, 이를 몰수할 수 없는 경우에는 그 가액을 추징한다."고 규정하고 있다. 81

몰수란 기소된 범죄행위와 관련된 물건의 소유권을 박탈하여 국고에 귀속시키는 처분으로서 다른 형에 부가하여 과하는 형벌이고, 추징이란 몰수 대상물의 전부 또는 일부를 몰수할 수 없는 경우에 몰수에 갈음하여 그 가액 상당의 납부를 명하는 부수처분이다. 82

마약류관리법 제67조에 의한 몰수나 추징은 범죄행위로 인한 이득의 박탈을 목적으로 하는 것이 아니라 징벌적 성질의 처분이다. 따라서 그 범행으로 인하여 이득을 취득한 바 없다 하더라도 법원은 그 가액의 추징을 명하여야 하고,[69] 그 추징의 범위에 관하여는 죄를 범한 자가 여러 사람일 때에는 각자에 대하여 그가 취급한 범위 내에서 의약품 가액 전액의 추징을 명하여야 한다.[70] 83

또한 향정신성의약품을 타인에게 매도한 경우에 있어 매도의 대가로 받은 대금 등은 마약류관리법 제67조에 규정된 범죄행위로 인한 수익금으로서 필요적으로 몰수하여야 하고, 몰수할 수 없을 때에는 그 가액을 추징하여야 한다.[71] 84

그러나 마약류관리법에 의한 몰수나 추징이 범죄행위로 인한 이득의 박탈을 목적으로 하는 것이 아니라 징벌적 성질의 처분이라고 하더라도 피고인을 기준으로 하여 그가 취급한 범위 내에서 의약품 가액 전액의 추징을 명하면 되는 것이지, 동일한 의약품을 취급한 피고인의 일련의 행위가 별죄를 구성한다고 85

69 대판 1990. 12. 26, 90도2381.

70 대판 2000. 9. 8, 2000도546(히로뽕을 수수하여 그 중 일부를 직접 투약한 경우에는 수수한 히로뽕의 가액만을 추징할 수 있고, 직접 투약한 부분에 대한 가액을 별도로 추징할 수 없다고 한 사례). 「향정신성의약품관리법 제47조 제1항에 의한 몰수나 추징은 범죄행위로 인한 이득의 박탈을 목적으로 하는 것이 아니라 징벌적 성질의 처분이므로 그 범행으로 인하여 이득을 취득한 바 없다 하더라도 법원은 그 가액의 추징을 명하여야 하지만, 다만 그 추징의 범위에 관하여는 피고인을 기준으로 하여 그가 취급한 범위 내에서 의약품 가액 전액의 추징을 명하면 되는 것이지 동일한 의약품을 취급한 피고인의 일련의 행위가 별죄를 구성한다고 하여 그 행위마다 따로 그 가액을 추징하여야 하는 것은 아니다.」

71 대판 1998. 5. 12, 98도508; 대판 2001. 12. 28, 2001도5158.

하여 그 행위마다 따로 그 가액을 추징하여야 하는 것은 아니다.[72]

86 한편 마약류관리법상의 추징은 징벌적 성질을 가진 처분이므로 마약류의 소유자나 최종소지인뿐만 아니라 동일한 마약류를 취급한 사람들에 대하여도 그 취급한 범위 내에서 가액 전부의 추징을 명하여야 하지만, 그 소유자나 최종소지인으로부터 마약류의 전부 또는 일부를 몰수하였다면 다른 취급자들과의 관계에 있어서도 실질상 이를 몰수한 것과 마찬가지이므로 그 몰수된 마약류의 가액 부분은 이를 추징할 수 없다.[73]

87 향정신성의약품을 매수하거나 밀수품을 수입한 경우에는, 매수대가나 수입대가가 지출되었거나 소요될 것이라고 인정된다고 하더라도 의약품 또는 밀수품 자체의 몰수에 대한 환형처분으로서의 추징에는 실무상 그 공제를 허용하지 않고 있다. 이는 위 범죄에 대한 몰수·추징에 징벌적 성격을 고려한 것이다.[74]

88 마약거래방지법 제13조[75] 이하에서는 마약류범죄로 인하여 취득한 재산 등

---

72 대판 1997. 3. 14, 96도3397. 피고인이 히로뽕 2g을 매수하여 그 중 0.18g을 6회에 걸쳐 직접 투약한 것으로 기소되어 히로뽕 2g의 매매죄와 6회의 투약죄가 실체적 경합범 관계에 있는 별죄를 구성하는 것으로 인정된 사안에서, 피고인이 매수한 히로뽕 2g에 관하여만 몰수·추징을 선고하고 투약된 히로뽕의 시가 상당액에 관하여는 별도로 추징을 명하지 아니한 사례이다.

73 대판 2009. 6. 11, 2009도2819.

74 김대휘, "징벌적 추징에 관하여", 형사판례연구 〔8〕, 한국형사판례연구회, 박영사(2000), 169.

75 마약거래방지법 제13조(불법수익등의 몰수) ① 다음 각 호에 해당하는 재산은 몰수한다. 다만, 제7조제1항·제2항 또는 제8조의 죄가 불법수익 또는 불법수익에서 유래한 재산과 이들 재산 외의 재산이 합하여진 재산에 관계된 경우 그 범죄에 대하여 제3호부터 제5호까지의 규정에 따른 재산의 전부를 몰수하는 것이 타당하지 아니하다고 인정되는 경우에는 그 일부만을 몰수할 수 있다.

1. 불법수익
2. 불법수익에서 유래한 재산
3. 제7조제1항·제2항 또는 제8조의 범죄행위에 관계된 불법수익등
4. 제7조제1항·제2항 또는 제8조의 범죄행위로 인하여 발생하거나 그 범죄행위로 얻은 재산 또는 그 범죄행위의 보수로서 얻은 재산
5. 제3호 또는 제4호에 따른 재산의 과실 또는 대가로서 얻은 재산 또는 이들 재산의 대가로서 얻은 재산, 그 밖에 그 재산의 보유 또는 처분으로 얻은 재산

② 제1항에 따라 몰수하여야 할 재산의 성질, 사용 상황 또는 그 재산에 관한 범인 외의 자의 권리 유무, 그 밖의 사정을 고려한 결과 그 재산을 몰수하는 것이 타당하지 아니하다고 인정할 때에는 제1항에도 불구하고 몰수하지 아니할 수 있다.

③ 다음 각 호의 어느 하나에 해당하는 재산은 몰수할 수 있다.

1. 제7조제3항의 범죄행위에 관계된 불법수익등
2. 제7조제3항의 범죄행위로 인하여 발생하거나 그 범죄행위로 얻은 재산 또는 그 범죄행위의 보수로서 얻은 재산
3. 제1호 또는 제2호에 따른 재산의 과실 또는 대가로서 얻은 재산 또는 이들 재산의 대가로

의 몰수에 대하여 규정하고 있다.

추징도 몰수에 대신하는 처분으로서 몰수와 마찬가지로 형에 준하여 평가 89
하여야 할 것이므로 그에 관하여도 형사소송법 제368조의 불이익변경금지의 원칙이 적용된다.[76]

추징의 시기에 대하여는, ① 범죄행위시설, ② 재판선고시설, ③ 재판확정 90
시설 등으로 견해가 나뉠 수 있다. 판례에 의하면, 몰수는 범죄에 의한 이득을 박탈하는 데 그 취지가 있고, 추징도 이러한 몰수의 취지를 관철하기 위한 것인 점 등에 비추어 볼 때, 몰수할 수 없는 때에 추징하여야 할 가액은 범인이 그 물건을 보유하고 있다가 몰수의 선고를 받았더라면 잃었을 이득상당액을 의미하므로, 다른 특별한 사정이 없는 한 그 가액산정은 재판선고 시의 가격을 기준으로[77] 하여야 한다.[78]

서 얻은 재산, 그 밖에 그 재산의 보유 또는 처분으로 얻은 재산

제14조(불법수익등이 합하여진 재산의 몰수) 제13조제1항 각 호 또는 같은 조 제3항 각 호에 따른 재산(이하 "불법재산"이라 한다)이 불법재산 외의 재산과 합하여진 경우 그 불법재산을 몰수하여야 할 때에는 그것이 합하여짐으로써 생긴 재산(이하 "혼합재산"이라 한다) 중 그 불법재산(합하여지는 데에 관련된 부분만 해당한다)의 금액 또는 수량에 상당하는 부분을 몰수할 수 있다.

제15조(몰수의 요건 등) ① 제13조에 따른 몰수는 불법재산 또는 혼합재산이 범인 외의 자에게 귀속되지 아니한 경우로 한정한다. 다만, 범인 외의 자가 범죄 후 그 정황을 알면서 그 불법재산 또는 혼합재산을 취득한 경우(그 불법재산 또는 혼합재산의 취득이 제8조 단서에 따른 불법수익등의 수수에 해당하는 경우는 제외한다)에는 그 불법재산 또는 혼합재산이 범인 외의 자에게 귀속된 경우에도 그 재산을 몰수할 수 있다.

② 지상권·저당권 또는 그 밖의 권리가 그 위에 존재하는 재산을 제13조에 따라 몰수하는 경우, 범인 외의 자가 범죄 전에 그 권리를 취득한 때 또는 범인 외의 자가 범죄 후 그 정황을 알지 못하고 그 권리를 취득한 때에는 그 권리를 존속시킨다.

제16조(추징) ① 제13조제1항에 따라 몰수하여야 할 재산을 몰수할 수 없거나 같은 조 제2항에 따라 몰수하지 아니하는 경우에는 그 가액을 범인으로부터 추징한다.

② 제13조제3항에 따른 재산을 몰수할 수 없거나 그 재산의 성질, 사용 상황 또는 그 재산에 관한 범인 외의 자의 권리 유무, 그 밖의 사정을 고려한 결과 그 재산을 몰수하는 것이 타당하지 아니하다고 인정할 때에는 그 가액을 범인으로부터 추징할 수 있다.

제17조(불법수익의 추정) 제6조의 죄에 관계된 불법수익을 산정할 때에 같은 조에 따른 행위를 업으로 한 기간에 범인이 취득한 재산으로서 그 가액이 그 기간 동안 범인의 재산 운용 상황 또는 법령에 따른 지급금의 수령 상황 등에 비추어 현저하게 고액이라고 인정되고, 그 취득한 재산이 불법수익 금액 및 재산 취득 시기 등 모든 사정에 비추어 같은 조의 죄를 범하여 얻은 불법수익으로 형성되었다고 볼만한 상당한 개연성이 있는 경우에는 그 죄에 관계된 불법수익등으로 추정한다.

76 대판 2006. 11. 9, 2006도4888.

77 정웅석·최창호, 형법총론, 75. 판례도 마찬가지이다(대판 2008. 10. 9, 2008도6944).

78 관세법 제282조 제3항에서는 몰수할 물품의 전부 또는 일부를 몰수할 수 없을 때에는 그 몰수할

91 특정범죄가중법 제11조 제2항은 소지한 마약의 '가액'이라는 항상 변하는 기준을 가지고 범인을 처벌하고 있으므로 법원으로서는 그 '가액'의 해석을 객관적으로 엄격하게 할 수밖에 없다 할 것인데, 현재 국내에서는 코카인에 관하여는 객관적인 암거래 시세가 형성되어 있지 아니하고 실제 구매가격도 국제시세 등 가변적 요소에 의하여 변화가 심하여 그 물건의 객관적 가치를 반영하지 못하므로 암거래시세나 실제 매수가격을 기준으로 하여 정할 수는 없고 결국 정상적인 유통과정에 의하여 형성된 시장가격을 기준으로 정하여야 할 것인바, 현행 마약법상 소매업자는 병원 등 의료기관에 공급할 수 없어 소매가격은 없으므로 정상적인 유통과정에 의하여 형성된 국내도매가격에 의하여 코카인의 가액을 산정하여야 할 것이다.[79]

92 공동추징[80]에 있어서의 형의 시효와 관련하여, 시효는 납부의무자별로 독립하여 진행하므로 그중 일부 납부의무자에게 시효중단사유가 있는 경우 또는 시효완성으로 그 집행의 책임이 면제된 경우, 나머지 납부의무자의 책임에는 아무런 영향을 미치지 못한다. 수인의 피의자 중 일부는 기소중지 처분되고 일부만 기소되어 재판이 확정된 경우에는, 먼저 기소되어 재판이 확정된 납부의무자

수 없는 물품의 '범칙 당시의 국내도매가격에 상당한 금액'을 범인으로부터 추징한다고 규정하고 있다. 이와 관련하여 판례는 "관세법 제282조 제3항은 같은 조 제1항 및 제2항에 따라 몰수할 물품의 전부 또는 일부를 몰수할 수 없는 때에는 그 몰수할 수 없는 물품의 범칙 당시의 '국내도매가격'에 상당한 금액을 범인으로부터 추징한다고 규정하고 있다. 여기서 '국내도매가격'은 도매업자가 수입물품을 무역업자로부터 매수하여 국내도매시장에서 공정한 거래방법에 의하여 공개적으로 판매하는 가격으로서(관세법 시행령 제266조), 물품의 도착원가에 관세 등의 제세금과 통관절차비용, 기업의 적정이윤까지 포함한 국내 도매물가시세인 가격을 뜻한다. 한편 시가역산율표에 의한 국내도매가격의 산정 방법은 수입항 도착가격 또는 감정가격을 기준으로 하여 관세 등의 제세금과 통관절차비용, 기업의 적정이윤까지 포함한 국내도매가격을 산정하는 것이나, 이러한 방식에 의하여 산정한 가격이 실제의 국내도매가격과 차이가 있다는 유력한 자료가 있다면 이러한 방식으로 국내도매가격을 산정하는 것은 위법하다. 그리고 몰수의 취지가 범죄에 의한 이득의 박탈을 목적으로 하는 것이고 추징도 이러한 몰수의 취지를 관철하기 위한 것이라는 점을 고려하면 몰수하기 불능한 때에 추징하여야 할 가액은 범인이 그 물건을 보유하고 있다가 몰수의 선고를 받았더라면 잃게 될 이득상당액을 의미하므로, 추징하여야 할 가액이 몰수의 선고를 받았더라면 잃게 될 이득상당액을 초과하여서는 아니 된다."고 판시하고 있다(대판 2017. 9. 21, 2017도8611).

79 대판 1991. 5. 28, 91도352.

80 정웅석·최창호, 형법총론, 76. 공범자 전원에 대하여 금액을 추징하는 것으로 개별추징과는 달리 2인 이상 납부의무자로부터 확정된 재판액을 공동 연대하여 징수하여야 하며, 민법상 분할의 원칙이 적용되지 않는다.

를 상대로 전액 집행한다.[81]

몰수, 추징의 대상이 되는지 여부나 추징액의 인정은 엄격한 증명의 대상이 93
아니다.[82]

VI. 소송법상 문제

1. 함정수사

(1) 의의

조직적이고 은밀하게 이루어지는 마약류범죄 및 조직범죄 수사에 이용되는 94
수사기법으로 수사기관이 시민에게 범죄를 교사한 후 그 실행을 기다려 범인을 체포하는 수사방법을 말한다.[83] 수사의 신의칙이라는 관점에서 과연 정당한가라는 수사의 상당성 여부가 문제된다.

이와 구별하여야 할 개념으로 위장거래(속칭 던지기)가 있다. 마약사범 본인 95
또는 동료 조직원 등이 수사기관에 의하여 구속되거나 지명수배되었을 경우, 관련 수사에 협조하는 태도를 가장하여 형사처벌상의 선처를 받거나 받게 할 의도를 가지고 특정인으로 하여금 마약을 거래하도록 유발하는 등의 방법으로 마약거래사실을 조작한 후 거래상대방을 허위 제보하여 검거되도록 하는 마약거래를 말한다. 함정수사는 수사기관이 주체가 되는 것이나, 위장거래는 마약사범이나 관련조직이 자행한다는 점에서 주체의 차이가 있다.

이러한 위장거래는 종래 사용되지 않던 신종수법으로 새로운 범의를 유발 96
하는 범죄로서 심각한 사회적 폐단을 초래하고, 마약조직 사이의 이권다툼 양상을 현출하고 있기까지 하다. 또한, 수사기관에 대한 기망을 기도하기도 하는 등 국가형벌권 행사에 지장을 초래할 우려가 있다.

---

81 대검찰청, 재산형집행 업무편람(2013), 111.

82 대판 1993. 6. 22, 91도3346[수사기록에 첨부된 세관공무원의 시가감정서(본건 선박들의 범칙 당시의 국내도매물가를 산출한 것)에 근거하여 추징액을 결정한 원심의 견해를 수긍]; 대판 2007. 3. 15, 2006도9314; 대판 2015. 4. 23, 2015도1233.

83 김재환, 형사소송법, 법문사(2013), 67; 손동권·신이철, 형사소송법(3판), 세창출판사(2016), 166; 이재상·조균석·이창온, 형사소송법(14판), 박영사(2022), § 10/10; 이주원, 형사소송법(5판), 박영사(2022), 114; 이창현, 형사소송법(8판), 정독(2021), 218-219; 정웅석·최창호·이경렬·김한균, 신형사소송법, 대명출판사(2021), 65.

(2) 종류

97 이미 범죄결의를 가지고 있는 사람에게 범죄를 실행할 기회를 부여하는 기회제공형과 전혀 범죄의사가 없는 사람에게 새로운 범죄의사를 유발하는 범의유발형이 있는데, 판례는 범의유발형만 함정수사의 의의에 포함하는 것으로 보인다.

(3) 허용범위

98 ① 주관설은 함정수사를 범의유발형과 기회제공형으로 나누어 범의유발형은 위법하지만, 기회제공형은 적법하다는 입장으로 미국에서 Sorrells 사건[84]과 Sherman 사건[85]을 통하여 확립된 견해이다. ② 객관설은 수사기관이 피유인자를 함정에 빠뜨릴 때 사용한 계략이나 사술 등 함정수사 기법에 중점을 두어 판단하는 방법이다. ③ 종합설(절충설)은 주관적 기준과 객관적 기준을 모두 사용하여 위법한 함정수사인지 여부를 결정하려는 견해이다. 판례는 주관설에 입각한 것으로 보이는데, 간혹 종합설에 근거한 것으로 보이는 설시도 있다.[86]

(4) 위법한 함정수사의 효과

99 위법한 함정수사에 대하여 어떠한 판결을 선고할 것인가에 대하여 ① 유죄판결설, ② 무죄판결설, ③ 공소기각설 등으로 견해가 나뉜다.[87] 판례[88]는 공소

---

84 Sorrells v. United States, 287 U.S. 435(1932). 피고인이 주류밀매업자라는 첩보를 듣고 위장수사관이 피고인의 친구와 같이 피고인의 집을 방문한 후 퇴역군인이라고 소개를 하면서 집요하게 여러 차례 주류의 판매를 요청하였고, 이에 따라 피고인이 1/2 갤런의 위스키를 판매한 사안이다.

85 Sherman v. United States, 356 U.S. 369(1958). 위장정보원(government informer)이 마약중독치료를 위한 병원에서 만난 피고인에게 마약구입을 집요하게 요구함으로써 피고인이 이에 응하여 소량의 마약을 구입한 후 위장정보원에게 그 절반을 판매한 사안이다.

86 이주원, 형사소송법(5판), 115에서는 대법원이 2005년 이래로 절충설로 입장을 선회하였다고 한다.

87 정웅석·최창호·이경렬·김한균, 신형사소송법, 67.

88 대판 2005. 10. 28, 2005도1247. 「범의를 가진 자에 대하여 단순히 범행의 기회를 제공하거나 범행을 용이하게 하는 것에 불과한 수사방법이 경우에 따라 허용될 수 있음은 별론으로 하고, 본래 범의를 가지지 아니한 자에 대하여 수사기관이 사술이나 계략 등을 써서 범의를 유발케 하여 범죄인을 검거하는 함정수사는 위법함을 면할 수 없고, 이러한 함정수사에 기한 공소제기는 그 절차가 법률의 규정에 위반하여 무효인 때에 해당한다. 따라서 결국 이 부분 공소는 범의를 가지지 아니한 사람에 대하여 수사기관이 범행을 적극 권유하여 범의를 유발케 하고 범죄를 행하도록 한 뒤 범행을 저지른 사람에 대하여 바로 그 범죄행위를 문제 삼아 공소를 제기하는 것으로서 적법한 소추권의 행사로 볼 수 없으므로, 형사소송법 제327조 제2호에 규정된 공소제기의 절차가 법률의 규정에 위반하여 무효인 때에 해당한다는 이유로 공소기각 판결을 선고함이 상당하다.」

제기의 절차가 위법하므로 공소기각을 하여야 한다는 입장이다.

(5) 결론

범죄의 특성이나 범인체포 등을 위한 수사기술을 고려하지 아니하고 수사의 신의칙이나 완전무결한 적법절차만을 강조하여 수사기관이 범죄과정에 개입하는 것을 전적으로 금지하는 것은 현실적으로 곤란하다. 100

수사기관의 개입 정도가 수사의 상당성이나 적법절차의 원칙에 비추어 용인하기 힘들 정도로 과도한 경우에는 이를 허용하기 어렵다고 보아야 할 것이다.[89] 101

2. 통제배달

(1) 총설

통제배달(Controlled delivery)이란 마약류범죄의 실행에 관여하는 사람들의 신원을 파악할 목적으로 하나 또는 그 이상의 국가의 권한 있는 당국이 사정을 알면서 그 감시하에 마약, 향정신성물질, 원료물질 또는 그 대체물질의 불법 화물 또는 그 혐의가 있는 화물이 당해 국가의 영역을 출국, 통과 또는 입국하도록 허용하는 기법을 말한다.[90] 102

통제배달제도는 마약류범죄의 국제화 추세에 대응하기 위한 제도로서, 마약류 유통의 흐름을 중간에서 차단하지 않도록 하는 것은 물론 국내의 유통경로를 파악하여 공급조직을 일망타진하기 위한 것이다. 103

우리나라에서는 일반적으로 수사기관이 우체국 직원이나 협조자를 이용하여 국제적으로 거래되는 마약류뿐만 아니라 기타 압수 대상 물품을 수사 목적상 배달하는 것을 통칭하는 의미로 사용되기도 한다. 104

통제배달 관련 규정으로는 마약거래방지법 제3조(입국 절차 및 상륙 절차의 특례), 제4조(세관 절차의 특례), 출입국관리법 제11조(입국의 금지 등) 등이 있다. 105

89 진화하는 마약류 사범에 대처하기 위한 언더커버(위장·잠입수사), 플리바기닝(유죄협상) 등의 수단이 필요하다는 견해가 지속적으로 제기되고 있다.

90 이재상·조균석·이창온, 형사소송법(14판), § 12/47; 이주원, 형사소송법(5판), 178.

(2) 참고 판례

(가) 압수·수색 영장의 요부[91] – 통제배달 완료 후 피의자로부터 마약류를 임의제출받은 경우

106 우편물 통관검사절차에서 이루어지는 우편물의 개봉, 시료채취, 성분분석 등의 검사는 수출입물품에 대한 적정한 통관 등을 목적으로 한 행정조사의 성격을 가지는 것으로서 수사기관의 강제처분이라고 할 수 없으므로, 압수·수색 영장 없이 우편물의 개봉, 시료채취, 성분분석 등의 검사가 진행되었다 하더라도 특별한 사정이 없는 한 위법하다고 볼 수 없다.

107 한편 형사소송법 제218조는 검사 또는 사법경찰관은 피의자, 기타인의 유류한 물건이나 소유자, 소지자 또는 보관자가 임의로 제출한 물건을 영장 없이 압수할 수 있다고 규정하고 있고, 압수는 증거물 또는 몰수할 것으로 사료되는 물건의 점유를 취득하는 강제처분으로서, 세관공무원이 통관검사를 위하여 직무상 소지 또는 보관하는 우편물을 수사기관에 임의로 제출한 경우에는, 비록 소유자의 동의를 받지 않았다 하더라도 수사기관이 강제로 점유를 취득하지 않은 이상 해당 우편물을 압수하였다고 할 수 없다.[92]

---

91 대판 2013. 9. 26, 2013도7718. 관세법 제246조 제1항은 세관공무원은 수출·수입 또는 반송하려는 물품에 대하여 검사를 할 수 있다고 규정하고 있고, 제2항은 관세청장은 검사의 효율을 거두기 위하여 검사대상, 검사범위, 검사방법 등에 관하여 필요한 기준을 정할 수 있다고 규정하고 있으며, 관세법 제257조는 통관우체국의 장이 수출·수입 또는 반송하려는 우편물(서신은 제외한다)을 접수하였을 때에는 세관장에게 우편물목록을 제출하고 해당 우편물에 대한 검사를 받아야 한다고 규정하고 있다. 관세법 규정에 따른 국제우편물의 신고와 통관에 관하여 필요한 사항을 정하고 있는 '국제우편물 수입통관 사무처리'에 관한 관세청고시에서는, 국제우편물에 대한 X-ray검사 및 현품검사 등의 심사 절차와 아울러 그 검사 결과 사회안전, 국민보건 등과 관련하여 통관관리가 필요한 물품에 대한 관리 절차 등에 관하여 정하는 한편(§ 1-3, § 3-6), 위 고시 외에 다른 특별한 규정이 있는 경우에는 해당 규정을 적용하도록 하고 있다(§ 1-2②).

92 대판 2008. 5. 15, 2008도1097.

(나) 통관절차와 무관하게 세관공무원으로부터 마약류를 임의제출받은 경우[93]

통상적인 통관절차에 의하지 아니하고 검찰에서 국내외 공조수사를 통하여 화물이 국내 도착 전에 이미 세관과 통제배달 협의를 마친 후 화물이 도착하자마자 압수조서를 작성한 상태에서 필로폰이 은닉된 화물만을 특정하여 세관 마약조사과로 송부를 요청한 후 세관공무원으로부터 필로폰을 임의제출받아 영장없이 압수한 사안의 경우에는, 압수에 의하여 취득한 압수물 등 증거들의 증거능력을 배척하였다. 108

93 서울고판 2014. 6. 27, 2014노338. ① 검찰에서 이 사건 특송화물이 국내에 도착하기 전 이미 필로폰 은닉 정보를 입수하고 통제배달하기로 협의한 점, ② 이 사건 특송화물의 도착 약 20분 후 검찰수사관들이 인천공항세관 마약조사과 사무실에서 이 사건 특송화물의 와플제조기에 은닉된 백색가루 2봉지와 와플제조기, 포장지, 잡지 등 8점을 임의제출 받아 압수한다는 내용의 압수조서를 작성한 점, ③ 이 사건 특송화물은 통상적인 국제우편물 통관절차로서 일괄적인 X-ray 검사 등 절차를 거친 것이 아니라, 검찰에서 사전에 입수한 운송장번호 등을 이용하여 인천공항 세관공무원으로 하여금 이를 특정하여 마약조사과로 가져오도록 하였던 점, ④ 세관공무원이 처음부터 범죄증거의 수집을 위한 수사의 목적으로 국제우편물의 점유를 취득하고 개봉하여 시료를 채취하는 등의 행위를 한 경우에는 통관업무 담당자로서의 행정조사가 아니라 검사의 지휘에 따라 특별사법경찰관리의 지위에서 범죄의 수사 목적으로 압수·수색을 하였다고 보아야 하는 점, ⑤ 세관공무원이 특별사법경찰관리로서 직접 압수한 경우 그 압수물을 임의제출할 수 있는 '소유자, 소지자 또는 보관자'에 해당한다고는 볼 수 없으므로, 세관공무원으로부터 위 압수물들을 임의제출 받았다는 압수조서는 이 사건 압수에 대한 정당한 근거가 될 수 없는 점, ⑥ 세관공무원이 위 백색가루를 검찰수사관에게 넘겨주는 역할을 하였을 뿐이라고 하더라도 이는 처음부터 검찰수사관의 지휘와 통제 아래 진행된 압수절차에 따른 것으로서 검찰수사관이 직접 압수한 것이어서 세관공무원이 통관검사를 위하여 직무상 소지 또는 보관하는 우편물을 수사기관에 임의로 제출한 경우라고 볼 수 없는 점, ⑦ 다만 밀반입되는 필로폰을 국내에 반입되는 현장에서 적발한 경우 '범행 중 또는 범행 직후의 범죄 장소에서 긴급을 요하는 경우'에 해당하여 특별사법경찰관리인 세관공무원이나 현장에 있었던 검찰수사관은 형사소송법 제216조 제3항에 의하여 영장 없이 압수·수색·검증한 후 같은 항 후문에 따라 사후영장을 받아야만 한다고 볼 것인 점, ⑧ 만약 세관공무원의 국제우편물 등 수출입화물에 대한 점유취득, 개봉, 검사 등 조치를 그 목적이나 성질에 관계없이 일률적으로 모두 행정조사로 보아 영장주의가 적용되지 아니한다고 본다면, 통관 대상이 되는 국제우편물 등 수출입화물에 있어 영장주의 자체를 배제하는 부당한 결과를 초래될 수 있는 점 등을 들어, 이 사건 압수가 형사소송법의 영장주의를 위반한 강제조치에 해당하여 위법하다는 이유로 이 사건 압수에 의하여 취득한 압수물 등 증거들의 증거능력을 배척하였다.

(다) 사후 영장의 요부[94]

109 수사기관에 의한 압수·수색의 경우 헌법과 형사소송법이 정한 적법절차와 영장주의 원칙은 법률에 따라 허용된 예외사유에 해당하지 않는 한 관철되어야 한다. 세관공무원이 수출입물품을 검사하는 과정에서 마약류가 감추어져 있다고 밝혀지거나 그러한 의심이 드는 경우, 검사는 마약류의 분산을 방지하기 위하여 충분한 감시체제를 확보하고 있어 수사를 위하여 이를 외국으로 반출하거나 대한민국으로 반입할 필요가 있다는 요청을 세관장에게 할 수 있고, 세관장은 그 요청에 응하기 위하여 필요한 조치를 할 수 있다(마약거래방지 §4①). 그러나 이러한 조치가 수사기관에 의한 압수·수색에 해당하는 경우에는 영장주의 원칙이 적용된다.

110 물론 수출입물품 통관검사절차에서 이루어지는 물품의 개봉, 시료채취, 성분분석 등의 검사는 수출입물품에 대한 적정한 통관 등을 목적으로 조사를 하는 것으로서 이를 수사기관의 강제처분이라고 할 수 없으므로, 세관공무원은 압수·수색영장 없이 이러한 검사를 진행할 수 있다. 세관공무원이 통관검사를 위하여 직무상 소지하거나 보관하는 물품을 수사기관에 임의로 제출한 경우에는, 비록 소유자의 동의를 받지 않았더라도 수사기관이 강제로 점유를 취득하지 않은 이상 해당 물품을 압수하였다고 할 수 없다. 그러나 마약거래방지법 제4조 제1항에 따른 조치의 일환으로 특정한 수출입물품을 개봉하여 검사하고 그 내용물의 점유를 취득한 행위는 수출입물품에 대한 적정한 통관 등을 목적으로 조사를 하는 경우와는 달리, 범죄수사인 압수 또는 수색에 해당하여 사전 또는 사후에 영장을 받아야 한다.

---

94 대판 2017. 7. 18, 2014도8719. 판례는 우편물 통관검사절차에서 압수·수색영장 없이 진행된 우편물의 개봉, 시료채취, 성분분석 등 검사는 원칙적으로 적법하다고 보고 있다(대판 2013. 9. 26, 2013도7718). 관세법 제246조 제1항, 제2항, 제257조, '국제우편물 수입통관 사무처리'(2011. 9. 30. 관세청고시 제2011-40호) 제1-2조 제2항, 제1-3조, 제3-6조, 구 '수출입물품 등의 분석사무 처리에 관한 시행세칙'(2013. 1. 4. 관세청훈령 제1507호로 개정되기 전의 것) 등과 관세법이 관세의 부과·징수와 아울러 수출입물품의 통관을 적정하게 함을 목적으로 한다는 점(관세법 §1)에 비추어 보면, 우편물 통관검사절차에서 이루어지는 우편물의 개봉, 시료채취, 성분분석 등의 검사는 수출입물품에 대한 적정한 통관 등을 목적으로 한 행정조사의 성격을 가지는 것으로서 수사기관의 강제처분이라고 할 수 없으므로, 압수·수색영장 없이 우편물의 개봉, 시료채취, 성분분석 등 검사가 진행되었다 하더라도 특별한 사정이 없는 한 위법하다고 볼 수 없다.

3. 공소사실의 특정[95]

(1) 취지

공소사실의 기재는 범죄의 일시·장소와 방법을 명시하여 사실을 특정할 수 있도록 하여야 한다(형소 § 254④). 범죄의 일시는 이중기소나 시효에 저촉되지 않을 정도로, 장소는 토지관할을 가늠할 수 있을 정도로 기재함으로써 심판의 대상을 명확히 하여 피고인의 방어권 행사를 쉽게 하려는 데에 그 취지가 있다.[96] 111

(2) 문제의 소재

마약류범죄의 밀행성으로 인하여 피고인이 부인하거나 묵비하는 경우에 범행의 일시나 장소를 특정할 만한 자료를 통상의 방법으로는 얻기 어려운 경우가 많다. 또한, 피해자 없는 범죄라고 일컬어지는 마약류범죄의 속성상 다른 범죄와 달리 제3의 피해자가 목격자가 없는 경우가 빈번하다. 특히 마약류 투약사범[97]의 경우, 모발감정의 결과에 기초한 공소사실의 특정을 피고인의 방어권보장과 관련하여 어느 정도까지 인정할 수 있는가 하는 점이 실무상 쟁점이 되고 있다.[98] 112

이와 같이 피고인이 투약사실을 부인하는 경우, 소변 또는 모발[99]감정 외에 투약사실을 입증할 수 있는 증거자료를 찾는 것은 사실상 쉽지 않다. 소변감정의 경우 투약 이후 일정 시간(최대한 약 1주일)이 경과하면 투약사실을 입증할 수 없으므로,[100] 투약사실을 입증하기 위하여 모발감정의 방법을 사용하는 경우가 많다. 113

---

95 이은모, "약물사용죄와 공소사실의 특정", 형사판례연구 〔8〕, 한국형사판례연구회, 박영사(2000), 371 참조.

96 이재상·조균석·이창온, 형사소송법(14판), § 20/8; 이는 심판의 대상을 한정함으로써 심판의 능률과 신속을 꾀함과 동시에 방어의 범위를 특정하여 피고인의 방어권 행사를 쉽게 해주기 위한 것이므로, 검사로서는 위 세 가지 특정요소를 종합하여 다른 사실과의 식별이 가능하도록 범죄구성요건에 해당하는 구체적 사실을 기재하여야 한다(대판 2010. 10. 14, 2010도9835).

97 마약류 투약사범의 경우 대부분 친분관계가 있는 사람 사이에서 이루어지는 경우가 많아서 일부가 적발되더라도 공범자에 대한 진술을 거부하는 경우가 많고, 신분 은닉을 위하여 비대면 접촉을 통한 마약류 거래가 이루어지고 있으며, 투약 자체도 특별한 친분관계가 있는 사람들이 함께 투약하거나 자신만의 공간에서 이루어지는 경우가 많아서 범죄사실을 입증할 증인을 확보하는 것이 곤란한 경우가 많다.

98 원혜욱, "마약류 투약범죄에 있어서 공소사실의 특정과 피고인의 방어권 보장", 형사판례연구 〔17〕, 한국형사판례연구회, 박영사(2009), 522.

99 사람의 모발은 머리카락, 음모, 눈썹, 수염, 겨드랑이털 등의 체모로 구분할 수 있는데, 약물의 검출을 위한 모발은 일반적으로 머리카락이 사용되고 있다.

100 소변감정결과에 의한 투약 일시의 경우에는 그 특정을 인정하는 경향을 보인다(대판 2010. 8. 26, 2010도4671 참조). 위 판결 해설은 김양섭, "양성반응이 나온 소변감정 결과에 기하여 투약

(3) 판례의 경향

114 수사기관은 모발감정결과에서 마약류가 검출된 경우 모발감정결과를 기초로 투약시기 및 장소를 최대한 특정하여 공소를 제기하고 있다.

115 이러한 공소제기에 대하여 법원은 유죄판결을 선고하기도 하나,[101] 최근의 경향은 공소사실의 불특정을 사유로 공소기각의 판결을 선고하는 경향을 보이고 있다.[102]

(4) 모발감정

116 마약류 투약사실을 밝히기 위한 모발감정은 검사 조건 등 외부적 요인에 의한 변수가 작용할 수 있고, 그 결과에 터 잡아 투약가능기간을 추정하는 방법은 모발의 성장속도가 일정하다는 것을 전제로 하고 있으나 실제로는 개인에 따라 적지 않은 차이가 있고, 동일인이라도 모발의 채취 부위, 건강상태 등에 따라 편차가 있으며, 채취된 모발에도 성장기, 휴지기, 퇴행기 단계의 모발이 혼재함으로 인해 정확성을 신뢰하기 어려운 문제가 있다. 또한 모발감정결과에 기초한 투약가능기간의 추정은 수십 일에서 수개월에 걸쳐 있는 경우가 많은데, 마약류 투약범죄의 특성상 그 기간 동안 여러 번의 투약가능성을 부정하기 어려운 점에 비추어 볼 때, 그와 같은 방법으로 추정한 투약가능기간을 공소제기된 범죄의 범행시기로 인정하는 것은, 피고인의 방어권 행사에 현저한 지장을 초래할 수 있고, 매 투약 시마다 별개의 범죄를 구성하는 마약류 투약범죄의 성격상 이중기소 여부나 일사부재리의 효력이 미치는 범위를 판단하는 데에도 곤란한 문제가 생길 수 있다. 이에 따라 판례[103]는 모발감정결과만을 토대로 마약류 투약기간을 추정하고 유죄로 판단하는 데 대하여 신중한 태도를 보이고 있다.

117 마약류 사용에 있어 단기간 내에 반복적으로 행하여진 사안을 1회만 기소

범행일시를 기재하여 공소제기한 경우 형사소송법 제254조 제4항이 요구하는 공소사실의 특정을 충족하였는지 여부", 해설 86, 법원도서관(2011), 671-695.

101 대판 2007. 4. 26, 2007도1824(피고인의 출소일자, 모발 감정 결과, 통화내역서에 나타난 행적 등을 종합하여 기재한 공소사실이 공소사실로서 특정되었다고 본 사례); 대판 2010. 8. 26, 2010도4671(메스암페타민의 양성반응이 나온 소변감정결과에 의하여 그 투약일시를 '2009. 8. 10.부터 2009. 8. 19.까지 사이'로, 투약장소를 '서울 또는 부산 이하 불상'으로 공소장에 기재한 사안에서, 공소사실이 향정신성의약품투약 범죄의 특성을 고려하여 합리적인 정도로 특정된 것으로 볼 수 있음에도, 이와 달리 본 원심판단에 법리오해의 위법이 있다고 한 사례).

102 대판 2010. 4. 29, 2010도2857; 대판 2010. 10. 14, 2010도9835; 대판 2011. 6. 9, 2011도3801.

103 대판 2017. 3. 15, 2017도44.

하는 경우, 기소되는 부분과 그렇지 않는 행위를 구별하여 특정하는 것도 사실상 곤란한 경우가 많다. 일정한 기간 중의 수회의 사용행위 중 어느 행위가 기소된 것인지 명확하지 않은 경우가 발생할 수 있기 때문이다.[104]

공소사실이 특정되지 아니하면 공소제기의 절차가 법률에 위배하여 무효인 118
경우에 해당하므로 공소기각의 판결을 선고하게 된다. 법원으로서는 소송경제를 고려하고, 피고인에게 불필요한 절차의 반복을 피하기 위하여 석명권(형소규칙 § 141)을 행사하여 그 취지를 명확하게 할 필요가 있다.[105]

(5) 현실적 문제점

피고인이 자백하지 않는 경우 개괄적인 공소사실 기재가 불가피한 마약류 119
투약사범에 대하여 공소사실의 특정을 지나치게 엄격하게 한다면, 정당한 형벌권 실현을 저해하는 결과를 초래하고,[106] 마약류 투약범죄에 대한 대처가 곤란하게 되는 사태가 발생하게 된다.

4. 증 거

(1) 과학적 증거방법

유전자검사나 혈액형검사 등 과학적 증거방법은 그 전제로 하는 사실이 모 120
두 진실임이 입증되고 그 추론의 방법이 과학적으로 정당하여 오류의 가능성이 전혀 없거나 무시할 정도로 극소한 것으로 인정되는 경우에는 법관이 사실인정을 함에 있어 상당한 정도로 구속력을 가지게 된다.

과학적 증거방법은 전문지식과 경험을 지닌 감정인이 시료에 대하여 일반 121
적으로 확립된 표준적인 분석기법을 활용하여 분석을 실행하고, 그 분석이 적정한 절차를 통하여 수행되었음이 인정되는 이상 비록 사실의 인정이 사실심의 전권이라 하더라도 아무런 합리적 근거 없이 함부로 이를 배척하는 것은 자유심증주의의 한계를 벗어나는 것으로서 허용될 수 없다.[107]

그러나 이러한 과학적 증거방법이 사실인정에 있어서 상당한 정도로 구속 122

---

104 이은모(주 95), 397.

105 정웅석·최창호·이경렬·김한균, 신형사소송법, 338.

106 손기호, "마약류 투약사범과 공소사실의 특정", 형사판례연구 〔5〕, 한국형사판례연구회, 박영사(1997), 278.

107 대판 2007. 5. 10, 2007도1950; 대판 2009. 3. 12, 2008도8486 등.

력을 갖기 위해서는 감정인이 전문적인 지식·기술·경험을 가지고 공인된 표준 검사기법으로 분석을 거쳐 법원에 제출하였다는 것만으로는 부족하고, 시료의 채취·보관·분석 등 모든 과정에서 시료의 동일성이 인정되고 인위적인 조작·훼손·첨가가 없었음이 담보되어야 하며 각 단계에서 시료에 대한 정확한 인수·인계 절차를 확인할 수 있는 기록이 유지되어야 한다.[108]

123 피고인이 메스암페타민을 투약하였다고 하여 마약류관리법위반(향정)으로 기소되었으나, 피고인이 공소사실을 부인하고 있는 상태에서 투약의 일시, 장소, 방법 등이 명확하지 못하며, 투약 사실에 대한 직접적인 증거로는 피고인의 소변과 머리카락에서 메스암페타민 성분이 검출되었다는 국립과학수사연구원의 감정결과만 있는 사안에서, 판례[109]는 감정물이 피고인으로부터 채취한 것과 동일하다고 단정하기 어려워 그 감정결과의 증명력은 피고인의 투약 사실을 인정하기에 충분하지 않다고 판시한 바 있다.

(2) 마약감식

124 마약류 감정·감식 기법의 종류는 목적에 따라 성분감식, 투약여부감식, 마약지문감정으로 구분할 수 있다.

125 감정의 결과는 양성, 음성, 검출, 판정불능, 감식불능 등으로 나뉜다.

126 마약류 등 약물을 투약하면 약물 성분이 사람의 혈액을 통하여 소변으로 배설되거나 모발에 축적된다. 그러므로 약물을 투약한 사람의 소변이나 모발을

---

108 대판 2010. 3. 25, 2009도14772.

109 대판 2018. 2. 8, 2017도14222. 감정의뢰 대상물인 소변·머리카락에 대한 봉인조치가 피고인의 눈앞에서 이루어지지 않은 경우의 시료의 동일성 인정 기준을 제시하였다. 피고인은 경찰서에 출석하여 조사받으면서 투약혐의를 부인하고 소변과 머리카락을 임의로 제출하였는데, 경찰관이 조사실에서 아큐사인(AccuSign) 시약으로 피고인의 소변에 메스암페타민 성분이 있는지를 검사하였으나 결과가 음성이었던 점, 경찰관은 그 직후 피고인의 소변을 증거물 병에 담고 머리카락도 뽑은 후 별다른 봉인 조처 없이 조사실 밖으로 가지고 나간 점, 피고인의 눈앞에서 소변과 머리카락이 봉인되지 않은 채 반출되었음에도 그 후 조작·훼손·첨가를 막기 위하여 어떠한 조처가 행해졌고 누구의 손을 거쳐 국립과학수사연구원에 전달되었는지 확인할 수 없는 점, 감정물인 머리카락과 소변에 포함된 세포의 디엔에이(DNA) 분석 등 피고인의 것임을 과학적 검사로 확인한 자료가 없는 점 등 피고인으로부터 소변과 머리카락을 채취해 감정하기까지의 여러 사정을 종합하면, 국립과학수사연구원의 감정물이 피고인으로부터 채취한 것과 동일하다고 단정하기 어려워 그 감정결과의 증명력은 피고인의 투약 사실을 인정하기에 충분하지 않은데도, 이와 달리 보아 공소사실을 유죄로 판단한 원심판결에 객관적·과학적인 분석을 필요로 하는 증거의 증명력에 관한 법리오해 등의 잘못이 있다고 판시하였다.

채취하여 분석하면 약물 투약 여부를 확인할 수 있다.

소변을 이용한 마약류 투약 여부 확인이 가능한 기간은 마약 성분의 '약물 배설기간'에 의해 좌우된다. 약물배설기간이란 약물이 투약되어 체내에서 생성된 약물의 대사체 성분이 소변으로 배설될 때까지 걸린 기간을 말한다. 127

약물배설기간은 약물의 고유한 물리화학적 특성에 의한 영향 때문에 약물의 종류가 다르면 결과가 상이하다. 따라서 동일한 종류의 약물이라도 투약량, 투약방법, 개인의 약물 대사능력 환경요인 등에 따라 약물배설기간은 차이가 난다. 128

메스암페타민의 투약 여부 확인이 가능한 기간은 메스암페타민을 정맥으로 주사한 경우 투약 후 30분부터 확인 가능하다. 대마 성분의 흡연 확인이 가능한 기간은 대마초를 흡연한 후 4-8시간부터 확인 가능하고, 최장 약 1개월까지도 가능한 것으로 알려져 있다. 모발감식으로 투약여부 확인이 가능한 최장기간은 모발 내에 약물이 잔류하는 최장기간으로 볼 수 있다. 모발감식에 이용되는 시료는 주로 머리카락이나 경우에 따라서는 음모(pubic hair) 등 다른 체모를 이용하기도 한다. 129

사람의 머리카락은 약 30개월 동안 성장하고 2.5-3개월 동안은 휴지기 상태로 있다가 탈모된다. 머리카락의 성장 속도는 일반적으로 0.8-1.3cm/월(평균 1.0cm/월)이다. 이와 같은 성장 특성을 근거로 머리카락의 길이로부터 성장 기간을 유추하여 약물을 투약한 기간을 추정하고 있다. 130

(3) 강제채뇨

(가) 개념

강제채뇨는 마약 혐의자가 임의로 소변을 제출하지 않는 경우, 그 사람에 대하여 강제력을 사용해서 도뇨관(catheter)을 요도를 통하여 방광에 삽입한 뒤 체내에 있는 소변을 배출시켜 소변을 취득·보관하는 행위이다. 131

(나) 허용 여부

수사기관이 범죄 증거를 수집할 목적으로 하는 강제채뇨는 마약 혐의자의 신체에 직접적인 작용을 수반할 뿐만 아니라 그 사람에게 신체적 고통이나 장애를 초래하거나 수치심이나 굴욕감을 줄 수 있다.[110] 따라서 마약 혐의자에게 132

110 이에 대하여 형사소송법에서는 명문의 규정을 두고 있지 아니하나 강제력을 사용하여 체내에 있는 소변을 추출함으로써 인간으로서의 존엄과 신체의 안전을 해할 염려가 있으므로 강제처분에

범죄 혐의가 있고 그 범죄가 중대한지, 소변성분 분석을 통해서 범죄 혐의를 밝힐 수 있는지, 범죄 증거를 수집하기 위하여 마약 혐의자의 신체에서 소변을 확보하는 것이 필요한 것인지, 채뇨가 아닌 다른 수단으로는 증명이 곤란한지 등을 고려하여, 범죄 수사를 위해서 강제 채뇨가 부득이하다고 인정되는 경우에 최후의 수단으로 적법한 절차에 따라 허용된다고 보아야 한다.

(다) 절차

133 이러한 경우 의사, 간호사, 그 밖의 숙련된 의료인 등으로 하여금 소변 채취에 적합한 의료장비와 시설을 갖춘 곳에서 마약 혐의자의 신체와 건강을 해칠 위험이 적고 피의자의 굴욕감 등을 최소화하는 방법으로 소변을 채취하여야 한다.[111]

(라) 집행에 필요한 처분

134 압수·수색의 방법으로 소변을 채취하는 경우 압수대상물인 마약 혐의자의 소변을 확보하기 위한 수사기관의 노력에도 불구하고, 마약 혐의자가 인근 병원 응급실 등 소변 채취에 적합한 장소로 이동하는 것에 동의하지 않거나 저항하는 등 임의동행을 기대할 수 없는 사정이 있는 때에는 수사기관으로서는 소변 채취에 적합한 장소로 마약 혐의자를 데려가기 위해서 필요 최소한의 유형력을 행사하는 것이 허용된다.

135 이는 형사소송법 제219조, 제120조 제1항에서 정한 '압수·수색영장의 집행에 필요한 처분'에 해당한다고 보아야 한다. 그렇지 않으면 마약 혐의자의 신체와 건강을 해칠 위험이 적고 마약 혐의자의 굴욕감을 최소화하기 위하여 마련된 절차에 따른 강제채뇨가 불가능하여 압수영장의 목적을 달성할 방법이 없기 때문이다.[112]

해당한다고 보아야 한다(정웅석·최창호·이경렬·김한균, 신형사소송법, 215).

111 수사기관이 범죄 증거를 수집할 목적으로 피의자의 동의 없이 피의자의 소변을 채취하는 것은 법원으로부터 감정허가장을 받아 형사소송법 제221조의4 제1항, 제173조 제1항에서 정한 '감정에 필요한 처분'으로 할 수 있지만(피의자를 병원 등에 유치할 필요가 있는 경우에는 형사소송법 제221조의3에 따라 법원으로부터 감정유치장을 받아야 한다), 형사소송법 제219조, 제106조 제1항, 제109조에 따른 압수·수색의 방법으로도 할 수 있다. 이러한 압수·수색의 경우에도 수사기관은 원칙적으로 형사소송법 제215조에 따라 판사로부터 압수·수색영장을 적법하게 발부받아 집행해야 한다.

112 대판 2018. 7. 12, 2018도6219. 피고인이 메스암페타민(일명 '필로폰')을 투약하였다는 마약류관리법위반(향정) 혐의에 관하여, 피고인의 소변(30cc), 모발(약 80수), 마약류 불법사용 도구 등에

5. 공무집행방해죄와의 관계

(1) 영장주의

사법경찰관 등이 체포영장을 소지하고 피의자를 체포하기 위해서는 체포영장을 피의자에게 제시하고 그 사본을 교부하여야 하며(형소 § 200의6, § 85①), 피의사실의 요지, 체포의 이유와 변호인을 선임할 수 있음을 말하고 변명할 기회를 주어야 한다(형소 § 200의5). 136

이와 같은 체포영장의 제시, 사본의 교부나 고지 등은 체포를 위한 실력행사에 들어가기 이전에 미리 하여야 하는 것이 원칙이다. 그러나 달아나는 피의자를 쫓아가 붙들거나 폭력으로 대항하는 피의자를 실력으로 제압하는 경우에는 붙들거나 제압하는 과정에서 하거나, 그것이 여의치 않은 경우에는 일단 붙들거나 제압한 후에 지체 없이 하여야 한다.[113] 137

(2) 공무집행방해죄

공무집행방해죄(§ 136①)는 공무원의 직무집행이 적법한 경우에 한하여 성립하는데, 이때 적법한 공무집행은 그 행위가 공무원의 추상적 권한에 속할 뿐 아니라 구체적 직무집행에 관한 법률상 요건과 방식을 갖춘 경우를 가리킨다. 경찰관이 적법절차를 준수하지 않은 채 실력으로 피의자를 체포하려고 하였다면 적법한 공무집행이라고 할 수 없다. 그리고 경찰관의 체포행위가 적법한 공무집 138

대한 압수·수색·검증영장을 발부받은 다음 경찰관이 피고인의 주거지를 수색하여 사용 흔적이 있는 주사기 4개를 압수하고, 위 영장에 따라 3시간가량 소변과 모발을 제출하도록 설득하였음에도 피고인이 계속 거부하면서 자해를 하자 이를 제압하고 수갑과 포승을 채운 뒤 강제로 병원 응급실로 데리고 가 응급구조사로 하여금 피고인의 신체에서 소변(30cc)을 채취하도록 하여 이를 압수한 사안에서, 피고인에 대한 피의사실이 중대하고 객관적 사실에 근거한 명백한 범죄 혐의가 있었다고 보이고, 경찰관의 장시간에 걸친 설득에도 피고인이 소변의 임의 제출을 거부하면서 판사가 적법하게 발부한 압수영장의 집행에 저항하자 경찰관이 다른 방법으로 수사 목적을 달성하기 곤란하다고 판단하여 강제로 피고인을 소변 채취에 적합한 장소인 인근 병원 응급실로 데리고 가 의사의 지시를 받은 응급구조사로 하여금 피고인의 신체에서 소변을 채취하도록 하였으며, 그 과정에서 피고인에 대한 강제력의 행사가 필요 최소한도를 벗어나지 않았으므로, 경찰관의 조치는 형사소송법 제219조, 제120조 제1항에서 정한 '압수영장의 집행에 필요한 처분'으로서 허용되고, 한편 경찰관이 압수영장을 집행하기 위하여 피고인을 병원 응급실로 데리고 가는 과정에서 공무집행에 항거하는 피고인을 제지하고 자해 위험을 방지하기 위해 수갑과 포승을 사용한 것은 경찰관 직무집행법에 따라 허용되는 경찰장구의 사용으로서 적법하다는 이유로, 같은 취지에서 피고인의 소변에 대한 압수영장 집행이 적법하다고 본 원심판단을 수긍하였다.

113 대판 2008. 2. 14, 2007도10006.

행을 벗어나 불법하게 체포한 것으로 볼 수밖에 없다면, 피의자가 그 체포를 면하려고 반항하는 과정에서 경찰관에게 상해를 가한 것은 불법체포로 인한 신체에 대한 현재의 부당한 침해에서 벗어나기 위한 행위로서 정당방위에 해당하여 위법성이 조각된다.[114]

(3) 선체포행위와 위법한 공무집행

139 경찰관들이 체포영장을 소지하고 메스암페타민 투약 등 혐의로 피고인을 체포하려고 하자, 피고인이 이에 거세게 저항하는 과정에서 경찰관들에게 상해를 가하였다고 하여 공무집행방해 및 상해의 공소사실로 기소된 사안에서, 피고인이 경찰관들과 마주하자마자 도망가려는 태도를 보이거나 먼저 폭력을 행사하며 대항한 바 없는 등 경찰관들이 체포를 위한 실력행사에 나아가기 전에 체포영장을 제시하고 미란다 원칙을 고지할 여유가 있었음에도 애초부터 미란다 원칙을 체포 후에 고지할 생각으로 먼저 체포행위에 나선 행위는 적법한 공무집행이라고 보기 어렵다.[115]

Ⅶ. 헌법상 문제와 입법 개선 사항

1. 헌법상 문제

(1) 대마 등의 비범죄화 논의 - 평등원칙 위배 관련

(가) 문제의 소재

140 대마는 담배에 비해서 마약으로서의 특징인 중독성이 약하고, 술에 비해서도 독성이나 사회적 위험성이 낮은데도 불구하고 담배 흡연자들이나 음주자들의 경우와는 달리 대마 흡연자를 형사처벌하는 것은 헌법 제11조 제1항의 평등의 원칙에 위반된다는 주장이 있다.

(나) 평등의 원칙

141 헌법 제11조 제1항의 평등의 원칙은 일체의 차별적 대우를 부정하는 절대적 평등을 의미하는 것이 아니라, 입법과 법의 적용에 있어서 합리적 근거 없는

---

114 대판 2000. 7. 4, 99도4341; 대판 2011. 5. 26, 2011도3682.
115 대판 2017. 9. 21, 2017도10866.

차별을 하여서는 아니 된다는 상대적 평등을 의미한다. 따라서 합리적 근거 있는 차별 내지 불평등은 평등의 원칙에 반하는 것이 아니라 할 것이다.[116]

(다) 대마의 위해성

대마는 0.1밀리그램만으로도 환각 상태를 일으킬 수 있는 천연 화합물인 142
THC(Tetrahydrocannabinol) 성분을 함유하고 있고, 대표적인 발암물질인 타르를 담배보다 더 많이 함유하고 있으며, 필터 없이 깊게 들이마시는 대마초 흡연방법 때문에 폐가 발암물질에 노출되는 정도가 훨씬 심하고, 대마 흡연 후 운전을 할 때는 사물인지능력과 판단능력이 둔화되어 일반운전자에 비해 교통사고율이 급격히 높아지는 점 등을 고려할 때, 대마사용을 허용한다면 술과 담배의 경우보다 더 심각한 폐해를 일으킬 수 있다. 또한 대마는 그 사용으로 인한 환각상태에서는 다른 강력한 범죄로 나아갈 위험성도 배제할 수 없는데, 실제로 혼자 또는 집단적으로 대마를 사용한 후에 강력 범죄행위로 나아가기도 한다.

(라) 입법재량

어떤 행위를 범죄로 규정하고 그에 대해 어떤 형벌을 과할 것인가 하는 문 143
제는 원칙적으로 입법자가 우리의 역사와 문화, 입법 당시의 시대적 상황과 국민일반의 가치관 내지 법감정, 범죄의 실태와 죄질 및 보호법익, 그리고 범죄예방효과 등을 종합적으로 고려하여 결정해야 할 국가의 입법정책에 관한 사항으로서 광범위한 입법재량 내지 형성의 자유가 인정되어야 할 분야이다.[117]

(마) 소결

술과 담배는 오래전부터 기호품으로 자리 잡아 음주 또는 흡연행위에 대한 144
단속과 형사처벌이 비현실적일 뿐만 아니라 대다수의 국민이 범죄자로 처벌될 수 있어 형사정책상 바람직하지 않은 반면, 대마는 1960년대 중반에 비로소 미군들을 통하여 환각 목적의 흡연물질로 알려진 이래 1970년대 중반 경 그 이용이 확산되었을 뿐이므로, 대마사용에 대한 규제가 우리의 법감정과 시대적 상황에 맞지 않을 정도로 비합리적이라고 볼 수는 없다. 술, 담배와 달리 대마의 수수 및 흡연을 범죄로 규정해 처벌하는 것은 합리적인 이유가 있으므로 이 사건

116 헌재 2003. 5. 15, 2002헌마90.
117 오영신, 헌법재판과 위헌심사기준, 법문사(2018), 28. 헌법재판소 결정도 같은 취지이다(헌재 1995. 4. 20, 91헌바11).

법률조항은 헌법 제11조에서 정한 평등의 원칙에 위반되지 않는다.[118]

(2) 범주화

(가) 문제의 소재

145 마약류 중 대마는 마약이나 향정신성의약품에 비하여 그 위험성이나 그 폐해 정도가 적다고 알려져 있고, 입법례에 따라서는 이것을 바탕으로 같은 행위 유형에서 대마의 경우를 향정신성의약품의 경우보다 낮게 처벌하고 있기도 하고 있다.[119]

146 마약류관리법에서는 대마를 흡연한 자와 동법 제2조 제3호 가목의 향정신성의약품의 원료가 되는 식물을 흡연한 자를 동일한 법정형으로 처벌하고 있다.[120] 이것이 비례의 원칙 또는 최소침해성의 원칙에 위반된다는 의심이 있을 수 있다.

(나) 입법기술상 문제점

147 마약류 처벌에 있어서 마약류 자체가 가진 위험성 정도를 정확하게 측정하여 그에 상응하는 법정형을 규정할 수 있다면 형벌체계의 합리성을 담보할 수 있을 것이나, 마약류별로 위험성 단계를 세분화할 수 있는 유용한 방법이 아직까지는 발견되지 않았고 그 사용량이나 사용방법 또는 사용하는 개인에 따라 같은 마약류 내에서도 효능에 차이가 있을 수 있기 때문에, 마약류 자체의 위험성 정도만을 가지고 일률적으로 법정형의 경중을 나누는 것이 실제로 가능하다고 하기는 곤란하다.

(다) 자의적 입법 여부

148 마약류관리법 제61조 제1항은 향정신성의약품 원료식물의 흡연행위와 대마의 흡연행위에 대하여 모두 5년 이하의 징역이나 5천만 원 이하의 벌금에 처한다고 규정하여 법정형의 상한만을 정하고 그 하한을 두고 있지 아니하여 그 죄질에 따라 법원이 적절한 선고형을 정하는 것이 가능하도록 하고 있으므로, 단순히 법률규정 자체가 향정신성의약품과 대마 자체가 가진 위험성의 비례관계를 엄격히 지키지 않았다는 이유로 현저히 정의에 반하는 자의적인 입법이라 할 수는 없다.[121]

118 헌재 2005. 11. 24, 2005헌바46.
119 헌재 2005. 11. 24, 2005헌바46.
120 마약류관리법 제61조 제1항에 의하여 5년 이하의 징역 또는 5천만 원 이하의 벌금에 처한다.
121 헌재 2004. 2. 26, 2001헌바75.

(라) 소결

어느 범죄에 대한 법정형이 그 범죄의 죄질 및 이에 따른 행위자의 책임에 비하여 지나치게 가혹한 것이어서 현저히 형벌체계상의 균형을 잃고 있다거나 그 범죄에 대한 형벌 본래의 목적과 기능을 달성함에 있어 필요한 정도를 일탈하였다는 등 헌법상의 평등의 원칙 및 비례의 원칙 등에 명백히 위배되는 경우가 아닌 한, 쉽사리 헌법에 위반된다고 단정하여서는 아니 된다.[122] 149

2. 입법 개선사항

(1) 필로폰 매매와 대마의 매매

필로폰 매매의 경우 마약류관리법 제60조 제1항 제3호, 제4조 제1항에 의하여 10년 이하의 징역 또는 1억 원 이하의 벌금에 처하도록 규정되어 있다. 그러나, 죄질이 더 무겁다고 할 수 없는 대마 매매의 경우에는 마약류관리법 제59조 제1항 제7호, 제3조 제7호에 의하여 1년 이상의 유기징역에 처하도록 규정되어 있다. 150

형벌체계의 정당성과 균형을 잃어 헌법의 기본원리에 위배되고 평등의 원칙에 위반된다고 보인다. 151

(2) 운반에 대한 처벌 법규 흠결

마약류관리법 제60조 제1항 제2호는 "제4조제1항을 위반하여 제2조제3호나목 및 다목에 해당하는 향정신성의약품 또는 그 물질을 함유하는 향정신성의약품을 매매, 매매의 알선, 수수, 소지, 소유, 사용, 관리, 조제, 투약, 제공한 자 또는 향정신성의약품을 기재한 처방전을 발급한 자"를 10년 이하의 징역 또는 1억 원 이하의 벌금에 처하도록 규정하고 있다. 152

한편 동법 제4조 제1항 제1호는 "마약 또는 향정신성의약품을 소지, 소유, 사용, 운반, 관리, 수입, 수출, 제조, 조제, 투약, 수수, 매매, 매매의 알선 또는 제공하는 행위"를 규정하고 있다. 153

금지행위의 태양으로 운반을 규정하고 있음에도 불구하고, 처벌법규에서는 이를 규정하고 있지 않은데, 입법적 불비로 보인다. 154

122 헌재 1992. 4. 28, 90헌바24; 헌재 1995. 4. 20, 91헌바11; 헌재 1999. 5. 27, 98헌바26.

(3) 수수의 개념

155 수수의 개념과 관련하여 '주고받는다'의 개념이 아닌 '받는다'는 의미로 사용하여야 한다는 견해가 있다.

156 필로폰 관련 조항인 마약류관리법 제60조 제1항 제2호에는 '제공'이라는 용어를 포함하고 있으므로 같은 조항의 '수수'는 받는 경우만을 의미한다고 볼 수 있다.

157 그러나 대마 관련 조항인 마약류관리법 제61조 제1항 제6호에는 '수수'만을 규정하고 있을 뿐 '제공'을 따로 규정하고 있지 아니하므로, '수수'를 받는 경우만으로 해석한다면 대마를 주는 경우에는 처벌할 수 없게 되는 입법의 공백이 생긴다.

〔최 창 호〕

[부록] 제6권(각칙 3) 조문 구성

Ⅰ. 제12장 신앙에 관한 죄

조 문		제 목	구성요건	죄 명	공소시효
§ 158		장례식 등의 방해	ⓐ 장례식, 제사, 예배, 설교를 ⓑ 방해	(장례식, 제사, 예배, 설교) 방해	5년
§ 159		시체 등의 오욕	ⓐ 시체, 유골, 유발을 ⓑ 오욕	(사체, 유골, 유발)오욕	5년
§ 160		분묘의 발굴	ⓐ 분묘를 ⓑ 발굴	분묘발굴	7년
§ 161	①	시체 등의 유기 등	ⓐ 시체, 유골, 유발, 관 속에 넣어 둔 물건을 ⓑ 손괴, 유기, 은닉, 영득	(사체, 유골, 유발, 관내장치물)(손괴, 유기, 은닉, 영득)	7년
	②		분묘를 발굴하여 ①의 행위	분묘발굴(제1항 각 죄명)	10년
§ 162		미수범	§ 160, § 161의 미수	(§ 160, § 161 각 죄명) 미수	
§ 163		변사체검시방해	ⓐ 변사자의 시체, 변사의 의심 있는 시체를 ⓑ 은닉, 변경, 그 밖의 방법으로 ⓒ 검시를 방해	변사체검시방해	5년

Ⅱ. 제13장 방화와 실화에 관한 죄

조문		제목	구성요건	죄명	공소시효
§ 164	①	현주건조물 등에의 방화	ⓐ 불을 놓아 ⓑ 사람이 주거로 사용하거나 사람이 현존하는 건조물, 기차, 전차, 자동차, 선박, 항공기, 지하채굴시설을 ⓒ 불태움	(현주, 현존) (건조물, 기차, 전차, 자동차, 선박, 항공기, 광갱)방화	15년
	②		ⓐ ①의 죄를 지어 ⓑ 사람을 상해 또는 사망에 이르게 함	(제1항 각 죄명) (치상, 치사)	15년(치상) 25년(치사)

조문		제목	구성요건	죄명	공소시효
§ 165		공용건조물 등에의 방화	ⓐ 불을 놓아 ⓑ 공용으로 사용하거나 공익을 위해 사용하는 건조물, 기차, 전차, 자동차, 선박, 항공기, 지하채굴시설을 ⓒ 불태움	(공용, 공익) (건조물, 기차, 전차, 자동차, 선박, 항공기, 광갱)방화	15년
§ 166	①	일반건조물 등에의 방화	ⓐ 불을 놓아 ⓑ § 164와 § 165에 기재한 외의 건조물, 기차, 전차, 자동차, 선박, 항공기, 지하채굴시설을 ⓒ 불태움	일반(건조물, 기차, 전차, 자동차, 선박, 항공기, 광갱)방화	10년
	②		ⓐ 자기 소유에 속하는 ①의 물건을 ⓑ 불태워 ⓒ 공공의 위험을 발생	자기소유(건조물, 기차, 전차, 자동차, 선박, 항공기, 광갱)방화	7년
§ 167	①	일반물건에의 방화	ⓐ 불을 놓아 ⓑ § 164부터 § 166까지에 기재한 외의 물건을 ⓒ 불태워 ⓓ 공공의 위험을 발생	일반물건방화	10년
	②		ⓐ ①의 물건이 자기 소유	자기소유일반물건방화	5년
§ 168	①	연소	ⓐ § 166②, § 167②의 죄를 범하여 ⓑ § 164, § 165, § 166① 기재 물건에 ⓒ 연소	방화연소	10년
	②		ⓐ § 167②의 죄를 범하여 ⓑ § 167① 기재 물건에 ⓒ 연소		7년
§ 169		진화방해	ⓐ 화재에 있어서 ⓑ 진화용의 시설 또는 물건을 ⓒ 은닉, 손괴, 기타 방법으로 ⓓ 진화를 방해	진화방해	10년
§ 170	①	실화	ⓐ 과실로 ⓑ § 164, § 165 기재 물건, 타인 소유 § 166 기재 물건을 ⓒ 불태움	실화	5년
	②		ⓐ 과실로 ⓑ 자기 소유의 § 166, § 167 기재 물건을 ⓒ 불태워 ⓓ 공공의 위험을 발생		

조문		제목	구성요건	죄명	공소시효
§ 171		업무상 실화, 중실화	ⓐ 업무상과실 또는 중과실로 인하여 ⓑ § 170의 죄를 범함	(업무상, 중)실화	5년
§ 172	①	폭발성물건 파열	ⓐ 보일러, 고압가스 기타 폭발성 있는 물건을 ⓑ 파열시켜 ⓒ 사람의 생명·신체 또는 재산에 ⓓ 위험을 발생	폭발성물건파열	10년
	②		ⓐ ①의 죄를 범하여 ⓑ 사람을 상해 또는 사망에 이르게 함	폭발성물건파열 (치상, 치사)	15년
§ 172의2	①	가스·전기 등 방류	ⓐ 가스, 전기, 증기, 방사선, 방사성 물질을 ⓑ 방출, 유출, 살포시켜 ⓒ 사람의 생명·신체 또는 재산에 ⓓ 위험을 발생	(가스, 전기, 증기, 방사선, 방사성물질) (방출, 유출, 살포)	10년
	②		ⓐ ①의 죄를 범하여 ⓑ 사람을 상해 또는 사망에 이르게 함	(제1항 각 죄명) (치상, 치사)	15년
§ 173	①	가스·전기 등 공급방해	ⓐ 가스, 전기, 증기의 공작물을 ⓑ 손괴, 제거, 기타 방법으로 ⓒ 가스, 전기, 증기의 공급이나 사용을 방해하여 ⓓ 공공의 위험을 발생	(가스, 전기, 증기) (공급, 사용)방해	10년
	②		ⓐ 공공용의 가스, 전기, 증기의 공작물을 ⓑ 손괴, 제거, 기타 방법으로 ⓒ 가스, 전기, 증기의 공급이나 사용을 방해	공공용 (제1항 각 죄명)	10년
	③		ⓐ ①, ②의 죄를 범하여 ⓑ 사람을 상해 또는 사망에 이르게 함	(제1항, 제2항, 각 죄명) (치상, 치사)	10년(치상) 15년(치사)
§ 173의2	①	과실폭발성 물건파열 등	ⓐ 과실로 ⓑ § 172①, § 172의2①, § 173①, ②의 죄를 범함	과실(§ 172①, § 172의2①, § 173①, ② 각 죄명)	7년
	②		ⓐ 업무상과실, 중과실로 ⓑ ①의 죄를 범함	(업무상, 중)과실 (제1항 각 죄명)	
§ 174		미수범	§ 164①, § 165, § 166①, § 172①, § 172의2①, § 173①, ②의 미수	(§ 164①, § 165, § 166①, § 172①, § 172의2①, § 173①, ② 각 죄명)미수	

조문	제목	구성요건	죄명	공소시효
§ 175	예비, 음모	ⓐ § 165, § 166①, § 172①, § 172의2①, § 173①, ②를 범할 목적으로 ⓑ 예비, 음모	(§ 164①, § 165, § 166①, § 172①, § 172의2①, § 173①, ② 각 죄명) (예비, 음모)	7년
§ 176	타인의 권리대상이 된 자기의 물건	ⓐ 자기 소유에 속하는 물건이라도 ⓑ 압류 기타 강제처분을 받거나 타인의 권리 또는 보험의 목적물인 때에는 ⓒ 본장에 있어 타인의 물건으로 간주		

Ⅲ. 제14장 일수와 수리에 관한 죄

조문		제목	구성요건	죄명	공소시효
§ 177	①	현주건조물 등에의 일수	ⓐ 물을 넘겨 ⓑ 사람이 주거에 사용하거나 사람이 현존하는 건조물, 기차, 전차, 자동차, 선박, 항공기, 광갱을 ⓒ 침해	(현주, 현존) (건조물, 기차, 전차, 자동차, 선박, 항공기, 광갱)일수	15년
	②		ⓐ ①의 죄를 범하여 ⓑ 사람을 상해 또는 사망에 이르게 함	(제1항 각 죄명) (치상, 치사)	15년
§ 178		공용건조물 등에의 일수	ⓐ 물을 넘겨 ⓑ 공용 또는 공익에 공하는 건조물, 기차, 전차, 자동차, 선박, 항공기, 광갱을 ⓒ 침해	(공용, 공익) (건조물, 기차, 전차, 자동차, 선박, 항공기, 광갱)일수	15년
§ 179	①	일반건조물 등에의 일수	ⓐ 물을 넘겨 ⓑ § 177, § 178 이외의 건조물, 기차, 전차, 자동차, 선박, 항공기, 광갱 기타 타인의 재산을 ⓒ 침해	일반(건조물, 기차, 전차, 자동차, 선박, 항공기, 광갱)일수	10년
	②		ⓐ 자기 소유에 속하는 ①의 물건을 ⓑ 침해하여 ⓒ 공공의 위험을 발생	자기소유(건조물, 기차, 전차, 자동차, 선박, 항공기, 광갱)일수	5년
	③		§ 176 준용		

조문	제목	구성요건	죄명	공소시효
§ 180	방수방해	ⓐ 수재에 있어서 ⓑ 방수용의 시설 또는 물건을 ⓒ 손괴, 은닉, 기타 방법으로 ⓓ 방수를 방해	방수방해	10년
§ 181	과실일수	ⓐ 과실로 인하여 ⓑ § 177, § 178를 범하거나 § 179를 범해 공공의 위험을 발생	과실일수	5년
§ 182	미수범	§ 177, § 178, § 179①의 미수	(§ 177, § 178, § 179① 각 죄명)미수	
§ 183	예비, 음모	ⓐ § 177, § 178, § 179①을 범할 목적으로 ⓑ 예비, 음모	(§ 177, § 178, § 179① 각 죄명)(예비, 음모)	5년
§ 184	수리방해	ⓐ 둑을 무너뜨리거나 수문을 파괴하거나 그 밖의 방법으로 ⓑ 수리를 방해	수리방해	7년

Ⅳ. 제15장 교통방해의 죄

조 문		제 목	구성요건	죄 명	공소시효
§ 185		일반교통방해	ⓐ 육로, 수로 또는 교량을 ⓑ 손괴 또는 불통하게 하거나 기타 방법으로 ⓒ 교통을 방해	일반교통방해	10년
§ 186		기차, 선박 등의 교통방해	ⓐ 궤도, 등대 또는 표지를 ⓑ 손괴하거나 기타 방법으로 ⓒ 기차, 전차, 자동차, 선박 또는 항공기의 교통을 방해	(기차, 전차, 자동차, 선박, 항공기)교통방해	10년
§ 187		기차 등의 전복 등	ⓐ 사람의 현존하는 기차, 전차, 자동차, 선박 또는 항공기를 ⓑ 전복, 매몰, 추락 또는 파괴	(기차, 전차, 자동차, 선박, 항공기)(전복, 매몰, 추락, 파괴)	15년
§ 188		교통방해치사상	ⓐ § 185 내지 § 187를 범하여 ⓑ 사람을 상해 또는 사망에 이르게 함	(§ 185 내지 § 187 각 죄명)(치상, 치사)	15년
§ 189	①	과실, 업무상과실, 중과실	ⓐ 과실로 ⓑ § 185 내지 § 187를 범함	과실(§ 185 내지 § 187 각 죄명)	5년
	②		ⓐ 업무상과실 또는 중대한 과실로 ⓑ § 185 내지 § 187를 범함	(업무상, 중)과실(§ 185 내지 § 187 각 죄명)	5년

조 문	제 목	구성요건	죄 명	공소시효
§190	미수범	§185 내지 §187의 미수	(§185 내지 §187 각 죄명)미수	
§191	예비, 음모	ⓐ §186, §187을 범할 목적으로 ⓑ 예비, 음모	(§186, §187 각 죄명)(예비, 음모)	5년

V. 제16장 먹는 물에 관한 죄

조 문		제 목	구성요건	죄 명	공소시효
§192	①	먹는 물의 사용방해	ⓐ 일상생활에서 먹는 물로 사용되는 물에 ⓑ 오물을 넣어 ⓒ 먹는 물로 쓰지 못하게 함	음용수사용방해	5년
	②		ⓐ ①의 먹는 물에 ⓑ 독물이나 그 밖에 건강을 해하는 물질을 넣음	음용수(독물, 유해물)혼입	10년
§193	①	수돗물의 사용방해	ⓐ 수도를 통해 공중이 먹는 물로 사용하는 물 또는 그 수원에 ⓑ 오물을 넣어 ⓒ 먹는 물로 쓰지 못하게 함	수도음용수사용방해	10년
	②		ⓐ ①의 먹는 물 또는 수원에 ⓑ 독물 그 밖에 건강을 해하는 물질을 넣음	수도음용수(독물, 유해물)혼입	10년
§194		먹는 물 혼독치사상	ⓐ §192②, §193②를 범하여 ⓑ 사람을 상해 또는 사망에 이르게 함	(§192②, §193② 각 죄명)(치상, 치사)	15년
§195		수도불통	ⓐ 공중이 먹는 물을 공급하는 수도 그 밖의 시설을 ⓑ 손괴하거나 그 밖의 방법으로 불통하게 함	수도불통	10년
§196		미수범	§192②, §193②, §195의 미수	(§192②, §193②, §195 각 죄명)미수	
§197		예비, 음모	ⓐ §192②, §193②, §195를 범할 목적으로 ⓑ 예비, 음모	(§192②, §193②, §195 각 죄명)(예비, 음모)	5년

VI. 제17장 아편에 관한 죄

조문		제목	구성요건	죄명	공소시효
§ 198		아편 등의 제조 등	ⓐ 아편, 몰핀, 그 화합물을 ⓑ 제조, 수입, 판매, 판매목적 소지	(아편, 몰핀) (제조, 수입, 판매, 소지)	10년
§ 199		아편흡식기의 제조 등	ⓐ 아편흡식기구를 ⓑ 제조, 수입, 판매, 판매목적 소지	아편흡식기 (제조, 수입, 판매, 소지)	7년
§ 200		세관공무원의 아편 등의 수입	ⓐ 세관공무원이 ⓑ 아편, 몰핀, 그 화합물, 아편흡식기구를 ⓒ 수입, 수입 허용	세관공무원 (아편, 몰핀, 아편흡식기) (수입, 수입허용)	10년
§ 201	①	아편흡식 등, 동장소제공	ⓐ 아편, 몰핀을 ⓑ 흡식, 주사	아편흡식, 몰핀주사	7년
	②		ⓐ 아편흡식, 몰핀주사의 장소를 제공하여 ⓑ 이익을 취함	(아편흡식, 몰핀주사) 장소제공	
§ 202		미수범	§ 198 내지 § 201의 미수	(§ 198 내지 § 201 각 죄명) 미수	
§ 203		상습범	상습으로 § 198 내지 § 202를 범함	상습(§ 198 내지 § 202 각 죄명)	
§ 204		자격정지 또는 벌금의 병과	§ 198 내지 § 203에 대한 자격정지, 벌금 병과		
§ 205		아편 등의 소지	ⓐ 아편, 몰핀, 그 화합물, 아편흡식기구를 ⓑ 소지	단순(아편, 몰핀, 아편흡식기)소지	5년
§ 206		몰수, 추징	ⓐ 아편, 몰핀, 그 화합물, 아편흡식기구의 몰수 ⓑ 몰수 불능 시 추징		

사항색인

(용어 옆의 § 과 고딕 글자는 용어가 소재한 조문(또는 총설)의 위치를, 옆의 명조 숫자는 방주번호를 나타낸다. 예컨대, [13-총]은 '제13장 [총설]'을, [17-특]은 '제17장 [특별법]'을 나타낸다.)

판례색인

(판례 옆의 § 과 고딕 글자는 판례가 소재한 조문(또는 총설)의 위치를, 옆의 명조 숫자는 방주번호를 나타낸다. 예컨대, [13-총]은 '제13장 [총설]'을, [17-특]은 '제17장 [특별법]'을 나타낸다.)

[고등법원]

[지방법원]

[조선고등법원]

[일본 판례]

[미국 판례]

[편집대표]

조균석 서울남부지방검찰청 차장검사, 한국형사판례연구회장
일본 케이오대학 법학부 특별초빙교수·대동문화대학 비상근강사
이화여자대학교 법학전문대학원 교수 (현)

[편집위원]

이상원 법학박사, 서울고등법원 판사(헌법재판소 파견), 대법원 재판연구관
미국 버클리대학 로스쿨 LL.M., 한국형사소송법학회 회장
서울대학교 법학전문대학원 교수 (현)

김성돈 법학박사, 경북대학교 법과대학 부교수, 한국형사법학회 회장
독일 막스플랑크 외국 및 국제형법연구소 객원연구교수
성균관대학교 법학전문대학원 교수 (현)

강수진 서울중앙지방검찰청 검사
미국 하버드대학 로스쿨 LL.M., 공정거래위원회 송무담당관
고려대학교 법학전문대학원 교수 (현)

[집 필 자]

조균석 제12장 한국형사정책연구원 기획운영실장, 주일대사관 법무협력관
검찰정책자문위원회 위원장 (현)

안성수 제13장 법학박사, 대검찰청 과학수사기획관, 서울서부지방검찰청 차장검사
제14장 전주지방검찰청 중요경제범죄조사단장 (현)

전승수 제15장 법학박사, 법무부 국제법무과장, 전주지방검찰청 군산지청장,
제16장 법무법인 동인 변호사 (현)

최창호 제17장 법무부 국가송무과장, 대구지방검찰청 서부지청 차장검사,
한양대학교 겸임교수, 법무법인 정론 변호사 (현)

(2022년 12월 1일 현재)

형법주해 VI – 각칙(3)

초판발행　2023년 1월 15일

편집대표　조균석
펴낸이　안종만 · 안상준

편　집　김선민
기획/마케팅　조성호
표지디자인　이수빈
제　작　고철민 · 조영환

펴낸곳　(주) 박영사
서울특별시 금천구 가산디지털2로 53, 210호(가산동, 한라시그마밸리)
등록 1959. 3. 11. 제300-1959-1호(倫)
전　화　02)733-6771
f a x　02)736-4818
e-mail　pys@pybook.co.kr
homepage　www.pybook.co.kr
ISBN　979-11-303-4109-5 94360
979-11-303-4106-4 94360(세트)

정 가　44,000원

형법주해 [전 12권]

제1권 (총칙 1) 총칙 제1장~제2장 제1절 〔§§ 1~24〕

제2권 (총칙 2) 총칙 제2장 제2절~제3절 〔§§ 25~34〕

제3권 (총칙 3) 총칙 제2장 제4절~제4장 〔§§ 35~86〕

제4권 (각칙 1) 각칙 제1장~제6장 〔§§ 87~121〕

제5권 (각칙 2) 각칙 제7장~제11장 〔§§ 122~157〕

제6권 (각칙 3) 각칙 제12장~제17장 〔§§ 158~206〕

제7권 (각칙 4) 각칙 제18장~제23장 〔§§ 207~249〕

제8권 (각칙 5) 각칙 제24장~제26장 〔§§ 250~268〕

제9권 (각칙 6) 각칙 제27장~제32장 〔§§ 269~306〕

제10권 (각칙 7) 각칙 제33장~제36장 〔§§ 307~322〕

제11권 (각칙 8) 각칙 제37장~제39장 〔§§ 323~354〕

제12권 (각칙 9) 각칙 제40장~제42장 〔§§ 355~372〕